Louis de Wohl
Der fröhliche Bettler

»›Ich brauche Geld‹, sagte der blasse junge Mann und legte lässig die langen Beine übereinander. Bernard von Quintavalle nickte unverbindlich und begann die Falten seines dunkelgrünen Rocks glattzustreichen, eine gewohnheitsmäßige Gebärde, wenn er einen neuen Kunden abschätzte.«
So beginnt dieser brillante Roman über einen großen Heiligen. Der junge Mann in Geldnöten ist ein Ritter aus Sizilien, den unklare Herrschaftsverhältnisse um seinen ererbten Besitz gebracht haben. Seine Lebensgeschichte und die des späteren Stauferkaisers Friedrich II. bilden den Hintergrund, auf dem hier das Leben Franz von Assisis beschrieben wird.
Auch auf heutige Menschen wirkt es überwältigend, mit welcher Einfachheit Franziskus das Evangelium begriff und predigte. Der Roman schildert den »fröhlichen Bettler«, der mit seinem mutigen Glauben und unkonventionellen Denken die Kirche vor ungewohnte Fragen stellte. Seine außergewöhnliche Liebe zu Gott und aller Kreatur hat seitdem Menschen aller Jahrhunderte inspiriert.
Erstveröffentlichung 1958.

Louis de Wohl (1903 in Berlin geboren, 1961 in Luzern gestorben), Sohn eines ungarischen Diplomaten, war Schriftsteller, Filmautor, Rundfunk- und Fernsehjournalist. Zahlreiche Reisen führten ihn in alle Kontinente. Er schrieb 33 Abenteuer- und Kriminalromane. Im Zweiten Weltkrieg fand er zu einem bewußten christlichen Glauben. Danach entstanden historische Romane über große Heilige der Christenheit, die in bis zu 16 Sprachen übersetzt wurden.

LOUIS DE WOHL

Der fröhliche Bettler

Ein Franziskus-Roman

R. BROCKHAUS

Die englische Originalausgabe erschien
unter dem Titel: The Joyful Beggar
bei J. B. Lippincott Company,
Philadelphia und New York

Deutsch von Peter Motram

RB*taschenbuch Bd. 863*

Satz: Typo Schröder, Dernbach/Dierdorf
Umschlag: Dietmar Reichert, Dormagen
Druck: Ebner Ulm
ISBN 3-417-20863-7
Bestell-Nr. 220 863

Dieses Buch ist gedruckt auf 100% Recyclingpapier

Erstes Buch

ERSTES KAPITEL

A. D. 1202

»Ich brauche Geld«, sagte der blasse junge Mann und legte lässig die langen Beine übereinander.
Bernard von Quintavalle nickte unverbindlich und begann, die Falten seines dunkelgrünen Rocks glattzustreichen, eine gewohnheitsmäßige Gebärde, wenn er einen neuen Kunden abschätzte.
Der Kunde war kaum älter als siebzehn Jahre. Seine Kleidung war nicht eben luxuriös: zweitklassiger Wollstoff, blau gefärbt, mit spärlicher und ziemlich primitiver Stickerei, ein Ledergürtel mit einfacher Silberschnalle. Die Schuhe – immer zuerst auf die Schuhe sehen! – waren gut gearbeitet, aber auch schon gut heruntergetreten und hatten keine Spangen. Immerhin, es war die Kleidung eines jungen Ritters, und junge Ritter neigten zum Leichtsinn. Er konnte der Sohn irgendeines Adligen sein, der sein Geld beim Spiel oder im Turnier gegen eine bessere Lanze verloren hatte, und nun war er zu weit von Vaters Burg fort, um rechtzeitig neues zu bekommen.
Und doch war es schwer zu glauben, daß dieser junge Mann leichtsinnig war, obgleich er recht unverblümt mit dem Grund seines Besuchs herausgerückt war. Er hatte ein sehr ernstes junges Gesicht, hager, mit prächtigen grauen Augen und einer stolzen Nase; er hatte einen festen Mund mit schmalen Lippen.
Er sah ausländisch aus, und es irritierte Bernard als weitgereisten Kaufmann ein klein wenig, daß er nicht ausmachen konnte, woher er kam. Bestimmt war er kein Norditaliener. Sein Italienisch hatte einen Akzent, der nicht deutsch und nicht französisch war, aber doch eher französisch klang als deutsch.
»Um Vergebung, Herr Ritter«, sagte Bernard, »aber ich habe Euren Namen nicht verstanden, als mein Diener Euch anmeldete. Auch ist mein armer Filippo beim Aussprechen fremder Namen nicht immer gerade ...«
»Ich bin Roger de Vandria«, sagte der junge Mann. Er schien keine weitere Erklärung für nötig zu halten.

»Es ist mir eine große Ehre«, sagte Bernard höflich. »Darf ich fragen, was Euch bewogen hat, zu mir zu kommen, anstatt zu einem Bankhaus zu gehen?«
Roger de Vandrias Lächeln zerstörte etwas den guten Eindruck, den er machte; es war bitter und spöttisch, der Schleier vor dem Gesicht der Niederlage.
»Mein Vater pflegte zu sagen, Bankhäuser seien wie Frauen, Messer Bernard. Sie heißen nur die willkommen, die sich als erfolgreich erwiesen haben; nicht die, welche es erst sein wollen.«
»Nicht ganz von der Hand zu weisen«, gab Bernard von Quintavalle vorsichtig zu. »Aber...«
»Sie sind immer bereit, denjenigen Geld zu leihen, die es nicht brauchen, und niemals denen, die es brauchen«, fuhr der junge Mann fort. Sein bitteres Lächeln vertiefte sich. »Ich war bei den Frescardi in Bologna und bei den Pisani in Perugia. Ich habe genug von Bankhäusern. Und zu gewöhnlichen Wucherern will ich nicht gehen. Als ich hier nach Assisi kam, zog ich Erkundigungen ein. Ihr wurdet mir als ein vermögender Mann bezeichnet, der einem Geschäft nicht abgeneigt ist. So bin ich hergekommen.«
»Gute Christen«, sagte Bernard feierlich, »sollten Geld nicht gegen Zinsen verleihen.«
»O ja, ich weiß«, sagte der junge Adlige ironisch. »Sie sollen auch nicht töten oder Ehebruch begehen. Aber manchmal tun sie es, soviel ich weiß.«
Bernard schüttelte den Kopf. »Ich habe einige Geschäftsabschlüsse getätigt, seit ich mich vom Handel mit eingeführten Waren zurückgezogen habe. Aber es war immer auf der Grundlage eines Verkaufs.«
»Davon habe ich auch gehört.« Roger de Vandria zuckte die Achseln. »Ihr kauft; und später kann der Verkäufer sein Eigentum zurückerwerben. Für einen höheren Preis, versteht sich. Auf diese Weise nehmt Ihr keine Zinsen, Ihr verstoßt gegen kein Gebot der Kirche, Ihr seid ein vorbildlicher Christ – und doch werdet Ihr dabei immer reicher. Ein bewundernswerter Brauch, Messer Bernard.«
Quintavalles Stirn furchte sich. »Es ist eine allgemein anerkannte Praxis...«

»Aber gewiß. Und zufällig paßt sie auch mir. Ich biete Euch meine Burg zum Kauf an – unter der Bedingung, daß ich sie innerhalb von, sagen wir, zwei Jahren zurückkaufen kann.«
»*Eure* Burg?« Bernard warf einen überraschten Blick auf den jungen Mann.
Roger richtete sich etwas auf. »Ich könnte Euch nicht gut etwas verkaufen, das mir nicht gehört, oder?«
»Und wo befindet sie sich?« fragte Bernard etwas ungläubig.
»In Sizilien. Zwei Tagesritte von Monreale. Ich habe die Urkunden alle bei mir...«
»In Sizilien!« Bernard von Quintavalle begann zu lachen. »Mein lieber junger... mein lieber Herr Ritter, Sizilien!«
Rogers Augen wurden schmal. »Was, wenn ich fragen darf, erweckt so große Heiterkeit in Euch bei der Erwähnung der schönsten Insel der Welt?«
Bernard tupfte sich die Augen. »Sizilien«, wiederholte er, »und auch noch die Insel selbst – nicht etwa der Südteil von Italien, der zu dem Königreich gehört. Mein lieber Herr Ritter, Ihr sagtet mir, daß Bankhäuser wie Frauen seien. Nun, das trifft auch auf Länder zu. Je schöner und reicher sie sind, um so mehr Bewerber haben sie, die sie erobern wollen. Ihr habt recht, Herr Ritter – Sizilien ist eine wunderschöne Insel. Kein Wunder, daß sie so viele ... Bewerber hat.«
»Sizilien gehört den Sizilianern«, sagte der junge Edelmann hitzig.
»Kein Zweifel, kein Zweifel. Aber es wird nicht leicht sein, den Kaiser davon zu überzeugen – *die* Kaiser sollte ich sagen, nun, da Philipp von Schwaben und Otto von Braunschweig beide Anspruch auf diesen Titel erheben. Zudem gibt es da unten einige sehr mächtige deutsche Herren, bei denen es noch nicht ganz festzustehen scheint, welchem der beiden Kaiser sie ergeben sind. Dann ist da noch ein König von Sizilien, wenn ich nicht irre, der kleine Friedrich, sieben oder acht Jahre alt ...«
»Acht.«
»Acht also. Da sind ferner Sarazenenstämme, alle bis an die Zähne bewaffnet und jederzeit bereit, alles und jedes für sich zu beanspruchen. Und da ist der Heilige Vater in Rom, der auch noch ein Wort mitzureden hat. Sizilien! Ich wette, es gibt niemanden in der gan-

zen Welt, der sagen könnte, wer in einem halben Jahr in Sizilien regieren wird ...«

»Stimmt«, gab der junge Mann ungerührt zu, »aber das macht keinen Unterschied. Meine Burg ist meine Burg. Ich habe sie von meinem Vater geerbt, als er vor einem Jahr in Mainz starb. Ich allein bin Graf von Vandria.«

»Mainz? Das ist doch in Deutschland.«

»So ist es.«

Mit einemmal verstand Bernard. »Wer residiert zur Zeit auf der... auf Eurer Burg, Herr Ritter?« fragte er sanft.

Roger biß sich auf die Lippen. »Ich wünschte, ich wüßte es«, sagte er. »Aber wer es auch ist, ich werde ihn hinauswerfen.«

Bernard nickte. »Ihr lebtet im Exil – Ihr und Euer verstorbener Vater? Ich habe es mir gedacht. Und was Ihr sucht, ist einer, der Euren Kampf zur Rückeroberung der Burg finanziert, so ist es doch? Mein lieber Herr Ritter, für eine solche Sache bin ich nicht reich genug. Und ich kann den Frescardi und Pisani kaum einen Vorwurf daraus machen, daß sie Euch nicht unterstützt haben.«

Wieder das bittere Lächeln. »Ich bin nicht solch ein Narr, Messer Bernard. Ich weiß sehr wohl, daß niemand mir genügend Geld für einen bewaffneten Feldzug leihen würde. Meine Hoffnungen sind weit bescheidener. Ich will weiter nichts als selbst nach Burg Vandria gelangen. Aber reisen kostet Geld, und ich habe gestern nachmittag meinen letzten florentinischen Gulden ausgegeben.«

»Aber dann müßt Ihr hungrig sein!« Bernard warf die Hände in die Luft. »Natürlich habt Ihr Hunger. Wo habe ich meine Augen gehabt? Gut, gut, da kann ich Euch wenigstens von Diensten sein. Filippo! Filippo!«

Der Diener erschien in der Tür.

»Bring sofort etwas zu essen, Filippo, Brot, Fleisch, Käse, was da ist. Und Wein. Hörst du nicht, Bursche? Was ist los mit dir, was starrst du mich so an?«

Filippo brauchte nicht zu antworten. Hinter ihm ragte eine große, massige Figur auf, bärtig, mit buschigen Augenbrauen und beleibt.

»Messer Cuomo!« rief Bernardo aus und erhob sich. »Was gibt mir die Ehre Eures Besuchs? Filippo – einen Stuhl für Messer Cuomo.

Und dann geh und hol das Essen, wie ich dir befohlen habe. Herr Ritter – Messer Cuomo ist der neugewählte Polizeichef unserer Stadt…«
»Und in seiner amtlichen Eigenschaft hier«, unterbrach Cuomo mit einer kleinen Verbeugung. »Vergebt mir deshalb, Messer Bernard, wenn ich mich nicht setze. Darf ich fragen, wie gut Euch Euer… edler Besucher hier bekannt ist?«
»Ich war gerade dabei, ihn vorzustellen«, erwiderte Bernard mit einem kleinen Vorwurf. »Dies ist Graf Roger von Vandria. Er kommt von Sizilien.«
»Vielleicht«, sagte Cuomo, kalt, beleidigend.
Rogers Hand fuhr an den Schwertgriff.
»Bitte, macht Euch keine Umstände«, bedeutete ihm der Polizeichef. »Vier meiner Leute warten vor der Tür. Messer Bernard, ich muß meine Frage wiederholen: Wie nahe seid Ihr mit diesem Mann bekannt?«
»Nun, ich habe ihn erst heute kennengelernt«, gab Bernard von Quintavalle widerstrebend zu. »Er suchte mich wegen eines Geschäftes auf. Aber ich zweifele nicht daran…«
»Ich bin untröstlich, Messer Bernard«, fiel ihm Cuomo ins Wort, »aber was Ihr auch für ein Geschäft im Sinne habt, ich muß es unterbrechen. Herr Ritter… Ihr folgt mir, wenn's beliebt.«
»Was soll das alles bedeuten?« fragte Roger knapp.
Wieder verbeugte sich Cuomo. »Eine Vorsichtsmaßnahme, Herr Ritter«, sagte er mit öligem Lächeln. »Weiter nichts. Schließlich befindet sich Assisi gerade im Krieg. Das ist Euch doch gewiß bekannt, Herr Ritter?«
»Nun, da Ihr es erwähnt, scheint es mir, als hätte ich bereits davon vernommen«, sagte Roger gedehnt. »Ihr liegt im Krieg mit Perugia, nicht wahr? Ich wünsche Euch viel Glück dabei, Messer… Messer Polizeichef. Aber sonst hat Euer Krieg nichts mit mir zu tun.«
»Der Krieg!« rief Bernard ungläubig aus. »Aber mein bester Messer Cuomo, der Krieg geht nun schon ich weiß nicht wie lange, und niemals hat sich etwas ereignet, außer daß wir ein paar Burgen in der Nähe belagert haben; und das hat auch zu nichts geführt. Nicht daß ich mich darüber beklagen will, im Gegenteil. Aber warum mit einemmal so kriegerisch?«

»Man kann im Kriege nicht vermeiden, kriegerisch zu sein«, stellte der Polizeichef mit Würde fest.
»O doch, das kann man«, widersprach Bernard. »Im Kriege zwischen Cremona und Padua hat keine Seite jemals angegriffen, weil beide Städte der Meinung waren, die andere sei stärker; und im Krieg zwischen Siena und Lucca vor ein paar Jahren ging es völlig friedlich zu, weil das Gebiet dazwischen florentinisch war und keiner der Kriegführenden die Neutralität von Florenz verletzen wollte. Wenn Ihr mich fragt, Messer Cuomo, so sollte Krieg nur zwischen Städten erlaubt sein, die keine gemeinsame Grenze haben. Das Ergebnis ist viel humaner und ...«
»Vergebt mir, Messer Bernard«, unterbrach Cuomo steif, »aber dies ist nicht der Augenblick für eine Lektion in Kriegsgeschichte. Ich stehe unter dem Befehl Ihrer Exzellenzen der Herren Konsuln persönlich. Dieser Mann, von dem Ihr sagt, er käme von Sizilien, wurde vor wenigen Tagen in Perugia gesehen ...«
»Warum auch nicht? Er hat es mir gesagt und ...«
»Außerdem ist er ein Adliger, und Ihr wißt sehr wohl, daß wenige von ihnen auf der Seite von Assisi stehen. Ihr pflegt einen merkwürdigen Umgang. Wenn ich Euch nicht als einen guten Bürger von Assisi kennen würde, Messer Bernard, so würde ich ...«
»... annehmen, daß ich selbst in einer Verschwörung gegen Assisi stecke, zusammen mit einem sizilianischen Edelmann«, fiel ihm Bernard ins Wort. »Ich, der ich einer der fünf besten Steuerzahler der Stadt bin. Ich muß mich wundern, Messer Cuomo!«
Der Polizeichef spreizte seine gewaltigen Hände. »Ich verhafte ja nicht Euch, Messer Bernard. Ich habe Euren Gast verhaftet. Und jetzt müssen wir gehen. Meine Hochachtung, Messer Bernard, und meine Bitte um Vergebung für die kleine Ungelegenheit, die ich Euch machte. Folgt mir bitte, Herr Ritter.«
Als Cuomo sich zum Gehen wandte, stieß er mit Filippo zusammen, der gerade mit einem Tablett hereinkam; er fluchte mörderisch, begleitet von dem Klirren der durcheinanderfallenden Platten und Trinkbecher.
»Lebt wohl, Messer Bernard«, sagte Roger höflich. »Es tut mir leid, daß ich Eure Gastfreundschaft nicht genießen kann. Dieser Tag wird mir in Erinnerung bleiben als der Tag, an dem ich herausfand,

daß eine Ritterburg in Sizilien nicht einmal eine Mahlzeit wert ist, wenn das Schicksal es nicht will.«
Er verbeugte sich und folgte Cuomo.
Bernard gab Filippo einen Wink, das Zimmer zu verlassen, und setzte sich wieder. Irgendwie war ihm gar nicht wohl zumute. Dumm eigentlich, diese Anwandlung. Warum sollte dieser junge Bursche ihm leid tun, mit seinem bitteren Lächeln und seinem lächerlichen Stolz, weil er ein Adliger, ein Graf, ein Vandria war. Wer hatte je von Vandria gehört? Vielleicht war seine ganze Geschichte ein Schwindel, damit Geld verschafft werden konnte. Sicher, er war adlig, mit oder ohne ausländischem Akzent – wie er sich bewegte, wie er die Leute ansah, alles sprach dafür. Und dieser Cuomo sah neben ihm wie ein Ochse aus. Aber mit Adligen war heute kein Staat mehr zu machen, schon gar nicht in Assisi. In Perugia zählten sie immer noch, wie viele Felder ein Ritter auf dem Schild hatte. Fast der ganze Adel von Assisi war dorthin geflohen, als der Krieg begann. Vielleicht waren sie inzwischen schon so arm geworden wie dieser Vandria.
Geschieht ihnen recht, dachten viele. Bernard war sich dessen nicht so sicher. Einige der Edelleute waren so, wie sie alle hätten sein sollen – edle Leute. Die Galeanos zum Beispiel, und die Scifi, einige von den Scifi jedenfalls.
Aber der Geist der Zeit war gegen sie; in Assisi bestimmt. In Assisi war ein neuer Geist. Das war seit jener unvergeßlichen Nacht, als der deutsche Tyrann, Graf Lützelinhart, zum Papst floh, um dort seine Sache zu verfechten, und alle Bürger sich erhoben und seine Burg stürmten und ihre Mauern zertrümmerten, und dann mit den Steinen dieser selben Burg sich Mauern um die Stadt bauten!
Ein Kaufmann, besonders einer, der erfolgreich war, liebte Ruhe und Frieden mehr als alles andere; aber dieser Tag hatte etwas gehabt, das ihn unvergeßlich machte. Sie waren plötzlich alle wie Brüder gewesen, Brüder, die zusammen lachten und zusammen Hand anlegten.
Dieser Tag hatte etwas Besonderes, das fühlten sie alle. Und das machte sie mißtrauisch gegen jene, die vielleicht neue Tyrannen werden konnten, mißtrauisch gegen alle Adligen. Assisi war eine Republik. Vielleicht war es ein bißchen kindisch, Konsuln zu wäh-

len, als ob man hier in Rom wäre, Rom zur Zeit der Gracchen und des Cincinnatus. Immerhin, es gehörte zum neuen Geist.
Warum sich also über einen bettelarmen Adligen mit einer Burg in Sizilien Gedanken machen? Vielleicht war er wirklich ein Spion aus Perugia.
Versucht der Kerl einem Geld abzulocken für seine Reise in den Süden! Hundert zu eins, daß er in seinem Leben noch kein Kupferstück verdient hatte. Reiten, turnieren, jagen, in schönen Rüstungen und feinen Kleidern herumstolzieren, das war alles, was sie konnten. Keine Ahnung vom Wert des Geldes. Keinen Sinn dafür, was es für Mühe, Schweiß und konzentrierte Arbeit kostete, bei Handel und Geschäft Erfolg zu haben. Kaufleute waren nichts in ihren Augen – solange sie sie nicht brauchten. Und selbst dann verachteten sie sie. Selbst ihre Höflichkeit war nichts weiter als der Harnisch ihrer Verachtung. Schlösser in Sizilien. Schlösser auf dem Mond. Recht geschah ihm, dem jungen Tunichtgut, wenn er ein paar Tage im Gefängnis sitzen mußte. Wie höhnisch er gewesen war, als er von den Geschäftspraktiken sprach!
Wenn ihm nun jemand vor ein paar Stunden das Geld gegeben hätte – jetzt war er verhaftet und saß im Stadtgefängnis, und das Geld hatte man ihm weggenommen. Man konnte ebensogut das Geld gleich aus dem Fenster werfen.
Dieser neue Geist von Assisi hatte doch etwas für sich. Kein Stiefellecken mehr vor einem tyrannischen deutschen Befehlshaber – kein Dienern und Scharren mehr vor arroganten Adligen und ihren noch arroganteren Damen. Bürgerstolz und Arbeit und blühender Handel.
Cuomo – wenn er nur seinen fürchterlichen Bart abschneiden würde! – hatte recht: viele Adlige waren nach Perugia geflohen und gaben sich wahrscheinlich alle Mühe, die Leute dort gegen Assisi aufzuhetzen. Glücklicherweise waren die Perugianer im allgemeinen so friedlich wie alle anderen. Man mußte schon ein Polizeichef oder Militärkommandant sein, um den Krieg ernst zu nehmen. Trotzdem störte er erheblich. Man mußte die Geschäfte über Foligno oder Cortona leiten, und selbst dann –
Wer machte nur den höllischen Lärm da draußen? Es waren doch keine Wahlen im Gange, wozu schickten sie dann den öffentlichen

Ausrufer durch die Straßen? Mit Trommeln auch noch, das taten sie doch nur, wenn sie ganz sicher gehen wollten, daß es auch alle hörten.

In den engen Gassen hallten die Trommeln wie heftiger Donner, ihr Schall kam von den Häuserwänden so schnell zurück, daß sich kein klares Echo formen konnte. Die ganze Welt schien mit dem dumpfen, drohenden Geräusch erfüllt zu sein. Dann brach es plötzlich ab, und die näselnde Stimme des Stadtausrufers war zu hören; die Stimme, aber nicht was er rief. Bernard von Quintavalles Haus war sehr solide gebaut, und die Fenster waren geschlossen. Es machte nichts. Sicher war Filippo draußen, um zu hören und zu melden. Es schien nur eine kurze Bekanntmachung zu sein. Nach wenigen Augenblicken fing die Trommel wieder an zu dröhnen.

»Filippo! Filippo!«

Der Diener kam herein, schlotternd, mit weißem Gesicht.

»Was ist los, Filippo?«

»Die B-bürgergarde«, tremolierte Filippo, »die Bürgergarde muß morgen früh antreten, bei S-sonnenaufgang am Alten Tor.«

»Ist das alles? Sicher will Obrist da Fabriano nur ein wenig exerzieren. Es wird euch gut tun.«

»N-nein, Messer Bernard. Wir ziehen gegen P-perugia, und ich werde sicher sterben.«

»Unsinn«, sagte Bernard barsch, »niemand stirbt heutzutag im Krieg.«

Die Trommeln in der Ferne klangen wie hartes, spöttisches Gelächter.

ZWEITES KAPITEL

»Das ist also dein Spion«, sagte Seine Exzellenz der Konsul. Seine Exzellenz war ein Mann von kaum geringerem Körperumfang als sein Polizeigewaltiger, und er wirkte sogar noch abschreckender mit seinem wuchtigen bartlosen Kinn, seinem harten Mund und seinen kleinen, stechenden schwarzen Augen. Bevor er zum Konsul gewählt wurde, hatte er an der Spitze eines sehr erfolgreichen

Handelshauses gestanden, das mit einem halben Dutzend Ländern Geschäfte trieb, und, wie er gern sagte: ein Mann, der das konnte, konnte alles.
»Spion«, wiederholte er, als genösse er das Wort. »Spion, wie? Und was gibt dir den Gedanken ein, daß er einer ist, mein Cuomo?«
Der Polizeichef spreizte die Finger einer Hand. »Erstens«, sagte er, »der Mann behauptet, er käme von Sizilien. Aber ich *weiß*, daß er von Perugia kommt. Er hat die letzte Nacht dort zugebracht, *und* die Nacht zuvor. Zweitens: er ist ein Ritter und deshalb höchstwahrscheinlich auf der Seite von Perugia. Drittens: warum sollte einer wie er zu einer Zeit wie dieser nach Assisi kommen, wenn nicht, um etwas Nützliches für die von Perugia herauszufinden?«
Seine Exzellenz nickte freundlich, und Cuomo fuhr ermutigt fort: »Ich beschloß, ihn festzunehmen und Eurer Exzellenz vorzuführen. Ich habe natürlich auch seine Habschaften untersucht. Sie bestehen aus einem Pferd, einer Decke und einer Reihe von Schriftstücken in lateinischer Sprache. Mein Latein ...«
»... ist nicht besser als dein gesunder Menschenverstand«, sagte der Konsul. »Wie steht's mit Geld?«
»Keins, Eure Exzellenz«, sagte Cuomo verächtlich. »Nicht einen Maravedi, nicht einen Besant, nicht einen Gulden, nicht eine Kupfermünze.«
Der Konsul blätterte in den Dokumenten. Sein Gesicht war ausdruckslos. Nach ein paar Minuten sagte er: »Nun, Herr Ritter – was habt Ihr zu dieser Beschuldigung zu sagen?«
»Darf ich fragen, wer Ihr seid?« Rogers Stimme klang gelangweilt.
Cuomo trat vor. »Zügelt Eure Unverschämtheit, Herr Ritter«, fuhr er ihn an. »Ihr steht vor dem höchsten Beamten von Assisi – Ihr, ein mittelloser Abenteurer.«
»Ich bin in größeren Städten als Assisi ohne Mittel gewesen«, teilte ihm der junge Mann mit einem Achselzucken mit. »Legt man hier seinen Namen ab, wenn man Beamter wird?«
Cuomo tanzte fast vor Wut. »Ihr werdet das bereuen! Ihr werdet das noch ...«
»Ich bin Mario Revini, Konsul von Assisi«, sagte Seine Exzellenz nicht ohne Würde. »Und nun, da wir uns beide kennen, würdet Ihr die Güte haben, meine Frage zu beantworten?«

»Dieser Bursche«, sagte Roger und deutete mit dem Kopf über die Schulter auf Cuomo, »ist ein Rindvieh.«
»Wenn Eure Exzellenz erlauben«, sagte der Polizeichef mit halberstickter Stimme, »nehme ich diesen Gefangenen zum Wachraum hinunter und ...«
»Nicht doch, mein guter Cuomo. Wir überlassen solche Methoden dem Adel. Wir sind einfache Bürger. Herr Ritter, wir sind zufällig mit Perugia im Kriege. Ist es wahr, daß Ihr noch vor ganz kurzer Zeit dort gewesen seid?«
»Gewiß«, sagte Roger.
»Vielleicht um Freunde aufzusuchen?«
»Im Gegenteil. Um Bankhäuser aufzusuchen.«
Ein Schimmer der Belustigung huschte über das massige Gesicht des Konsuls und verschwand wieder. »Euer Besuch war nicht erfolgreich, nehme ich an?«
»Nein.«
»In diesem Falle«, sagte der Konsul, »dürften Eure Gefühle gegenüber dieser Stadt nicht allzu freundschaftlich sein, wie?«
»Es sind genau die gleichen Gefühle, wie ich sie gegenüber Assisi empfinde«, gab Roger trocken zurück. »Hier wollte man mir auch kein Geld leihen.«
Der Konsul fuhr sich mit der fleischigen Hand über den Mund. Vielleicht wollte er ein Lächeln verbergen. »Wozu wolltet Ihr das Geld?« fragte er.
»Um heimzureisen nach Sizilien. Auf meine Burg. Dort stellt mir niemand solche Fragen.«
Der Konsul lächelte jetzt unverhüllt. »Ich bin mir dessen nicht so sicher. Die Dinge liegen nicht so einfach im Süden.« Eine Pause entstand. Von weither kam das Geräusch der Trommeln.
Der Konsul hob den Kopf, als ob ihm plötzlich ein Gedanke gekommen wäre. »Wie wäre es, wenn Ihr Euch etwas Geld *verdienen* würdet, anstatt es Euch zu borgen?« fragte er, und Cuomo sperrte den Mund auf.
Roger grinste zurück. »Ich bin im Handel nicht sehr bewandert ...«
»Ich sprach von keinem Handel«, sagte der Konsul. »Ihr seid ein Ritter, trotz Eurer Jugend. Ihr müßt die üblichen Riten hinter Euch haben, Fechten, Falkonieren, Jagen, Reiten, Turnieren ...«

»O ja«, sagte Roger lässig. »Ich habe vor den Richtern am Hofe von Mainz bestanden.«
»Das habe ich hieraus ersehen.« Der Konsul tippte auf eines der Dokumente, die vor ihm lagen. »Und die Deutschen machen es einem, soviel ich weiß, nicht leicht, seine Sporen zu verdienen. Also gut – wie wäre es, wenn Ihr auf unserer Seite kämpftet? Wir ziehen morgen früh gegen Perugia. Sie erwarten uns dort nicht, glaube ich. Was, glaubt Ihr, werden sie tun, wenn sie uns sehen? Die Stadt belagern lassen?«
»Natürlich nicht«, antwortete Roger sofort. »Das können sie sich nicht leisten. Es wird für sie eine Ehrensache sein, die Sache vor den Mauern auszufechten, nicht dahinter.«
Der Konsul nickte. »Sie werden sich nicht nachsagen lassen, daß der Adel nicht gewagt hat, sich mit Bürgerlichen im offenen Kampf zu messen. Sie werden einen Ausfall machen, wir werden sie schlagen und mit den Flüchtenden in die Stadt eindringen. Wollt Ihr in unsere Armee eintreten?«
Das war zu viel für Cuomo. »Das kann Eure Exzellenz nicht im Ernst meinen. Der Kerl würde ja ...«
»Er hatte recht, was dich betrifft, mein guter Cuomo«, unterbrach ihn der Konsul. »Du bist wirklich ein Rindvieh. Hast du je von einem Spion ohne Geld gehört? Ein Spion mag wohl ein Ritter sein, der sich für einen Bettler ausgibt, aber er kann sich nicht erlauben, tatsächlich ein Bettler zu sein. Schließlich muß er imstande sein, Leute zu bestechen, um Auskünfte zu bekommen. Außerdem ist dieser Ritter Sizilianer. Ich sollte den Dialekt wohl kennen. Mein Großvater hat den Seidenhandel in Palermo erlernt – es gab damals keinen anderen Ort dafür als Sizilien. Die Normannenkönige haben den Handel dort eingeführt, und mein Großvater wurde reich dabei. Wir vom Hause Revini verdanken Sizilien viel. Es soll mir eine Freude sein, einen kleinen Teil davon zurückzuzahlen, indem ich diesem vorzüglichen jungen Ritter weiterhelfe. Mein lieber Graf, hier ist die Gelegenheit, Euch alles Geld zu beschaffen, das Ihr braucht, und mehr – als rechtmäßige Beute. Was sagt Ihr dazu?«
»Wir werden wahrscheinlich geschlagen werden«, sagte Roger ruhig. »Aber ich habe keine Wahl. Wie steht's mit einer Rüstung?«

Der Konsul lachte herzlich. »Man wird Euch alles beschaffen, was Ihr braucht. Habt Ihr irgendwo Quartier genommen? Nein, natürlich nicht. Gut, ich werde einen meiner Freunde bitten, Euch Essen und Unterkunft zu geben. Ich würde Euch in mein eigenes Haus bitten, aber dort wird in einer Stunde Kriegsrat abgehalten.« Er schrieb ein paar Zeilen auf einen Bogen Papier, faltete und siegelte ihn. »Ich gebe Euch einen Mann mit – aber nicht den Polizeichef. Roberto!«
Ein hageres Individuum kam herein. »Eure Exzellenz?«
»Hier, nimm diesen Brief und geleite den Ritter zum Hause des Ser Pietro Bernardone. Lebt wohl und viel Glück, Graf.« Als die Tür sich hinter den beiden geschlossen hatte, wandte der Konsul sich zu Cuomo. »Das Geheimnis des Erfolges, mein lieber Cuomo, ist, aus einer gegebenen Lage das Beste herauszuschlagen – und nicht das Schlechteste. Du hättest diesen Mann ins Gefängnis gesteckt, wo du ihn hättest bewachen müssen. Resultat: zwei starke Männer lahmgelegt. Statt dessen wird er für uns kämpfen – und da du ihm so sehr mißtraust, erlaube ich dir, bei dem Unternehmen mitzumachen. Im Felde kannst du auf ihn aufpassen, soviel du willst; aber gleichzeitig kannst du dabei das Deine für Assisi tun.«
»Aber, Eure Exzellenz ...«, stotterte Cuomo. »Wenn der Polizeichef nicht in der Stadt ist, um für die Sicherheit ...«
»Unsinn, Mann, dein Stellvertreter wird dich ohne Zweifel würdig ersetzen. Morgen bei Sonnenaufgang, mein Cuomo – und ich bin sicher, du wirst dich mit Ruhm bedecken.«

*

Das Haus des Pietro Bernardone hatte drei Türen: Der eigentliche Hauseingang, der Eingang zum Kontor oder Geschäftsraum und die Tür des Todes, die nur benutzt wurde, um den Körper eines gestorbenen Hausbewohners hinauszutragen. Die Todestür war zugemauert, wie um den Eintritt des einzigen Gastes zu verhindern, der sie je benutzen würde: des Todes selber.
Die meisten Häuser in Assisi hatten diese drei Türen. Der Brauch ging weiter als das frühe Christentum noch in die heidnischen Zeiten zurück, wo es als ein Unglück angesehen wurde, über eine

Schwelle zu treten, über die ein toter Körper hinausgetragen worden war.
Der schmalgesichtige Roberto schlug ein Kreuz, als sie an der Tür des Todes vorbeikamen. »Viele werden morgen sterben, und doch werden die Türen ihrer Häuser vermauert bleiben«, sagte er. »Ist es gestattet, zu fragen, Herr Ritter, ob Ihr mit unseren Truppen kämpfen werdet?«
»Ich bin dabei, ja«, sagte Roger. »Und du, Bursche?«
»Ich nicht, Herr Ritter. Sie nehmen mich nicht bei der Bürgergarde. Ich hab' es auf der Brust.« Roberto grinste plötzlich. »Früher habe ich es immer bedauert, nicht gesund zu sein. Aber jetzt – ich weiß nicht ...«
Er zog mit Behagen die Klingelschnur am Haupteingang.
Zu Rogers Erstaunen wurde die Tür von einem Diener in einer Art von Livree geöffnet. Aber das war nur der Anfang vieler Überraschungen. Die Vorhalle war voll von kostbaren Möbeln, und im anschließenden Zimmer waren die Fenster nicht aus Leinenvorhängen oder Ölpapier, sondern aus Glas, und den Boden bedeckte ein herrlicher Teppich. Ohne Zweifel war dieser Bernardone ein reicher Mann, reicher wahrscheinlich als Bernard von Quintavalle. Die Schlösser einer Reihe von deutschen Edelleuten, die Roger gesehen hatte, konnten sich in ihrer Innenausstattung nicht mit den Schätzen dieses Hauses messen.
Er erinnerte sich einer Bemerkung, die sein Vater einmal über den wachsenden Reichtum der Kaufleute allerorts gemacht hatte. »Emsig sind sie wie die honigsammelnden Bienen. Man muß sie nur in Ruhe lassen, bis sie so viel zusammengetragen haben, daß es sich lohnt, es ihnen wegzunehmen.«
Wenn man konnte. Es war bitter, den alten Mann so reden zu hören und dabei zu wissen, daß seine ganze Macht geschwunden war, und daß er seine letzten Lebensjahre damit zubringen mußte, vergeblich von einem Adligen zum anderen zu laufen, um sie für die Rückgewinnung seiner Burg und seiner Grafschaft zu interessieren – wobei er ein fast unheimliches Geschick darin bewies, sich unfehlbar an den falschen Mann oder die falsche Partei zu wenden.
Mein Erbe, dachte Roger, ist keine Burg und kein Titel. Es ist ein Blendwerk, ein Hirngespinst, eine Fata Morgana. Und es würde

niemals mehr als das sein, wenn er nicht selbst hingelangen konnte, allein, wenn es nicht anders ging.
Doch hier war Ser Pietro Bernardone, sein Gastgeber, ein fröhlich dröhnender, herzhaft wirkender Mann, gut gepolstert vom guten Leben, mit buschigen Augenbrauen und grauen Schläfen. Er war prächtig gekleidet, in Lyoner Tuch, das die Franzosen so fein zu spinnen verstanden; er war ein einziges Lächeln und Sich-Verbeugen. Es sei mehr als gütig von Seiner Exzellenz, ihm einen so willkommenen Gast zu senden; das Pferd des edlen Grafen würde umgehend versorgt werden; *er* wüßte, wie wichtig es sei, daß jemand sich gut um das Pferd kümmere; und wenn der edle Graf einverstanden sei, werde das Abendessen in einer halben Stunde bereit sein.
Roger nickte nur.
Die Erwähnung des Wortes Essen genügte, um seinen Mund mit Speichel zu füllen und einen scharfen Schmerz in seinem Magen auszulösen.
Eine große, hagere Frau kam herein, und einen Augenblick lang dachte Roger, er sei nicht der einzige Gast von edlem Rang in diesem Haus. Sie hatte das, was Maler ein ›Gesicht mit guten Knochen‹ nennen, jene Art von Antlitz, das sich beim Altern kaum verändern würde. Anmut und Würde waren in ihren Bewegungen, doch irgendwie war es schwer, sich diese Frau mit einem Lächeln vorzustellen.
»Meine Frau«, sagte Bernardone mit einer großen Geste, als zeige er auf ein berühmtes Denkmal. »Donna Pica stammt aus Südfrankreich, der Wiege so vieler schöner und edler Dinge. Ich habe eine Schwäche für Frankreich, Herr Ritter, ich leugne es nicht. Ihr, der Ihr normannischer Abstammung seid, werdet das gewiß verstehen. Meine Frau ist eine geborene Boulement.« Er hätte es nicht mit mehr Betonung sagen können, wenn die gute Dame eine Prinzessin von Geblüt gewesen wäre.
Sie war verlegen, aber sie zierte sich nicht. Sie hatte sich wohl nie in ihrem Leben geziert. Sie sah nicht glücklich aus. Das Licht der kostbaren Lampen im Zimmer war nicht sehr hell, aber es schien, daß sie vor kurzem geweint hatte.
Lärm ertönte draußen, und ein junger Mann kam ins Zimmer

gestürzt. Er war so kostbar gekleidet, daß er eine Versammlung von deutschen Edelleuten in den Schatten gestellt hätte.
Sein braunes Haar war sorgfältig nach der letzten Mode geschnitten, seine Hände waren weiß und gepflegt; in der einen schwang er einen Federhut, und in der anderen hielt er einen rotbackigen Apfel.
Er lief schnurstracks auf die Dame des Hauses zu, küßte sie auf beide Wangen, drehte sich im Kreis und umarmte Bernardone. »Ihr wißt es schon, nicht wahr?« fragte er atemlos. »Alle wissen es, dafür haben die Trommeln gesorgt. Bitte, bangt Euch nicht um mich, Mutter. Ich komme mit Ehren zurück. Wißt Ihr es nicht, Vater? Dies ist der Anfang, der wirkliche Anfang. Wie wundervoll, daß es jetzt gekommen ist, wo ich reif dafür bin, und nicht als ich noch ein Kind oder ein Knabe war. Der Obrist hat mir erlaubt, bei seiner eigenen Garde zu kämpfen. Er sendet Euch seine Grüße – und auch Euch, Mutter.«
Aber die Dame wandte sich ab und verschwand ohne ein Wort ins Nebenzimmer.
»Sie weint doch nicht?« fragte der junge Mann in plötzlich aufsteigendem Mitgefühl. »Ich muß sie trösten gehen ...«
»Warte!« dröhnte Bernardone. »Herr Graf, dieses ist mein Sohn, Franz. Francis, auch Graf Roger von Vandria zieht mit unserer Armee ins Feld.«
»Tausendmal um Vergebung, Herr Graf«, sagte Franz und verbeugte sich mit höfischem Anstand. »Assisi muß sehr stolz sein, Euch auf seiner Seite zu haben.«
Roger lächelte, er konnte nicht anders. Dieser geschniegelte, kleine Fant hatte etwas Entwaffnendes. Seidene Strümpfe – ein samtenes Wams – und diese Feder auf seinem Hut!
»Franz ist mein Augapfel«, sagte Bernardone stolz.
»Kein Zweifel«, gab Roger zurück. »Und wenn wir zusammen auf der Straße gesehen würden, würde man *ihn* für den Edelmann halten. Ich bewundere Euren Geschmack für Kleider, Messer Franz.«
»Wie gütig Ihr seid, Herr Graf«, sagte Franz entzückt. »Aber ich wußte schon immer, daß Güte das Zeichen des wahren Adligen ist.«

Er meint es im Ernst, bei Gott, dachte Roger. Seine eigene Ironie für bare Münze genommen zu sehen, war etwas verwirrend. Das Schlimmste war, daß man dem kleinen Mann nicht einmal einen Vorwurf aus seiner Eitelkeit machen konnte. Man hätte ihn tatsächlich für einen jungen Adligen halten können, und nicht nur wegen seines Aufzugs, der so farbenfroh war, wie die Federn von Kaiser Philipps prächtigstem Papagei.

Fast zu seinem eigenen Erstaunen merkte Roger, daß er Francis Bernardone die Hand hinstreckte.

Franz wollte sie schütteln, bemerkte, daß er in der einen Hand noch seinen Hut und in der anderen den Apfel hielt, lachte, ließ den Hut zu Boden fallen, beförderte den Apfel aus der Rechten in die Linke und ergriff schließlich Rogers Hand. »Ein Mädchen hat mir den Apfel geschenkt«, sagte er mit einem Lächeln. »Sie geben allen, die in den Krieg ziehen, Früchte und Blumen.«

»Nur mir nicht«, konnte sich Roger nicht enthalten zu sagen.

»Wie schändlich«, rief Franz, »aber sie wußten wohl nicht, daß Ihr unser Verbündeter seid. Wenn Ihr nichts dagegen habt, ihn von mir anzunehmen, Herr Graf ...«

»Im Gegenteil, ich bin entzückt«, sagte Roger. Er nahm den hingereichten Apfel und biß sofort hinein. Es erforderte große Beherrschung, den Bernardones nicht zu zeigen, daß er halb verhungert war. Immerhin hatte er den ganzen Apfel schon vertilgt, ehe er seine Stimme wieder soweit in der Gewalt hatte, daß er ›Danke sehr‹ sagen konnte; und da war der junge Franz schon in den Nebenraum geschlüpft.

Vater Bernardone sagte entschuldigend: »Seine Mutter macht sich Sorgen, weil der Junge in den Krieg zieht«, und Roger konnte sehen, daß sie nicht die einzige war.

Aber jetzt kam der livrierte Diener, um zu verkünden, daß das Mahl bereit sei, und der Gedanke an Essen war eine schmerzhafte Verzückung, die jede höfliche oder tröstliche Antwort an den Gastgeber zunichte machte, ehe sie gegeben werden konnte.

DRITTES KAPITEL

Der Tag war heiß, und Roger rann der Schweiß unter der Rüstung herunter. Er hatte aus der Waffenkammer von Assisi eine Rüstung bekommen, die für einen größeren Mann bestimmt war, und es war nicht ganz leicht gewesen, sie anzulegen. Ein Kettenhemd, Panzerhandschuhe, einen stählernen Brustpanzer, einen Helm mit Kettenhaube und Nackenschutz, der eng um Kehle und Schultern lag und keine Blöße für perugische Pfeile freiließ. Nur die Beinpanzerung war elastisch. Die Rüstung war nicht gut gearbeitet, und zuerst glaubte er, man habe ihm etwas gegeben, das kein anderer hatte haben wollen. Später, als er die Armee von Assisi versammelt sah, wurde ihm klar, daß man ihn gut bedient hatte. Die assisische Armee besaß einen Kern von etwa hundertfünfzig Söldnern, weiß der Teufel, woher sie sie hatten. Ihr Anführer war ein finsterer Geselle mit einem Auge, Spanier vielleicht oder Portugiese. Roger konnte ein paar Worte mit den Leuten wechseln und erfuhr, daß er mit seiner Truppe erst am Vortage in Assisi eingetroffen war. Das war also der Grund für die plötzliche Entscheidung, Perugia anzugreifen – die Herren Konsuln hatten auf die Ankunft der Berufssoldaten gewartet, und nun, da sie da waren, sollten sie sofort verwendet werden. Söldner waren notorisch teuer, und Sparsamkeit war eine der Haupttugenden der Kaufleute …

Schließlich war dies ein Krieg von Kaufleuten gegen andere Kaufleute.

Die Söldner waren zu Fuß. Es gab auch eine berittene Abteilung, Lanzenreiter, zu denen er selbst gehören sollte. Die Pferde waren nicht schlecht; jedenfalls sahen sie zuverlässiger aus als ihre Reiter, von denen die meisten Söhne wohlsituierter Bürger waren, denen es mehr lag, ihre Eitelkeit zu Pferde zur Schau zu stellen, als im Ernst zu kämpfen. Dann war da noch die Bürgergarde, sieben- oder achthundert Mann stark und mit allem möglichen bewaffnet, Schwertern, Spießen, Pfeil und Bogen und selbst Keulen, die mit Eisennägeln bespickt waren, eine primitive Nachahmung des furchtbaren deutschen ›Morgensterns‹.

Der ganze Haufen war etwas über tausend Mann stark.

Roger dachte an Perugia, die stolze Stadt auf dem Hügel, Zuflucht vieler Edelleute mit ihrem gepanzerten Gefolge. Was machte wohl den Konsul Revini so sicher, daß Assisi siegen würde? Revini sah aus und redete wie ein vernünftiger Mann. Aber vielleicht rechnete er auf den Überraschungsfaktor, und da mochte er wohl recht haben. Niemand schien sich in Perugia um den Krieg zu kümmern. Niemand hatte auch nur mit ihm davon gesprochen, mit Ausnahme des ältesten der drei Brüder Pisani, und auch der hatte ihn nur als Argument angeführt, warum er zur Zeit niemandem ein Darlehen geben wollte ...

Es würde ein Mordsspaß sein, in sein feierliches Kontor zu preschen und sich als ehrliche Beute zu holen, was er nicht als Darlehen hatte hergeben wollen! Es konnte sehr gut passieren.

Im Krieg war alles möglich, wie Vater zu sagen pflegte. Sie bewegten sich über die weite umbrische Ebene. Irgendwo dort drüben lagen im frühen Sonnendunst die Hügel von Perugia.

Die Lanzenreiter, oder jedenfalls die Hälfte von ihnen, bildeten die Vorhut. Dann kam der Obrist mit seinem Stab, Gentile da Fabriano, ein Adliger. Wenn Assisi sich auch noch so demokratisch fühlte, so hatten die Konsuln doch genug Vernunft gehabt, einen Adligen als Führer ihrer Kriegsexpedition zu bestellen. Konsuln! Sie äfften natürlich das alte Rom nach. Vier Soldaten trugen die Fahnen von Assisi; die Fahnenstange hatte einen breiten Querbalken mit den Buchstaben S.P.Q.A. – *senatus populusque Assisianus.* Schatten des Cäsar und Pompejus! Diese Leutchen wußten nicht, wie lächerlich sie waren.

Aber es war eben eine kuriose Zeit, wo jede kleine Stadt sich für ein unabhängiges Reich hielt. Seit vor rund fünfundzwanzig Jahren Kaiser Barbarossa bei Legnano von den Mailändern geschlagen worden war, schienen alle Bürgersleute das Gefühl zu haben, sie könnten es mit jedem in der Welt aufnehmen.

Obrist da Fabriano war ein stämmiger Mann, und er konnte wenigstens reiten, was man von den meisten sogenannten Lanzern nicht gerade behaupten konnte.

Der kleine Bernardone saß allerdings ganz gut zu Pferde. Stolz wie ein Pfau natürlich, und von Papa und Mama gründlich verwöhnt; aber wenigstens hatte er Manieren und saß mit einer natürlichen

Eleganz im Sattel. Sein Optimismus übrigens war eigentlich rührend. Er war vollkommen sicher, daß er sich mit Ruhm bedecken würde.
Seine Eltern waren in dieser Hinsicht nicht ganz so sicher – vor allem seine Mutter. Roger stieß einen kleinen Seufzer aus und lächelte etwas unglücklich. Er hatte sich bald nach dem Abendessen zurückgezogen – und was für ein Abendessen es war; er mußte sich aufs äußerste beherrschen, um sich nicht am Vorabend des Feldzugs zu überessen. Mutter Bernardone hatte ihn zum Gastzimmer geleitet. Als er ihr eine geruhsame Nacht wünschte, gab sie keine Antwort. Sie stand nur vor ihm und sah ihn an, als wolle sie seine innersten Gedanken lesen. Damit konnte sie kaum großen Erfolg gehabt haben, da er keine hatte. Er wollte nur ins Bett und schlafen.
Schließlich flüsterte sie mit großer Dringlichkeit: »Herr Graf…«, und er bemühte sich, einen interessierten Eindruck zu machen.
»Herr Graf, ich flehe Euch an … behaltet morgen unseren Franz im Auge. Er ist noch so jung… und er war noch nie im Kampf… ich habe solche Angst, so furchtbare Angst…«
Er versprach es ihr natürlich, und sie dankte ihm mit Tränen, und plötzlich beugte sie sich über seine Hände und küßte sie, ehe er sie daran hindern konnte. Dann verschwand sie mit einem leisen Schluchzen.
Es war alles ganz natürlich, aber es irritierte ihn. Er war auch nicht älter – nicht erheblich jedenfalls – als ihr kostbarer Franz. Wie kam sie darauf, daß er schon Erfahrung in der Schlacht gehabt haben sollte?
Vielleicht, weil er schließlich ein Ritter war und deshalb im Gebrauch der Waffen geübt. Oder weil es ihm ganz gleich zu sein schien, was geschah.
War es ihm gleich?
Seit dem Tage, da sein Vater gestorben war, hatte er nur einem Gedanken gelebt: Heimzukommen, nach Sizilien, nach Vandria. Er erinnerte sich mit schmerzlicher Deutlichkeit daran: Die kleine graue Burg, die sich mit ihren beiden Türmen auf einem sanften Hügel erhob – das süß duftende Zimmer, wo seine Mutter immer gesessen hatte, blaß, hoheitsvoll, von ihren Mägden umgeben – die

großen Hunde, die durch die Räume jagten – das Silberwappen über dem hohen Stuhl in der Bankettalle; Vater bei Wein und tönendem Gespräch mit seinen Freunden; die Waffenkammer, und der alte Oswald beim liebevollen Putzen der Schwerter und Lanzen. Der Garten mit Mutters Lieblingsplatz, von dem man die herrlichste Ebene überblickte, Oleandersträucher und Zitronen- und Orangenhaine, Palmen und die Felsen, heiß unter der Sonne und mit Tausenden von kleinen, grünen Eidechsen, die so schwer zu fangen waren. Er war zu klein gewesen, um zu verstehen, warum sie eines Tages so plötzlich fort mußten und um ihr Leben fliehen, mit den Berittenen des Tyrannen hinter sich, des schrecklichen, des mörderischen Kaisers Heinrich VI.
In all den Jahren unter dem grauen Himmel des Nordens hatte er von Vandria geträumt wie ein Mönch vom Himmel träumen mag. Aber bei ihm war es nicht nur blasser Glaube, unsichere Hoffnung. Er wußte, daß es Vandria gab, und daß er hin mußte, sobald er konnte.
Am Tage nach des Vaters Begräbnis machte er sich auf den Weg; in seiner Tasche war weniger Geld, als mancher Edelmann in einem halben Jahr für seinen schlechtesten Hund ausgeben würde. Um dieser Reise willen hatte er eine Kette von Erniedrigungen eingesteckt. Man hatte ihn für einen Bettler, einen Schwindler, einen Spion gehalten.
Und jetzt war der letzte Graf von Vandria ein Söldner in dieser jämmerlichen Bürgerarmee und würde unter ihrer lächerlichen Fahne mit dem S. P. Q. A. auf dem Querbalken seine ersten Kampfsporen verdienen. Seine ersten Kampfsporen – und möglicherweise seinen Tod.
Die Vandrias hatten nie viel Glück gehabt. Irgendwie schien über ihnen immer stoßbereit das Unglück zu flattern, und mit jeder Generation war es mehr bergab gegangen.
Heute war es ihm klar, daß sein Vater politisch ein Narr gewesen war. Niemals hätte er nach Deutschland gehen sollen, sondern natürlich nach Frankreich, wo König Philipp Augustus ihm vielleicht Gehör geschenkt hätte. Selbst der Bürger Bernardone wußte, daß zwischen Normannen und Franzosen Verwandtschaft bestand.
Vielleicht wäre ich auch ein Narr in der Politik, dachte Roger grim-

mig. Aber wie die Dinge liegen, habe ich nicht einmal die Narrenwahl. Um so besser vielleicht.
Aber wenigstens hatte man jetzt Gelegenheit zu kämpfen. Es war dumm, das Kämpfen als etwas anzusehen, das sich um seiner selbst willen verlohnte, so wie das viele von den deutschen Rittern taten. Es mußte einen Zweck haben, ein Ziel, das man erreichen wollte; und er hatte ein Ziel – es hieß Beute. Selbst wenn die Assisier Perugia nicht erobern konnten, würde es ihm vielleicht gelingen, einen schönen, fetten Perugier einzufangen, der ein gutes Lösegeld versprach.
Sie überquerten die Brücke über den Tescio.
»Keine Posten.« Roger dachte laut.
»Warum auch?« fragte der junge Lanzer neben ihm. »Die erwarten uns ja nicht.«
»Wir marschieren quer durch die Ebene, und sie sitzen oben auf den Höhen«, meditierte Roger laut. »Wenn sie nicht blind sind, müssen sie uns doch schon aus der Ferne sehen.«
»Noch nicht, das können sie nicht.« Der Lanzer lachte. »Und weiter vorn sind genug Wälder um die Berge herum. Unser Obrist weiß, was er tut. Hoffe ich jedenfalls.«
»Ich auch«, stimmte Roger trocken zu.
»Außerdem«, erklärte ihm der andere, »haben sie heute in Perugia ein Fest zu Ehren eines ihrer Heiligen, ich habe vergessen, wer das ist, sie werden also alle in ihrem Sonntagsstaat zur Messe gehen. Ich glaube, deshalb haben die Konsuln den heutigen Tag für den Angriff gewählt. Deshalb, und weil unsere Söldner eingetroffen sind ...«
Roger nickte. »Muß sehr ermutigend sein, so voraussichtige Führer zu haben.«
Der junge Mann warf ihm einen raschen Blick zu, fand aber ein völlig ausdrucksloses Gesicht. »Sie könnten uns aber ein wenig rasten lassen«, sagte er. »Es wird höllisch heiß.«
Aber der Obrist drängte voran, und die lange Kolonne wand sich weiter die staubbedeckte Straße entlang, vorbei an Olivenhainen, deren Schatten lockte, und einsamen Zypressen, die schweigend auf das wahre Ziel der Menschheit wiesen – wie es wenigstens Priester und fromme Weiber meinten.

Roger lachte in sich hinein.
Erst nach zwei Stunden, als sie den ersten Wald erreichten, erlaubte Fabriano ihnen eine kurze Rast unter den Bäumen und ließ sie ihr Mittagsmahl verzehren. Die Pferde blieben gesattelt, wurden aber an einer nahen Quelle getränkt und durften dort grasen.
»Nur kalte Nahrung«, ermahnte der Obrist die Männer. »Keine Feuer! Und tut euch kräftig Wasser in den Wein, sonst bekommt ihr einen Sonnenstich.«
Brot, Käse und etwas kalten Braten. Wein und Wasser. Sie waren zufrieden.
Roger sah mit einiger Erleichterung, daß da Fabriano Posten ausstellte, und daß er sie von der Söldnertruppe nahm. Weder die Lanzenreiter noch die Bürgergarde hatten viel Disziplin. Sie lagerten wild durcheinander und unterhielten sich aus Leibeskräften, bis der Obrist dazwischensprang und ihnen erklärte, sie benähmen sich wie ein Haufen alter Weiber auf dem Marktplatz.
Der kleine Bernardone saß bei den Stabsoffizieren, und dort saß auch … der Herr Polizeichef. Soso, er wollte also mehr für seine Geburtsstadt tun, als unschuldige Reisende verhaften. Es schien ihm allerdings nicht sehr behaglich dabei zumute zu sein.
Nach einer guten halben Stunde ließ da Fabriano die Männer wieder antreten. Er mußte seinen Befehl mehrere Male wiederholen und die Leute anschreien, ehe die Order ausgeführt war. Viele von der Bürgergarde, die lange Märsche nicht gewohnt waren, fanden, daß die Rast viel zu kurz für sie gewesen war.
Dieses Gefühl verstärkte sich, als sie aus dem Baumschatten heraus und wieder auf die staubige Straße kamen und die Sonne böse auf sie niederbrannte; der Obrist ritt vor und zurück, um sie in Schwung zu bringen: »Vorwärts, ihr Siegeshelden, bewegt euch! Wenn ihr in diesem Schneckentrab weitermarschiert, ist es Nacht, wenn wir ankommen; und ein Nachtangriff ist viel gefährlicher. Bei den Heiligen, man könnte glauben, ihr *wollt* gar nicht an den Feind herankommen.«
Vielleicht wollten sie auch nicht, dachte Roger. Einige jedenfalls.
Ein glitzerndes Band zerteilte die Ebene vor ihnen. Wieder ein Fluß, er war viel breiter als der Tescio.

Der Tiber. Er war hier blaugrau, nicht gelblich, wie er in Rom sein sollte.

Sie marschierten an einem ziemlich dichten Wald zur Rechten vorbei und kamen an eine Brücke.

»Ponte San Giovanni«, sagte der junge Lanzer, stolz auf seine Kenntnisse. »Seit einer halben Stunde sind wir auf perugianischem Gebiet.«

Auch die Tiberbrücke war unbewacht.

Obrist da Fabriano hob die Hand, und die Kolonne kam unordentlich zum Stehen. Er schickte ein halbes Dutzend Berittene über die Brücke, um nach feindlichen Truppen auszuspähen. »Wenn ihr nichts seht, schickt einen von euch zurück, um es zu melden, und haltet weiter Ausschau.«

Die Reiter rasselten über die Brücke. Auf der anderen Seite waren einige kahle Hügel, und dahinter wand sich die Straße wieder durch bewaldetes Terrain.

Fabriano zupfte an seinem kurzen Bart. Zum ersten Male schien er etwas unsicher.

Die Reiter verschwanden jenseits des Flusses. Einige Minuten vergingen in Schweigen, das nur dann und wann durch das Klirren von Waffen oder Wiehern eines Pferdes durchbrochen wurde.

Einer der Aufklärer kam wieder in Sicht, er ritt auf sie zu. Als er halb über die Brücke war, zügelte er sein Pferd, machte eine weitausholende Gebärde mit seiner Lanze und ritt wieder zurück.

»Nichts vom Feind zu sehen«, sagte der Obrist nicht ohne Erleichterung. »Vorwärts die Lanzenreiter!«

Einhundert von ihnen polterten in Doppelkolonne über die Brücke. Der Obrist mit seinem Stab folgte und hinter ihm die übrige Reiterei. Nach ihnen setzte sich die erste Gruppe der Zivilgarde in Bewegung.

Als Roger sich dem gegenüberliegenden Ufer näherte, war es ihm, als vernähme er über das Pferdegetrappel hinweg ein neues Geräusch. Es klang, wie wenn Kesselflicker auf ihre Töpfe hämmern – kaum hörbar in der Ferne, aber doch seltsam.

Das Pferd des Obristen stieg. Da Fabriano rief etwas, aber der Lärm war zu groß, um zu verstehen, was er sagte.

Roger fühlte einen starken Druck, der sein Pferd nach vorn

drängte, und plötzlich gab es keine Zweierkolonne mehr, es gab überhaupt keine Kolonne mehr. Die ganze Brücke war mit Pferden und Männern vollgestopft, und jeder schrie, soviel er konnte.
Narren, dachte er ärgerlich, können sie denn gar keine Disziplin halten?
Sie konnten es nicht. Die Masse von Menschen- und Pferdeleibern war jetzt so fest zusammengepreßt, daß sie wie ein einziges Tier mit vielen Köpfen und unzähligen Beinen schien, ein riesiger Drache mit stählernen Schuppen, dessen Leib zu groß und ungefüge war, um über die Brücke zu kommen, so daß er wilde Zuckungen vollführen mußte, unter denen die Brücke in ihren Grundpfeilern erbebte.
Noch ein furchtbarer Ruck, und Roger wurde mit den Leuten um ihn herum von der Brücke auf festen Boden geschnellt, und zur gleichen Zeit verstärkte sich das klimpernde Kesselflickergeräusch, sie hämmerten auf hundert Töpfen herum in einem unheimlichen regellosen Rhythmus.
Aus aufwirbelnden Staubwolken kam ein schriller, langgezogener Schrei von der Art, wie ihn keiner vergißt, der ihn je gehört hat: der schaurige Todesschrei eines Pferdes.
Erst in diesem Augenblick kam Roger die blitzartige Erkenntnis, daß dies hier nicht einfach Unordnung und Disziplinlosigkeit war. Was hier vorging, war ein Angriff, ein feindlicher Überraschungsangriff, und die Kesselschmiede hämmerten nicht auf Töpfen, sondern auf Helmen und Schildern und Harnischen herum. Aber wo steckten sie?
Er gab seinem Pferd die Sporen, daß es hochging, und zwang es in ein paar wilden Lançaden aus der wirbelnden Masse hinaus und den Hang eines Hügels hinauf. Und nun konnte er sehen:
Die vorderste Abteilung der Lanzenreiter war direkt in einen Hinterhalt von perugianischen Pikenieren hineingeritten. Der größte Teil war schon vom Pferd herunter und entwaffnet. Der Obrist und sein Stab war gleichfalls in den Hinterhalt hineingedrängt worden, und die zweite berittene Gruppe geriet, wie von einem unentrinnbaren Geschick getrieben, gerade hinein, während die Spitze der Bürgergarde hinter ihnen herdrängte.
Starke perugianische Streitkräfte brachen von den Hügeln auf sie

herein, viel zu viele für sie, und die von Assisi sahen es; sie schrien vor Angst und Wut, aber es gab kein Zurück für sie. Denn auch hinter ihnen – Roger sah es mit Schrecken – zeigten sich die bläulichen Rüstungen und grünen Wämser von Perugia und riegelten die Brücke ab.

Ein Blick auf das andere Tiberufer, und Roger wußte, was geschehen war. Ein doppelter Hinterhalt, dachte er in bitterer Wut. Der erste, auf der perugianischen Flußseite, schnitt die assisische Reiterei und eine Abteilung Bürgergarde vom Rest der Armee ab.

Der zweite, jenseits des Tiber, kam aus dem verflixten Wald und fuhr in das Gros der Bürgergarde – führerlos und ohne Reiterschutz, wie sie jetzt war – und in den Söldnerhaufen hinein. Und auch dort hatte der Feind hochüberlegene Streitkräfte. Die von Assisi mußten um ihr Leben kämpfen – aber ... kämpften sie?

Der Staub auf der assisischen Flußseite verzog sich, er verzog sich schnell. Sie kämpften nicht. Sie rannten.

Von den vielen Dingen, die ihn sein Vater über den Krieg gelehrt hatte, sprang ein Satz aus seinem Gedächtnis hoch: Denke daran, mein Sohn, wenn eine Armee erst rennt, bleibt sie nicht so leicht wieder stehen, besteht sie aus schlachtgewohnten Kämpfern. Besteht sie aber aus neuen Rekruten, dann bleibt sie überhaupt nicht wieder stehen!

Die von Assisi würden nicht wieder stehenbleiben. Sie waren in aufgelöster Flucht. Sie rissen die kleine Söldnertruppe mit sich fort.

Es war das Ende des Feldzuges. Einen Überraschungsangriff auf Perugia würde es nicht geben. Auch keinen Sieg und keine Beute.

Ein, zwei Augenblicke zögerte Roger. Er schuldete Assisi nichts außer ein paar plumpen Rüstungsstücken, einem Abendessen und einem Nachtlager.

In einer Schlacht konnte man kämpfen – aber sich sinnlos und blöde abschlachten zu lassen, wenn alles schon verloren war, hatte mit kämpfen wenig zu tun.

Das beste, das Vernünftigste, das einzige, was man tun konnte, war im Galopp davonzureiten, südwärts, den Tiber entlang. Perugianer und Assisier – was von ihnen übrig geblieben – waren mit Kämpfen auf dieser Seite des Flusses beschäftigt. Wenn er Glück hatte, würde er nicht einmal verfolgt werden. Da Fabriano ging gerade unter dem Ansturm dreier Perugianer zu Boden, die meisten seines Stabes waren schon überwältigt. Dies war der Augenblick zum Entkommen.

Rogers Hand griff die Zügel fester, und sein Pferd setzte zum Galopp an. In einer Minute würde der ganze Kampf vorbei sein, nur noch ein paar junge Leute aus dem Stab des Obristen wehrten sich noch ihrer Haut, wankend und benommen, unter ihnen einer in einem grellbunten Wams.

Roger riß den Kopf des Pferdes herum und stieß die Sporen in die Flanken des Tieres, so daß es auf die Gruppe losraste. Wie ein Donnerkeil fuhr er hinein, die Pikeniere wichen zurück, und erst jetzt zog Roger sein Schwert, gerade noch zur Zeit, um einem langen Kerl damit über den Helm zu hauen, ehe der dem kleinen Bernardone seinen Spieß durch den Rücken rennen konnte.

Sofort war er von einem halben Dutzend Leuten umgeben, die Zügel wurden ihm aus der Hand gerissen, er hörte ein donnerndes Krachen, und die Welt fiel ein und war nicht mehr.

VIERTES KAPITEL

»Tante Bona!«

Die rundliche Dame auf der Gartenbank schlief friedlich mit mächtigen Atemstößen, und die gewaltige obere Partie ihres braunen Samtkleides hob und senkte sich in einer Kette gleichmäßiger und wohlkontrollierter Erdstöße.

»Tante Booo-na!«

Das Gesicht über dem Erdbeben, rund wie der Mond, mit einer winzigen Knopfnase, drückte mit Erfolg den tiefsten Seelenfrieden aus, verlor ihn aber, sobald die Augen sich öffneten, sanft, verwirrt, den Widrigkeiten des Lebens aufs neue ausgesetzt.

»Was gibt es denn nun schon wieder?« fragte Bona Guelfuccio klagend. »Ach, du bist es, Klara. Warum gehst du nicht spielen mit Penenda und Agnes?«

Das blonde kleine Mädchen, acht oder neun Jahre mochte es sein,

sagte höflich: »Es tut mir leid, Tante Bona, aber Penenda hat ihre Musikstunde, und Agnes möchte zusehen, und ich dachte ...«
»Das habe ich befürchtet«, sagte die Tante und rieb sich die Augen. »Deine Mutter erlaubt dir *nicht*, daß du ein härenes Hemd trägst; das ist es doch wieder...?«
»Nein, das ist es nicht.«
»Sie ist ganz unerbittlich darin, und sie hat natürlich vollkommen recht. Du hast zu viele Geschichten von Mönchen und Einsiedlern gelesen.«
»Es ist wegen der Gefangenen.«
»Du liebe Güte«, sagte Tante Bona. »Was für Gefangene?«
»Die im Ver... Ver...«
»Im Verlies? Du meinst die Kriegsgefangenen?«
»Ja. Onkel Monaldo sagt, sie müßten in Ketten gelegt und ausgepeitscht werden. Warum ist er so böse mit ihnen?«
»Weil sie Krieg gegen uns geführt haben, nehme ich an.« Die rundliche Dame kam allmählich ganz zu sich. »Weißt du nicht, daß wir mit Assisi im Kriege sind?«
»Ja, aber wir sind doch aus Assisi, Tante Bona, nicht?«
Bona Guelfuccio seufzte. »Und ich wünschte, wir wären wieder dort«, sagte sie. »*Du* weißt nicht mehr viel von Assisi, mein Kleines, wie?«
»Doch, natürlich. Wir hatten ein großes Haus ganz nahe bei unserem lieben Herrn.«
»Auf dem Domplatz, ja. Aber sie haben es uns weggenommen.«
»Die Gefangenen?«
Tante Bona rieb sich die Knopfnase. »Vielleicht«, sagte sie lahm. »Jedenfalls die, von denen sie hergeschickt wurden.«
»Aber unser Haus *haben* sie doch schon«, sagte Klara und zog die Stirn in tiefe Falten. »Was wollen sie denn noch?«
»Ich weiß es wirklich nicht, mein Kleines.«
»Warum wollten sie denn unser Haus überhaupt?« fragte Klara. »Hatten sie keine eigenen?«
»O doch, die hatten sie, aber... also das ist eine *sehr* schwere Frage. Ich verstehe es nämlich selbst nicht ganz. Es ist, weil wir adlig sind – zum Teil. Sie sind ... sie sind Feinde von uns.«
»Dann sollten sie uns lieben«, sagte das Mädchen bestimmt, »ob

wir adlig sind oder nicht. Das ist ein Gebot. Und wir sollten sie lieben. Gut, ich werde sie sofort lieben.«
»Das ist sehr lieb von dir«, sagte Tante Bona.
»Aber sie sind im Verlies.«
»Ja, mein Liebes.«
»Und wer kümmert sich dort um sie?«
»Oh, die Wärter, glaube ich.«
»Sind sie nett zu ihnen?«
»So, mein Kleines, jetzt lauf und spiele. Ich bin sicher, Penenda ist mit ihrer Musikstunde fertig, und Agnes ...«
»Ich habe gedacht ...«
»Das tust du immer, Klara ...«
»Wenn ich sie liebe, muß ich ihnen etwas Gutes tun. *Und* es ist gut, die im Gefängnis zu besuchen, sagt Pater Onofrio.«
»Ja, aber ...«
»Ich glaube also, ich werde sie in ihrem Verlies besuchen.«
Bona Guelfuccio schlug ihre Patschhände zusammen, ihre Augenbrauen stiegen fast bis zu ihrem Kopfschleier hoch. »Klara! Du bist von Sinnen. Deine Mutter wird dir nie erlauben, an so einen Ort zu gehen. Du bist noch ein Kind, ein kleines Mädchen ...«
»Ja«, gab Klara zu. »Aber Ihr nicht, Tante Bona.«
Mit einem Ruck setzte sich die Dame auf. »Ich?« fragte sie. »Was meinst du damit?«
»Ich habe gedacht ...«
»Ihr Heiligen, bewahrt uns vor den Gedanken dieses Kindes!«
» ... Ihr seid so ein guter Mensch. Mutter sagt es auch ...«
»So?« fragte Bona Guelfuccio mit geschmeicheltem Lächeln.
»Ja, das sagt sie. Erst neulich sagte Onkel Monaldo etwas über Euch, ich konnte nicht verstehen, was es war, und da sagte Mutter: ›Ja, ja, ich weiß, aber sie ist doch so ein guter Mensch!‹ Also! Warum werdet Ihr denn so rot im Gesicht, Tante Bona?«
»Laß nur, laß nur.«
»Und deshalb bin ich sicher, *Ihr* werdet tun wollen, was der Herr sagt und Eure Gefangenen lieben und Eure Feinde besuchen. Und ich komme mit. Mutter erlaubt mir immer, mit Euch zu gehen.«
»Aber doch nicht ins Verlies«, sagte Bona Guelfuccio entsetzt. »Nein, nein, das steht ganz außer Frage. Außerdem würden sie uns

gar nicht hineinlassen, ganz sicher nicht, also wozu erst hingehen?«
»Darüber habe ich auch nachgedacht, Tante Bona. Wir könnten etwas Essen mitnehmen, Brot und Suppe und Käse und Wein, Giacomo und Maddalena würden uns alles geben, was wir brauchen.«
»Vollkommen ausgeschlossen«, erklärte Bona Guelfuccio mit Bestimmtheit. »Selbst wenn ich mich mit diesem Wahnsinn einverstanden erklärte, deine Mutter würde uns nie gehen lassen.«
»Mutter und Vater sind auf Besuch zum Grafen San Severino gegangen. Wir können sie nicht fragen.«
»Und dein Onkel Monaldo wäre sehr böse.«
Klara nickte. »Das ist möglich, Tante Bona. Aber mir ist es lieber, Onkel Monaldo ist mit mir böse als unser lieber Herr. Kommt, Tante Bona, *gehen* wir!«
»Nein, nein, nein«, sagte die Dame Bona. »Ich will nichts mehr davon hören. Kein Wort.«
Klara sah sie mit einem Lächeln an. Zierlich beugte sie sich über die Tante und küßte sie mitten auf die Nase. Dann lief sie auf das große, weitschweifige Haus hinter den Zypressen zu.
»Wo läufst du hin?« rief ihre Tante.
»In die Küche, das Essen holen«, schrie Klara über die Schulter zurück und rannte weiter.

*

Obrist Gentile da Fabriano verbrachte die ersten Monate seiner Gefangenschaft in einem Spital von Perugia. Erst als ihn die gelehrten Ärzte für genügend wiederhergestellt erklärten, kam er zu den anderen Kriegsgefangenen.
Wie es üblich war, waren die Edelleute und Offiziere gesondert untergebracht worden, und der Obrist fand etwa siebzig seiner Untergebenen in ihren schmutzigen unterirdischen Gefängnisräumen.
Er blickte auf die grauen, schmierigen Wände, die blakenden alten Öllampen, die altersschwachen Tische, Stühle und Pritschen. Die Luft war feucht.
»Wenn Perugia seine gefangenen Offiziere und Adligen so beher-

bergt, graut es mir bei dem Gedanken, wie es den einfachen Soldaten gehen mag.«

»Wir haben Euch nicht eingeladen«, sagte der Gefängniswärter barsch und schloß und verriegelte die kreischende Tür hinter ihm.

Die Offiziere in der Nähe der Tür umringten ihn und beglückwünschten ihn zu seiner Genesung.

»Danke Euch«, sagte er mit einem traurigen kleinen Lächeln. »Aber es wäre vielleicht besser gewesen, wenn ich nicht wieder gesund geworden wäre. Ich werde es mir nie verzeihen, daß ich diesen Hinterhalt nicht durchschaut habe. So einfach, so primitiv! Der Reiter, der uns das Zeichen mit der Lanze gab, daß alles in Ordnung sei, war – nun, er war natürlich keiner von unseren Leuten. Er war einer von Perugia, der Helm und Rock eines unserer Lanzenreiter angelegt hatte. Ich hätte mißtrauisch werden müssen, als er nicht zu uns zurückgeritten kam, sondern mitten auf der Brücke stehenblieb, aber...«

Fröhliches Lautengeklimper unterbrach ihn, und eine klare, helle Stimme begann zu singen.

»Die Liebe ist nicht Mann nicht Weib,
Hat weder Seele weder Leib.
Noch gleicht sie etwas, das wir kennen,
Nur ihren Namen können wir nennen.«

»Hübsche Stimme hat der junge Mann«, sagte da Fabriano, und er lächelte zum erstenmal seit Wochen. »Das ist der junge Franz Bernardone, nicht wahr?«

»Jawohl, Herr Obrist«, antwortete ihm Cuomo. »Darf ich mir die Bemerkung erlauben, wie froh wir alle sind, Euch wieder unter uns zu haben, nachdem ...«

»Ruhig, Mann. Ich will das hören.«

»Und doch«, sang Franz, »kann niemand ohne sie

Des Himmels Huld erlangen,
Und ohne Gott könnt' Liebe nie
Ins Menschenherz gelangen.«

Sie klatschten Beifall, und Franz verbeugte sich mit der leichten Grazie des Troubadours. »Ihr seid gütig, meine Freunde«, sagte er, »aber ich gesteh' es lieber ehrlich: Ich bin nicht der Poet – nur der bescheidene Dolmetsch und Sänger. Der Poet ist der große Deutsche Walther von der Vogelweide.«
»Ein Deutscher und Poet«, sagte einer der Offiziere. »Ich hätte nicht gedacht, daß sie etwas anderes als Soldaten hervorbringen könnten. Und Kaiser natürlich.«
»Poesie kennt keine Grenzen und kein Volk«, sagte Franz. »Freilich, der edle Walther ist auch ein großer Streiter. Und einen hohen Mut muß er haben. Er hat anklagende Gedichte geschrieben gegen die Mächtigen überall – einschließlich Kaisern und Herzögen. Manchmal ging er zu weit…«
»Dabei kann er gar nicht zu weit gehen, sollte ich meinen«, lachte der Offizier. »Außer natürlich, daß er sich die Zunge dabei verbrennen kann.«
»Ja«, sagte Franz, »aber er hat auch den Heiligen Vater angegriffen. Er muß ein sehr ungeduldiger Herr sein. Als der Papst den Thron bestieg, ließ ihm Walther gar keine Zeit, zu zeigen, was er wert war. Er schrieb sofort: ›O weh, o weh, der Papst ist jung – wehe nun der Christenheit!‹ Und doch ist der Heilige Vater nach allem, was wir heute wissen, ein großer Mann.«
»Einen dicken Schädel hat er jedenfalls«, sagte einer trocken.
»Laßt uns mit dem Papst in Ruhe«, rief ein Ritter mit verbundener Schulter. »Er wird uns nicht helfen und der Kaiser auch nicht. Singt uns noch etwas, Graf Samt und Seide!«
Einige lachten, und da Fabriano fragte Cuomo: »Warum nennt er ihn so?«
Der Polizeichef außer Diensten grinste. »Als sie uns in dieses Gefängnis hier einwiesen, wußte der Wärter nicht recht, wo er Bernardone hinstecken sollte«, erklärte er. »Da sagte der Hauptmann von der Wache: ›Zu den Rittern natürlich. Seht Euch doch den Kerl an. Ganz in Samt und Seide.‹«
Da Fabriano nickte. »Er scheint sie bei guter Stimmung zu halten.«
»Das tut er, Herr Obrist. Immer vergnügt. Zuerst dachten sie, er hätte etwas am Kopf abbekommen; lachte und sang, als sei dies ein Palast und er der Besitzer. Dann fragten sie ihn ein bißchen aus,

und er sagte: ›Ich bin gar nicht verrückt. Ich bin nur heiter, weil ich den Tag kommen sehe, wo die ganze Welt mir huldigen wird.‹«

Da Fabriano lachte. »Die ganze Welt! Nicht mehr und nicht weniger? Was will er denn werden, ein großer Troubadour?«

Cuomo hob die Schultern. »Soviel ich weiß, denkt er an eine militärische Karriere.«

Der Obrist schüttelte den Kopf. »Sieht im Moment nicht sehr danach aus, wie? Ach was, vielleicht ist er nur ein bißchen verrückt. Immerhin, seine Verrücktheit scheint von der nützlichen Art zu sein.« Er ging auf Franz zu, der sich respektvoll und mit strahlendem Gesicht vor ihm verbeugte.

In einer entfernten Ecke lehnte Roger an der bröckelnden Wand und beobachtete, wie die anderen ihren Führer begrüßten.

Auch er war von dem Hieb, der ihn gefällt hatte, genesen – wohl fast dem letzten Hieb, der in der Schlacht von Ponte San Giovanni gefallen war. Der Helm hatte das Schlimmste verhütet. Trotzdem hatte er zwei Wochen fest gelegen und fast noch einen Monat gebraucht, um die Kopfschmerzen loszuwerden, die ihm das Denken unmöglich machten – bis auf das dumpfe Gefühl, daß er der dümmste Esel in der ganzen Christenheit war.

Als er endlich wieder klar zu denken anfing, wurde dieses Gefühl zur Gewißheit. Aus eigenen Stücken hatte er seine Freiheit weggeworfen – und wofür? Um für diesen kleinen Stutzer Bernardone einen Schwertstreich zu führen.

Was um Himmels willen hatte ihn dazu gebracht? Daß seine Mutter ihn beschworen hatte, auf ihren Augapfel aufzupassen? Das, und weil er es ihr versprochen hatte. Und weil ein perugianischer Rüpel versucht hatte, dem Jungen einen Spieß durch den Rücken zu jagen.

Ein Esel war man. Daß er überhaupt dieses absurde Unternehmen mitgemacht hatte, war eselhaft. Er hätte es besser wissen müssen. Er hätte den Konsul auch bitten können, seine Dankbarkeit gegenüber Sizilien auf andere Art und Weise abzustatten.

Und nun saß man hier, mit siebzig anderen Galgenvögeln in einem großen Dreckloch eingesperrt.

Er konnte sie nicht ausstehen, keinen von ihnen. Sie waren

schmutzig, und sie stanken. Sie waren Nieten, stumpfsinnige Nieten, und jetzt mußten sie dafür bezahlen und hier hocken, jahrelang vielleicht. Und das gleiche galt für ihn. Sie waren wie siebzig Schatten seiner selbst, schon deshalb haßte er sie. Wenn sie mit ihm sprechen wollten, starrte er sie nur eiskalt an und antwortete nicht. Da ließen sie ihn in Ruhe – alle, nur nicht der kleine Bernardone, der anscheinend niemals aufgab. Er blieb einfach nett und zuvorkommend, der verdammte Schlingel. Wenn er nicht gewesen wäre, dann wäre man jetzt frei und unterwegs nach Vandria.
Natürlich wußte der kleine Bernardone nichts davon. Es gab keinen, der es ihm sagen konnte, außer dem Mann, der ihm das Leben rettete. Und das hieß, daß er es nie erfahren würde. Das war noch der einzige Trost.
Aber seine Freiheit für Jahre, womöglich für immer wegzuwerfen, nur damit dieser verzogene kleine Sprößling eines Stoffhändlers, dieser vergnügte kleine Schmetterling am Leben blieb, war die größte Eselei, die man sich ausdenken konnte.
»Und hier«, ertönte die verhaßte Stimme Cuomos, »ist unser Freiwilliger von außerhalb, Herr Obrist. Der edle Ritter von Vandria. Ich glaube, er hat keinen Schwertstreich getan. Das letzte, was ich von ihm sah, war, daß er sich auf einem Hügel in sicherem Abstand hielt ...«
Da Fabriano runzelte die Stirn.
Roger sagte nichts.
»Meiner Meinung nach«, fuhr Cuomo fort, »ist der Mann nie etwas anderes als ein perugianischer Spion gewesen.«
Roger sagte eisig: »Wenn diese Vogelscheuche ein Ritter wäre, würde er seine Beleidigung teuer bezahlen. So kann ich ihm nur den Rat geben, seinen dreckigen Schnabel zu halten.«
Aber Cuomo trug auch einen Groll mit sich herum. Wenn dieser sizilianische Herumtreiber nicht gewesen wäre, säße er jetzt in seiner schönen Amtsstube in Assisi, frei und in Sicherheit, mit drei reichlichen, warmen Mahlzeiten im Tag und soviel Wein, wie er wollte. Außerdem wußte er, daß keiner hier diesen finsteren jungen Ritter leiden konnte, der sich für zu gut zu halten schien, um sich mit ihnen abzugeben.
Die Arme in die Seiten gestützt, höhnte Cuomo: »Wie nützlich es

doch sein kann, ein Adliger zu sein. Man kann sich immer hinter seinem Wappenschild vor dem Kämpfen drücken.«
Roger schlug ihm mitten ins Gesicht, ergriff eine der Öllampen und hätte sie dem Taumelnden an den Kopf geworfen, wenn da Fabriano sich nicht dazwischengestellt hätte. »Frieden, Herr Ritter«, sagte er. »Das kann niemandem etwas nützen.« Er wandte sich an Cuomo. »Es mißfällt mir, was du über Adlige gesagt hast«, sagte er schroff. »Und ich mag solche törichten Behauptungen nicht. Wenn dieser Ritter ein perugianischer Spion wäre, dann würde er heute nicht hier mit uns sitzen.«
»Er hat mich geschlagen«, stotterte Cuomo, »er hat mich geschlagen.«
»Und ich schlage dich wieder, falls das nötig ist«, fuhr Roger ihn an. Er war am Ende seiner Selbstbeherrschung. »Es ist schlimm genug, in der Hölle zu sitzen, auch ohne daß du deinen Duft noch dazu beisteuerst.«
Cuomo sah sich nach den anderen Gefangenen um, die sich hinter ihm zusammenscharten.
»Sollen wir das dulden?« brüllte er. »Los, geben wir ihm eine Lektion!«
Der Polizeichef außer Diensten war nicht gerade sehr beliebt, aber Roger war es noch weniger. Zurufe und Flüche ertönten. Vergeblich versuchte da Fabriano, sich Gehör zu verschaffen. Ein gutes Dutzend Männer bewegte sich langsam auf Roger zu, der immer noch seine Öllampe in der Hand hielt.
Plötzlich blieben die Angreifer wie festgenagelt stehen. Sie hatten die Tür hinter sich kreischen hören.
Die Wärter, dachte da Fabriano mit einiger Erleichterung.
Gerade zur rechten Zeit.
Alles wandte sich nach der Tür um. Und dann war es plötzlich still, totenstill.
Ein kleines Mädchen stand am Eingang des Verlieses, ein Kind von jener seltenen, aus dem Geist und der Reinheit geborenen strahlenden Anmut, die nur reine, freudige Bewunderung auslösen kann.
Sie strahlte auch von außen, denn ein Sonnenstrahl kam durch das schmale Fenster hoch oben an der Wand, als wolle die Sonne sie nicht unbegleitet in diesen finsteren Raum hereinkommen lassen.

So unirdisch, so visionär war die zarte, zierliche Erscheinung, daß einige der Gefangenen sich bekreuzigten.
Aus einer Ecke des großen Raums kamen triumphierende Lautenklänge. Der junge Franz Bernardone hatte seine eigene Art, seine Begeisterung zu zeigen.

FÜNFTES KAPITEL

Graf Monaldo Scifi war nicht nur sehr böse, er war wütend; und wenn er das war, sorgte er dafür, daß das ganze Haus davon Notiz nahm. Seine aufgebrachte Stimme war bis zum letzten Zimmer zu hören, und er hatte die Gewohnheit, seine Sätze mit lauten Faustschlägen auf die nächstgelegene Tischplatte zu interpunktieren.
»Es ist eine Schande, Bona. Wie konntet Ihr so etwas tun! Wie konntet Ihr es wagen!«
»Ich ... ich weiß es wirklich selber nicht«, stammelte Bona Guelfuccio.
»Ach nein, Ihr wißt es wirklich selber nicht?« äffte Monaldo die weinerliche Stimme seiner Base nach. »Bei Satans Hörnern, wißt Ihr denn überhaupt nichts? Versteht Ihr nicht, daß Ihr Euren und unseren Namen dem Geschwätz und Gelächter preisgegeben habt? Wegen des Namens Guelfuccio mag das nicht weiter tragisch sein – das Geschlecht Eures verstorbenen und vielbeweinten Gatten reicht nicht sehr weit zurück. Aber zufällig seid Ihr als eine Scifi zur Welt gekommen wie ich, und das Kind, das Ihr in diese ... Räuberhöhle entführt habt, ist auch eine Scifi. Wir sind eine der ältesten italienischen Familien mit einem Stammbaum, der bis zu den heroischsten Zeiten des alten Roms, bis zu dem großen Publius Cornelius Scipio Africanus selbst zurückgeht. Habe ich Euch das nicht schon mehr als einmal gesagt?«
»V-viel mehr als einmal, lieber Monaldo«, stimmte die unglückliche Bona bei. »Aber...«
»Und dann geht Ihr hin und degradiert uns alle, indem Ihr Klara zu diesem infernalischen Ort bringt und selbst dorthin geht! Ich

habe so etwas noch nie gehört. Ich bin *außer* mir, und dasselbe gilt von meinem Bruder und meiner Schwägerin. Stimmt es, Favorino? Ortolana?«
Graf Favorino, der fünf Jahre jüngere Bruder, bemühte sich, seinem liebenswürdigen Gesicht einen Ausdruck von grimmigem Ernst zu geben. »Außer mir«, echote er. »Wirklich ganz außer mir.«
Gräfin Ortolana bekämpfte mit Erfolg ein Lächeln. »Sei nicht zu hart mit der armen Bona, Monaldo«, sagte sie.
»Zu hart?« Graf Monaldo versetzte der Tischplatte einen weiteren Schlag. »Als Haupt der Familie ist es meine Pflicht, darauf zu achten, daß die Ehre der Familie nicht in Gefahr gebracht wird von dieser... diesem Jammerbild einer Edelfrau und von Eurer werten Tochter.«
Gräfin Ortolana zog die Stirn kraus. »Mein lieber Monaldo, übertreibt Ihr nicht ein wenig? Ich gebe zu, daß ein Besuch in einem Gefängnis ...«
»*Ein* Besuch? Sechs Besuche in sechs Wochen hintereinander, und alle hinter meinem ... hinter unserem Rücken. Das ist schon fast eine Verschwörung! Und hätte ich nicht unsere Vorräte inspiziert, wie es meine Pflicht ist, und sie auf die Hälfte zusammengeschmolzen gefunden, wüßten wir es heute noch nicht. Erst als ich diesen Lümmel Giacomo einen Dieb nannte, hatte er die Güte, mich aufzuklären.«
»Ich werde diesem Unfug ein Ende machen«, sagte Ortolana ruhig. »Es ist nicht nötig, sich weiter aufzuregen.«
Es klopfte an der Tür.
»Habe ich nicht gesagt, daß ich nicht gestört werden will?« bellte Graf Monaldo. »Meine Befehle scheinen in diesem Hause nicht viel zu gelten. Wer ist es?«
Die Tür öffnete sich, und Klara trat in Erscheinung. »Es tut mir leid, Onkel Monaldo«, sagte sie. »Es tut mir leid, Mutter. Es tut mir leid, Vater. Es tut mir leid, Tante Bona.« Jedesmal machte sie einen zierlichen kleinen Knicks. Dann richtete sie sich in die Höhe. »Aber Ihr müßt Tante Bona nicht beschimpfen, Onkel Monaldo. Es ist nicht ihre Schuld. Ich habe sie verführt.«
Wieder verbarg Ortolana ein Lächeln. »Ich dachte es mir«, sagte sie. »Und ich freue mich, zu sehen, daß du es bereust.«

»Aber ich bereue es gar nicht, Mutter«, sagte Klara rasch. »Ich meine, es tut mir leid, daß ich Euch Ungemach bereitet habe, und es tut mir leid, daß ich Tante Bona Ungemach bereitet habe, aber wegen der Besuche – das kann mir nicht leid tun. Sie waren alle so froh darüber, und hungrig waren sie auch, sie hätten noch viel mehr essen können, nur wir konnten nicht mehr tragen, nicht wahr, Tante Bona?«

»Du bereust also nicht, wie?« Graf Monaldo funkelte seine Nichte an.

Klara machte wieder einen Knicks vor ihm. »Das kann ich doch gar nicht, Onkel Monaldo. Pater Onofrio sagt, es ist ein Werk der Mildtätigkeit, Leute im Verlies zu besuchen. Er sagt, unser Herr hat es selbst gesagt. Wie kann ich Reue empfinden für etwas, was unser Herr uns aufgetragen hat?«

»Nun, ich werde mit Pater Onofrio ein Wörtchen darüber sprechen«, sagte Graf Monaldo grimmig. »Hat er dir gesagt, du sollst diese Leute im Gefängnis aufsuchen?«

»N-nein, Onkel Monaldo. Das war meine eigene Idee, und Tante Bona mochte es gar nicht, zu Anfang jedenfalls. Aber ich habe ihr beigebracht, es zu mögen. Ihr würdet es auch mögen, wenn Ihr nur gesehen hättet, wie sie sich gefreut haben ... vielleicht würdet Ihr es mögen«, setzte sie mit einem kleinen Zögern hinzu.

Graf Favorino hatte einen Hustenanfall, und Ortolana wandte ihren Kopf zur Seite.

»Es würde alles viel leichter machen, wenn Ihr mitkämt«, sagte Klara hoffnungsvoll. »Es ist furchtbar schwer, all das viele Essen zu tragen. Es sind nämlich so viele ...«

»Willst du vielleicht versuchen, mich auch noch in dein blödsinniges Ränkespiel hineinzuziehen, du kleiner Narr?« donnerte Graf Monaldo. »Das hört jetzt auf, hast du verstanden?«

»Was ist ein Ränkespiel, Onkel Monaldo?« fragte Klara höflich.

Der Graf zog ein seidenes Tüchlein und wischte sich die Stirn ab. »Laß das nur«, sagte er. »Aber merke dir ein für allemal: Es gibt keinen Besuch mehr im Verlies. Ich verbiete es. Und deine Eltern ebenso. Nicht wahr, Favorino? Ortolana? Siehst du, Klara. Keinen Besuch mehr. Und eines will ich dir noch sagen: Du hattest kein Recht, dieses Essen zu nehmen. Es gehörte dir nicht.«

»Aber Giacomo hat es mir doch gegeben«, sagte Klara bestürzt.
»Er hatte kein Recht dazu. Ihm gehörte es auch nicht. Es gehörte deinen Eltern und mir. Möchte wissen, was Pater Onofrio zu Diebstahl zu sagen hat!«
Klara wurde blaß.
»Ich werde das Essen bezahlen«, sagte unerwartet Bona Guelfuccio, und Favorino und Ortolana sahen sie mit offenen Mündern an. »Ich habe zwar kein Geld, aber in meiner Schatulle sind genug Juwelen, und ...«
»Mischt Ihr Euch nicht in diese Sache«, sagte Monaldo langsam.
»Aber ich bin doch mit darin«, beharrte die beleibte Dame. »Ich habe das meiste Essen selbst getragen. Ich werde dafür bezahlen. Und dann wird von Diebstahl wohl keine Rede mehr sein.«
»Guter Gott, Bona, was ist in Euch gefahren?« sagte Monaldo ärgerlich. »Wer will etwas von dem verdammten Essen und von Euren Juwelen wissen? Alles, was ich will, ist, diesem Kind eine Lehre geben, die es dringend braucht.«
»Sie hat nicht gestohlen«, erklärte Bona Guelfuccio hitzig. »Und ich finde es grausam und grundfalsch, ihr so etwas zu sagen.«
Monaldo blinzelte. Noch nie hatte er erlebt, daß seine Base die Stimme hob, geschweige denn gegen ihn Front machte. Es war, als würde man plötzlich von einem Huhn attackiert.
»Bona hat recht, Monaldo«, sagte Ortolana leise.
Der Graf richtete sich auf. »Also gut«, sagte er. »Wenn das Eure Ansicht ist, will ich nicht darauf bestehen. Aber wir sind uns darüber einig, daß die Besuche aufzuhören haben. Abgesehen davon, daß sie nicht schicklich sind – und das ist sehr gelinde ausgedrückt –, bringen sie uns alle in eine unmögliche Lage. In jeder Hinsicht. Diese Bürgerlichen aus Assisi werden denken, wir wollten uns bei ihnen anbiedern, was mich zur Raserei bringt. Und die Behörden von Perugia werden an unserer Loyalität zweifeln. Schließlich sind wir mit Assisi im Krieg.«
»Werden wir immer mit Assisi im Kriege sein, Mutter?« fragte Klara traurig.
»Nein, mein Liebling, ich hoffe nicht.«
»Warum hören wir dann nicht jetzt gleich auf und schicken die Gefangenen nach Hause, damit sie ihr eigenes Essen haben können?«

Eine Pause entstand.
Graf Favorino räusperte sich. »Wir sind hier nicht an der Macht, Klara«, erklärte er. »Wir sind hier nur Gäste ... im Exil. Es ist Sache der Regierung von Perugia, darüber zu entscheiden.«
»Aber sie würden doch sicher auf Onkel Monaldo hören«, sagte Klara. »Alle hören auf ihn.«
Diesmal war es Graf Monaldo, der sich räuspern mußte. »So«, sagte er, »jetzt sind wir also soweit, daß Eure Tochter in die hohe Politik einsteigt«, sagte er gereizt. »Im Namen aller Heiligen, was noch?«
»Genau das habe ich schon immer gesagt«, murmelte Tante Bona.
»Ehrt mich außerordentlich, Bona«, sagte der Graf sarkastisch. »Also gut, Klara, jetzt hast du deinen Spruch gesagt. Nun geh. Und bleib mir vom Verlies weg.«
»J-ja, Onkel Monaldo.« Sie weinte nicht. Sie machte allen ihren Knicks und ging langsam zur Tür. Dort wandte sie sich um. »Ich wünschte so sehr, Ihr würdet sie nach Hause schicken, Onkel Monaldo«, sagte sie traurig, wandte sich wieder um und ging.
»Acht Jahre alt und mischt sich in die Politik ein«, lächelte Graf Favorino kopfschüttelnd. »Albernes kleines Ding.«
Dann sah er zu seinem Erstaunen, daß Monaldo tief in Gedanken versunken war.

*

Es war ein heißer Tag, und das Leben im Verlies war eine Tortur. Schweigend saßen die Männer in kleinen Gruppen herum, und es gab oft bitteren Streit um nichts.
Cuomo wischte sich die Stirn mit dem Handrücken. »Ein schlechtes Zeichen«, sagte er vor sich hin; die in seiner Nähe sahen ihn mürrisch an.
»Was?« fragte einer mechanisch.
»Daß sie den Obristen geholt haben, natürlich«, erklärte Cuomo. »Sie wollten ihm nicht sagen, wohin es ging, stimmt's, Tardi?«
»Glaubt Ihr, sie werden ihn töten ... hinrichten?«
»Möglich«, sagte Cuomo dunkel. »Vielleicht war noch ein Angriff. Oder sie wollen Assisi angreifen und ihn mitnehmen und zwingen, ihnen die Befestigungsanlagen zu verraten.«

»Er würde nicht sprechen«, sagte Tardi mit Überzeugung.
»Es gibt Mittel und Wege, einen Mann zum Sprechen zu bringen«, meinte Cuomo.
»Du weißt ja gut damit Bescheid, nicht?« mischte sich der Lanzeroffizier Bianchi ein. »Ihr Polizeikerle seid alle gleich.«
Cuomo stierte ihn an. »Einer, der die Polizei nicht mag, wird schon seine Gründe dafür haben.«
»Aber es *ist* ein schlimmes Zeichen, daß der Obrist fort ist, da hat er recht«, sagte Tardi schnell, ehe die Situation weiter ausarten konnte.
»Und es ist nicht das einzige«, ließ sich ein Dritter hören. »Ich habe heute morgen eine große Spinne gesehen. Und unser kleiner Graf Samt und Seide ist krank.«
»Das ist nichts Neues. Er ist schon eine ganze Weile krank«, sagte Tardi.
»Ich glaube nicht an Spinnen und zerbrochene Spiegel und solches Zeug«, sagte Bianchi, »aber es ist eine Schande mit unserem kleinen Grafen. Sie sollten ihn ins Spital bringen.«
»Er hätte daheim bei seiner Mutter bleiben sollen«, sagte Cuomo.
»Wenn *du* nur da geblieben wärst«, fuhr Bianchi auf. »Das heißt, wenn du eine Mutter hast. Schwer, sich das vorzustellen. Armer Graf Samt und Seide. Und wir! Seine Laute machte alles anders. Das Lied von Roland und seinem Horn fand ich so schön, und auch das andere von Tristan und der blonden Isolde.«
»Es war nicht nur die Laute«, meinte Tardi. »Es war *er*. Der einzige, der uns zum Lachen bringen konnte. Immer vergnügt, was, Bianchi?«
»Stimmt. Und außerdem ist heut der fünfte Donnerstag.«
Aus der Ecke sah Roger von Vandria auf. Er sagte nichts.
»Was meint Ihr mit ›fünfter Donnerstag‹?« fragte Tardi.
»Es ist der fünfte Donnerstag, daß *sie* nicht mehr gekommen ist. Sie kam immer am Donnerstag, wißt ihr nicht mehr?«
»Meiner Seele, ja. Heilige Mutter Gottes, wie sie das erstemal plötzlich in der Tür stand. Da war ein Streit, und sie hätten beinahe einen umgebracht, aber als sie sie sahen ...«
Roger stand auf und stelzte in die andere Ecke hinüber, wo Franz auf seiner Pritsche lag. »Geht es besser?« fragte er leise.

Franz lächelte zu ihm auf. »Einige der guten Leute denken, ich würde an diesem Fieber sterben. Sogar der Arzt denkt es, glaube ich, obwohl er es nicht mit Worten gesagt hat. Wie sie sich irren. Mir geht es bald wieder gut, und alles wird bald wieder gut sein, und ich werde ein Fürst sein, ein großer und mächtiger Fürst …«

Roger betrachtete ihn genau. Ein wächsernes Gesicht, ein ausgemergelter Körper, aber klare Augen. Kein Fieber. Jedenfalls in diesem Augenblick nicht. Er delirierte also nicht. »Ich weiß, es gibt Leute, bei denen die Träume eintreffen«, sagte er trocken. »Vielleicht seid Ihr einer von denen. Was mich anbetrifft, ich habe das Träumen aufgegeben.«

»Das tut nichts«, sagte Franz. »Die besten Träume sind nicht die, welche wir uns selber machen.«

»Das heißt?«

»Sie kommen ungebeten – jedenfalls, ohne daß wir darum bitten.«

»Zu mir kommen eine Menge Dinge ungebeten«, sagte Roger bitter. »Ungeziefer zum Beispiel. Manchmal mit sechs Beinen, manchmal mit zweien. Schmerz. Unruhe. Sorgen. Ungerechtigkeit … vor allem Ungerechtigkeit.«

Franz drehte ihm mühsam den Kopf zu. »Ich sagte Euch schon vor Wochen, Herr Ritter, daß die Dinge so werden, wie wir sie betrachten. Darum kommt es darauf an, die richtigen Dinge zu betrachten. Erinnert Ihr Euch noch, was Abelard sagte: ›Verweil ein wenig, Nachtigall – steig auf, Gesang meines Herzens …‹ Die Welt ist voll vom Süßen. Warum nur an den Essig denken?«

»Alles, was mir je zuteil wurde, war Essig«, sagte Roger. »Oder es verwandelte sich darein, wenn ich es an die Lippen setzte. Aber lassen wir das. Ich habe mich manchmal gefragt, warum ich zu Euch komme und zu Euch spreche, als seien wir gleichgestellt … Freunde, meine ich«, verbesserte er sich rasch. »Ich glaube, ich weiß jetzt, was es ist. Ihr seid eher Ritter als Bürger – und doch seid Ihr das Gegenteil von dem, was ich bin. Für Euch ist alles gut und schön …«

»Außer mir selbst«, sagte Franz.

»Ihr macht gewöhnlich nicht den Eindruck, allzu unzufrieden mit Euch zu sein«, sagte Roger mit halbem Lächeln.

»Das kommt daher, daß ich die meiste Zeit nicht an mich denke«,

antwortete Franz fröhlich. »Es gibt soviel anderes; es gibt so viele andere ...«
Roger blickte ihn scharf an, aber er fand kein Anzeichen, daß seine Worte als Vorwurf gemeint waren.
»Die kleine Dame, die uns besuchen kam, zum Beispiel«, fuhr Franz fort.
Rogers Gesicht wurde starr. »Auch sie hat uns aufgegeben«, sagte er.
»Sie ist eine große kleine Dame«, sagte Franz, »und sie stammt aus einem großen Haus.«
»Wie, Ihr kennt sie? Ihr habt es mir nie gesagt.«
»Es ist mir alles wieder eingefallen«, sagte Franz. »Ich habe sie schon einmal gesehen, in Assisi. Sie war ein winzig kleines Mädchen von drei Jahren, ganz in Goldbrokat gekleidet, auf dem Arm der dicken Dame, die mit ihr kam, uns Essen zu bringen, der Dame Guelfuccio. Das war, ehe sie aus Assisi flohen und mit ihnen so viele von unseren Adligen.«
»Ich hätte nie für Assisi kämpfen sollen«, sagte Roger. »Wenn *sie* fort mußte, muß auf der Stadt ein Fluch liegen. Wie heißt sie?«
»Gräfin Klara Scifi«, sagte Franz. »Mein Vater sagte, die Scifis seien in Perugia sehr einflußreich geworden – ich weiß nicht mehr warum.« Sein Atem schien schwerer zu gehen, und Schweißperlen erschienen auf der wächsernen Stirn.
Er kann in ein paar Tagen sterben, dachte Roger, und zu seiner eigenen Überraschung fühlte er einen Anflug von Bedauern. Aber das war vielleicht, weil sein Tod es erst so ganz und vollends nutzlos machen würde, daß der größte Esel der gesamten Christenheit am Tage der Schlacht sein Pferd in die falsche Richtung gewendet hatte.
Die schwere Tür begann in ihren Angeln zu kreischen, und Roger drehte sich in plötzlicher Erwartung um.
Aber es war nicht die kleine Dame.
Es war – Obrist da Fabriano. Sie hatten ihn also doch zurückkommen lassen. Es gab einen großen Lärm, als ein halbes Hundert Männer sich um seinen Führer scharte.
Langsam ging Roger zu ihnen hinüber, während das Geschrei verebbte und nur noch der Obrist zu hören war.

»… sehr freundlich empfangen, sowohl von den perugianischen Behörden als auch von einigen unserer eigenen Adligen im Exil, einschließlich des Grafen Roberto San Severino und des Grafen Monaldo Scifi, des Onkels der kleinen Dame, der er so gütig gestattete, uns hier zu besuchen. Ich bin damit betraut worden, den Konsuln von Assisi bestimmte Vorschläge zu übermitteln – die ihrerseits zu direkten Friedensverhandlungen führen können – *können*, habe ich gesagt«, schrie er und hob die Hände, um den lauten Ausbruch von Begeisterung zu dämpfen.

»Es ist noch gar nicht sicher. Aber es ist ein Anfang, und soweit ich sehen kann, sind die Bedingungen solcherart, daß sie zumindest von unseren Führern ernsthaft erwogen werden können. Ferner habe ich als eine Geste des guten Willens Erlaubnis bekommen, die Kranken zu repatriieren – die sechs von uns, die noch im Spital sind, und diejenigen, die hier liegen: Davella, Girelli und Bernardone. Sie werden morgen auf Karren nach Hause geschickt, und ich werde sie begleiten, unter Parole, um bei den Konsuln vorstellig zu werden. Wenn alles gut geht, haben wir vielleicht in wenigen Monaten Frieden.«

SECHSTES KAPITEL

A. D. 1203

»Wo ist Franz?« fragte Pietro Bernardone.

»Er ist spazieren gegangen.« Mutter Pica war mit ihrer Stickerei beschäftigt. Sie sah nicht auf.

»So? Nun, ich glaube, es wird ihm gut tun.« Bernardone setzte sich behäbig und kreuzte die Arme über seinen schweren Leib.

»Er hat seinen Ehrgeiz jedenfalls wieder«, fügte er zufrieden hinzu. »Gestern abend sagte er zu mir: ›Ich werde in der Welt bekannt werden, Vater, das weiß ich.‹«

»Wenn Gott es will«, sagte Mutter Pica leise.

»Natürlich will es Gott, Frau. Darum ist er so geworden, wie er ist. Niemand kann ihn für etwas anderes halten als für einen jungen

Edelmann. Selbst in Perugia war er mit den Adligen und Offizieren im gleichen Quartier.«

»Zehn Monate im Verlies«, sagte Mutter Pica mit Bitterkeit.

»Das hat er nun von seinem Ehrgeiz, ein großer Mann dieser Welt zu sein. Er hätte dort sterben können. Er war so krank, so entsetzlich krank …«

»Aber Ihr habt ihn wieder gesund gepflegt«, warf Bernardone hastig ein. »Und nun ist es vorbei und erledigt.«

»Er ist noch nicht gesund. Weit entfernt davon. Ich kenne ihn doch.«

»Er wird schon gesund werden. In seinem Alter ist man elastisch wie einer dieser Bambusstöcke, die ich letztes Jahr von Mecopuli gekauft habe. In Indien bauen sie Häuser aus solchem Holz. Kann mir nicht vorstellen, wie, aber ich habe es ganz gut verkauft. Ich lasse für den Jungen neue Kleider machen.«

»Er ist unruhig«, sagte Pica.

»Ein hervorragendes Zeichen«, erklärte Bernardone. »Würdet Ihr ihn lieber als phlegmatischen Jämmerling herumlaufen sehen? Er hat einen hochfliegenden Geist und hochfliegende Gedanken, sage ich Euch. Er *wird* eines Tages ein großer Mann in der Welt werden, und wir werden beide stolz auf ihn sein. Es ist gar nicht so dumm, wenn er sagt, er wird ein Fürst. Er hat die Persönlichkeit, einer zu werden, und darauf kommt es in der neuen Zeit an. Nicht nur auf Geburt …«

»Auf Güte kommt es an«, sagte Pica.

»Damit kommt man nicht an die Spitze«, erklärte ihr Bernardone nachsichtig. »Man muß aufgeweckt, schlau, draufgängerisch, wagemutig sein. Man muß Unternehmungsgeist haben, muß die Augen offenhalten und seine Gelegenheiten ausnutzen. Ich habe es getan – und seht mich an! Als ich anfing, wußte ich oft nicht, wovon ich in der nächsten Woche leben sollte. Jetzt bin ich reicher als Cavallieri und Quintavalle – fast so reich wie Revini sogar. Die Konsuln und Senatoren bringen mir Respekt entgegen. Schön und gut. Aber der Junge wird da *anfangen*, wo ich heute bin. Ich habe den Grundstock gelegt. Er wird die hohen Türme bauen.«

Von draußen kamen Rufe und gellendes Gelächter.

Bernardone stand auf, ging zum Fenster und öffnete es.

Ein langer, magerer Mann mit zerzaustem Haar und wirrem Bart ging vorbei. Ein geflickter Mantel bedeckte die Lumpen, in die er gekleidet war, ein Haufen Straßenjungen tanzten um ihn herum, lachten, pfiffen und äfften seine Bewegungen nach. Er schien sie nicht zu sehen. Er blickte zum Himmel auf und sang: »*Pax et bonum! Pax et bonum!*«
Bernardone schlug das Fenster mit einem Knall zu. »Es ist wieder der Narr«, sagte er mißmutig. »Frieden und das Gute! Als ob er irgend jemand irgend etwas Gutes geben könnte, der Lumpenkerl. Sollte mich nicht wundern, wenn er ein Schüler von dem Verrückten aus Calabrien ist.«
»Meint Ihr den Abt Joachim da Flores?« fragte Pica.
»Wen sonst? Predigt vom Königreich, das kommen soll, der Geburt eines neuen Zeitalters und lauter solchen Unsinn. Was ist an unserem Zeitalter eigentlich auszusetzen? Ein Mann, der fleißig ist und weiß, wozu er seinen Kopf hat, kann etwas erreichen.«
»Eine Stadt bekämpft die andere«, sagte Pica. »Die meisten Menschen denken nur an ihren eigenen Vorteil. Fast alle sind nur noch hinter dem Luxus her.«
»Ich nicht«, ereiferte sich Bernardone. »Ich denke nicht an mich selbst. Ich denke an meinen Sohn.«
»Ich hoffe immer noch ...« Pica brach ab.
»Ihr hofft immer noch *was*?« fragte Bernardone stirnrunzelnd. »Heraus damit, Frau, was hofft Ihr?«
»Daß unser Sohn ein Kind Gottes wird«, sagte Pica leise.
Er lachte. »Ist er nicht getauft worden? Ich war dabei, als es geschah.«
»Ihr waret nicht dabei, als er geboren wurde«, sagte Pica.
Die Falten auf Bernardones Stirn vertieften sich. Er wußte von der sonderbaren Sache, die geschehen war – die Nachbarn hatten es ihm schnell genug berichtet, als er aus Frankreich heimkehrte. »Aberglaube, albernes Geschwätz«, sagte er gereizt. »Wäre ich hier gewesen, ich hätte es nicht zugelassen.«
»Dann wäre ich gestorben – und der Junge mit mir.«
»Unsinn, Frau.«
Aber Pica, sonst so sanft und weich, blieb fest. »Die Wehen hörten auf«, sagte sie. »Ich wurde immer schwächer. Dann kam der blinde

Pilger, und als man ihm die Tür öffnete, bettelte er nicht. Er sagte nur: ›Sagt der Herrin dieses Hauses, daß ihr Sohn im Stall geboren werden soll. Denn das ist der Wunsch unseres lieben Herrn.‹«
»Ihr habt mir doch das alles schon erzählt.« Bernardone rückte ungeduldig auf seinem Stuhl hin und her.
»Da kamen sie und trugen mich in den kleinen Stall hinunter – und das Kind wurde fast auf der Stelle geboren. Ein solches Kind sollte wirklich ein Kind Gottes werden.«
»Wer weiß«, sagte Bernardone um des lieben Friedens willen. »Vielleicht wird er einmal ein großer Prälat, ein Kardinal, ein Kirchenfürst, und Bischof Guido wird sich in Ehrfurcht vor ihm verneigen müssen. Obgleich ich sagen muß, ich glaube nicht, daß er für so etwas geschaffen ist.«
Von draußen kam wieder der Singsang des Bettlers: »*Pax et bonum! Pax et bonum!*«
»So etwas Dummes«, knurrte Bernardone. »Was soll es für einen Zweck haben, das den ganzen Tag zu rufen? Ich wette, der Narr hat in seinem ganzen Leben noch kein ehrliches Tagewerk verrichtet. Aber er hält sich für einen heiligen Mann oder irgend so einen Unfug.«
»*Pax et bonum!*« kam es dieses Mal schon schwächer.
Ein paar Minuten später kam Franz zurück. Er war blaß und ging schleppend.
»Du bist wieder krank«, rief Pica. Sie flog aus ihrem Stuhle hoch, ihre Stickerei fiel zu Boden.
Einen Augenblick sah auch Bernardone besorgt aus.
»Es ist nichts, Mutter.« Franz lächelte traurig. »Es ist nur… ich verstehe es einfach nicht. Weiter nichts.« Er setzte sich hin.
»Ich verstehe es nicht«, sagte er noch einmal.
»Was ist es denn, Sohn?« fragte Bernardone.
»Gerade eben«, begann Franz; dann schwieg er wieder.
»Er hat den Pilger gesehen«, sagte Pica nur.
»Ja, das habe ich.« Franz schüttelte den Kopf. »Er ging daher und rief etwas von Frieden und allem Guten. Und dann sah er mich und verbeugte sich und …«
» … bat dich um ein Almosen«, sagte Bernardone trocken.
»Nein, das tat er nicht. Er nahm seinen Mantel von den Schultern und breitete ihn vor mir aus, damit ich darüber schritte. Einige

Leute lachten, aber er sagte: ›Ihr könnt diesem jungen Mann nicht genug Ehre erweisen. Bald wird er von allen Menschen geehrt werden.‹«

Pica blieb stumm. Bernardone sagte mit einem Achselzucken: »Nun, und warum nicht? Selbst ein Narr kann zu Zeiten etwas Kluges sagen. Was verstehst du nicht, Sohn?«

»Ich bin lange gegangen«, sagte Franz. »Ich ging nach San Damiano und zurück, und ich habe so gehofft, daß die Dinge wieder so werden würden, wie sie waren …«

»Wovon redest du?« fragte Bernardone erschrocken.

»Die Natur, Vater. Die Sonne und die Bäume und die Vögel, tausend Dinge, die ich liebte. Ich habe mich so nach ihnen allen gesehnt, als ich dort war… in Perugia. Ich stellte mir vor, das frische Gras zu riechen, den Duft der Zitronenbäume – ich konnte die zarten Linien der Apenninen sehen wie eine Kette von Aquamarinen und die Lerchen hören, die Amseln und die Nachtigallen. Und jetzt waren sie alle da, in Wirklichkeit, und es bedeutete mir… gar nichts. Haben sie sich verändert oder ich?«

»Du bist noch nicht richtig gesund, Sohn«, lächelte Pica. »Weiter ist es nichts.«

»Aber es geht mir gut, Mutter, wirklich. Ich habe auch meine Übungen wieder aufgenommen, mit Schwert und Lanze, dort unten in dem alten Stall …«

»… wo du geboren wurdest«, sagte Pica. Ihre Stimme zitterte ein wenig.

»Ja dort. Ich bin ganz gesund, ich versichere Euch. Und deshalb war ich heute sicher, es würde alles wieder wie früher sein. Aber alles war so still, nichts schien richtiges Leben zu haben. Vielleicht habe ich mir das alles eingebildet …«

»Natürlich hast du das«, sagte Bernardone. »Und es ist auch gar nicht wichtig.«

»Vielleicht habt Ihr recht, Vater«, sagte Franz kleinlaut. »Vielleicht ist es gar nicht so wichtig.«

»Nun also.« Bernardone nickte aufgeräumt.

»Ich muß ein Narr gewesen sein, daß ich mich mit solchen Dingen so sehr beschäftigt habe«, fuhr Franz fort. »Ich habe viele Stunden lang den Vogelrufen gelauscht, und es gab Augenblicke, wo ich ernsthaft glaubte, ich könnte lernen, ihre Sprache zu verstehen. Ich war wirklich ein Narr.«

»Ich bin froh, daß du dich geändert hast«, sagte Bernardone. »Mein Sohn ist kein müßiger Träumer wie dieser Wirrkopf von einem Pilger.«

»Vielleicht ist er verrückt«, gab Franz zu. »Aber ich wünschte, er wäre es nicht, um seiner Prophezeiung willen.« Er stand auf. »Ich will etwas tun, Vater, etwas Großes, Großartiges. Aber was? Was?«

*

Die Rückkehr der letzten Gefangenen fiel mit der Ankunft eines sehr berühmten Mannes zusammen: Pierre Vidal, dem König der Troubadours. Mehrere Tage lang hörte sich ganz Assisi seine Gesänge an.

»Er ist ein Meister seiner Kunst«, sagte Franz zu seinem Vater, als er heimkam. »Seine Stimme hat den Domplatz so mühelos ausgefüllt, als ob es in einem kleinen Raum gewesen wäre. Ich habe noch nie jemanden so singen hören.«

»Ich mache mir im allgemeinen nicht viel aus seinesgleichen«, sagte Bernardone mit einem fetten, kleinen Lachen, »aber er hat sich als sehr nützlich für mein Geschäft erwiesen. Ich habe die Hälfte der Seiden und Samte im Laden verkauft. Jeder will zu Ehren dieses singenden Marktschreiers den anderen ausstechen.«

»Aber Pierre Vidal ist doch kein Marktschreier, Vater«, wandte Franz fast entrüstet ein. »Er ist ein großer Mann. Der Heilige Vater selbst hat ihn in alle Städte der Lombardei geschickt.«

»Wozu um Himmels willen?«

»Um Freiwillige für eine große Sache zu werben.«

»Wenn es der Kreuzzug ist, von dem wir schon so viel gehört haben, nenne ich es keine große Sache«, sagte Bernardone verächtlich. »Nicht, solange die Venezianer dabei sind. Bei denen ist alles Geschäft und nichts weiter. Nun ja, es hat sie reich gemacht und macht sie immer reicher.«

»Es ist nicht der Kreuzzug, Vater. Es geht um die Wiedereroberung von Sizilien.«

»Was haben wir in Assisi mit der Wiedereroberung von Sizilien zu schaffen?«

»Das will ich Euch sagen, Vater«, sagte Franz eifrig. »Ich kenne jetzt die ganze Geschichte. Der verstorbene Heinrich VI. …«
» … das Scheusal …«
» … heiratete Königin Konstanze, die Erbin der normannischen Könige von Sizilien, und sie hatten einen Sohn, Friedrich Roger. Als der Kaiser im Sterben lag, machte er den Papst zum Vormund seines Sohnes. Königin Konstanze starb, und der schreckliche alte Markwald, einer der Feldherrn des Kaisers, erklärte plötzlich, er wäre im Besitz des letzten Willens und Testaments seines Herrn, und demzufolge wäre er *Balius Regius et regni*, der königliche Regent des Reichs. Der kleine König Friedrich Roger war damals erst vier …«
»Ihr Heiligen, gebt mir Geduld«, rief Bernardone und hob die fetten Hände. »Meinst du, ich wüßte überhaupt nicht, was in der Welt vorgeht? Ein guter Kaufmann muß alle diese Dinge wissen, mein Sohn, wenn er nicht seine Waren sehr schnell verlieren will. Dieser Markwald war ein großer Feldherr. Der Papst hatte alle Hände voll mit ihm zu tun, vor allem, weil alle Deutschen in Italien und Sizilien auf Markwalds Seite standen.«
»Dennoch«, sagte Franz, »bot er dem Heiligen Vater eine riesige Summe in Gold an, wenn er ihn als Herrn über Sizilien bestätigen würde.«
»Zwanzigtausend Unzen Gold sofort in bar und weitere zwanzigtausend nach der Eroberung von Palermo«, sagte Bernardone mit einem überlegenen Lächeln. »Stimmt's? Und er schrieb an den Papst, daß ein solches Geschäft keinesfalls eine Last auf dem Gewissen des Papstes sein könne, da er im Besitze von Schriftstükken sei, die bewiesen, daß der kleine Friedrich ein Findling ohne einen Tropfen königlichen und kaiserlichen Blutes in seinen Adern sei. Es war ein schönes Angebot, aber der Papst lehnte es ab.«
»Und zwar mit Entrüstung«, fügte Franz hinzu. »Und so begann der Krieg.«
»Es hat dem Papst nicht viel genützt …«
»Seine Truppen siegten in Apulien …«
» … und wurden auf Sizilien geschlagen.«
»Gewiß, aber dann ernannte der Papst den großen Grafen Walter von Brienne zu seinem Feldherrn, und wo er kämpfte, siegte er,

zuerst in Capua und dann noch an zwei anderen Orten, die ich vergessen habe. Dann starb Markwald, aber sein Gefolgsmann, Graf Diepold von Acerra, führte den Krieg weiter und kämpft heute noch.«
»Dein guter Troubadour scheint dir eine Lektion in neuerer Geschichte gegeben zu haben«, schmunzelte Bernardone. »Ich weiß das alles, Sohn, oder doch fast alles. Sizilien war und ist noch heute der umstrittenste Ort der Erde. Aber warte einmal ... du sagtest, er sucht Freiwillige, dieser Vidal. Ich nehme an zum Kämpfen ...«
»Unter Graf Walter von Brienne, dem größten Feldherrn unserer Zeit«, sagte Franz. »Wir werden Sizilien befreien, für den Heiligen Vater als Vormund des kleinen Königs Friedrich.«
»*Wir*«, sagte Bernardone besorgt, aber doch mit Stolz. »Bedeutet das, daß du dich gemeldet hast?«
»Noch nicht, aber ich glaube, ich gehe mit, Vater. Der Heilige Vater hat Walter von Brienne zum Herzog von Tarent gemacht. Wenn es mir gelingt, mich in diesem Feldzug auszuzeichnen ...«
»Du hast meine Erlaubnis, Sohn«, sagte Bernardone mit einer großen Geste. »Deine neuen Kleider sind vom Schneider gekommen. Und ich gehe sofort zu Ser Olivari, um dir die beste Rüstung in der Stadt zu kaufen. Komm mir als Ritter zurück, Sohn!«
Pica weinte viel an diesem Tag.
»Seid vernünftig, Frau«, sagte Bernardone zu ihr. »Unser Sohn wird hoch aufsteigen. Vielleicht wird er ein Baron, ein Graf ... Hier ist die große Gelegenheit für ihn.«
»Er soll nichts weiter als ein Kind Gottes werden«, schluchzte Pica.
Bernardone verlor die Geduld. »Bei allen Teufeln und bösen Dämonen«, wütete er, »kann ein Baron denn nicht auch ein Kind Gottes sein?«
Aber Pica blieb untröstlich.

*

Die Nacht war kühl und sternenhell über den schweigsamen Türmen von Assisi ... die letzte Nacht vor dem Aufbruch.
Franz ging früh zur Ruhe. Er ertrug es nicht, seine Mutter in Tränen zu sehen.

Seine blanke neue Rüstung stand am Fußende seines Bettes, und lange starrte er dorthin, bis der Schlaf auf leisen Schwingen kam und die Zeit aufhörte.
Jemand rief seinen Namen, und er stand sofort auf und ging in den Garten hinaus, der voll von Blumen war, wie er sie noch nie gesehen hatte, aber natürlich war das der Palastgarten, und er ging in den Palast hinein, der war ganz aus Marmor und Gold und voller gleißender Kreuze, fünffacher Kreuze, wie jene der Kreuzritter. Der ganze Palast war angefüllt mit Helmen und Schilden, Lanzen und Schwertern, nie hatte es eine Waffenkammer von solcher Größe gegeben. Wer mochte wohl der Herr dieses Palastes sein?
Blitzartig wußte er, daß er selbst hier herrschte, mit seinen Gefolgsleuten, seinen Rittern und Kavalieren.
Jemand lächelte ihn an, nicht seine Mutter, eine junge Frau von reiner Schönheit, aber in das ärmlichste graue Gewand gehüllt, geflickt war es und an den Nähten ausgefranst, und er wußte, daß sie seine Braut war. Warum ging sie so gekleidet? Aber als er sie betrachtete, wandelte sich ihr Kleid in königlichen Purpur, besetzt mit Hermelin, und kostbare Steine schimmerten an ihren Fingern und um ihren Hals.
Und er wachte auf.
Die ersten Sonnenstrahlen schienen ins Zimmer, und unter ihrem Zauberglanz schimmerten rubinrote Kreuze auf seiner Rüstung und seinem Helm.

*

Sie sammelten sich auf dem Domplatz, ein Häuflein von einigen dreißig Freiwilligen. Tardi war dabei und Bianchi und ...
»Auch Ihr, Herr Ritter«, sagte Franz strahlend. »Vortrefflich. Und dieses Mal muß es gelingen.«
»Voller Begeisterung, wie ich sehe, wie üblich«, sagte Roger mit seinem halben Lächeln. »Ich habe wirklich nicht erwartet, Euch wieder hoch zu Roß zu sehen.«
»Ich sagte Euch doch, ich habe große Träume«, erinnerte ihn Franz. »Bis vor ein paar Tagen ahnte ich noch nicht, wie sie zum Leben erwachen könnten, und nun sind wir auf dem Wege zu

ihrer Erfüllung. Es traf zu, was ich von den besten Träumen sagte, die ungebeten zu uns kämen, findet Ihr nicht?«
»Vielleicht«, sagte Roger. »Aber ich wünschte, die kleine große Dame würde uns Lebewohl sagen ...«
»Die Gräfin Klara Scifi? Hier in Assisi?«
»Sie ist entweder schon zurückgekehrt oder wird es bald sein. Das ist eine der Friedensbedingungen: Alle Adligen von Assisi müssen wieder in ihre Rechte eingesetzt werden und ihr früheres Eigentum zurückerhalten. Es wäre ein gutes Zeichen gewesen, sie noch einmal zu sehen, ehe wir aufbrechen. Nun, für mich gibt's nur eins: ich gehe nach Sizilien.«
»Das habt Ihr Euch doch immer gewünscht. Auf Eure Burg zurückkehren.«
»Ich hatte schon bald die Hoffnung aufgegeben, sie je wiederzusehen. Wenn die kleine Dame nicht gewesen wäre... und Ihr«, fügte er nach einem kleinen Zögern hinzu.
Franz lachte. Aber dann sah er, daß der Ritter unter seiner plumpen Rüstung noch die Kleider trug, die er im Verließ getragen hatte, und er runzelte die Stirn.
»Ich bin erst ganz vor kurzem hier angekommen«, erklärte Roger mit verlegenem Lächeln. »Ich hatte keine Zeit mehr, mich nach einer passenden Ausrüstung umzusehen.«
»Das ist Eures Standes nicht würdig, Herr Ritter«, sagte Franz hitzig. »Ihr seid ein Ritter – ich hoffe erst einer zu werden. Wir müssen tauschen. Die Kleider... und die Rüstung auch.«
Roger wurde blaß. »Ich habe Euch bisher noch niemals einen unziemlichen Scherz machen hören, Messer Franz.«
»Aber es ist mein Ernst«, rief Franz. Er riß sich den Helm herunter und begann mit hastigen Fingern seinen Harnisch zu lösen.
»Beim Donner, es scheint Euch wirklich ernst zu sein«, sagte Roger verblüfft. »Seid Ihr von Sinnen? Eure Rüstung und Eure Kleider sind Dinge von Wert ...«
»Wie könnte ich es wagen, sie Euch anzubieten, wenn sie das nicht wären?« fiel ihm Franz vorwurfsvoll ins Wort und zerrte an den Riemen seines Panzerhemds.
»Laßt das, Ihr großherziger kleiner Narr«, fuhr Roger ihn an. »Ich kann das doch unmöglich annehmen. Hört auf, sage ich.«

»Ihr könnt die Sachen doch zumindest einmal anprobieren«, sagte Franz. »So, jetzt habe ich es auf. Vielleicht passen sie Euch gar nicht. Gebt mir bitte Euren Helm. Ach, ich habe ganz vergessen, wir können das alles ja nicht gut hier auf dem offenen Markt erledigen. Kommt mit mir.«
»He, wartet einen Augenblick«, schrie Roger. »Ich sagte doch, ich kann unmöglich ... wo geht Ihr hin?«
»Unter die Arkaden dort.«
Roger folgte ihm, noch immer protestierend.
»Was treiben denn die beiden da?« fragte Bianchi.
»Tauschen die Rüstung, scheint mir«, grinste Tardi. »Vielleicht eine Wette oder so etwas.«
»Wenn es das ist, muß der kleine Graf Samt und Seide verloren haben«, brummte Bianchi. »Blei für Gold, nenne ich das.«
Unter der Arkade half Franz einem vergeblich protestierenden Roger in die Kleider. »Der Rock paßt Euch wie angegossen«, sagte er. »Auch das Panzerhemd – und der Brustharnisch auch. Ich glaube, wir haben die gleiche Statur.«
»Ich werde es heute tragen«, sagte Roger, »aber heute abend, oder vielmehr morgen früh, tauschen wir wieder. Darauf bestehe ich.«
Franz sagte begeistert: »Wie für Euch gemacht!«
»Bis morgen«, wiederholte Roger. »Und ... ich danke Euch.«
Am Abend kamen sie in Spoleto an.
»Ich hoffe, ich werde es niemals stürmen müssen«, sagte Obrist da Fabriano schmunzelnd. »Ich würde es gar nicht erst versuchen, wenn ich nicht mindestens zehntausend Mann hätte, und Belagerungsmaschinen brauchte ich auch, und selbst dann wäre ich noch nicht sicher, ob ich es schaffte. Seht euch diese Mauern an und die Zitadelle auf dem Steilabhang.«
Vor noch nicht so langer Zeit hatte Konrad von Lützelinhart hier geherrscht, der Herzog von Spoleto und Graf von Assisi, bis der Papst ihn absetzte, und seine ehemaligen Untertanen gegen ihn aufstanden. Er sollte jetzt in Deutschland sein.
Die kleine Truppe nahm Quartier in einem großen Wirtshaus.
»So müde?« fragte Roger, als Franz sich auf ein ziemlich schmutziges Lager mehr fallen ließ als hinlegte.
»Ja. Sehr.«

»Es war doch gar nicht so ein langer Ritt.«
»Nein, war es auch nicht. Ich weiß nicht, was mit mir ist. Morgen wird es mir wieder besser gehen.«
Roger warf ihm einen schnellen Blick zu. »Ich hoffe, es ist kein Rückfall Eures Fiebers«, sagte er.
»Ich glaube nicht.«
»Sollen wir hinunter gehen und essen?«
»Ich könnte nicht einen Bissen herunterkriegen, Herr Ritter.«
Roger nickte. »Dann werde ich Euch etwas Wein hinaufschicken.« Er ging.
Nach einer Weile kam ein dralles Mädchen mit einem Weinkrug und einem Zinnbecher herein. Franz dankte und wunderte sich ein wenig, warum sie so lange brauchte, um es auf den Tisch zu stellen. Endlich ging sie und knallte die Tür hinter sich zu.
Er schloß erschöpft die Augen.
Kein Fieber, dachte er. Nur Müdigkeit, bestimmt. Ob er wohl den Papst zu sehen bekommen würde, wenn sie nach Rom zogen? Aber vielleicht würde der Obrist eine andere Route nehmen, an der Ewigen Stadt vorbei. Über die Abruzzen vielleicht und hinunter durch die Grafschaft Molise.
Schlaflos warf er sich auf sein Lager. Ich habe noch nicht gebetet, dachte er. Aber als er das Zeichen des Kreuzes machte, rief jemand seinen Namen. So hatte auch der Traum in der anderen Nacht angefangen. Jetzt würde er bald wieder den Garten sehen und den Palast.
Aber alles blieb dunkel. So sehr er seine Gedanken auch auf die seltsamen Blumen und das Marmorportal aus jenem Traum konzentrierte, er konnte nur einen grauen Abglanz davon sehen, der, wie er sehr wohl wußte, von seiner eigenen Einbildung herstammte. Es wurde ihm bewußt, daß er dachte: Ich träume ja gar nicht, und sofort wurde er wieder gerufen.
Diesmal wußte er, daß er nicht mehr allein war. Etwas war gegenwärtig im Zimmer, und er fürchtete sich; so sehr, daß er die Augen nicht zu öffnen wagte.
Die Stimme war weder laut noch leise, weder tief noch hoch. Er hätte auch nicht sagen können, aus welcher Richtung sie kam. Aber er wußte, daß sie die Befehle gab.

Die Stimme sprach. »Franz … wer kann dir eine größere Gunst erweisen, der Herr oder der Diener?«
»Der Herr«, antwortete er mit kindlicher Freude darüber, daß er mit der Frage fertig wurde.
Aber die Stimme sagte: »Warum verläßt du dann den Herrn um des Dieners willen?«
Franz richtete sich auf. Er faltete die Hände und beugte den Kopf, so wie er es als Kind beim Beten gelernt hatte. Aber zum erstenmal in seinem Leben nahm sein Gebet die Form einer Frage an.
»Herr, was willst Du, daß ich tue?«
Die Stimme sagte: »Kehre zu deiner Stadt zurück. Dort wird dir gesagt werden, was du tun sollst.«
Das Zimmer war leer, und seine Leere war erschreckend. Es war, als habe alles das Zimmer verlassen, alles Leben und alle Gnade, und er allein, winzig und hilflos, tappte in einer Finsternis ohne Ende.

*

Am Morgen kam Roger. »Wacht auf«, sagte er. »Hier ist Eure Rüstung. Zieht sie lieber heute an; meine ist Euch zu schwer. Ich dachte es mir gleich. Es hat keinen Zweck …«, er brach ab.
Franz lag auf seinem Lager, bewegungslos, totenblaß.
»Seid Ihr also doch krank?« fragte Roger.
Es kam keine Antwort. Aber Roger sah, daß Franz' Augen weit geöffnet waren. »Die Sonne ist schon heraus«, sagte er. »In einer halben Stunde rücken wir ab. Steht jetzt lieber auf und macht Euch fertig. Hier sind Eure Sachen. Ihr müßt sie heute tragen.«
Immer noch keine Antwort.
»Los, Knabe«, sagte Roger rauh. »Wir können die anderen nicht warten lassen.«
Franz sah ihn an. »Ich kann nicht«, sagte er fast flüsternd.
»Ihr *seid* also krank?«
»Ich glaube nicht. Nein.«
»Was habt Ihr dann?«
»Ich habe es falsch gemacht. Ich verstand nicht, was der Palast bedeutete und … alles.«

Roger machte eine ungeduldige Bewegung. »Was für ein Palast? Wovon redet Ihr?«
»Ich hatte es nicht begriffen«, wiederholte Franz. »Ich muß nach Assisi zurück.«
Roger starrte ihn an. »Aber warum? Was ist das für ein Unsinn? Nach Assisi zurück! Wißt Ihr nicht, was sie dort sagen werden? Sie werden sagen, Ihr wäret weggerannt, weil Ihr Angst hattet.«
»Es macht nichts«, sagte Franz leise.
Rogers Augen wurden schmal. »*Habt* Ihr Angst?«
»Nur vor einem: ungehorsam zu sein«, sagte Franz.
»Ungehorsam gegen wen?«
»Ich kann es Euch nicht sagen«, sagte Franz.
Roger lachte kurz. »Ich muß gestehen, ich habe eine bessere Meinung von Euch gehabt, Messer Franz Bernardone.«
Franz richtete sich langsam auf. »Das kann ich nicht ändern«, sagte er. »Aber nun könnt Ihr wenigstens diese Rüstung tragen. Ich habe keine Verwendung dafür. Ich glaube nicht, daß ich je noch einmal eine Rüstung tragen werde.«
Durch die Zähne sagte Roger: »Ich fing an zu glauben, daß aus Euch noch einmal ein Ritter werden könnte. Ja, ich habe sogar geglaubt, daß ich doch recht gehabt hätte, an jenem Tag bei der Brücke von San Giovanni, als ich … lassen wir das. Ich habe mich jedenfalls gründlich geirrt. Ihr seid ein Stoffverkäufer und ein Lautenschläger.«
Franz sagte: »Ich bitt' Euch, nehmt die Rüstung.«
»Und ich nehme sie auch«, sagte Roger verächtlich. »Nicht als Geschenk von Euch, sondern als mein gutes Recht. Ihr seid nicht wert, sie zu tragen. So wird sie mir gehören. Ich werde dem Obristen Eure Umkehr melden. Lebt wohl … Feigling.«
»Ich wünsche Euch Glück, Herr Ritter«, sagte Franz. »Ich hoffe, Ihr findet Eure Burg. Und möge Gott Euch schützen.«
Aber das Zuknallen der Tür übertönte seine letzten Worte.
Nicht lange danach hörte Franz Hufgetrappel. Die Truppe rückte ab.
Er stand auf. Er spürte keine Schlaffheit mehr. Er fühlte sich so wohl, als ob er Krankheit nie gekannt hätte.
Eine Stunde später ritt auch er fort. Nordwärts, nach Assisi. Als die Nacht kam, erreichte er Stadt und Elternhaus.

SIEBENTES KAPITEL

A. D. 1204-1205

»Dieses, meine Herren und Ritter, nenne ich einen Sieg«, sagte der Herzog von Tarent und streichelte den kleinen seidigen Bart, der wie eine Verzierung um seine Lippen lief. »Endlich kann der Heilige Vater in Ruhe schlafen. Die Deutschen werden ihm nicht mehr zu schaffen machen.«
Rund zweihundert Stimmen riefen Beifall, und Becher wurden rings um die Bankettafel gehoben.
»Glaubt Ihr wirklich, es sei so endgültig, Herr Herzog?« fragte der Bischof Fornari voll Hoffnung. »Graf Diepold ist entkommen – und er ist ein furchtbarer Gegner.«
»Wäre er es nicht, so wäre es kein großer Ruhm, ihn geschlagen zu haben, Herr Bischof«, lächelte der Herzog.
»Diepold ist nur mit ein paar hundert Mann entkommen«, sagte Hauptmann Crecy zum Bischof. »Ich wünschte, Ihr hättet die Schlacht gesehen! Sie wird als Meisterstück unseres großen Herzogs in die Geschichte eingehen.«
»In die Geschichte wird sie einfach als die Schlacht von Salerno eingehen«, sagte der Herzog mit geziemender Bescheidenheit. »Obgleich ich zugebe, daß sie vielleicht nicht ganz ungeschickt geschlagen wurde.«
»Der Flankenangriff zuletzt war genial«, rief Crecy. »Julius Cäsar selbst muß im Himmel applaudiert haben – das heißt, wenn er sich dort befinden sollte.«
»Der Herr Bischof ist der einzige von uns, der uns darüber Bescheid geben könnte«, sagte der Herzog lächelnd.
Bischof Fornari schmunzelte. »Da Julius Cäsar niemals heiliggesprochen wurde, kann ich mich darüber nicht mit Sicherheit äußern«, sagte er. »Aber ich möchte annehmen, daß die Art und Weise, wie er Vercingetorix und andere würdige Heerführer Galliens behandelt hat, nicht gerade auf eine frühzeitige Aufnahme im Himmel schließen läßt. Als guter Franzose werdet Ihr der erste sein, der meine Zweifel würdigt.«
»Da hat er uns aber aufs Haupt geschlagen, Himmel, Hölle und

Fegefeuer«, lachte der Herzog. »Wäre eine Schlacht nichts weiter als ein Zweikampf der Köpfe, unser werter Bischof würde einen gefährlicheren Gegner abgeben als Diepold von Acerra.«
»Diepold hat seinen Meister gefunden«, sagte Crecy.
»Mein guter Crecy, wenn Ihr mich so anseht, erinnert Ihr mich an eine treue Dogge, die ich in meinem Schloß hatte.«
»Ich bin Eure treue Dogge«, sagte Crecy. »Sollen sie mich deswegen ruhig auslachen, wenn sie sich getrauen.« Er blickte wild in die Runde.
Der Herzog hob seinen Becher, ein prachtvolles Stück aus Gold und Elfenbein und mit Halbedelsteinen besetzt. »Gesundheit und Sieg dem Heiligen Vater«, sagte er. »Und Ihr mögt ihm mitteilen, Herr Bischof: nach dieser Schlacht wird es kein Deutscher mehr wagen, auch nur einen unbewaffneten Franzosen anzugreifen.«
Alles schrie begeistert.
»Welch ein Schlag für den Kanzler von Sizilien«, sagte Crecy. »Es ist kaum länger als ein Jahr her, daß er sich dem Befehl des Papstes widersetzte, mit dem Grafen von Brienne – wie er unseren Herzog zu nennen beliebte – Frieden zu schließen.«
»Schlimmer«, sagte der Bischof. »Er schwor, er würde nicht gehorchen, und wenn der Apostel Petrus selber ihm den Befehl gäbe; auch nicht, wenn er dafür in die Hölle käme. Das ist die Sprache der Verdammten. Nun, vielleicht wird er es jetzt widerrufen.«
»Wir waren damals in einer schlechten Lage.« Der Herzog spitzte die Lippen und kostete schlürfend den neu eingegossenen Wein. »Sie haben einen guten Keller im Schloß von Salerno. Ja, vor einem Jahr sahen die Dinge anders aus. Damals brauchte es nicht viel Mut, um solche stolzen Worte auszusprechen.«
»Gott hört immer hin«, sagte der Bischof leise.
»Noch ein Jahr«, sagte der Herzog, »und ich kann die Insel Sizilien selbst angreifen.«
»So lange noch?« Der Bischof schien betreten. »Ich hätte gedacht ... ich hoffte, daß nach einem solchen Sieg ...«
»Der Herzog ist der größte Feldherr, unter dem ich je gedient habe«, erklärte Crecy. »Aber er ist kein Zauberer.«
»Gott verhüte«, sagte der Bischof. »Dennoch ...«
»Um eine Insel zu erobern, braucht man Schiffe«, erklärte der Herzog geduldig. »Und Genuesen wie Pisaner sind schwierige Ver-

handler, gerade weil sie wissen, daß sie die einzigen sind, die uns welche geben können. Ich kann Palermo nicht mit Fischerbooten angreifen. Sorgt Euch nicht, Herr Bischof – ich werde nicht länger warten, als ich muß. Nicht nur ich, auch meine Hauptleute sind erpicht darauf, die ›Goldene Muschel‹ zu sehen, wie sie das Tor dieser wundervollen Stadt nennen. Ganz besonders mein kleiner Freund, Graf Vandria. Leider wurde er heute schwer verwundet … weiß jemand hier, wie es ihm geht?«

»Hier bin ich, gesund und munter, Herr Herzog«, sagte Roger und erhob sich am unteren Tafelende.

»Bleibt sitzen, ich bitt' Euch«, sagte der Herzog höflich. »Ich bin entzückt zu sehen, daß Ihr unverletzt davongekommen seid, aber wie um Himmels willen habt Ihr das fertiggebracht? Ihr habt Euch tadellos gehalten bei der Attacke auf dem linken Flügel, aber ich sah, wie Ihr von einer Lanze vom Pferd gestoßen wurdet und zwei Deutsche auf Euch herumhackten.«

»Offen gestanden, ich weiß selbst keinen rechten Grund dafür«, gab Roger Bescheid, »außer daß ich noch nie eine so gute Rüstung getragen habe.«

»Nehmt diesen Becher für das, was Ihr heut getan habt, bring ihn dem Ritter, Page! Nein, so nicht, tu ihn erst auf eins von den kleinen roten Kissen auf dem Tisch dort drüben – so ist's recht. Alles Gute, mein lieber Graf, und wenn wir auf Eure Heimatinsel kommen, werde ich dafür sorgen, daß Ihr in Eure Rechte wieder eingesetzt werdet.«

»Meinen Glückwunsch«, murmelte Obrist da Fabriano, der mit dem linken Arm in der Schlinge Roger gegenüber saß.

Roger verbeugte sich. Er ließ sich den Becher des Herzogs mit Wein füllen. »Ruhm und Sieg unserem großen Feldherrn, Graf Walter von Brienne, Herzog von Tarent«, sagte er laut.

Alle riefen Beifall, und der Herzog erwiderte die Verbeugung aufs liebenswürdigste.

*

Ein paar Monate später wurde das Feldlager des Herzogs von Tarent überraschend mitten in einer mondlosen Nacht angegriffen.

Roger erwachte in seinem Zelt von einem furchtbaren Tumult rufender und schreiender Stimmen und dem Geräusch von tausend Kesselschmieden, die auf tausend Töpfen herumhämmerten. »He, Page«, rief er. Aber der Knabe, den sie ihm zugeteilt hatten – da er kein Land besaß, hatte er keinen Schildknappen –, kam nicht, und so legte er seine Rüstung, so gut es in der Dunkelheit ging, selber an.
Der Lärm draußen wurde stärker. Ein-, zweimal konnte er deutsch geschrieene Befehle hören. Er zog sein Visier herunter und ging aus dem Zelt – mitten in ein Getümmel, wie er es noch nie erlebt hatte.
Die Nacht war von Hunderten von Fackeln erhellt, von denen keine einen einzigen Augenblick stillstand. Der Himmel selbst schien zu kreisen, Hunderte von roten Sternen flohen, von einer unsichtbaren Kraft gejagt, darüber hinweg. Dies ist das Jüngste Gericht, ging es ihm durch den Kopf, aber dann erinnerte er sich grimmig daran, daß an jenem Tag die Befehle höchstwahrscheinlich nicht auf deutsch geschrien werden würden.
Er schritt vorwärts, in der Richtung auf das Zelt des Herzogs zu. Ein junger Ritter, der vorankommen wollte, kämpfte am besten unter den Augen seines Feldherrn. Außerdem schien es, als ob der Herzog jede Hilfe brauchen würde, deren er habhaft werden konnte.
Aber während er ging, sagte ihm sein kalter Verstand, daß er wieder einmal für eine verlorene Sache kämpfte. Dies war nicht einfach nur ein wagemutiger Überfall. Es war der Angriff nicht von einigen hundert Mann, sondern von einer ganzen Armee, und diese Armee kämpfte planmäßig. Der Feind wußte, was er tat, die Angegriffenen kämpften nur um ihr Leben, planlos, einzeln, oder in kleinen Gruppen. Es war Massenmord, Metzgerarbeit, es war wahrscheinlich das Ende.
Aber sein Platz war beim Herzog, und der dunkle Schatten dort, etwa hundertfünfzig Meter weiter vorn, war das herzogliche Zelt. Was könnte ich sonst tun, sagte er sich verbissen.
Ein Mann kam aus der Finsternis gerannt. »Flieht, alles ist verloren!« schrie er auf französisch.
»Nichts ist verloren außer deiner Courage«, fuhr ihn Roger bissig an und schritt weiter.

Die Kesselschmiede hämmerten noch immer, und jetzt sah er, daß rings um das große Zelt herum gekämpft wurde.
»Fackeln her«, brüllte eine Stimme auf deutsch. »Fackeln, ihr verdammten Ochsen. Er entwischt uns im Dunkeln.«
Ein Licht flackerte auf, noch eins, ein drittes, sie wurden größer, Sterne, die zum Leben erwachten, blutrot und verräterisch.
Roger sah einen riesigen Mann in einer Rüstung, schwer und bärtig auf einem Pferd von ungeheurem Ausmaß sitzen. Er erkannte ihn sofort: Diepold von Acerra.
»Mehr Licht, ihr dummen Tölpel«, brüllte Diepold. »Zündet die Zelte an, die da drüben, nicht das vom Herzog! Wenn einer das ansteckt, lasse ich ihn bei lebendigem Leibe schinden. Da will ich heute nacht drin schlafen. Los, beeilt euch.«
Roger fühlte eine Welle roter Wut in sich hochsteigen. Dieses Vieh von einem Kerl mit seiner gottverfluchten Selbstsicherheit – es wäre ein himmlisches Vergnügen, ihm die Gurgel durchzuschlagen und diese fette Stimme für immer abzudrosseln. Er rannte vorwärts. Rings um ihn gingen Zelte in Flammen auf. Er konnte jetzt gut sehen, aber er wußte, daß er jeden Augenblick vom Feinde auch gesehen werden konnte. Die einzige Chance war, daß sie ihn vielleicht für einen Deutschen halten würden, weil er in einer Rüstung steckte, aber inzwischen würden auch viele Franzosen schon ihre Rüstungen angelegt haben, und außerdem waren die meisten Deutschen viel größer als er.
Überall liefen Leute in kleinen Gruppen herum, und er schien nicht näher heranzukommen. Die ganze Zeit bewegte der große Kerl seinen Destrier hin und her; natürlich tat er das, es war eine Grundregel für jeden Feldherrn: einen Augenblick zu lange an der selben Stelle, und ein versteckter Bogenschütze hatte Zeit genug, genau zu zielen.
Vor dem Eingang des herzoglichen Zelts war ein Kampf von Mann zu Mann im Gange, und da kam der Herzog selbst mit seinem Gefolge, Banner und allem.
Eine vierschrötige Gestalt versperrte den Weg.
»Du hast auch eine Gurgel«, knurrte Roger und schlug mit aller Kraft zu. Der Mann gab einen Grunzlaut von sich und fiel um, und Roger schritt weiter auf die Kämpfenden zu.

Ein neues Rudel Deutscher brach zwischen sie herein, das Banner von Tarent ging zu Boden, aber nur für einen Augenblick, denn der Herzog selber hob es auf und hielt es mit lautem Ruf hoch. Es war eine noble Geste, machte ihn jedoch zu einem guten Ziel, und im nächsten Augenblick schon floß das Blut von seinem Schwertarm.

Dann war Roger selbst mitten in einem Haufen Deutscher, Pikeniere, genau wie an dem Tage beim Ponte San Giovanni, nur daß es dieses Mal Nacht war und sie viel größer waren.

Während er um sich hieb, sah er einen Mann neben dem Herzog mit einer Lanze in der Brust fallen und erkannte da Fabriano.

Rasend vor Wut, hieb er einem Deutschen über den Kopf, parierte einen Pikenstoß, noch einen und noch einen, und erreichte den Herzog, gerade als dieser mit einer Pike tief in der Schulter zu Boden ging.

Roger hob seinen Schild, um die anderen Stöße abzufangen, die auf das Visier des Herzogs gezielt waren. In einem Augenblick bin ich tot, dachte er seltsam unberührt. Tod eines preisgekrönten Narren, der einem Feigling das Leben rettete und zu spät kam, um einen Helden zu retten. Er führte einen Schlag gegen einen riesenhaften Ritter mit einem roten Panther auf dem Schild und sah das gewaltige Schwert des Mannes auf sich niedersausen: er riß seinen eigenen zerbeulten Schild hoch, einen Augenblick zu spät. Seine Knie gaben unter der Wucht des Schlages nach, ein ferner Donnerklang erscholl, und alles war vorüber.

*

Als er zu sich kam, lag er auf einem Feldbett, und ein grauhaariger Mann war über ihn gebeugt. »Da sind wir ja«, sagte der Mann mit Genugtuung. »Jetzt trinkt dies.« Ein Becher wurde an seine Lippen geführt, und er trank, zuerst in instinktivem Gehorsam, dann gierig, bis der Becher leer war.

»Das genügt«, sagte der Grauhaarige. »Bald gibt es mehr.«

Roger wollte etwas fragen, aber er kam nicht darauf, was es war. Statt dessen schlief er wieder ein, und als er aufwachte, trank er wieder einen Becher voll. Brühe, dachte er, gute, starke Brühe.

Aber er zuckte vor Schmerz zusammen, als er versuchte, sich aufzusetzen.
Der Grauhaarige lächelte. »Versucht das jetzt noch nicht. In einer Woche oder so ist es schon ganz anders. Keine Sorge. Alles, was Ihr abbekommen habt, ist eine Unzahl von Beulen; es besteht also wenig Gefahr für einen tödlichen Ausgang. Ihr wißt nicht, was Ihr für Glück gehabt habt. Der von Lanzberg braucht selten mehr als einen Streich, um einen Mann seiner eigenen Größe zu töten – und Ihr seid etwa halb so groß. Er glaubt, es war Hexerei.«
Hexerei. Einen Mann töten. Lanzberg. Wißt nicht, was Ihr für Glück habt. Einen Mann mit einem Streich töten. Er konnte nicht dahinterkommen, und als er zum drittenmal erwachte, hatte er es alles wieder vergessen.
»Wo bin ich?« fragte er.
Der Grauhaarige hob die Augenbrauen. »Merkwürdig, wie alle das gleiche fragen«, sagte er nachdenklich. »Ihr seid noch nicht im Himmel, obgleich Euch meine Brühe sicherlich auf diese Vermutung gebracht hat. Ihr seid im Feldlager.«
»Wessen Lager?«
»Des Grafen Diepold von Acerra natürlich.«
Roger schloß die Augen. »Wo ist der Herzog?« fragte er.
»Kümmert Euch nicht darum«, sagte der Grauhaarige. »Das beste, was Ihr tun könnt, ist schlafen.«
»Wo ist der Herzog von Tarent?« wiederholte Roger wild.
»Er hatte nicht so viel Glück wie Ihr«, sagte der Grauhaarige. »Ich habe getan, was ich konnte, aber seine Wunden waren zu schwer.«
Roger wandte den Kopf ab.

*

Die Diagnose des grauköpfigen Arztes stellte sich als nicht ganz richtig heraus. Es dauerte über einen Monat, bis Roger vom Bett aufstehen konnte, und einen weiteren, ehe er sich kräftig genug fühlte, um das Zelt zu verlassen. Um diese Zeit wußte er schon, daß Graf Diepold von Acerra über ein Drittel der Armee des Herzogs gefangengenommen hatte, daß er alle Gefangenen leidlich gut behandelte und die Ritter mit allem Entgegenkommen, das ihrem Stande zukam.

»Er ist kein schlechter Kerl – für einen Deutschen«, sagte Hauptmann Crecy, als er Roger zum erstenmal seit jener furchtbaren Nacht sah. »Und er ist ein großer Feldherr. Julius Cäsar selbst müßte das zugeben. Ich hätte nicht gedacht, daß irgend jemand mit dem Herzog fertig werden könnte, aber es ist geschehen, und diesmal wirklich endgültig.« Es schien ihm nicht besonders schwer zu fallen, den Tod des Mannes zu verwinden, den er so hoch verehrt hatte.

»Aber wozu behält er uns hier?« fragte Roger.

»Zuerst dachte ich, er wollte Lösegeld«, sagte Crecy.

»Für mich würde er nicht einen Maravedi bekommen«, spottete Roger. »Alles, was ich in der Welt besaß, war in meinem Zelt – einschließlich des Bechers, den der Herzog mir nach Salerno gab – und das hat er natürlich schon alles.«

»Es sind Gerüchte im Gange ...«, sagte Crecy leichthin.

»Was für Gerüchte?«

»Diepold soll mit dem Papst verhandeln.«

»Nein!«

»Warum nicht? Ich bin nicht sicher, aber es könnte wahr sein. Der Heilige Vater hat eine Armee verloren, gerade als er sie am nötigsten brauchte. Er mag Diepold vergeben – und er mag sogar noch mehr tun.«

»Crecy! Ihr glaubt doch nicht, er wird ...«

»Der Papst ist ein sehr kluger Mann«, sagte Crecy. »Und Diepold ist auch nicht gerade ein Dummkopf. Das heißt, sie werden beide tun, was am meisten in ihrem eigenen Interesse liegt. Und am meisten liegt in ihrem Interesse, sich zu einigen.«

»Aber Diepold ist unter dem Bann ... exkommuniziert!«

»Das kann der Papst jederzeit wieder aufheben; und ich bin überzeugt, Diepold liegt daran, daß er es aufhebt. Es ist kein angenehmer Zustand, auch wenn man nicht an Gott oder Teufel glaubt. Tatsächlich ist es der stärkste Trumpf des Papstes, wenn es zu einem Handel mit dem Deutschen kommt.«

»Ich komme langsam darauf, daß Ritter sein soviel heißt wie Dummkopf sein. Wofür haben wir gekämpft, Crecy?«

»Wer weiß?« Der Franzose hob die Achseln. »Und was tut es? Ein Ritter kann nach seinem eigenen Muster nur in und um sein

Schloß herum leben, ein Graf in seiner Grafschaft und ein Herzog in seinem Herzogtum. Aber Könige und Päpste können ihr Muster allen aufdrücken – wenn sie stark genug dazu sind.«

»Das sagt man von Gott«, sagte Roger, »daß er aus dem Tun der Menschen sein eigenes Muster formt. Manchmal finde ich es schwer, daran zu glauben.«

Crecy lächelte. »Darin steht Ihr nicht allein. Aber irgend jemand – ich weiß nicht mehr, wer – hat einmal gesagt, daß Könige und Päpste weniger sind als Gott, aber mehr als Menschen.«

»Und wie steht es mit Prinzipien?« sagte Roger mit seinem gewohnten Halblächeln.

Der Franzose lachte ungehemmt. »Wenn Ihr Euch *darum* scheren wollt, geht lieber gleich ins Kloster.«

*

Drei Tage danach wurde eine Reihe der gefangenen Ritter vor den Grafen Diepold geführt. Der mächtige Deutsche stand vor dem großen Zelt, das einst das Zelt des Herzogs von Tarent gewesen war, und neben ihm erkannte Roger eine schmale, stumme Gestalt im Kirchengewand: Bischof Fornari.

»Meine Herren und Ritter«, sagte Diepold in fürchterlichem Französisch, »ich möchte, daß Ihr Euch anhört, was der hochwürdigste Bischof hier zu sagen hat.«

»Ich bin als Abgesandter des Heiligen Vaters gekommen«, sagte der Bischof, »um Euch mitzuteilen, daß Graf Diepold von Acerra aufs feierlichste gelobt hat, von nun an dem Heiligen Vater in allen Dingen zu Willen zu sein; daß er sein Schwert in den Dienst des Heiligen Vaters und der Kirche stellen wird; und daß er keinerlei Ansprüche seitens des Kaisers Philipp auf die Souveränität von Sizilien anerkennen wird. Der Heilige Vater hat dieses Gelöbnis freudig entgegengenommen und den Bann der Exkommunikation von ihm genommen und hat ihm befohlen, sich auf die Insel Sizilien zu begeben, um dort den jungen König Friedrich Roger zu beschützen, der, wie Ihr wißt, bis zu seiner Großjährigkeit das Mündel des Heiligen Vaters ist. Ich selbst werde den Grafen Diepold nach Palermo begleiten, wo der junge König in Umständen gehalten

wird, die seines Ranges unwürdig und unvereinbar mit der Vormundschaft des Heiligen Vaters sind.«
Er trat zurück.
»Es bleibt mir nur noch eins hinzuzufügen«, sagte Diepold. »Wie Ihr seht, bin ich dabei, zu vollenden, was mein gefallener Gegner, der edle Herzog von Tarent, begann – mit Eurer Hilfe. Wer von Euch willens ist, mit mir zu gehen, soll willkommen sein. Die Sache bleibt die gleiche, nur der Befehlshaber wechselt. Das ist alles.«
»Was habe ich Euch gesagt, Herr Ritter?« flüsterte Crecy.
»Kommt – machen wir mit.«
»Wie? Unter *ihm* dienen? Dem Mörder des Herzogs?«
»Warum nicht? Habt Ihr nicht gehört? Die Sache bleibt dieselbe.«
Roger starrte auf den riesigen Deutschen, der jetzt von einer Anzahl Ritter umringt wurde, die ihre Zustimmung gaben.
Von seiner ragenden Höhe lächelte Diepold zu ihnen hinunter wie ein gütiger Vater, der die Geburtstagsglückwünsche seiner Kinder entgegennimmt.
»Also ich gehe«, sagte Crecy, und er ging.
Roger schob die Unterlippe vor. Was scherte es ihn, wen der Papst zu seinem Befehlshaber machte? Er hatte unter dem lächerlichen Vexillum der Assisier gekämpft. Er hatte unter dem Banner von Tarent und Brienne gekämpft. Warum nicht unter dem von Acerra, wo sich dieser Teufelsort auch befinden mochte?
Die Befehlshaber, unter denen er gekämpft hatte, waren beide besiegt worden; und beide waren tot. Vielleicht hatte das Pech der Vandria auf sie abgefärbt? Vielleicht würde dieser Diepold es auch zu spüren bekommen? Wer weiß, wie Crecy sagen würde. Und was tat es?
Worauf es ankam, war, daß Sizilien wieder in Reichweite war. Sizilien und Vandria.
Er trat vor.

ACHTES KAPITEL

A. D. 1205

»Ich habe Hunger«, sagte der König.

Der Gouverneur von Palermo, Guglielmo Capparone, sah von seinem Arbeitstisch auf. »Ich habe dir schon einmal gesagt, ich will hier nicht gestört werden«, brummte er. »Wo ist dein Lehrer?«

»Laßt den alten Narren«, sagte der König. »Ich habe Hunger.«

»Dann geh in die Küche und laß dir vom Koch etwas zu essen geben, und *bitte*, laß mich jetzt arbeiten. Ich arbeite für dich, falls du es vergessen hast.«

»Deshalb habe ich wahrscheinlich nichts zu essen«, sagte der König. »Und ein Koch ist auch nicht da. *Ihr* solltet wissen, daß das Küchenpersonal fortgelaufen ist, weil niemand ihnen ihre Löhne zahlte.«

»Es ist nicht meine Sache, ihnen die Löhne zu zahlen«, fuhr Capparone auf. »Das ist Sache des königlichen Schatzmeisters.«

»Und der königliche Schatzmeister verschwand, als kein Geld mehr in der Kasse war«, sagte der König. »Auch das solltet Ihr wissen. Inzwischen aber habe ich Hunger bekommen.«

Capparone warf den Federkiel hin. »Ist es meine Schuld, wenn kein Geld hereinkommt? Ich habe diesen verdammten Krieg nicht angefangen.«

»Stimmt«, sagte der König. »Ihr seid nicht groß genug, um einen Krieg anzufangen.«

Capparone erhob sich. Er war nun doppelt so groß wie der Knabe und sah mit seinen buschigen Brauen, seinem langen schwarzen Bart und seinem gewaltigen Umfang wie ein böser Riese aus, der einen sehr kleinen König verspeisen wollte.

»Eine Frechheit«, sagte er mit seiner dröhnenden Baßstimme. »Alles, was ich für meine Arbeit für dich ernte, ist Frechheit. Du solltest dich schämen.«

»Ich schäme mich aber gar nicht.« Der kleine König schüttelte die langen roten Locken. »Ich bin hungrig, und ich will Geld für mein Essen. Und beschämend ist, daß ich viermal darum bitten muß.«

Der Vorhang flog zurück, und ein magerer, älterer Mann trat ein.

»Hier seid Ihr also«, zeterte er. »Ich habe Euch überall gesucht. Ich bitte tausendmal um Vergebung, Herr Gouverneur – er ist wieder weggelaufen.«
»Geld«, sagte der König.
Mit einem tiefen Seufzer holte Capparone seine Börse hervor und nahm ein Silberstück heraus.
»Legt es auf die Platte dort«, sagte der König. »Magister Monucci … nehmt die Platte mit dem Geld, ich bitte Euch, und reicht sie mir.«
Verblüfft gehorchte der alte Mann, und der kleine König nahm das Silbers tück mit einer zierlichen Gebärde von der Platte. »Eine päpstliche Krone«, sagte er. »In ein paar Jahren wird *mein* Bild auf allen Münzen sein. Das bedeutet, daß alles Geld mir gehören wird; und niemand wird ohne meine Genehmigung essen.«
»Magister Monucci«, sagte Capparone streng, »nehmt den König mit, und das nächste Mal seid besser auf Eure Pflichten bedacht. Ich höre, Ihr habt dem König wieder erlaubt, sich mit den Sarazenen einzulassen.«
»Versucht es doch, mich zurückzuhalten«, sagte der König wütend. »Ich treffe mich, mit wem ich will, und ich mag die Sarazenen. Sie sind die einzigen auf der Insel, die Verstand im Kopf haben.«
Monucci blickte zur Decke hoch. »Ihr seht, was ich mir gefallen lassen muß, Herr Gouverneur.«
»Die Araber verdrehen dem Jungen den Kopf mit ihrem wissenschaftlichen Unsinn«, schnaubte Capparone. »In Zukunft geht er nur mit Euch zusammen fort …«
»Er kann ja nicht rennen«, sagte der König verächtlich. »Er verliert sofort den Atem.«
» … und gefolgt von zwei Wachen«, fuhr Capparone fort. »Wahrhaftig, Magister Monucci, es ist höchst erstaunlich, daß Ihr einem Kind von zehn gestattet, seinen Willen bei Euch durchzusetzen.«
»Ich bin elf«, protestierte der König wild. »Und mit vierzehn bin ich großjährig, und dann …« Er brach ab.
Ein Palastbeamter kam herein. »Seine Exzellenz der Kanzler«, verkündete er.
Capparone starrte ihn ungläubig an. »*Wer*, sagt Ihr?«
»Seine Exzellenz der Kanzler, Bischof Walter Pagliari von Troja

wünscht Euch zu sprechen, gnädiger Herr«, sagte der Beamte ängstlich.
»Wollt Ihr sagen, daß er *hier* ist ... im Palast?«
»Das bin ich in der Tat, Capparone«, sagte der hereintretende Kanzler. »Ah, ich sehe, unser kleiner König ist bei Euch. Es tut mir leid, mein Kind, aber ich habe mit dem Gouverneur wichtige Dinge zu bereden.«
»Das tut mir auch leid«, sagte der König und zog die Nase kraus. »Ich meine ... für Sizilien ...«
»Dreistigkeit«, sagte der Kanzler, »hat noch niemals einem Kinde gut getan.«
»Ihr auch nicht«, sagte der König. »Deshalb ist es auch ganz gut, daß Ihr keine Kinder haben dürft.«
»Gütiger Gott«, sagte der Kanzler entsetzt. »Er wird immer schlimmer, jedesmal, wenn er mir unter die Augen kommt.«
»Eben deshalb«, sagte der König.
Der Kanzler straffte sich. »Genug jetzt. Nehmt den Knaben fort, Magister Monucci, und bringt ihm, wenn Ihr könnt, die Anfangsgründe der Manieren bei.«
»Ihr müßt höflich zu Seiner Exzellenz sein«, sagte Monucci vorwurfsvoll.
»Warum?« fragte der König.
»Weil er ein sehr hoher Beamter ist.«
»Kein Beamter steht so hoch wie der König«, sagte der König.
»Und weil er ein Bischof ist«, fügte Monucci streng hinzu.
»Aber ein *Erz*bischof ist er nicht«, sagte der König. »Ihr wolltet doch Erzbischof von Palermo werden, hochwürdigster Bischof, nicht wahr? Aber der Papst ließ es nicht zu. Könnt Ihr mir erklären, warum dem so ist, hochwürdigster Bischof?«
Der Kanzler stampfte mit dem Fuß auf. »Nehmt mir diesen jungen Skorpion weg«, sagte er, »aber schnell. Capparone, ich muß sofort mit Euch sprechen.«
Der Gouverneur unterdrückte rasch ein maliziöses Lächeln.
»Sehr wohl«, sagte er. »Wachen!«
Zwei Leute in Helm und Panzer traten ein.
»Ihr begleitet den König und Magister Monucci zu ihren Gemächern.«

Der König blickte Capparone an und lachte. Dann wandte er sich um und rannte aus dem Zimmer. Monucci folgte, Ermahnungen und Beschwörungen ausstoßend. Die beiden Wachen bildeten die Nachhut.
»Unausstehlich«, sagte der Kanzler.
Capparone nickte. »Er wird eines Tages schlimmer als sein Vater sein«, prophezeite er. »Das heißt ... wenn er lange genug lebt.«
»Er muß am Leben bleiben«, sagte der Kanzler. »Wenn nicht, ist es mit Euch vorbei – und mit mir.«
»Was heißt das?«
»Mein lieber Capparone, wir haben nicht immer zum besten miteinander gestanden ...«
»Das«, sagte der Gouverneur, »würde ich einen recht gelinden Ausdruck dafür nennen. Tatsächlich traute ich kaum meinen Ohren, als Ihr gemeldet wurdet. Ich hätte nicht gedacht, Ihr würdet Euch erdreisten, hierher zu kommen.«
»Bei näherer Überlegung müßt Ihr Euch gesagt haben, daß ich das auch nicht ohne einen ernsten Grund getan hätte«, sagte der Kanzler trocken. »Nun, der ernsteste Grund liegt vor, den Ihr Euch denken könnt. Diepold von Acerra ist in Sizilien gelandet.«
Capparones Augen verengten sich. »Wenn das wieder eine Eurer Fallen ist ...«
»Findet es selbst heraus, wenn Ihr mir nicht glauben wollt«, sagte der Kanzler kurz. »Sendet Eure Agenten aus – laßt es Euch bestätigen. Sie werden nicht weit zu laufen haben. Er wird jetzt schon in Monreale sein.«
Capparone sank in seinen Sessel zurück. »Unmöglich«, keuchte er. »Das ist ganz ausgeschlossen.«
»Und morgen abend ist er hier, vielleicht schon morgen früh«, fuhr der Kanzler fort.
»Aber... wie? Er hat keine Schiffe! Er...«
»Er ist von Reggio nach Messina übergesetzt.«
»Er kann doch nicht eine ganze Armee auf ein paar Küstenbooten übersetzen!«
»Das hat er auch nicht getan. Er hat nur ein kleines Geleit mitgenommen. Keine hundert Mann, wird mir berichtet.«
Capparone erhob sich wieder, seine Augen glänzten. »Aber das ist

ja ausgezeichnet«, sagte er. »Ich glaubte schon einen Augenblick, Ihr kündigt wieder eine deutsche Invasion an. Keine hundert Mann. Damit werden wir doch noch fertig werden.«

»Er wird mehr Leute übersetzen, Capparone, er wird sich unserer eigenen Schiffe bemächtigen und sie dazu benutzen.«

»Das dürfte etwas länger dauern«, höhnte Capparone. »Und vorher könnte noch das eine oder andere geschehen. Aber warum, möchte ich wissen …«

»Ich sollte meinen, es ist nicht schwer zu erraten, was er will«, sagte der Kanzler mit einem undefinierbaren Ausdruck.

Capparone sah ihn an. »Gut, ja«, sagte er. »Er will, was ich will – und was Ihr wollt. Und das Unglück ist, daß jeder von uns es für sich ganz allein will.«

Der Kanzler nickte. »Nun wißt Ihr, warum ich mich erdreistete, wie Ihr es nennt, hierher zu kommen. Meine Rechte sind am ältesten. Genau genommen, die einzigen, die legal sind. Ich wurde von seiner königlichen Mutter als einer der Vormünder des Königs eingesetzt. Deshalb bin *ich* es, der die Vormundschaft über mein königliches Mündel ausüben sollte. Ihr habt Euch einfach selbst zum Vormund ernannt.«

»Als Gouverneur von Palermo …«, begann Capparone.

»Aber Ihr seid wenigstens Sizilianer und habt normannisches Blut«, fuhr der Kanzler schnell fort. »Dieser Diepold ist ein Deutscher. Und niemand auf Sizilien kann den Wunsch haben, wieder unter deutschen Einfluß zu kommen.«

»Der König selbst ist zur Hälfte deutsch«, sagte Capparone bedächtig.

»Das zeigt er auch.« Der Kanzler nickte. »Aber er ist auch halb normannisch. Die Zeit allein wird erweisen, welche Hälfte bei ihm die Oberhand gewinnt. Aber mit dem Problem werden wir uns später befassen. Im Augenblick gibt es nur eine Sache, die wir unter allen Umständen verhüten müssen …«

»Diepold darf ihn nicht in die Hand bekommen«, sagte Capparone.

»Das ist es.« Der Kanzler begann mit rauschenden Gewändern auf und ab zu wandern. »Wenn ich daran denke, daß es eine Zeit gegeben hat, wo ich vor Freude überströmte, daß er den Grafen von Brienne geschlagen hat! Und jetzt ist er genau so gefährlich,

wie dieser Abenteurer war – noch gefährlicher vielleicht. Der Papst kann ihn nicht aufhalten.«
»Aber ich.« Capparone läutete. »Vier Wachen vor die Gemächer des Königs«, sagte er zu dem eintretenden Beamten. »Der König darf sie bis auf weiteres nicht verlassen. Erklärt ihm, daß wir diese Maßnahme treffen, weil ein Anschlag auf sein Leben geplant ist von … von den Sarazenen. Und schickt mir sofort den Obrist Mallino.«
»In zwei Stunden habe ich tausend Mann auf den Beinen«, fuhr Capparone fort. »Das sollte für Diepold genügen … was gibt es?«
Der Kanzler, der am Fenster stand, wandte sich mit einem erstickten Ausruf zur Seite. Sein Gesicht war aschfahl.
»Was ist?« fragte Capparone noch einmal.
»Wir sind zu spät«, sagte der Kanzler tonlos. »Er ist hier.«
»Wer? Diepold? Seid Ihr von Sinnen?«
Der Kanzler lachte verzweifelt. »Seht selber«, kreischte er.
Mit drei Schritten war Capparone neben ihm.
Eine dichte Ritterformation drängte sich in den Hof. Die Wachen und ein paar Beamte protestierten, wie aus ihren aufgeregten Gesten zu ersehen war. Sie hätten ebensogut gegen den Ausbruch eines Vulkans protestieren können.
Im Bruchteil einer Minute waren sie in einer Ecke zusammen getrieben, zehn der gepanzerten Kolosse beherrschten den Hof, die anderen stiegen von den Pferden und schritten unerbittlich auf das Schloß zu.
Die beiden Männer im Zimmer sahen sich an.
»Mich kann er nicht töten«, sagte der Kanzler. »Das wäre Sakrileg.«
Capparone lachte bitter auf.
Ein Gewirr von Geräuschen drang von unten herauf, Rufe, Befehle und hastige Schritte.
Die beiden Männer blieben stumm, gelähmt von Entsetzen. Das Klirren von Panzern kam näher, die Tür wurde aufgerissen, und ein riesiger Mann stand auf der Schwelle, lächelnd, das nackte Schwert in der Hand.
»Der Gouverneur von Palermo und der Kanzler von Sizilien zusammen in einem Zimmer«, sagte er. »Ein seltener Anblick, dünkt mich.«

Er kam herein und ein halbes Dutzend Ritter hinter ihm her. Der ganze Raum war angefüllt mit Stahl und Gefahr.
»Meine Herren«, fuhr der riesige Ritter fort, »Ihr habt wahrscheinlich schon erraten, wer ich bin. Falls nicht: Ich bin Diepold von Acerra. Wer Ihr seid, weiß ich – wer Ihr sein werdet, werde ich in Kürze entscheiden. Wo ist Euer kleiner König?«
Der Kanzler fingerte an seinem Brustkreuz, dann raffte er sich auf: »Graf Diepold«, sagte er, »da Ihr wißt, wer ich bin, wird es Euch auch bekannt sein, daß ich des Königs Vormund bin, von seiner königlichen Mutter, der Königin von Sizilien, Gemahlin des Kaisers Heinrich VI., bestellt und in diesem Amt von Seiner Heiligkeit dem Papst bestätigt. Es ist darum meine Pflicht, den gesetzesmäßigen König von Sizilien zu beschützen, und ich muß Euch im Namen der Heiligen Dreieinigkeit ersuchen, die Rechte und Person des Königs Friedrich Roger zu respektieren.«
»Ich benötige keine Predigt vom Kanzler von Sizilien, nicht einmal, wenn er ein Bischof ist«, sagte Graf Diepold und streichelte den Griff seines gewaltigen Schwertes. »Wenn ich eine Predigt brauche, kann ich sie jederzeit vom Legaten des Heiligen Vaters direkt bekommen, der, wie es Euch erfreuen wird zu hören, die weite Reise von Apulien mit mir zusammen nicht gescheut hat, obgleich wir ziemlich eilig reisen mußten.
He! Irgend jemand soll den hochwürdigsten Bischof herholen. Wir brauchen ihn vielleicht.«
»Ein Legat des Papstes?« fragte der Kanzler erblassend.
»Und mit Euch?«
Diepold lachte. »Das habt Ihr nicht erwartet, wie? Ich betreibe mein Handwerk lange genug, um zu wissen, wie man mit Euch Herren verfahren muß. Kommt herein, Herr Bischof und sagt Eurem … Kollegen hier, auf wessen Befehl wir hier sind.«
Als Bischof Fornari eintrat, schoß der Kanzler, kaum daß er ihn formell begrüßt hatte, eine Reihe schneller Fragen in lateinischer Sprache auf ihn ab, die der Legat in derselben Sprache beantwortete.
Diepold stand mit schlecht verhülltem Mißtrauen dabei, und erst als Bischof Fornari sein Beglaubigungsschreiben vorwies, ging ein breites Grinsen über sein Gesicht.

Die Wirkung auf die beiden Sizilianer war niederschmetternd.
»Nun also«, sagte Diepold barsch. »Her mit dem König – und ein bißchen schnell.«
Mechanisch streckte Capparone seine Hand nach der Glocke aus.
»Das wird nicht sehr viel nützen, Herr Gouverneur«, schmunzelte Diepold. »Eure Dienerschaft ist zusammengetrieben und wird von meinen Leuten bewacht. Wen wollt Ihr haben?«
»Meinen Sekretär … Tramino.«
Diepold brüllte: »Holt einen Burschen namens Tramino her«, und nach einer Minute erschien der Beamte, zitternd wie Espenlaub.
»Entbietet dem König meinen Gruß und bittet ihn, uns mit seiner Gegenwart zu beehren«, sagte Capparone mit großer Würde.
»Ich … ich bedaure, gnädiger Herr«, stammelte Tramino, »aber der König … Ihr habt mir aufgetragen … ich sollte ihn zu seinen Gemächern …«
»Ja, ja, das weiß ich«, unterbrach Capparone ungeduldig.
» … aber er ist fortgelaufen, gnädiger Herr.«
»Wie?«
»Er lief so schnell, daß wir ihn nicht fassen … ich meine einholen konnten. Und dann kamen diese … diese kühnen Ritter und … machten eine weitere … Suche unmöglich.«
Capparone sah Diepold an, als ob er eine Maulschelle erwartete. Sein volles, bärtiges Gesicht war ein Abbild des Jammers, er hob die dicken Arme und ließ sie wieder fallen.
Der Deutsche machte den Mund auf. Ein unartikulierter Laut kam aus seiner massiven Kehle. Sein gewaltiger Körper samt der Rüstung begann zu beben. Er warf den Kopf zurück und brüllte vor Lachen. Seine Ritter stimmten ein. Selbst der würdige päpstliche Legat mußte lachen.
Capparone und der Kanzler flüchteten sich erlöst in ein verlegenes Grinsen.
»Der König ist weggelaufen«, schluchzte Diepold vor Lachen. »Köstliche Wächter seid ihr, das muß man sagen. Verliert den König wie ein Paar alter Handschuhe.« Er beherrschte sich mit Mühe. »Also gut – wir werden ihn suchen. Er kann nicht weit gekommen sein. Irgendwo in diesem Schloß, Leute, oder irgendwo darum herum befindet sich ein sehr kleiner König, elf Jahre alt. Ein

Rotkopf, gar nicht schwer zu erkennen. Lauft und holt ihn. Inzwischen werdet Ihr, Herr Gouverneur, und Ihr, Herr Kanzler, meine sehr geehrten … Gäste sein.«
»In meinem eigenen Schloß?« wagte Capparone einzuwenden.
»Im Schloß des Königs, wolltet Ihr sagen«, verbesserte ihn Diepold gelassen. »Und von jetzt ab befehle *ich* hier.«

*

An diesem Abend rief Diepold einige seiner zuverlässigsten Hauptleute zu einer Besprechung zu sich. »Sizilien gehört uns«, erklärte er. »Genau wie ich es mir vorgestellt hatte. Mit Kühnheit schafft man es immer. Bischof Fornari schon im Bett? Gut. Das beste an den Priestern, daß sie frühmorgens die Messe lesen müssen. Da müssen sie zeitig ins Bett.«
»Wie steht's mit dem König?« fragte der Ritter von Werth.
»Wir schnappten ihn beim Krämer«, kicherte Diepold. »Ein richtiger kleiner Stacheligel. Wollte nicht mitkommen. Er wäre dazu da, Befehle zu geben, nicht entgegenzunehmen. Bero griff ihn sich, aber der Bengel zog seinen Dolch und hackte Bero zwei Finger ab.«
Die Ritter brüllten vor Lachen.
»Nicht schlecht für einen Elfjährigen, wie? Sie mußten ihn zum Schloß zurücktragen. Schrie und kratzte und gab die erstaunlichsten Flüche zum besten. Jetzt ist er wieder in seinem alten Zimmer. Ich habe einen Doppelposten davorgestellt, und einer meiner Leute bleibt bei ihm im Zimmer, bis wir hier aufgeräumt haben. In meinem ganzen Leben habe ich noch keine solche Wirtschaft gesehen, und ich habe schon so einiges gesehen.«
»Und ein Land wie dieses habe ich auch noch nie gesehen«, sagte Ritter von Lanzberg. »Das reine Paradies.«
Alle murmelten ihre Zustimmung.
Diepold nahm es mit Genugtuung wahr. »Es ist ein Paradies«, sagte er. »Und viel zu schade für die Sizilianer.«
Sie starrten ihn an. Er konnte fast sehen, was in ihren Köpfen vorging.
»Immerhin«, fuhr er fort, »der kleine Bengel ist der König, darum

kommen wir nicht herum. Und es ist sein Herrschaftsbereich, unter dem Papst. Deshalb gibt es für uns nur eins: gut auf ihn aufpassen und dafür sorgen, daß ihm nichts zustößt. Natürlich, wenn er nicht wäre ...«

»... wäre es ein passender Augenblick, um eine neue Dynastie zu gründen«, sagte Lanzberg langsam. »Kaiser Philipp ist weit weg und hat alle Hände voll mit Otto von Braunschweig zu tun, von seinen anderen Sorgen ganz zu schweigen ...«

Diepolds Gesicht war eine Maske. Niemand wagte, etwas zu sagen.

»Welcher von den Rittern schläft im Königszimmer?« fragte Lanzberg nach einer Weile.

»Graf von Vandria wird mit Crecy abwechseln«, sagte Diepold leichthin.

»Wie? Ein Sizilianer und ein Franzose?«

»Sehr richtig«, sagte Diepold.

Wieder eine Pause. Dann sagte Lanzberg: »Ihr scheint Euch bei den beiden Eurer Sache ziemlich sicher zu sein.«

»Ja.«

»Wie kommt das?«

»Ich weiß, worauf sie aus sind. Crecy will Reichtum. Der kleine König kann ihm keinen verschaffen. Der Kanzler Capparone auch nicht. Beide sind arm wie Kirchenmäuse. Aber ich kann es. Und Vandria will seine mottenzerfressene alte Burg zurückhaben. Auch da gibt es nur einen Mann, der sie ihm geben kann, und das bin ich. Keine Sorge – von den beiden läßt keiner den König entlaufen.« Diepold gähnte. »Es ist spät geworden. Zeit für die Herren, die Runde zu machen und nach dem Rechten zu sehen. Die nächsten drei, vier Tage müssen wir auf der Hut sein. Vor dem können wir keine Verstärkungen erwarten. Das Übersetzen geht langsam; und wir hatten die besten Pferde und sind geritten wie der Teufel.«

»Das kann man wohl sagen«, bestätigte Ritter von Werth. »Mein Hinterteil beklagt sich jetzt noch darüber.«

Sie zogen sich lachend zurück. Nur Lanzberg schien noch etwas zu wollen.

»Was gibt es?« fragte Diepold, als sie allein waren.

»Ich habe mir gedacht… wenn ich an Stelle eines der beiden königlichen Aufpasser…«
»Ihr könntet es auch nicht besser machen«, unterbrach ihn Diepold. »Ihr könntet es höchstens schlechter machen. Vor allem für Euch selbst.«
»Was meint Ihr damit?«
»Wenn dem kleinen König irgend etwas zustieße«, sagte Diepold leise, »ich sage: *wenn*… wäret Ihr doch verantwortlich.«
»Ich wäre Euch verantwortlich, ja.«
»Und was würde Seine Heiligkeit sagen?« fragte Diepold.
»Was schert Euch das«, sagte Lanzberg mit einem Achselzucken.
»Eine Menge, Lanzberg, eine ganze Menge… wenigstens solange ich mein Heer nicht hier habe *und* nicht alle Häfen auf der Insel in meiner Hand sind.«
»Ach so. Ich dachte schon, es sei Euch ernst mit diesem Treueid an den Papst.«
»Das ist es mir auch«, sagte Diepold. »Natürlich ist er nur solange gültig, wie König Friedrich Roger am Leben ist. Das versteht sich doch von selbst, nicht wahr?«
»Natürlich«, rief Lanzberg. »Und deshalb…«
»Nicht so laut, Narr«, zischte Diepold.
»Wenn deshalb dem König irgend etwas zustieße…«
»Könnte ich tun, was ich will. Aber zuerst müßte ich den Schuldigen bestrafen. Sonst könnte irgend jemand – und besonders der Heilige Vater – auf den Gedanken kommen, der Betreffende hätte auf meinen Befehl gehandelt.«
Lanzberg kratzte sich den Kopf. »Hm«, sagte er.
»Keiner meiner eigenen Leute würde so etwas tun«, sagte Diepold mit Nachdruck. »Aber bei einem Mann aus dem Heer des verstorbenen Herzogs von Tarent kann ich natürlich nicht so sicher sein. Besonders wenn er zufällig ein Sizilianer ist, ein sizilianischer Adliger, dem der Vater des kleinen Königs schweres Unrecht zugefügt hat.«
»Ah, so«, sagte Lanzberg, »ich fange an zu verstehen.«
»Es wird auch langsam Zeit. Beim Kämpfen seid Ihr besser als beim Plänemachen, Lanzberg. Geht zu Bett – und ich hoffe, Ihr habt ein schlechtes Gedächtnis.«

»Warum? Ach so!« Lanzberg grinste. »Oh, ich habe überhaupt kein Gedächtnis.«
Diepold nickte. »Das ist manchmal das beste Mittel, um ein hohes Alter zu erreichen.«

NEUNTES KAPITEL

Roger hatte die erste Wache im Königsgemach. Als er eintrat, beugte er das Knie vor dem Knaben, der nach arabischer Art mit gekreuzten Beinen in einer Ecke saß.
»Roger, Graf von Vandria«, sagte er. »Ich bin gekommen, um dem König Gesellschaft zu leisten.«
»Es gibt hier keinen König und keinen Grafen«, sagte der Knabe gepreßt. »Nur einen Gefangenen und seinen Wächter.«
Roger stand auf. »Habe ich des Königs Erlaubnis, mich zu setzen?«
»Warum so höflich?« spottete der Knabe. »Ich kann Euch keine Gunst gewähren.« Dann, als habe er es sich überlegt: »Setzt Euch, wenn Ihr wollt. Vielleicht könnt Ihr mir erklären, warum Ihr mit diesen Schuften gemeinsame Sache macht. Wenn Ihr ein Vandria seid, so müßt Ihr Sizilianer sein.«
»Das bin ich. Und Ihr seid mein Herr.«
Friedrich starrte ihn aus großen, grünlichen Augen an – Habichtsaugen. Überhaupt sah er wie ein junger Habicht aus mit seiner scharfen, wißbegierigen Nase, welche die Partie über dem schmalen Mund beherrschte.
Kein hübscher Junge, dachte Roger; und dann: aber ein Gesicht, das man nicht leicht vergißt.
»Ich bin also Euer Herr«, sagte der Junge. »Das würde bedeuten, daß Ihr unter meinem Befehl steht, nicht wahr?«
»Ganz gewiß«, sagte Roger.
»Und wenn ich Euch befähle, zu gehen und mich allein zu lassen, würdet Ihr gehorchen, nicht wahr?«
»Ja«, erwiderte Roger, »aber ich hoffe, Ihr werdet mir diesen Befehl nicht geben. Graf Diepold wüßte es bald; man würde mich fest-

nehmen, und der König würde einen anderen zur Gesellschaft bekommen, höchstwahrscheinlich einen, der nicht sein Untertan ist.«

Der Knabe sagte: »Das tut nichts. Ich befehle Euch zu gehen.«

Roger stand auf, verbeugte sich und ging zur Tür.

»Halt«, sagte der Knabe. »Ich habe mich anders besonnen. Ihr mögt hierbleiben.« Die ganze Zeit starrte er Roger an. Es war nicht leicht auszuhalten, denn seine Augen – wie die Augen eines Vogels – blinzelten nicht.

Eines Tages wird er gefürchtet sein, dachte Roger. Wenn er lange genug lebt, um ein Mann zu werden, wird man ihn fürchten.

Und doch fühlte er sich seltsam zu ihm hingezogen. Ein elfjähriger Knabe – und eine einzige Ansammlung von Mißtrauen, gekränktem Stolz und Bitterkeit. Er mußte ein schreckliches Leben geführt haben, schlimmer vielleicht als ...

»Vandria«, sagte Friedrich plötzlich. »Der Name des Grafen von Vandria war auf meines Vaters Proskriptionsliste.«

»Das war er in der Tat«, sagte Roger verwundert.

Der König lächelte spitzbübisch. »Ich habe immer alles gelesen, was sie vor mir verbergen wollten. Ich habe diese Listen genau gelesen. Ihr waret in die normannische Verschwörung gegen das Leben meines Vaters verwickelt, die Verschwörung des Grafen San Giovanni und ... einiger Verwandter des Königs Tankred.«

»Mein Vater, ja«, sagte Roger. »Ich war damals jünger als Ihr.«

Der König nickte. »Natürlich. Dumm von mir. Ihr ... Euer Vater ist also geflohen. Wohin?«

»Nach Deutschland.«

»Dumm von *ihm*«, sagte der Knabe. »Er wird vom Regen in die Traufe gekommen sein. Lebt er noch?«

»Er starb, vor vier Jahren, in Mainz.«

»Und Eure Mutter?«

»Sie starb unterwegs. Die Härten der Flucht waren zu viel für sie. Sie war ... sehr zart.«

Der Knabe nickte. »Das war meine Mutter auch. Sie ... lassen wir das. War Euer Vater schuldig?«

Roger sagte leise: »Ich weiß es nicht.«

Friedrich lehnte sich vor. »Könnt Ihr mir einen vernünftigen Grund sagen, warum ich jemandem trauen soll, der das Andenken meines Vaters hassen muß?«

»Wenn mein Vater Eurem Vater die Treue brach, so tat er es, weil er Eurer Mutter die Treue hielt«, sagte Roger und schaute ihn an.

Wieder nickte der Knabe. »Eine gute Antwort … vielleicht«, sagte er. »Es gab Leute, die behaupteten, sie hätte selbst an der Verschwörung teilgenommen.«

»Ich weiß.«

»Wahrscheinlich war es so«, sagte Friedrich. »Warum sollte er… mein Vater… sie sonst gezwungen haben, mit ihm zusammen der Hinrichtung der Verschwörer beizuwohnen. Sie mußte zusehen, wie sie eine Krone zur Rotglut brachten und sie dann San Giovanni aufs Haupt stülpten. Mein Vater muß sie für mitschuldig gehalten haben.«

»Wie kommt es, daß Ihr von dieser furchtbaren Sache wißt?« fragte Roger entsetzt.

Der Knabe kicherte. »Sagte ich Euch nicht, daß ich immer alles lese, was man vor mir verbergen will? Ich habe den ganzen Bericht über das Gerichtsverfahren gelesen. Meine Eltern liebten sich nicht. Jahrelang verweigerte sich meine Mutter meinem Vater…«

»Nicht«, sagte Roger rasch. »Ihr solltet nicht über solche Dinge sprechen.«

»Ich spreche, worüber ich will. Dazu hat man mich gebracht. Meine Mutter hat mich in Jesi unter freiem Himmel geboren, vor dem Volk, damit keiner sagen konnte, ich wäre nicht ihr Sohn. Das verdammte Schwein Markwald hat es trotzdem behauptet, und jetzt schmort er hoffentlich in der Hölle. Wenn es eine Hölle gibt. Glaubt Ihr, es gibt eine?«

»Die Priester…«, begann Roger.

»Die *müssen* von der Hölle reden«, unterbrach ihn der Knabe. »Wohin würden sie kommen, wenn die Leute nicht mehr an Himmel und Hölle glaubten? Ich traue keinem Pfaffen und am allerwenigsten dem Papst. Er ist mein Vormund, weil mein Vater, als er im Sterben lag und ganz weich und rührselig wurde, ihn dazu bestellte. Mutter hat es natürlich bestätigt, und dann starb sie auch. Kennt Ihr den Papst?«

»Ich habe ihn nie gesehen.«

»Er ist ein kleiner Mann«, sagte Friedrich, »aber man hält ihn für sehr klug. Kleine Leute sind oft viel klüger als große. Dieser Diepold ist wahrscheinlich sehr dumm. Warum dient Ihr ihm?«

Roger berichtete.

Der Knabe hörte mit gespannter Aufmerksamkeit zu. »Was Ihr wirklich wollt, ist, was Euer Vater wollte«, sagte er. »Ihr wollt Vandria zurückhaben. Vielleicht gebe ich es Euch zurück, wenn ich großjährig bin. Das heißt, wenn sie mich nicht vorher umbringen, aber ich glaube nicht, daß sie es tun werden; nicht, wenn Al Mansor recht hat, und er hat meistens recht. Er hat mir nämlich mein Horoskop gestellt. Ich bin mit der Sonne im Zeichen Capricornus geboren und gut beschirmt, sollte also weit bis in die sogenannte zweite Lebenshälfte hinein leben. Al Mansor lügt gern, aber nur bei dummen Menschen. Mich hat er noch nie belogen. Hat Diepold Euch aufgetragen, mich umzubringen?«

Es war, als ob man einen Pfeil mitten in die Brust bekommen hätte.

»Ja«, sagte Roger. »Aber ich werde es nicht tun.«

»Ich weiß«, sagte der Junge. »Ihr seid nicht so dumm wie er. Ihr habt die Falle gesehen.«

»Die Falle?«

»Natürlich«, sagte der Junge ungeduldig. »Warum sollte er Euch sonst ausgewählt haben, Euch, einen Sizilier und einen, dem mein Vater Unrecht angetan hat.«

»Weil er glaubt, ich würde vor nichts zurückschrecken, um Vandria wiederzubekommen.«

»Das ist nur die eine Hälfte. Die andere ist ihm wichtiger. Er würde nachher sagen, Ihr hättet es aus Rache getan, und Euch vierteilen lassen.«

»Das ist wahrscheinlich ganz richtig«, sagte Roger und nagte an seiner Lippe.

»Warum habt Ihr angenommen?« fragte Friedrich unbeteiligt.

Roger lächelte. »Wenn ich nicht angenommen hätte, so hätte er einen anderen gewählt, einen, der es tun würde.«

»Dann hättet Ihr nicht gehen sollen, als ich Euch gebot, mich allein zu lassen«, sagte der Knabe vorwurfsvoll.

»Ich wollte nicht wirklich gehen«, sagte Roger. »Ich dachte mir, daß Ihr mich zurückrufen würdet.«
»Und wenn ich es nicht getan hätte?«
»Dann wäre ich nach einer Weile wiedergekommen.«
Friedrich warf den Kopf zurück und lachte. »Ich glaube, Ihr gefallt mir«, sagte er. »Ich werde Euch in meine Dienste nehmen. Ich habe keine Macht und kein Geld. Das einzige, was ich habe, sind eine Menge Feinde, die es sich nicht leisten können, mich umzubringen. Ich bin kein sehr verlockender Tausch. Wollt Ihr mir dienen?«
»Auch ich habe keine Macht und kein Geld«, sagte Roger, »und jeder kann sich leisten, mich umzubringen. Ich will Euch gerne dienen.«
Sie lächelten sich beide an. Der Knabe streckte die Hand aus, und Roger küßte sie. »Nun bin ich des Königs Gefolge«, sagte er. »Und meine erste Pflicht wird es sein, Euch hier so schnell wie möglich herauszubekommen.«
Der König sah ihn aus seinen starr geöffneten Augen an. »Wie stark ist Diepold?« fragte er.
»Siebenundachtzig Ritter. Kein Gefolge. Weitere zweihundert werden in drei Tagen erwartet. Dann soll ich seinen Befehl ausführen – vorher nicht.«
Friedrich nickte. »Das gibt uns etwas Zeit. Habt Ihr einen Plan?«
»Vielleicht kann ich Euch nachts herausbringen. Ich weiß, wann die Wachen die Runde machen. Natürlich müßte ich erst die beiden Posten erledigen.«
»Kein guter Plan«, sagte der Junge. »Ich müßte fliehen und wüßte nicht wohin. Das erste ist, Capparone zu verständigen. Das ist der Gouverneur von Palermo. Er ist dumm, aber diese Sache ist so einfach, daß selbst er sie erledigen kann. Und er ist einer von meinen Feinden, die es sich nicht leisten können, daß ich getötet werde.«
»Ich kann versuchen, mich mit ihm in Verbindung zu setzen ...«
»Nein, Ihr werdet beobachtet, das ist sicher, und es würde sofort Verdacht erwecken. Ich fürchte, ich werde beichten müssen.«
»Beichten?«
»Jawohl.« Friedrich lächelte spöttisch. »Sie würden mir nicht erlauben, einen Priester von draußen kommen zu lassen. Aber ich

könnte den päpstlichen Legaten bitten, mir die Beichte abzunehmen. Selbst Diepold kann mir das nicht verweigern. Und der Legat kann dann zu Capparone gehen und ihm alles sagen.«
»Ich dachte, Ihr trautet Priestern nicht?«
»Tue ich auch nicht«, sagte Friedrich. »Aber ich habe nie behauptet, daß ein Priester nicht auf seinen Vorteil bedacht wäre. Der Papst ist auch so ein Feind von mir, der sich meinen Tod nicht leisten kann. Er hat nur solange einen Anspruch auf Sizilien, wie ich existiere. Deshalb ist es zu seinem Vorteil, wenn der Anschlag mißlingt. Sagt dem guten Bischof, daß ich ihm beichten will. Er wird kommen. Alles andere ist einfach.«
»Das werde ich tun«, sagte Roger. »Und darf ich sagen, daß ich noch nie jemanden getroffen habe, der so offensichtlich zum König geboren war wie Ihr.«
»Das ist nicht weiter überraschend«, sagte Friedrich. »Es gibt niemanden. Al Mansor sagt, ich sei eine große Ausnahme, und er hat Tausende von Horoskopen gesehen. Schafft mir den Bischof her. Und bei meinem königlichen Wort: Wenn ich großjährig bin, gebe ich Euch Vandria zurück; und Ihr sollt zu den Ersten an meinem Hof gehören.«

*

Ritter von Lanzberg kam rasselnd zu Diepold ins Zimmer – dasselbe, das Capparone als Arbeitsraum benutzt hatte. Er war in ziemlicher Aufregung. »Was geht hier vor?« fragte er. »Während ich das Wachkommando hatte, kam eine kleine Armee von Karren an, und Eure persönlichen Wachen ließen sie durch – auf Euren ausdrücklichen Befehl, sagten sie. Aber wenn ich das Kommando habe, bin ich verantwortlich, und wenn ich die Verantwortung habe, will ich auch wissen, was vorgeht.«
»Gemüse«, sagte Diepold fröhlich. »Fleisch. Wild. Geflügel. Gewürze. Brot, Käse, Obst und vierzig Fässer Wein. Zufrieden?«
»Ach so«, sagte Lanzberg. »Ihr legt Proviantvorräte für eine Belagerung an.«
»Keineswegs. Wir geben ein Bankett. Mit Fiedlern, Taschenspielern, Gauklern und allem.«
»Und Weibern?« fragte Lanzberg hoffnungsvoll.

»Tut mir leid, keine Weiberröcke. Es wird eine Staatsaktion, und es kommen Bischöfe und Prälaten in Mengen.«

»Weibsbilder wären mir lieber«, sagte Lanzberg. »Ich habe in der Stadt ein paar tolle Schönheiten gesehen. Mandelaugen und …«

»Seid kein Esel.« Diepold lachte. »Heute abend wird nicht nur geschwelgt. Es wird das Fest der Einheit, das Bankett der allgemeinen Verständigung, das *Te Deum laudamus* oder wie Ihr es nennen wollt. Ich habe es geschafft, Mann, ich habe es geschafft.«

Lanzberg kratzte sich den Kopf. »Ich weiß, Ihr habt mit diesen sizilianischen Dickköpfen verhandelt. Wollt Ihr sagen, daß …«

»Ich will sagen, daß sie *alle* meine Bedingungen angenommen haben«, sagte Diepold. »Und, Ihr könnt mir glauben, es waren nicht wenige. Ich hätte nie gedacht, sie würden es tun, ehe unsere Verstärkungen gekommen sind und wir ihnen unsere Macht zeigen können; aber sie haben alles angenommen. Wißt Ihr, was das heißt? Ich bin Vormund des Königs auf Lebenszeit. Ich kann Gesetze machen und abschaffen. Meine Truppen werden in den Häfen stehen und sie überwachen. Bei einigen Punkten wollten sie nicht recht heran, aber ich ließ nicht locker, und da fielen sie einfach um.«

»Kein Rückgrat«, sagte Lanzberg. »Sie haben es nie gehabt. Ein Wunder, daß sie überhaupt aufrecht gehen können.«

»Vollkommene Einheit.« Diepold rieb sich die Hände. »Beide haben unterschrieben – der Gouverneur und der Kanzler. Zitterten vor Angst. Alles um des lieben Friedens willen. Und jetzt müssen wir ihnen zeigen, daß wir wohlwollende Herren sind. Wir werden ihnen alle Ehre antun. Ich bin sogar so weit gegangen, das Essen und den Wein zu bezahlen. In dieser Stadt ist gegen gutes Geld alles zu bekommen.«

»Und der König?« fragte Lanzberg. »Laßt Ihr ihn an dem Bankett teilnehmen?«

Diepold schüttelte den Kopf. »Zu gewagt. Unverschämter kleiner Bengel. Und sehr empfindlich. Er könnte aus der Rolle fallen und das arme vergewaltigte Opferlamm spielen oder irgend so etwas. Er bleibt in seinem Raum, wohlbewacht vom edlen Grafen von Vandria, wenn er ihn nicht auch in kleine Stücke schneidet wie den armen Bero, als der ihn anfassen wollte.«

»Vandria nicht«, sagte Lanzberg. »Dessen Leben ist gefeit – oder

seine Rüstung, eins von beiden. Ich gab ihm eins über den Kopf, als wir das Lager des Herzogs von Tarent stürmten. Das hat noch niemand überlebt, wenn der Hieb richtig saß, und er hat bei ihm gesessen. Ich ... mag den Jungen nicht. Wie viele Sizilianer habt Ihr übrigens eingeladen, da wir gerade von Wagnissen sprechen?«
Diepold schmunzelte. »Es werden fünfzig von ihnen kommen – und fünfzig von uns. Da bleiben uns also siebenunddreißig unserer Leute für die Wache. Sie haben morgen ihr eigenes Bankett, damit es keine Eifersüchteleien gibt. Keiner darf Waffen tragen.«
»Wer sagt Euch, daß sie keine versteckten Waffen bei sich haben werden – mit den langen Mänteln, die sie hier tragen ...?«
»Niemand kommt ins Schloß hinein, ehe er nicht auf Waffen durchsucht worden ist. Auch das ist ein Grund, warum ich keine Frauen dabei haben will. Es gäbe ein schönes Geschrei, wenn wir anfingen, sie zu durchsuchen. Also beruhigt Euch, Lanzberg. Trinkt soviel Ihr wollt, aber paßt auf Eure Zunge auf. Ich weiß, was Ihr von diesen Sizilianern haltet ...«
»Dasselbe wie Ihr«, grinste Lanzberg.
»Mag sein. Aber dies ist nicht der Augenblick, um es ihnen zu offenbaren. Wir werden die liebenswürdigsten, wohlwollendsten und freigebigsten Gastgeber sein.«
»Nicht sehr vergnüglich«, sagte Lanzberg. »Und ... was ist, wenn der König ...«
»Morgen kommen unsere Verstärkungen«, sagte Diepold hart.

*

Diepold machte seinem Wort Ehre. Er empfing seine Gäste am Eingang der großen Banketthalle, unbewaffnet, in einem weinroten, pelzverbrämten Rock mit einer schweren, goldenen Kette um den massigen Hals und einem verbindlichen Lächeln auf dem breiten Gesicht. Er begrüßte Capparone mit ausgesuchter Liebenswürdigkeit und brachte es sogar über sich, sich zu entschuldigen, daß er im Gouverneurspalast den Hausherrn spielte.
»Eine Entschuldigung ist nicht vonnöten«, gab Capparone mit gleicher Höflichkeit zurück. »Schließlich seid Ihr ja der Stellvertreter des Königs.«
»Ich sehe, daß es ein Vergnügen sein wird, mit Euch zusammenzu-

arbeiten«, sagte Diepold und wandte sich ab, um den Kanzler zu begrüßen.
»Ich habe Euch den Platz gegenüber dem päpstlichen Legaten gegeben«, sagte er zu ihm. »Ihr sitzt am Mitteltisch an der einen Stirnseite und er an der anderen. Auf diese Weise könnt Ihr uns wilde Laien in Zucht und Ordnung halten, wie es der Heiligen Kirche geziemt.«
Der Kanzler lächelte dünn. »Das dürfte keine allzu schwierige Aufgabe sein«, meinte er und rauschte weiter.
Oben auf der Estrade spielten die Musikanten.
Lanzberg kam heran, den mächtigen Körper in ein grünes, mit Weißfuchs besetztes Samtgewand gestopft. »Gerade kommt Nachricht vom päpstlichen Legaten«, sagte er. »Der König hat ihn nochmals kommen lassen. Wir sollen ohne ihn anfangen. Er kommt später.«
Diepold runzelte die Stirn. »Was für ein zartes Gewissen der Bengel hat, weiß der Teufel.«
»Und was für ein Pflichtgefühl der heilige Herr Bischof aufbringt«, sagte Lanzberg. »Soll ich ihn herholen?«
»Nein. Es macht nichts. Aber ein drittes Mal werden die beiden nicht zusammenkommen, dafür werde ich sorgen.« Diepold gab den Musikanten ein Zeichen. Sie stellten das Fiedeln ein; statt dessen verkündeten Fanfaren aus sechs Trompeten den Beginn des Banketts.
Leichte Gerichte machten den Anfang. *Frutta di mare*, Oliven, gewürzte Leckerbissen verschiedenster Art.
»Warum beginnt ihr Südländer euer Mahl immer mit solchen Nichtigkeiten«, beklagte sich Lanzberg und wies das angebotene Gericht zurück. »Am Anfang ist ein Mann doch am hungrigsten auf etwas Handfestes!«
Die Sizilianer um ihn herum warfen sich Blicke zu.
»Diese kleinen Dinge sind dazu bestimmt, Euren Appetit anzuregen, Herr Ritter«, sagte einer von ihnen zuvorkommend. »Mein Appetit braucht nicht erst angeregt zu werden«, brummte Lanzberg. »Ich könnte heute abend ein ganzes Roß verspeisen.«
»Wollt Ihr damit sagen, daß man in Deutschland Pferde ißt?« fragte der Sizilianer mit gespieltem Schrecken. »Wie furchtbar das sein

muß! Ich bin sicher, heute abend werdet Ihr nichts zu Euch zu nehmen brauchen, das Eurer Zunge so unwürdig wäre. Versucht einmal diese kleinen Krabben, Herr Ritter, sie schmecken köstlich. Es wird Euch nicht entgehen, daß die meisten dieser Vorspeisen salzig sind – das regt den Durst an und bereitet Euren Gaumen auf mehr Wein vor.«

»Mein Gaumen ist stets bereit für mehr Wein«, sagte Lanzberg. »Er braucht weder die Unterstützung von Krabben noch von Sizilianern.«

Diepold schoß einen warnenden Blick zu ihm hinüber, aber die Sizilianer schienen nicht beleidigt. Sie lächelten beständig.

Lanzberg trank heftig.

Capparone beugte sich vor. »Eine Krabbe ist eine Art von Ritter – ringsherum gepanzert«, sagte er. »Sicherlich wäre es ein Genuß für Euch, gepanzerte Ritter zu verspeisen.«

»Ich bin mit vielen Rittern fertig geworden«, gab Lanzberg zurück und wischte sich den Mund mit dem Handrücken.

»Und ich nehme es mit jedem deutschen, mit jeden drei Franzosen oder sechs Sizilianern auf, ganz gleich ob sie italienischer, französischer oder maurischer Herkunft sind oder irgendeine Mischung – das heißt, bei meiner Ehre, ich schätze, es ist nicht einer unter euch, der nicht ohnehin eine Mischung aus einem halben Dutzend verschiedener Rassen ist.« Er leerte seinen Becher und ließ ihn wieder füllen.

»Ihr müßt dem edlen Ritter vergeben, Eure Exzellenz«, sagte Diepold, »er ist etwas rauh. Zudem fühlt er sich immer nackt, wenn er keine Rüstung trägt, so schützt er sich mit einer rauhen Zunge.« Aber er gab Lanzberg wieder einen warnenden Blick.

»Oh, er ist doch ganz witzig«, sagte Capparone mit einem etwas gewaltsamen Lächeln. »Auch wenn er seinen Witz mit der Keule austeilt. Aber schließlich wissen wir, wir Sizilianer, daß die Völker verschiedene Sitten haben.«

Die Bedienten reichten jetzt Wild und Geflügel herum.

»Das ist schon etwas besser«, sagte Lanzberg, griff sich einen ganzen gebratenen Hasen von der Platte und riß ihm den Kopf herunter, der mit Fell und allem an dem Braten wieder angesteckt war, damit die Gäste, die schon zu tief in den Becher geschaut hatten, auch noch wußten, was sie aßen.

»Palermo wird Euch noch besser aufwarten als damit, Herr Ritter«, sagte Capparone. »Ich habe mir erlaubt, zu diesem Bankett ein ganz besonderes Gericht beizusteuern, ein Gericht, das für solch edle Gesellschaft paßt – hier kommt es, glaube ich, schon.«

Eine Anzahl von Bediensteten trug zwei riesige Braten an Spießen herein.

»Beim Bart von Sankt Bonifatius, zwei ganze gebratene Ochsen«, rief Diepold. »Ich wollte Euch königlich bewirten, aber da habt Ihr uns spielend geschlagen.«

»Wir versuchen es jedenfalls«, sagte Capparone, »ich meine, wir versuchen, ein wenig zu dem Glanz des Mahles beizutragen.«

»Also das nenne ich Essen«, sagte Lanzberg, den Mund noch voll mit Hasenfleisch, »und ich sage euch ganz offen: Das ist das erste, womit ihr Leutchen wirklich Eindruck auf mich macht.«

»Haltet den Mund, Lanzberg«, fuhr Diepold ihn an, aber seine Worte waren nicht zu hören, denn die Musikanten hatten mit einem besonders lauten Stück begonnen. Trompeten und Trommeln übertönten nicht nur die Flöten und Geigen, sondern auch jede Unterhaltung über den Tisch hinweg.

»Was ist in diese Narren gefahren?« murmelte Diepold, und dann sah er, wie einige Sizilianer den Musikanten zunickten und zulachten, als wollten sie sie zu noch größerer Lautstärke anfeuern. Nun, wenn sie diesen Lärm liebten, sollten sie ihn haben. Natürlich waren sie betrunken. Diese kleinen Inselleute konnten nicht viel vertragen. Ein paar von ihnen lagen schon unter dem Tisch, und einige tanzten.

Es hatte nicht mehr viel Sinn, jetzt noch die Rede zu halten, die er vorbereitet hatte. Er hätte sie gleich zu Anfang halten sollen, aber das hatte er nicht gewollt, ehe … was war es doch … ja richtig, nicht ehe der päpstliche Legat anwesend war.

Er sah zum Tischende hinüber. Der Stuhl des Legaten war noch immer leer.

Diepolds Augen zogen sich leicht zusammen. Er hatte selbst ein ganzes Teil getrunken, aber er konnte sich noch zum Denken zwingen. Konnte es sein, daß irgend etwas nicht stimmte?

Capparone neben ihm erhob sich. »Jetzt, Herr Graf«, schrie er ihm fast ins Ohr, »will ich mit Eurer gütigen Erlaubnis das beste Fleisch in ganz Sizilien zerlegen, und die erste Portion soll für Euch sein und die zweite für Euren edlen und witzigen Freund, den Ritter von Lanzberg.«

»Wartet einen Augenblick«, sagte Diepold, aber die infernalische Musik verschluckte seine Stimme, und Capparone hatte sich schon in Bewegung gesetzt. Einige andere Sizilianer schienen die gleiche Absicht wie der Gouverneur zu haben, eine ganze Anzahl von ihnen näherten sich den beiden ungeheuren Braten an den Spießen.

»Zerlegt sie«, kreischte Capparone, »schneidet sie in Stücke für Sizilien.«

»Schwerter«, brüllte eine deutsche Stimme. »Die verdammten Ochsen sind mit Schwertern gefüllt!«

Diepold sprang auf – und fühlte sich von zwei der Bediensteten gepackt. Er schüttelte sie ab, so wie ein Bär ein paar Jagdhunde abschüttelt. In einer Sekunde war er völlig nüchtern. Er sah alle seine Ritter im Handgemenge mit der Dienerschaft; er sah die kirchlichen Würdenträger in eine entfernte Ecke der Halle fliehen; er sah, wie die Sizilianer um die beiden gebratenen Ochsen herum den entfernter Stehenden geschickt Schwerter und Dolche zuwarfen.

Ein halbes Dutzend Hände griff wieder nach ihm, und er mußte eine Weile um sich schlagen. Es gelang ihm, zwei der Diener niederzuschlagen, aber er merkte instinktiv, daß er es nicht mit gewöhnlichen Bediensteten zu tun hatte. Sie waren kräftig und verstanden zu kämpfen. Soldaten, dachte er, sie haben als Diener verkleidete Soldaten hereingebracht, und jetzt sind sie alle bewaffnet.

Aus dem Augenwinkel sah er, daß sie Lanzbergs Stuhl umgestürzt hatten, und da lag er, von einem Haufen sizilianischer Leiber zugedeckt.

Seine anderen Ritter wurden von starrenden Schwertspitzen in eine Ecke der Halle gedrängt. Es gab wenig Widerstand.

Und die Musikanten bliesen noch immer aus Leibeskräften – das war keine Musik mehr. Es waren Signale, und das war schon eine ganze Zeitlang so gewesen. Sie waren also auch mit im Bunde.

Capparone mit sechs Mann kam auf ihn zu, das Schwert in der Hand.

»Ich ergebe mich Euch, Herr Gouverneur«, rief Diepold, so laut er konnte, während er einen Diener aus dem Wege schob. »Aber ich warne Euch – Euer Sieg wird nicht lange währen. Meine Leute ...«

Capparone gab den Musikanten ein Zeichen. Sofort schwiegen die Trompeten. »Wenn Ihr die siebenunddreißig Ritter meint, die Ihr als Wachen ausgestellt habt«, sagte er lächelnd, »für die ist gesorgt. Horcht ...«

Von draußen kam ein Geräusch wie ferner Donner.

»Zwölfhundert Soldaten sind zu viele für siebenunddreißig, wenn sie noch so groß und kühn sind. Und wenn Ihr Euch auf die zweihundert Ritter beziehen solltet, die morgen hier eintreffen müssen: die marschieren heute nacht in einen Hinterhalt bei Monreale.«

»Das ist offene Rebellion gegen den Papst sowohl wie gegen den König«, schnaubte Diepold.

Capparone lachte geradeheraus.

Die Vorhänge vor dem Haupteingang der Halle wurden zurückgeschlagen, und eine große Zahl sizilianischer Ritter stürzte herein, in voller Rüstung und bis an die Zähne bewaffnet. Die Schwerter einiger waren gerötet. Die Wachen waren also nicht kampflos überwältigt worden ...

Ein gewaltiger Ruf der Begeisterung begrüßte sie. Sie erwiderten ihn mit einem Schwertsalut und formierten sich dann in Doppelreihe links und rechts vom Eingang.

Das Rufen wurde zum Gebrüll, als der kleine König in die Halle kam, auf der einen Seite vom päpstlichen Legaten, auf der anderen von einem Ritter in voller Rüstung flankiert.

»Lang lebe der König!« rief Capparone. Dann wandte er sich zu Diepold. »Und wir werden dafür sorgen, daß niemand sein Leben verkürzt.«

»Was wollt Ihr damit sagen?« fuhr Diepold auf.

»Ruhig, Mörder«, herrschte Capparone ihn an. »Begreift Ihr noch immer nicht, daß wir Euren ganzen Plan kennen?«

Diepold starrte auf den Ritter an des Königs Seite, das Gesicht vor Wut verzerrt.

Sie stießen gerade Lanzberg zu der Ecke hinüber, wo die anderen deutschen Ritter verwirrt und niedergeschlagen zusammenstanden.

»Da ist der Hund von einem Verräter«, brüllte er. »Was habe ich Euch gesagt, Diepold?« Mit einer wilden Anstrengung schüttelte er

die Männer, die ihn hielten, ab, riß einem von ihnen einen Dolch aus dem Gürtel und schleuderte ihn mit aller Kraft.
Roger riß seinen Schild schräg nach vorn, um den König zu dekken. Der Dolch sauste an dem Knaben vorbei und blieb zitternd in Rogers Brustpanzer stecken.
Ein halbes Dutzend Schwerter bohrten sich in Lanzbergs Körper, und er fiel. Aber seine Augen blieben auf Roger haften, der den Dolch herauszog und zu Boden warf. Es war kein Blut daran.
»Verdammter Zauberer«, sagte Lanzberg tonlos. Dann sank er zurück und starb.
Der kleine König ging unbewegt weiter, bis er die Haupttafel erreichte. Er setzte sich auf Diepolds hohen Sessel nieder. »Graf Capparone«, sagte er mit seiner hellen Knabenstimme, »laßt diese Fremden an einen sicheren Ort schaffen und in Fesseln legen.«
Von Schwertspitzen umgeben, ging Diepold zu seinen Rittern hinüber. Die gepanzerten Sizilianer begannen sie hinauszutreiben, einen nach dem anderen.
»Dieses ist ein Bankett ausschließlich für Sizilianer«, sagte der König, »mit Ausnahme meines hochwürdigsten Freundes des päpstlichen Legaten. Nehmt den Platz an meiner rechten Seite, Herr Bischof, wenn es Euch beliebt. Graf Roger von Vandria?«
»Mein König?«
»Ihr sitzt zu meiner Linken.« Des kleinen Königs Stimme war ruhig. Seine grünen Augen, Habichtsaugen, leuchteten unnatürlich hell. Ohne zu blinzeln schaute er zu, wie sie den toten Lanzberg aus der Halle trugen.
»Graf Capparone«, sagte der König, »warum spielen die Musikanten nicht auf?«
Der Gouverneur drehte sich zu der Estrade hin und gab das Zeichen.
Unwillkürlich durchfuhr Roger ein kleiner Schauder. Elf Jahre alt, dachte er. Was wird er eines Tages sein – ein Genie? Ein Wahnsinniger? Ein Dämon? Oder alles das zusammen? Er wußte, daß er einen Herrn gefunden hatte; und vielleicht die Art von Herrn, die Sizilien – und die Welt – brauchte.
Plötzlich erschien ein bezauberndes Lächeln auf dem Gesicht des Königs. »Will mir denn niemand etwas zu essen geben?« fragte er. »Ich habe Hunger.«

Zweites Buch

ZEHNTES KAPITEL

A. D. 1205-1212

»Bei meiner Ehre«, schrie Riccardo Parelli, »bei dem Schwanenhals meiner Adorata; bei allem Geld, das ich von allen meinen Onkeln zu erben hoffe, ich sage euch, ich dulde es nicht länger!«

Die anderen jungen Männer im Hinterraum der Taverne sahen einander an.

»Er hat bei den drei Dingen geschworen, die ihm am heiligsten sind«, sagte Paolo Spadone. »Man könnte beinahe glauben, es ist ihm ernst. Wo ist denn der vermaledeite Wirt? Er sagte, er würde uns ...«

»Ach, laß den Wirt«, fuhr Nino Manetti dem Freund dazwischen. »*Was* duldest du nicht länger, Riccardo mio?«

»Nicht länger, sage ich euch«, beharrte Riccardo. »Und bildet euch ja nicht ein, ich sei betrunken. Das kommt noch. Jetzt bin ich leider so nüchtern wie ein Erzbischof vor dem Hochamt. Und ich habe euch angehört, wie ihr den größten Anführer, den wir je gehabt haben, verunglimpft habt, den besten und den freigebigsten, der euch dazu noch freihält. Wer hat bei unseren letzten drei, nein vier Sitzungen bezahlt, im ›Blauen Ritter‹, im ›Sarazenenturm‹, im ›Neuen Hafen‹ und jetzt hier im ›Goldenen Baum‹? Franz Bernardone. Ihr seid so dankbar wie ein Haufen Spatzen, die die Dingsda aufpicken, die ... die ...«

»Ist ja ganz gleich, was sie aufpicken«, lachte Nino. »Keiner hat behauptet, daß unser Franz nicht freigebig ist. Wärst du auch, wenn alle deine Onkel erst gestorben sind.«

»Sind sie aber nicht«, sagte Riccardo, »und jetzt rede nicht darum herum. Ihr habt die ganze Zeit über ihn getuschelt; ich meine gegen ihn.«

»Ich habe nur gesagt, er ist nicht mehr der Kerl, der er war«, verteidigte sich Mario Luca. »Früher war er immer geradezu ein ...«

»Er ist großartig«, erklärte Riccardo. »Wer hat sonst noch solche Ideen im Kopf? Ihr tut immer genau das, was ihr gerade tut ... ich meine, ihr tut nie etwas Unerwartetes. Ihr seid Durchschnitt, alle wie ihr da seid, und ich auch, wie ich da bin. Ich könnte jeden

Augenblick vorhersagen, was ihr tun werdet und was ich tun werde und was wir nicht tun ...«
»Tun, tun, tun, tun«, sang Mario Luca vergnügt.
»... und deine Stimme kommt auch nicht an die von Franz heran«, sagte Riccardo. »Ich will euch sagen, was ich meine. Als damals dieser aufgeregte Narr von einem Troubadour hierher kam und Krieg gegen Sizilien predigte, da tatet ihr genau, was von euch erwartet wurde: ihr habt dumm gegrinst und seid daheim geblieben. Was hat Franz getan? Er ist mit gezogen, mit Rüstung, Helm und allem, und wir alle dachten, der arme Kerl, bei dem stimmt etwas nicht im Kopf. Aber er geht los, und die alten Zittergreise halten feierliche Reden – noch lodert die Flamme der Begeisterung in der Jugend von Assisi – nehmt euch ein Beispiel am jungen Bernardone, welch ein tapferer junger Mann – und Papa Bernardone stolzierte herum wie ein gemästeter Pfau. Und was geschieht? Am nächsten Tag kommt unser Franz zurück, er hat es sich überlegt, und er geht doch nicht mit. Was für ein prächtiger Witz, was für ein Streich! Ist doch klar, daß er niemals daran gedacht hat, mitzugehen, und warum sollte er auch? In den Krieg ziehen, um Sizilien zu erobern! Was geht ihn Sizilien an? Um sich für den König Ichweißnichtwer in Palermo zu schlagen! Lächerlich. Aber die Gesichter von den Zittergreisen vergesse ich nie, vor allem das von meinem eigenen guten Papa, der mir über den Mut und die Herrlichkeit des jungen Franz Predigten gehalten hatte, und nun mit einemmal schrie, das wäre Feigheit im Angesicht des Feindes, und ich sagte zu ihm: ›Papa mio, der nächste Feind war in Apulien. Wenn Ihr recht habt, ist Franz der einzige Mann in ganz Italien, der vor einem Feind gerannt ist, der fünfhundert Meilen von ihm weg war. Wenn er ein Feigling ist, so müßt Ihr wenigstens zugeben, daß er der König aller Feiglinge ist.‹ Oh, es war wundervoll.«
»Es war glänzend«, gab Paolo Spadone zu. »Aber es ist eine alte Geschichte, Riccardo, wir haben vor ein paar Jahren darüber gelacht. Der Streich war ja einer der Gründe, warum wir ihn zu unserem Anführer gemacht haben.«
»Und das ist er noch«, schrie Riccardo. »Was soll er denn für euch tun? Wieder vierundzwanzig Stunden in den Krieg ziehen?«

»Ein guter Assisier macht niemals zweimal den gleichen Witz. Aber sag einmal ehrlich, ist dir nicht aufgefallen, daß er anders geworden ist?«
»Nein. Wie anders geworden? Ich habe wirklich nichts gemerkt.«
»Beim flammenden Schwert des Erzengels Tobias«, begann Paolo.
»Von dem habe ich noch nie gehört«, warf Mario ein.
»Erzengel Samson meine ich natürlich«, sagte Paolo. »Das ist doch der, der tausend Türken mit einem Eselskinnbacken totgeschlagen hat, nicht wahr?«
»Philipper«, verbesserte ihn Mario. »Nicht Türken. Philipper, und der Apostel Paulus schrieb ihnen einen langen Brief, um sie zu trösten. Mit dem Eselskinnbacken hast du recht. Aber über so etwas weißt du natürlich Bescheid.«
»Ich weiß nicht recht, was du damit sagen willst«, meinte Paolo mit einem gewissen Mißtrauen. »Aber ich weiß, was ich sagen will, und das ist, daß unser Riccardo hier niemals etwas merkt. Der wird noch nicht einmal den Tag des Jüngsten Gerichts bemerken, wenn er schon angebrochen ist, wie das ja bald der Fall sein wird, wenn man nach den Predigten in der Kathedrale geht.«
»Erwecke mein Gewissen nicht«, beschwor ihn Riccardo. »Es schläft so friedlich, das arme kleine Ding. Aber ich weiß noch immer nicht, was ihr von unserem Franz wollt. Was soll sich denn an ihm geändert haben? Paßt aber auf eure Zungen auf, wenn ihr von ihm redet – die sind noch feucht von seinem Wein. Wo steckt er übrigens?«
»Vorne bei den anderen natürlich«, sagte Nino. »Also gut, ich werde es dir sagen. Allerdings ist es nicht einfach. Meine Adorata …«
»Immer noch die kleine …«
»Niemals den Namen einer Dame in der Öffentlichkeit nennen! Meine Adorata, ganz gleich wer sie ist, hat mir gesagt, daß jede Frau bemerkt, wenn ihr Mann anfängt, sich für eine andere zu interessieren.«
»Was hat das mit Franz zu tun? Er ist doch keine Frau, und du bist auch keine, und verheiratet seid ihr auch nicht miteinander.«
Nino warf die Arme hoch. »Riccardo, was ist mit deinem Gehirn geschehen? Was ich meine, ist doch nur: eine Frau fühlt die Ver-

änderung, ein Mann sieht sie. Franz war immer der Wählerischste von uns in punkto Kleider und Eleganz. Er kam zu unseren Sitzungen niemals mit dem gleichen Rock, nie hätte er einen Fleck darauf geduldet, nicht den kleinsten Spritzer. Seine Hände waren untadelig sauber. Heute trägt er diesen blauen Rock schon zum drittenmal hintereinander, und sieh dir seine Fingernägel an – ich sage dir, es geht mit ihm bergab.«

»Bah, solche kleinen Dinge ...«

»Es fängt immer mit den kleinen Dingen an«, sagte Mario bedeutsam. »Aber es ist noch etwas anderes. Er ist gar nicht mehr bei uns, wenn er da ist. Seine Gedanken sind ganz woanders. Ich glaube, ich weiß, was geschehen ist. Vor nicht langer Zeit war er in Rom, und irgend jemand muß dort Einfluß auf ihn genommen haben, und nun wird er ganz religiös, und wenn er nicht sehr aufpaßt, wird aus ihm noch ein Priester.«

Diesesmal lachten sie alle.

»Was sonst noch?« sagte Riccardo und trocknete sich die Augen. »Franz ein Priester! Ich sehe ihn förmlich, wie er auf die Kanzel steigt mit seiner Laute unter dem Arm und uns eine Predigt in Versen hält. Ja, wenn du gesagt hättest, er will ein Troubadour werden ...«

»Du kennst noch nicht die ganze Geschichte«, sagte Mario. »Ich habe gehört, man hat ihn am Portal der Sankt-Peters-Kirche gesehen, wie er seine Kleider mit einem Bettler getauscht hat!«

Es gab einen Lachsturm. »Wenn du das glaubst, dann glaubst du alles, mein lieber Mario«, sagte Riccardo. »Götter, was für ein Unsinn.«

»Ich weiß nicht recht«, meinte Paolo. »Es klingt nach ihm. Er ist imstande und tauscht heute seine Kleider mit einem Bettler, und morgen zieht er das Gewand des Papstes an. Er liebt auffallende Kleider.«

»Anscheinend nicht mehr«, sagte Mario bedauernd. »Denk nur an den blauen Rock.«

»Ach, laß uns mit dem blauen Rock in Ruhe«, sagte Nino.

»Aber weißt du, Riccardo, oft verschwindet er vollkommen, und niemand weiß, wo er ist. Spät nachts kommt er zurückgeschlichen und schlüpft ins Haus, wenn alle schlafen.«

»So? Tut er das, bei St. Amor«, rief Riccardo. »Warum hast du das nicht gleich gesagt? Jetzt ist mir alles klar. Er ist verliebt!«
Sie starrten ihn an.
»Heiliger Samson«, platzte Paolo heraus, »er hat recht. Warum habe ich nur nicht gleich daran gedacht. Er trägt alle Merkmale an sich herum.«
»Riccardo«, sagte Mario, »ich muß mich bei dir entschuldigen. Es paßt alles in das Bild. Vielleicht ist die Geschichte von dem Kleiderwechsel mit dem Bettler auch wahr. Vielleicht brauchte er dessen Lumpen als Verkleidung, um sich mit seiner Adorata zu treffen. Aber in dem Fall müßte sie ja eine Römerin sein und ...«
»Fragen wir ihn doch selber«, schlug Nino vor. »Kommt, wir setzen uns zu ihm und den anderen.«
Im großen Gastraum des ›Goldenen Baum‹ saß ein Dutzend anderer junger Männer; manche würfelten, andere erzählten sich den neusten Stadtklatsch.
»Seht ihr«, sagte Paolo, »Franz sitzt ganz allein. Schaut ihn euch nur an ... es ist genau wie ich sagte, er ist überhaupt nicht mehr bei uns. Er ist weit weg. He, Franz!«
Franz fuhr mit einem Ruck hoch. »Ja, natürlich«, sagte er. »Mehr Wein. Ich bestelle euch sofort noch welchen.«
»Er hat fest geschlafen, mitten in der Zecherei«, lachte Paolo.
»Er hat mit offenen Augen geträumt«, sagte Mario. »Ist sie hell oder dunkel, Franz?«
»Ist sie eine Römerin?«
»Wie heißt sie, Franz?«
»Wovon redet ihr eigentlich?« fragte Franz. Seine Finger spielten mit dem Führerstab, den sie ihm geschenkt hatten, ein hübsches Ding aus Elfenbein mit einem Silberknauf.
Sie standen jetzt alle um ihn herum, auch die Würfelspieler. »Komm, wirf den alten Stock hin und nimm deine Laute«, sagte einer.
»Ach ja«, stimmte Riccardo ein, »spiel uns ein Lied auf die Dame deines Herzens. Es hat keinen Zweck, es zu verheimlichen, Franz, wir wissen, daß du verliebt bist.«
Franz lächelte seltsam.
»Es stimmt«, rief Riccardo triumphierend. »Ich habe es euch ja gesagt. Er ist verliebt.«

»Nun, ja, es stimmt«, sagte Franz langsam.
»Er hat es zugegeben«, schrie Riccardo. »Nun, zu früh ist es nicht. Du bist zweiundzwanzig oder dreiundzwanzig, nicht wahr? Könntest fast schon Großvater sein. Wer ist sie? Ist sie schön? Versteht sich von selbst. Aber hat sie auch Geld? Ich hoffe sehr – dein Vater hält's noch zwanzig Jahre aus – zehn mindestens. Genau wie meine Onkel. Leider.«
»Viel wichtiger ist, daß sie aus einer guten Familie kommt«, sagte Paolo. »Das heißt, wenn du sie heiratest. Wie steht's damit?«
»Beruhigt euch«, sagte Franz. »Ich werde sie heiraten. Und ich werde eine Frau haben, die vornehmer, schöner und reicher ist als irgendeine, die ihr je gesehen habt.«
»Hört euch das an«, krähte Mario. »Das Mädchen muß mindestens eine Herzogin sein. Wer kann sie nur sein?«
»Das kann ich euch nicht sagen«, sagte Franz.
»Natürlich nicht«, stimmte Nino bei. »Niemals den Namen einer Dame in der Öffentlichkeit nennen, sage ich immer.«
»Ich treffe mich jetzt mit ihr«, sagte Franz und stand auf.
»Der Himmel über und das Feuer unter uns«, schrie Paolo. »Es ist schon Mitternacht!«
»Ich kann zu jeder Stunde zu ihr kommen«, sagte Franz.
»Bitte vergebt mir, daß ich euch verlasse. Ich ... ich tauge doch nicht viel für euch, so wie ich bin. Der ›Goldene Baum‹ steht euch natürlich zur Verfügung, solange ihr wollt.«
»Wir verstehen, Franz.«
»Die Liebe geht vor«, sagte Nino feierlich.
Franz lächelte ihn an, nahm seinen Mantel und ging.
»Er hat seinen Führerstab vergessen«, rief Riccardo. »He, Franz!«
Es erfolgte keine Antwort.
»Ich werde ihn für ihn aufheben«, sagte Paolo. »Oder du, Nino. Ich bin etwas müde. Ich glaube, ich werde schlafen gehen.«
»Könnte ich auch tun«, sagte Riccardo lässig. »Gute Nacht, Freunde.«
Draußen auf der Straße sagte Paolo: »Bist du vielleicht doch betrunken? Du gehst ja in der falschen Richtung.«
»Ich gehe in der gleichen Richtung wie du«, sagte Riccardo grinsend. »Und wir haben beide den gleichen Einfall.«
»Du meinst ...«

»Du weißt genau, was ich meine. Ich bin genauso neugierig wie du, herauszufinden, wohin er zu dieser Stunde geht. Da geht er ja – gerade über den Platz.«
»Wir müssen uns aber mehr im Schatten halten. Gut, daß heute nacht der Mond nicht scheint.«
Sie folgten ihrem Wild auf Zehenspitzen.
»Da wohnen doch die Borroleones. Glaubst du, es könnte Maddalena Borroleone sein?«
»Herzogin ist sie nicht. Und ihre Mutter...«
»Nein, er geht vorbei. Vielleicht ist es Contessa Ruffaldi!«
»Sei kein Narr, sie ist zehn Jahre älter als Franz.«
»Und wenn sie es schon ist! Er hat nichts davon gesagt, daß sie jung ist, nur...«
»Ps ... er wird uns hören, wenn du so weiterschnatterst.«
»Er ist wieder vorbeigegangen. Aber wo kann er hin wollen? Jetzt geht er auf das Stadttor zu.«
»Auf der anderen Seite sind keine Häuser mehr. Er hat uns an der Nase herumgeführt.«
»Entweder das – oder er trifft sich heimlich mit ihr vor den Mauern. Das ist es, sicher.«
»Gut, wir werden es schon herausfinden. Weit kann es nicht sein. Er würde einer Dame nicht zumuten, sich weit von den Mauern zu entfernen.«
»Aber es ist furchtbar dunkel.«
»Nicht dunkler als für ihn und sein Mädchen. Komm. Und mach nicht so einen Lärm, Dummkopf.«
»Ich kann nichts dafür. Ich bin gestolpert. Man muß ja Katzenaugen haben, um in dieser Dunkelheit zu sehen. Wo ist er jetzt?«
»Ich kann ihn gerade noch sehen. Er geht an der Baumgruppe dort vorbei. Komm, schnell.«
Aber als sie bei den Bäumen ankamen, war Franz verschwunden.

*

Das Grab war nicht so sehr tief. Nur ein paar Schritte hinunter und durch den engen Gang in die dunkle Höhle, wo einst, wer weiß wie lange her, ein alter Mann zur Ruhe gelegt wurde, ein Etrusker, hieß es, sei er gewesen und hatte gelebt, als das alte Rom noch jung war oder vielleicht noch gar nicht existierte. Nichts war von ihm geblieben im Grab, nicht einmal ein Gerippe, wenn auch der Staub, auf den man trat, einmal sein Hüftbein oder Rückgrat gewesen sein mochte.

Weder Freude noch Grauen dieses Grabes hatte irgend etwas mit ihm zu tun. Seine Zeit war vorbei, seit langem.

Seit damals war die Welt erlöst worden zum kostbarsten aller Preise, und alles war wieder neu geworden, obgleich die meisten Menschen es vergessen zu haben schienen und wieder ihre alten Wege gingen, erwachsene Menschen, die es für richtig hielten, zu leben wie unmündige Kinder.

Freude und Grauen des Grabes kamen aus einer anderen Quelle.

»Alles, was ich je sah und liebte, kann ich vergessen«, betete Franz in der Dunkelheit, »aber nicht die Stimme und auch die Träume nicht, die Du mir geschickt hast. Wann werde ich wieder träumen, Herr, wann werde ich Deine Stimme wieder hören?«

Er wußte: wenn es geschehen sollte, mußte er allein sein. Es war ihm unklar bewußt, daß er auf irgendeine Art neu geboren werden mußte, und deshalb zog er sich in den Leib seiner Mutter, die Erde, zurück.

Diese Neugeburt würde, wie jede Geburt, sicherlich viel Schmerzen mit sich bringen. Wie oft hatte seine Mutter ihm von dem Schmerz erzählt, der sie durchfuhr, als er geboren wurde. Diesmal war er es, der ihn fühlen würde.

Er war bereit dafür, glaubte er. Er hoffte, daß er es war.

Oder saß er noch mit seinen Freunden herum, weil er den Schmerz fürchtete und sich in ihrer Gesellschaft sicher fühlte, von Traum und Stimme abgeschirmt durch den Dunst des Weines und den Klang des Gelächters?

Vielleicht war es so. Denn für ihn gab es keine Freude mehr bei diesen durchzechten Nächten, die gewöhnlich mit irgendeiner verrückten und lärmenden Prozession durch die nächtlichen Straßen endeten. Seltsam, daß er für diese glitzernden Schatten, diese gespenstischen Freuden, die zergingen, wenn man scharf hinsah, etwas übriggehabt hatte.

Ich *habe* Angst, dachte Franz. Und die ihn einen Feigling schimpften, hatten recht, das wußte er: der Ritter von Vandria zuerst, und

dann sein Vater und Konsul Revini und viele andere – nur war das, was sie für Feigheit hielten, Mut gewesen, und von seiner wahren Feigheit wußten sie nichts.
Freigebig sein, besonders gegen die Armen und vor allem die Bettler, war lange nicht dasselbe wie sich der schweren Prüfung unterziehen, die er immer näher herankommen fühlte.
Die Stimme hatte nicht wieder gesprochen. Aber in seinem Inneren war ein Ziehen, ein bitteres Verlangen, eine schwellende Sehnsucht. Es war kein Zwang da, und er wußte, daß Zwang nie sein würde. Es war vielmehr wie eine Versuchung, eine gute Versuchung, ein Aufrütteln des Herzens.
Er wußte, daß es an ihm war, seine Zustimmung zu geben, daß ohne eine solche Zustimmung nichts mit ihm geschehen würde. Er wußte nicht – nicht mit Sicherheit –, was von ihm erwartet wurde, aber eines wußte er: daß es einen Wandel bedeuten würde, vollständiger als er es mit seinem Verstand begreifen konnte.
Das Ganze hatte nicht mit jenem Traum begonnen, in dem er den Garten und das Schloß gesehen hatte mit den aufgehäuften Waffen darin, Helmen, Rüstungen, Schilden und Schwertern – Dingen, die sein eigener Verstand im Schlaf geboren hatte –, und die Kreuze vergaß, die jedes einzelne Stück zierten – die Kreuze, die die eigentliche Botschaft waren.
Es hatte viel, viel früher angefangen, in seiner frühesten Kindheit. Da war die Mutter, die ihn lehrte, daß der Herr gesagt hatte: »Sofern ihr es auch nur einem von Meinen geringsten Brüdern getan habt, habt ihr es Mir getan.« Und der Vater, dessen höchster Ausdruck der Verachtung das Wort ›Bettler‹ war.
Bald hatte er gelernt, die beiden Gedanken zu vereinen. Bettler also waren die Geringsten unter den Brüdern des Herrn.
Und dann, viel später, war jener Tag, an dem er Donna Revini, der Frau des Konsuls, Seidentuch verkauft hatte. Sie ließ sich gern von ihm bedienen und hatte dabei immer ein Lächeln für ihn. Ein alter Bettler, kühner als die anderen, kam in den Laden und bat um Almosen, und Donna Revini raffte ihre Röcke und warf die Nase hoch, denn der Bettler war schmutzig.
Es war eine recht peinliche Situation, und Donna Revini sah ihn leicht gekränkt an, weil er in dieser Lage nicht so verfuhr, wie es

sich nach ihrer unmißverständlichen Ansicht gehörte. So winkte er dem Bettler, fortzugehen, er scheuchte ihn weg, und der alte Mann ging betrübt, und Donna Revini schloß, nach dem üblichen Markten, den Handel mit der Seide ab, gelbe Seide war es, und sie wollte sie für ein Kleid für ihre älteste Tochter haben.
Und die ganze Zeit dachte er daran, er konnte gar nicht anders, was er dem Herrn in einem der geringsten Seiner Brüder angetan hatte, und seine Finger, die die Seide einpackten und das Geld nahmen, waren feucht und zitterten. Sobald die Dame gegangen war, sprang er förmlich aus dem Laden, er dachte nicht einmal daran, die Tür hinter sich zu schließen, und lief die Straße hinunter in der Richtung, in der der Bettler verschwunden war.
Nichts, nichts in der ganzen Welt war so wichtig, wie den Mann zu finden. Wild um sich schauend, raste er über den Domplatz, jagte die Straßen hinauf und hinunter, schluchzend vor Erregung und Atemlosigkeit. Er betete, daß es ihm erlaubt sein möge, seinen Bettler einzuholen, er fragte ein halbes Dutzend Leute, die ihn mit einem Achselzucken stehenließen. Ein Mann sagte zu ihm: »Ihr müßt der größte Narr von allen sein, junger Mann, daß Ihr hinter einem von denen herrennt, die nur zu gerne hinter mir und Euch herrennen.« Und ein anderer: »Hat der Lump Euch bestohlen?« Aber er rannte weiter und immer weiter, und endlich sah er ihn, wie er seinen zerschlissenen Hut jemand anderem hinstreckte, und er holte ihn ein. Er wollte sich bei ihm entschuldigen, aber der Atem blieb ihm weg. Doch seine Arme und Hände gehorchten ihm noch, und er schüttete sämtliche Münzen, die er in der Tasche hatte, in des Bettlers Hut. Dann floh er, ehe der überraschte Alte seinen Dank stammeln konnte.
Wieder im Laden angelangt, schwor er einen feierlichen Eid, daß er nie wieder einem der geringsten Brüder Seines Herrn seine Hilfe verweigern würde.
Dann war da jener Augenblick in Rom, wo es ihm plötzlich klar geworden war, daß es nicht genügte, sein Geld mit dem armen Krüppel am Portal von St. Peter zu teilen; daß es nur recht und billig war, auch seine Demütigung mit ihm zu teilen. Es war nicht angenehm, seine schmutzigen Lumpen anzuziehen. Noch weniger angenehm war es, von dem jungen Offizier, der mit seiner Dame in die Kirche

treten wollte, mit dem Fuß beiseite gestoßen zu werden. Aber dann – noch unter dem Schmerz des Fußtritts – gab es einen einzigen, flüchtigen Augenblick, wo es ihm bewußt wurde, daß er aus seinem Körper einen Schild gemacht und eine Beleidigung abgewehrt hatte, die dem heiligsten Leib gegolten hatte, und in diesem Augenblick stieg Freude in ihm hoch wie eine weiße Säule, und er hätte Gottes Lobpreisung laut heraussingen können. Und jetzt wußte er – wie hätte er noch länger daran zweifeln können? –, daß auch das nicht mehr gewesen war als ein kleiner Schritt auf der Reise, und daß die großen Prüfungen, die großen Gefahren, die wahre Mühsal, die Schmerzen und die Pein ihm alle noch bevorstanden.

Es gab so viele Dinge, die er einfach nicht zuwege brachte. Da waren mutige Männer, wie die Lazaristen, die die Aussätzigen pflegten. Er hatte es nie über sich gebracht, auch nur den Anblick dieser Unglücklichen zu ertragen, die bei lebendigem Leib zerfielen. Und Aussatz war ansteckend, jedes Kind wußte es und rannte, wenn einer in der Nähe war. Die Stadt war ihnen verboten, aber manchmal sah man sie auf der Suche nach Nahrung durch das Land streifen.

Es war ein unerträglicher Gedanke, so zu sein wie sie. Es mußte schlimm genug sein, arm zu sein, in Lumpen einherzugehen und zu essen, was andere übrigließen. So viele Arme wurden außerdem noch häßlich. Eine Frau war in der Stadt, deren Häßlichkeit ans Ungeheuerliche grenzte. Niemand konnte sie ohne ein Gefühl des Ekels ansehen. Wenn er nun so sein müßte …

Er stöhnte. Warum sollte der Herr jemanden so haben wollen? Mit einer wilden Willensanstrengung riß er die trübselige Gedankenkette ab. Angst – das war die Ursache, Angst in der Gestalt eines Aussätzigen oder jener ekelhaften alten Frau.

Er begann zu beten, und sogleich kam ihm der Gedanke an eine ganz andere Frau, die wunderschöne, die ewig junge Frau im einfachen grauen Gewand, die er in seinem Traum erblickt hatte. Sie, und nicht das scheußliche alte Weib in Assisi, war die Armut. Sie war seine Adorata, seine Braut. An sie dachte er, wenn die jungen Leute im ›Goldenen Baum‹ ihn neckten, er sei verliebt.

Frau Armut, die große Dame, die sich nicht mit Geschenken von Gold und Edelstein umwerben ließ.

Um ihrer würdig zu sein, mußte ein Ritter ausziehen und Taten von hohem Mut vollbringen, höherem Mut bei weitem, als gegen einen überlegenen Feind in die Schlacht reiten. Ihr Ritter mußte wagen, was andere nicht wagten …

Er fuhr fort zu beten, er wußte nicht wie lange. Aber nach einer Weile war das Grab nicht mehr dunkel, sondern grau. Die Morgendämmerung nahte, und er mußte zurück zum Elternhaus, ehe sein Vater erwachte.

Als er aus dem Grab auftauchte, verblaßten die Sterne, und die Stadtmauern färbten sich weiß im ersten Tageslicht.

Als er auf das Tor zuschritt, kam ihm, sehr langsam, eine einsame Gestalt entgegen. Es war ein Mann, ein Mann in einem langen Gewand.

Franz stand still und hielt den Atem an. Die Gestalt leuchtete. War es möglich, daß seine Gebete beantwortet wurden, so schnell und mit so überwältigender Gnade?

Aber als der Mann näher kam, hatte Franz ein Gefühl wie im Traum, nur war es hundertfach stärker: dieses ohnmächtige, quälende, widerwärtige Gefühl, wenn ein schöner Traum sich plötzlich in einen Alptraum verwandelt. Es war Zerfall, Auflösung, ein Sturz vom Himmel in die Hölle.

Der Mann war ein Aussätziger. Was an ihm leuchtete, war das milchige Morgenlicht, das auf den großen weißlichen Flecken der furchtbaren Krankheit schimmerte.

Wie in einem Alptraum wollte Franz fortlaufen und konnte nicht.

Die entsetzliche Erscheinung kam näher. Er konnte sehen, daß der Mann kein menschliches Gesicht mehr hatte. Die Augen verschwanden fast unter wuchernden Eitergeschwüren. Statt der Nase ein klaffendes Loch, und da auch seine Lippen weggefressen waren, standen seine Zähne heraus wie in einem Totenschädel.

Er war jetzt so nahe, daß Franz den Gestank der Fäulnis und Verwesung riechen konnte, der wie aus einem lebenden Grab ausströmte.

Vielleicht war es dieser Gestank, der ihn anfiel, was ihm die Kraft, sich zu bewegen, wiedergab, und sofort schoß in ihm der Gedanke auf, daß, wenn er jetzt zurücksprang und rannte, das jämmerliche Wrack auf seinen blutigen Fußstümpfen ihn niemals einholen konnte. Aber gleichzeitig nahm er wahr, daß der Mann seine Hand ausstreckte, an der nur noch zwei Finger hingen. Der Aussätzige war ein Bettler.

Franz raffte sich zusammen. Mit aller Kraft, die er hatte, zwang er seine zitternden Beine, fest zu stehen. Seine Hand zuckte zu seinem Gürtel, und er brachte es fertig, einige Geldstücke herauszunehmen. Er brauchte sie nur dem Aussätzigen hinzuwerfen, dann hatte er seinen Schwur gehalten und konnte gehen. Sein ganzes Sein verlangte danach, zu gehen, zu laufen, diesem entsetzlichen Anblick, diesem Hauch des leibhaftigen Todes zu entkommen.

Statt dessen legte er die Münzen in die teigige, verstümmelte Hand mit den zwei Fingern, beugte sich darüber und drückte seine Lippen leicht darauf.

Als er sich wieder aufrichtete, erblickte er das furchtbare Gesicht so nahe, daß er zwischen Geschwüren ein paar Haare herausragen sah. Der Geruch der Fäulnis war überwältigend. Der Aussätzige stand ganz still.

Und Franz legte seinen Arm um seine Schulter und gab ihm den Friedenskuß auf die Wange. Er fühlte, wie die Zähne des Aussätzigen in der Erwiderung seine eigene Wange berührten.

Dann, erst dann tat er einen kleinen Schritt zurück, verbeugte sich und ging weiter, auf das Stadttor zu.

Er fragte sich, etwas zusammenhanglos, warum eigentlich weder der Aussätzige noch er selbst ein Wort gesprochen hatte, und ob der Mann das nicht als einen Mangel an Höflichkeit empfinden würde. So wandte er sich nach ein paar Schritten um, um ihm zu winken.

Der Aussätzige war verschwunden.

Franz blickte umher. Kein Baum war in der Nähe, kein Gesträuch, keine Höhle, nichts, wo er sich verborgen haben konnte.

Und doch fühlte er noch die Berührung seiner Zähne auf der Wange.

Als er weiterging, hörte er den Ruf einer Lerche, der sofort von einer zweiten und einer dritten beantwortet wurde. Ein zwitschernder, trillernder, schmetternder Chor kam von allen Seiten und das Rauschen von unzähligen kleinen Flügeln, die stiegen und stiegen, bis die Lüfte mit einem Jubelgesang erfüllt waren, wie er ihn noch nie gehört hatte.

ELFTES KAPITEL

Fabiello, Pietro Bernardones Oberbuchhalter, senkte seine lange, dünne Nase Franz über die Schulter. »Der Prinzipal wünscht mit Euch zu sprechen, junger Herr«, verkündete er und schielte gleichzeitig auf die Zahlen, die Franz in ein großes Hauptbuch eintrug. Wie immer, wenn er etwas nicht ganz zu seiner Zufriedenheit fand, stieß er einen kleinen Schnauflaut aus.
Franz hatte diesen Laut in der Vergangenheit unzählige Male vernommen und biß sich auf die Lippe, obgleich er schon lange nicht mehr unter der Fuchtel von Fabiello stand. Fabiello sah immer gleich auf den ersten Blick, wenn eine Zahlenkolonne nicht richtig addiert war, ganz zu schweigen von solchen kleinen Mißgeschikken wie einem Klecks oder einem Eselsohr. Und an seine Handschrift würde er sich nie gewöhnen. »Es mag sehr schön sein, junger Herr, wenn man in seinen Handlungen großzügig ist – solange eine solche Großzügigkeit gepaart ist, ja beherrscht wird von großer Bedachtsamkeit und Vorsicht. Aber eine Großzügigkeit in der Handschrift kann es niemals geben. In einem Geschäftsbuch oder Geschäftsbrief müssen die Buchstaben und Zahlen so beschaffen sein, daß auch nicht der geringste Zweifel daran möglich ist, was sie bedeuten.«
»Was will mein Vater von mir, Fabiello?«
»Zweifellos wünscht der Prinzipal Euch das selbst mitzuteilen, junger Herr.«
Die korrekte Antwort, wenn auch recht säuerlich gegeben.
»Also gut, Fabiello.«
Wußte Vater etwas? Es war nicht wahrscheinlich. Aber wenn er es nicht wußte, mußte man es ihm sagen, entweder jetzt oder sehr, sehr bald.
Franz ging an den beiden Buchhaltern und einer Reihe von Angestellten vorbei zu dem kleinen Raum, in dem Pietro Bernardone allein saß.
Der Kaufmann unterzeichnete einen Brief, schob ihn beiseite und hob seinen mächtigen Kopf, einem gewaltig großen, rosafarbenen Kater nicht unähnlich.

»Ah«, sagte er. »Mein Sohn Franz; mein künftiger Geschäftsteilhaber. Und wann bist du die letzten drei Nächte heimgekommen?«
»Ich – war ausgegangen, Vater. Ich kam sehr spät heim.«
Bernardone nickte. Er begann zu lächeln. »Das schadet gar nichts«, sagte er. »Du warst heute morgen an deinem Pult, nicht wahr? Also! Du bist ein junger Mann, du mußt dein Vergnügen haben. Ich bin doch kein alter Tyrann. Geh ruhig deinen Vergnügungen nach, solange du deine Arbeit pünktlich verrichtest. Ich war auch einmal jung. Ich weiß Bescheid.« Er erhob sich. »Eines Tages wirst du ein reicher Mann sein«, sagte er. »Ich lege fünftausend florentinische Gulden für dich beiseite – eine schöne Summe, das wirst du zugeben –, und ich habe vor, sie dir für eigene Geschäfte zur Verfügung zu stellen. Natürlich werde ich dir dabei über die Schulter schauen und sehen, was du damit tust. Aber ich habe dich nicht gerufen, um dir das mitzuteilen. Ich ...«
»Vater, ich muß Euch sagen ...«
»Ich habe nach dir gerufen, weil ich dir für eine Weile Lebewohl sagen will. Ich reise nach Arezzo wegen unseres Handels mit den Brüdern Corsini. Sie gehören zu den Kunden, die man immer persönlich aufsuchen muß, besonders, wenn sie einem Geld schulden. Und das tun sie. Aber ich werde es aus ihnen herausbekommen. Es wird ein paar Tage dauern, aber es wird in Ordnung kommen. Also sieh nicht so besorgt drein.«
»Ich bin nicht deswegen besorgt, Vater...«
»Das solltest du aber sein«, sagte Bernardone. »Sie schulden mir – uns – fünfzehnhundert Florentiner. Und außerdem haben sie in den letzten vier Monaten nichts von uns bestellt. Ich habe durch unseren Agenten Maldivio Erkundigungen über sie eingezogen. Man kann niemals wissen, nicht wahr? Nun, Maldivio sagte, sie seien durchaus flüssig und ihr Geschäft gehe gut. Es ist also alles in bester Ordnung, und ich werde nicht umsonst hinfahren. Fabiello hat meinen alten Wagen bestellt. Deiner Mutter habe ich schon Lebewohl gesagt. Ich muß jetzt gehen und sehen, ob meine Kiste im Wagen ist und die Tasche mit den Mustern. Die werde ich Alfredo Corsini gleich zuerst zeigen. Er *wird* uns einen Auftrag geben, und erst wenn der unter Dach und Fach ist, werde ich ihn an die fünfzehnhundert erinnern. So wird es gemacht, mein Sohn. Kein Mensch bezahlt gern alte

Schulden, und warum? Unter anderem deshalb, weil man für etwas bezahlen muß, das einem in der *Vergangenheit* Freude gemacht hat. Aber gib ihnen etwas, das ihnen Freude für die Zukunft verspricht, und sie werden zahlen wie die Lämmer. Ich muß jetzt gehen.«

»Vater... ich glaube, ich muß Euch etwas sagen.«

Bernardone schlug ihm auf die Schulter. »Ich denke, ich weiß, was es ist. Du hast dich verliebt. Schadet nichts, mein Sohn, und wenn sie die passende Frau ist, ist alles gut. Erstaunt, daß dein Vater alles weiß? Nun, also, der junge Riccardo Parelli machte neulich so eine Anspielung, der Neffe von Konsul Revini, und da wurde der alte Revini neugierig und fragte mich. Er schwor, er wüßte nicht, wer die Dame sei. Sein Neffe wußte es anscheinend auch nicht. Ich sagte nur, ich wäre ganz sicher, daß du nicht unter deinem Rang heiraten würdest. So ist es doch, Franz? Heraus damit, *ragazzo mio*, sag es mir jetzt. Wer ist sie?« In der Stimme des Kaufmanns war deutlich ein wenig Angst zu spüren.

»Niemand, Vater... nein«, stammelte Franz. »Ihr seid sehr gut zu mir, und das macht es mir noch schwerer, Euch ... Euch zu enttäuschen. Es ist ... ich glaube, ich werde niemals Kaufmann werden.«

Einen kurzen Augenblick lang sah Bernardone überrascht aus. Dann lächelte er breit. »Sei kein Esel, Franz.«

»Nein, Vater. Es ist mir ernst damit. Seht ...«

»Genug davon, Sohn. Jugend fühlt sich oft unsicher, und ich nehme an, du bist ein wenig ängstlich geworden. Ich weiß, ich verstehe mich sehr gut auf mein Geschäft, und da hast du natürlich das Gefühl, daß du es deinem Vater nicht gleichtun kannst. Mach dir deshalb keine Gedanken. Es gibt Dinge, die man nur aus der Erfahrung lernen kann. Leute durchschauen zum Beispiel, ihre Fehler und Schwächen sehen und damit arbeiten, um zu erreichen, was man will – und lauter solche Dinge. Das kommt alles noch, Franz, glaub mir, das kommt später.«

Es klopfte an der Tür, und Fabiello kam herein. »Der Wagen steht bereit, Messer Bernardone.«

»Gut, ich komme.«

Fabiello verschwand wieder.

»Vater, es tut mir leid, aber ich kann kein Kaufmann werden. Ich muß Euch das erklären ...«

Bernardone legte seine beiden feisten Hände auf die Schultern seines Sohnes. »Hör zu«, sagte er und beherrschte sich so gut er konnte, »vor ein paar Jahren glaubtest du, du würdest ein großer Kriegsmann werden, ein Ritter, ein Baron. Die ganze Welt würde dir zu Füßen liegen. Und, gutmütiger Narr, der ich bin, habe dich in deinen Plänen unterstützt. Du hast dich geirrt, heute weißt du es selber. Jetzt erklärst du mir, du willst kein Kaufmann werden. Du irrst dich wieder. Du *wirst* ein Kaufmann werden. Der alte Bernardone läßt sich von keinem zweimal foppen. Leb wohl, mein Sohn.«

Eine Minute später rollte der Wagen in Richtung auf das Westtor fort.

*

Die Einsamkeit in dem alten Etruskergrab vor dem Osttor war fast wie das Paradies. Es bedeutete, in Gottes eigenem Vorzimmer auf Befehle warten. Er würde nach ihm rufen, wann Er es für richtig hielt.

Angst gab es nicht mehr seit ... dem Aussätzigen. Ohne das geringste Gefühl des Ekels konnte man zu den Lazaristen gehen und ihnen bei ihrer Arbeit helfen.

Und dann war da, etwa eine Viertelstunde Weges über das Grab hinaus, die baufällige kleine Kirche von St. Damiano und auf ihrem Altar das Kruzifix, das ihm von allem das liebste war, mit seinem goldenen Hintergrund und dem Bild über dem Kreuz, das den auferstandenen Christus zeigte, von des Vaters Hand gesegnet und umgeben von heiter blickenden Aposteln. Auch die Engel zu beiden Seiten des Querbalkens sahen fröhlich aus, und sogar die Gestalten, die der Kreuzigung zuschauten.

Der Herr am Kreuz war eher ernst als traurig, die Arme weit geöffnet und von den Nägeln in der Gebärde des allumfassenden Segens festgehalten. Und auf den ersten Blick sah es so aus, als ob der Herr das Kreuz aufrecht hielt und nicht das Kreuz den Herrn.

Aber ein solcher Triumph wurde nicht ohne Schmerz errungen, und auch der Schmerz war da, wenn man lange genug hinschaute.

Alles war tief wie der Himmel selbst und nahm allen Kummer der Welt zu sich, alle ihre Sorgen, ihre Angst und Nöte und Verwirrungen, alles Blutvergießen, alle Laster und Schrecken, alle Greuel und Grausamkeit und Feigheit und vor allem: alles Unrecht.
Es gab so viel davon, daß man meinen konnte, daß etwas mehr, ein winziges Etwas, den geduldigen Träger aller Pein zu Boden schmettern würde. Es war ein unerträglich schrecklicher Gedanke, daß man seine eigene Sündenlast noch zu allen anderen hinzufügen mußte ...
Doch plötzlich mußte er an St. Bernhard denken, an eine Geschichte, die man über den großen Heiligen erzählte, zu dem der Herr so oft gesprochen hatte. Und einmal sagte der Herr: »Bernhard, gib mir etwas.« Und Bernhard öffnete seine Arme weit und sagte: »Was gibt es, das ich Dir geben kann, o Herr! Du weißt, daß alles, was ich bin und was ich habe, Dein ist.«
Und der Herr sagte: »Bernhard, gib mir etwas.« Und Bernhard rang die Hände und sagte untröstlich: »Aber Herr, was kann ich Dir noch anderes geben, als was ich Dir schon gegeben habe?« Und der Herr sagte: »Bernhard, gib mir deine Sünden.«
Das war die Antwort auf alle Angst, daß Er die Sünden der Menschen tragen *wollte*, in dem Wissen, daß sie sie nicht selber ohne Seine Hilfe tragen konnten. Er beanspruchte alle Sünde und den Schmerz der Sünde für Sich. Der König der Könige, der für die geringsten Seiner Untertanen starb, der Selbst in allem menschlichen Leid anwesend war.
Was mußte ein Ritter für einen solchen König tun? Was konnte er tun?
Bei Ihm sein, so nahe, daß auch er seinen Anteil an Schmerz und Leid und Erniedrigung haben würde. Den Baum des Leids ersteigen, seine Arme ausstrecken und die entsetzliche Last mittragen.
In einem plötzlichen Aufleuchten verstand Franz zum erstenmal ganz, was ihn getrieben hatte, am Tor zu St. Peter mit dem Bettler die Kleider zu tauschen; was ihn getrieben hatte, den Aussätzigen zu küssen.
Überwältigt bot er sich dem Gekreuzigten an, Seele und Körper. Er schluchzte, aber er wußte es nicht.

»Franz«, sagte die Stimme, »du siehst, daß Mein Haus in Trümmer fällt. Geh und richte es wieder auf.«

*

Eufemio Livoni, der Capellanus des Kirchleins von San Damiano, war neunundsiebzig Jahre alt und sah auch nicht ein Jahr jünger aus – außer wenn er schlief, denn dann entspannte sich sein runzliges Gesicht und verlor den ständigen Ausdruck der Besorgtheit. Er döste in der Morgensonne auf einem heruntergefallenen Stück Mauer, als Franz aus der Kirche gestürmt kam.

»Ser Capellanus! Ser Capellanus Livoni!«

Der Alte öffnete die entzündeten Augen, und sofort nahm sein Gesicht einen gramerfüllten Ausdruck an. »Was ist es, mein Sohn?«

»Bitte, ehrwürdiger Herr, nehmt dies und kauft Öl davon – und stellt ein brennendes Lämpchen vor das Kruzifix. Ich bringe Euch bald mehr Geld. Ich komme wieder, Ser Capellanus, ich komme wieder.«

Franz raste fort.

Capellanus Livonis überraschte, alte Hände konnten das Häufchen Münzen nicht beisammenhalten. Einige fielen in seinen Schoß, und er sammelte sie mechanisch wieder auf. Das war doch der junge Bernardone gewesen, der oft herkam, um eine Weile zu beten; der Sohn eines reichen Mannes in der Stadt war er.

Was für eine Menge Geld. Und das meiste Silber, kaum ein paar Kupfermünzen dabei, Silberstücke aller Größen, genug, um Öl für eine lange Zeit zu kaufen. Was für ein netter junger Mensch. Es war nicht nötig, eine Lampe zu kaufen, die alte war noch gut zu gebrauchen, nur hatte er kein Öl.

Hatte der junge Bernardone nicht etwas von noch mehr Geld gesagt? Capellanus Livoni schüttelte den Kopf. Wozu? Er hatte alles, was er brauchte. Es war gefährlich, zu viel Geld im Haus zu haben.

Er sah sehr besorgt aus.

*

Franz stürzte heim, drückte einen Kuß auf Mutter Picas Wange. »Bitte, sagt Lauro, er soll mir ein Pferd satteln, Mutter.« Dann lief er ins Kontor, wo der Oberbuchhalter Fabiello säuerlich von seinem Hauptbuch aufsah.

»Guten Morgen, Fabiello. Ich möchte, bitte, etwas Geld haben.«

Die Augenbrauen des Oberbuchhalters schienen hinter seinem Haaransatz zu verschwinden.

»Geld, junger Herr?«

»Ja, Geld. Ich brauche tausend Florentiner.«

»Tausend ...« Fabiello stieß hörbar seinen Schnaufton aus.

»Das ist leider ganz ausgeschlossen, junger Herr.«

»Das kann es nicht sein, Fabiello. Vater hat mir gesagt, er wolle das Vielfache davon zu meiner Verfügung stellen.«

Wieder ein Schnaufer. »In diesem Falle, junger Herr, wird der Prinzipal Euch den gewünschten Betrag aushändigen, wenn er von der Reise zurückkommt. Ich bin nicht berechtigt, irgendwelche Beträge auszuzahlen, außer denen, die ausdrücklich vom Prinzipal angeordnet sind, und diese ... diese Forderung von Euch ist nicht dabei. Ich habe auch nur die Spesenkasse.«

»So. Nun, es macht nichts«, sagte Franz wegwerfend.

Er ging.

Es macht nichts! dachte Fabiello entrüstet. Eintausend florentinische Gulden will er haben, und wenn er sie nicht bekommen kann, dann macht es nichts. Ihr Heiligen, hat dieser junge Tunichtgut denn vor gar nichts Respekt? Wahrscheinlich will er wieder mit seinen reichen Freunden auf eine seiner kleinen Bummelfahrten gehen, und jetzt wird er sich das Geld von einem von ihnen leihen. Das ist es sicher. Darum hat es ihm nichts ausgemacht.

Er gab einen letzten entschlossenen Schnaufer von sich. Tausend Florentiner machen *immer* etwas aus, dachte er, und er wußte, daß der Prinzipal ihm voll zustimmen würde.

Franz ging inzwischen in den Lagerraum hinunter. »Magano«, sagte er, »macht mir einen doppelten Packen von diesen Ballen Seide hier – und dem da – und dem da auch. Legt ihn mir aufs Pferd.«

»Das wird zu schwer werden für das Pferd, fürchte ich, junger Herr«, sagte der Lagerverwalter und kratzte sich den Kopf.

»Dann packt so viel ein, wie es nach Eurer Meinung tragen kann«, sagte Franz. »Und denkt daran, daß es mich auch noch tragen muß.«

»Kommt ganz darauf an, wie weit Ihr reiten wollt, junger Herr.«

»Natürlich, ja. Und das Pferd darf sich nicht überanstrengen. Ich ... ich werde wohl nach Foligno reiten.«
»Das ist ein ganz schönes Stück Weges. Ich werde sehen, was ich tun kann.«
Durch das Kontorfenster sah Fabiello Franz auf einem Pferd fortreiten, das schwer mit Waren beladen war. Dieses Mal schnüffelte er nicht. Er pfiff durch die Zähne, die er noch im Oberkiefer hatte. Dann ging er zum Lagerraum hinunter, um die Höhe des Schadens festzustellen.

*

Es war nicht schwer, bis nach Foligno zu kommen, obgleich die Seidenballen in den Packtaschen auf beiden Seiten des Pferdes einen nicht sehr schnell vorankommen ließen. Es war auch nicht schwer, die Seide zu verkaufen.
Franz kannte die Leute, mit denen das väterliche Geschäft arbeitete, er hatte sie sogar schon einige Male als Gehilfe seines Vaters aufgesucht. In wenigen Minuten war der Handel abgeschlossen.
Allerdings war der Preis niedriger, als er gehofft hatte, bei weitem nicht tausend Gulden. Vielleicht, wenn er mit dem alten Moscardo eine Weile gemarktet hätte. Sein Vater konnte das, Stunden um Stunden, und es schien ihm Freude zu machen. Vielleicht hätte dann Moscardo sein Angebot erhöht. Aber er hatte gesagt, das könne er nicht, und ein einziger Gulden mehr würde es ihm unmöglich machen, auch nur den kleinsten Gewinn daran zu haben. Der alte Mann weinte fast, als er es sagte. Was konnte man da tun, obgleich man das Gefühl hatte, daß er vielleicht nicht ganz aufrichtig war?
Um den Verlust wettzumachen, verkaufte Franz sein Pferd an einen Händler, den Moscardo ihm empfohlen hatte, und wanderte zu Fuß zurück. Mehr als einmal fühlte er ein Bedauern über diesen zweiten Handel. Die Gegend war alles andere als sicher – in Umbrien war keine Gegend sicher –, und er trug, wenn auch nicht tausend Gulden, so doch eine recht beträchtliche Summe in der kleinen gelben Ledertasche, die ihm Moscardo als Abschiedsgeschenk gegeben hatte.

Es war spät am Abend, als er das Kirchlein San Damiano erreichte, und er war so müde, daß er sich kaum aufrecht halten konnte. Capellanus Livoni saß wieder – oder immer noch – auf dem zerfallenen Gemäuer, und er mußte ihn wieder aufwecken. »Ah«, sagte der alte Mann, »mein Wohltäter. Du bist so schnell verschwunden, daß ich gar nicht dazu kam, dir recht zu danken. Willst du mit mir in die Kirche kommen? Die Lampe brennt vor dem Kruzifix.«
»Ich bin froh darüber«, sagte Franz, »aber es muß mehr geschehen, viel mehr, bis die Kirche wieder ganz instandgesetzt ist.«
»Ganz instandgesetzt?« wiederholte Capellanus Livoni. Er sah völlig verwirrt aus. »Mein lieber junger Freund, das ist leider nicht möglich. Dies ist nicht viel mehr als eine Kapelle. Sie gehört natürlich zu Assisi, aber der gute Bischof hat alle Hände voll zu tun mit den dortigen Kirchen und kein Geld für San Damiano übrig. Seit Jahren zerbröckelt das Gemäuer – genau wie die Heilige Kirche zerbröckelt, überall in Italien und wohl auch anderwärts, wo die Leute sich gegenseitig bestehlen und ausrauben und sich höchst schamlos aufführen, als wüßten sie nicht, daß unser gebenedeiter Herr jeden Augenblick wiederkommen kann ... das habe ich den Leuten in meiner letzten Predigt gesagt. Aber weißt du auch, woraus meine Gemeinde bestand? Fünf Leute, mein lieber junger Freund, und zwei davon Kinder. Die Heilige Kirche zerfällt so wie San Damiano – so wie ich, möchte ich fast sagen. Nur an Sonntagen kann ich einen Ministranten bekommen, den kleinen Giorgio, er hütet die Ziegen und muß an Werktagen früh an die Arbeit, und sonst ist niemand da.«
»Von nun an ist einer da«, sagte Franz. »Würdet Ihr mir erlauben, Euer Ministrant zu sein?«
Capellanus Livoni sah ihn mit großen Augen an. »Du könntest das doch nicht alle Tage tun?«
»Ich kann es, und ich will es«, sagte Franz. »Und wenn Ihr mich haben wollt, bleibe ich ganz bei Euch, bis die Kirche wieder aufgebaut ist.«
Der alte Priester begann zu lachen. »Ich sagte dir doch schon, das wird nie geschehen. Dafür ist kein Geld da. Zudem kommt unser guter Herr jeden Tag auf meinen Altar hernieder, auch wenn Löcher im Dach sind und an den Wänden das Mauerwerk herausgefallen ist.«

»Aber Er möchte doch Seine Kirche wieder aufgebaut haben«, sagte Franz, und fast hätte er hinzugefügt: Er hat es mir selber gesagt. Er konnte sich gerade noch beherrschen. Er zog seine kostbare Ledertasche aus dem Gürtel und öffnete sie. »Hier, ehrwürdiger Herr. Das wird helfen, hoffe ich.«
Capellanus Livoni schlug entsetzt die Hände zusammen. »Mein lieber junger Freund ... ich kann unmöglich ... dies ist ein furchtbarer Anblick. Nehmt es fort, ich flehe Euch an.«
»Aber ... ich habe es doch für Euch bekommen ... für San Damiano ...«
Der alte Priester saß plötzlich kerzengerade. »Wer hat es Euch gegeben?« fragte er ganz streng. »Euer Vater?«
»Nein. Nicht direkt.«
»Weiß er davon?«
»Nein. Aber er hat mir gesagt, daß er mir Geld für meinen eigenen Gebrauch geben will, und da ...«
»Nein, nein, nein«, sagte der alte Priester und fuchtelte mit den Händen in der Luft. »Ich will nichts damit zu tun haben.«
»Aber ...«
»Auf keinen Fall.«
Franz seufzte tief. »Aber Ihr nehmt mich doch noch als Ministranten, ja?«
Der alte Priester lächelte. »Gut denn.«
»Und darf ich bei Euch bleiben? Ich brauche nicht viel Platz, und ich esse sehr wenig.«
»Bei mir bleiben? Hier?« Der Alte schüttelte den Kopf. »Bestimmt bist du besser aufgehoben, wo du bist.«
»Bitte, ehrwürdiger Herr, laßt mich bleiben. Ich möchte nahe dem ... ich ... oh, laßt mich hierbleiben, ehrwürdiger Herr, ich flehe Euch an.«
Capellanus Livoni zuckte die Achseln. »Du bist ein sonderbarer Mensch«, sagte er. »Hast ein gutes Bett in einem großen Haus voller Diener und willst in meiner baufälligen Behausung wohnen. Jugend, Jugend ... immer voller Kapriolen. Also gut, bleib, wenn du willst. Bald wirst du zu den Fleischtöpfen Ägyptens zurückwollen.« Er kicherte. »Ich lese die Messe immer morgens um sechs. Nicht, daß ich eine Uhr oder Sonnenuhr oder so etwas habe.«

»Woher wißt Ihr dann, wann es Zeit ist?«
»Alle guten Heiligen! Weißt du denn nicht, daß die Sonne jeden Tag aufgeht, durch Gottes Gnade? Immer wenn sie aufgeht, ist es sechs. Jetzt gehe ich schlafen.« Die zarte, kleine Gestalt trippelte davon, auf ein hüttenähnliches Gebilde neben der Kirche zu. Einst war es ein Haus gewesen. Nun war es eine Ruine, mit einigen Brettern vernagelt, die eine Art von Verschlag bildeten.
Franz hielt noch die gelbe Ledertasche in der Hand, das nutzlose Ergebnis seiner heutigen Bemühungen. Er war zu müde zum Denken, aber er wußte, daß er sie unmöglich selbst behalten konnte. Sie war ein Hohn, ein Unfug, solange er sie behielt. Er wollte sich über den alten Capellanus ärgern, aber er fand, daß es nicht ging.
In einem plötzlichen Impuls warf er die Tasche durch eines der offenen Fenster in die Kirche hinein und wandte sich fort. In seiner Geste war kein Trotz, nur Enttäuschung und Verzicht. Wenn der Capellanus sie am Morgen fand, sollte er damit tun, was er wollte. Dann folgte er dem Priester in seine armselige Behausung.

ZWÖLFTES KAPITEL

Fünf Tage danach sah Capellanus Livoni eine kleine Kavalkade aus der Richtung von Assisi auf seine Kirche zukommen.
Voran ritt ein großer, gutgekleideter Mann.
Ein Gewitter auf Mauleseln, dachte er mit einem verschmitzten Lächeln. Gut, daß die Mutter des jungen Mannes mit dem letzten Eßpäckchen eine Warnung mitgeschickt hatte. Und gut, daß der junge Mann die Warnung beherzigt hatte. Diese Leute sahen nicht so aus, als ob sie mit sich spaßen ließen.
Die Kavalkade hielt. Zwei der Reiter halfen dem großen Mann von seinem Maulesel. Der Vorgang war nicht sonderlich würdevoll, was seine Stimmung nicht gerade verbesserte.
»Guten Morgen, Ser Capellanus«, sagte er mürrisch. »Ich bin Pietro Bernardone. Ich komme, meinen Sohn Franz zu holen.«
Capellanus Livoni hob die Hände mit einem Ausdruck höflicher

Abwehr. »Es ist bedauerlich, daß Ihr Euch umsonst bemüht habt, Messer Bernardone. Der junge Mann ist fort.«
»Er hat bei Euch gewohnt«, sagte Bernardone scharf. »Versucht nicht, es abzustreiten.«
»Ich habe nicht die Absicht, es abzustreiten«, erklärte der alte Priester ruhig. »Aber, wie ich schon sagte, er ist fort.«
»Wann erwartet Ihr ihn zurück?«
»Darüber hat er nichts gesagt, Messer Bernardone.«
»Kommt er dann heute abend zurück?«
»Das bezweifle ich sehr, Messer Bernardone.«
»Wo ist er denn hingegangen?«
»Ich weiß es wirklich nicht, Messer Bernardone.«
Der Kaufmann stampfte mit dem Fuß auf. »Er ist ein Dieb. Er hat mir Geld gestohlen«, schrie er.
»Das ist gewiß eine schwere Beschuldigung«, sagte der Priester und runzelte die Stirn. »Und ich muß Euch nun sagen, daß er mir Geld für meine Kirche gegeben hat. Wenn es Euch gehört, so muß ich es Euch natürlich zurückgeben.«
»Jeder Maravedi, den er hat, gehört mir«, schnaubte Bernardone.
»Er hat mir dreizehn florentinische Gulden und vier Maravedi gegeben«, erklärte Capellanus Livoni, und das Gesicht des Kaufmanns zog sich in die Länge. »Er wollte, daß ich dafür Öl für das Lämpchen vor dem Altar kaufe. Ich habe leider etwas davon für diesen Zweck ausgegeben. Außerdem wollte er...«
»Unsinn«, knurrte Bernardone ihn an. »Dreizehn Gulden! Er hat mir Hunderte von Ellen feinster Seide gestohlen und ein gutes Pferd obendrein und hat alles zusammen in Foligno zu Geld gemacht. Ich weiß alles. Ich bin der Sache nachgegangen. Das Pferd allein war...«
»Außerdem wollte er mir noch mehr Geld geben«, fuhr Capellanus Livoni fort, »aber ich habe es nicht angenommen.«
Bernardones Augen zogen sich zusammen. »Nicht angenommen?« fragte er brüsk. »Wo ist es dann?«
»Das kann ich Euch gewiß nicht sagen, Messer Bernardone. Ich nehme an, er hat es noch bei sich, obgleich ich mich nicht erinnern kann, die Tasche, in der es sich befand, in den letzten Tagen gesehen zu haben – nicht, seit er sie mir zeigte, als er damit ankam.«

»Vielleicht hat er sie in seinem Bett zurückgelassen«, bemerkte einer der Begleiter beflissen.
Bernardone nickte. »Mag sein, Fabiello. Wenn Ihr mir gestatten wollt, einmal nachzusehen, Pater...«
»Gern, wenn Ihr es wünscht«, sagte der alte Priester ruhig, »aber nötig ist es nicht. Er hatte nämlich kein Bett. Er schlief auf dem Boden, und ich konnte ihn nur mit großer Mühe dazu bewegen, einen alten Mantel von mir als Kopfkissen anzunehmen. Das Kissen ist noch da, falls Ihr es sehen wollt. Auch der Boden. Aber keine Tasche und kein Geld.«
»Er hat es vielleicht in den Opferstock getan«, mutmaßte Fabiello.
Aber Pietro Bernardone hatte genug. »Ich will, daß *er* es mir zurückgibt«, sagte er gereizt. »Ich habe mit diesem Priester nichts zu schaffen.«
Capellanus Livoni nahm einige Geldstücke aus seinem Gürtel. »Die Gulden, die er mir gab«, sagte er, »nehmt sie lieber wieder, Messer Bernardone.«
Einen Augenblick zögerte der Kaufmann. »Gut«, sagte er dann. »Aus Gründen des Prinzips. Ich bin nicht knauserig, Ser Capellanus. Ich habe Tausende für diesen elenden Sohn ausgegeben. Nichts war mir zu gut für ihn. Und er geht hin und bestiehlt mich.«
Während er redete, drückte ihm Capellanus Livoni Münzen in die Hand und zählte dabei leise. »Zwölf«, sagte er. »Ich sagte Euch ja, ich habe etwas von dem Geld ausgegeben. Was das Öl heutzutage kostet! Ich erinnere mich noch, wie es spottbillig war, aber jetzt kaufen die Händler es in Mengen auf und nehmen dafür, was sie wollen. Aber hier...« Er kramte einige Kupfermünzen hervor.
»Laßt nur den letzten Gulden«, sagte Bernardone großzügig, ohne auf das Geplapper des Alten zu hören. »Aber Ihr müßt mir versprechen, mir den Jungen auszuhändigen, wenn er zurückkommt. Und ich möchte, daß Ihr mir Euer Wort als Geistlicher gebt, daß er sich nicht in Eurem Haus oder in der Kirche verborgen hält.«
»Ihr könnt ja hineingehen und mit eigenen Augen nachsehen«, sagte Capellanus Livoni mit einem Stirnrunzeln.
»Soll ich gehen, Messer Bernardone?« fragte Fabiello diensteifrig.
»Nein«, brüllte Bernardone. »Wir reiten heim. Aber ich erwische

ihn noch und dann – Gott helfe ihm. Lebt wohl … Ser Capellanus.« Sie halfen ihm in den Sattel, und die Kavalkade trappelte davon.
Capellanus Livoni schüttelte traurig den Kopf und machte es sich wieder auf seinem Lieblingsplatz, den eingefallenen Mauerresten, bequem. »Geld«, sagte er vor sich hin. Dann spie er aus.

*

Als die Warnung der Mutter gekommen war – ein paar hastig hingekritzelte Worte in dem Päckchen mit Essen, das sie in die Kirche von San Damiano geschickt hatte –, wußte Franz, daß er unverzüglich verschwinden mußte, und auch wohin er zu gehen hatte: In dem alten Etruskergrab würde er in Sicherheit sein.
Er verriet Capellanus Livoni sein Ziel nicht, denn der Priester würde bestimmt ausgefragt werden, und je weniger er wußte, um so besser. Aber er konnte noch den kleinen Ziegenhirt Giorgio finden und schickte ihn mit einer kurzen Botschaft zu Donna Pica. Bei ihr war sein Geheimnis sicher. Hätte er einen seiner Freunde unterrichtet, so wäre die Geschichte innerhalb von wenigen Stunden in der ganzen Stadt herum gewesen.
Am zweiten Tag fiel ein Eßpaket in sein Grab hinunter. Mutter hatte also eine Möglichkeit gefunden, für ihn zu sorgen. Ihre Liebe half ein wenig, sein Gefühl der Enttäuschung und Ohnmacht zu lindern.
Endlich, endlich hatte die Stimme gesprochen – und als er sich angeschickt hatte, ihr zu gehorchen, war seine Tat umsonst gewesen, und er selbst hatte den Ort der heiligen Gegenwart fliehen müssen.
Das Stadium des Selbstbedauerns war bald überwunden.
Die Antwort auf Stunden leidenschaftlichen Gebets war die Erinnerung an einen kurzen Satz aus der Heiligen Schrift: »Meine Wege sind nicht eure Wege.«
Ja, das war die Antwort. Und ihm blieb nichts anderes zu tun, als hinzunehmen, was über ihn gekommen war und auf neuen Auftrag zu warten. Er würde das Grab nicht verlassen, bis er wußte, was von ihm erwartet wurde. Er war ein Gefäß, das gefüllt werden

wollte, ein denkender Leib, der darauf wartete, vom Willen Gottes bewegt zu werden.

Aber als die Tage vergingen, begann er sich zu fragen, ob sein eigener Wille wirklich so unterdrückt war, wie er dachte. Seiner Bereitschaft, seinem Herrn zu dienen, war er sicher – und doch war da noch etwas anderes, ein Gefühl der Erlöstheit darüber, daß er nichts weiter zu tun brauchte, als zu warten. Erbarmungslos prüfte er sein Gewissen und fand, daß hinter seiner Erlöstheit ein Feind lauerte: sein alter Feind, die Angst. Er hatte Angst, das Grab zu verlassen, Angst, vor seinen Vater zu treten, der ihn anschreien und beschimpfen würde, Angst vor allem, daß sein Vater ihn verfluchen könnte. Ein väterlicher Fluch war eine schlimme Sache, das wußte jeder. Und würde der himmlische Vater sich dienen lassen von einem, den sein irdischer Vater verflucht hatte?

Und doch, was alledem zugrunde lag, war Angst. Und das konnte er nicht dulden.

Ob sein Vater ihn verfluchen würde oder nicht, war ungewiß. Gewiß war, daß ein Ritter im Dienst des Königs der Könige nicht aus Angst vor Menschen handeln durfte.

Es dauerte noch einige Tage, ehe sich dieser Gedankengang zu einer Entscheidung verdichtet hatte. Aber die Entscheidung wurde getroffen, und eines Tages – fast ein Monat nach seinem Verschwinden aus der Kirche von San Damiano – tauchte Franz aus dem Grab auf, blinzelnd und auf tauben Beinen, und schlug den Weg in die Stadt ein.

*

Pietro Bernardone war in seinem Kontor, als es geschah.

Nichts schien sich hier verändert zu haben. Fabiello war wie üblich an seinem Pult, die lange spitze Nase so dicht über dem Hauptbuch, daß es aussah, als schriebe er damit und der Federkiel sei nur zur Aushilfe da. Auch die Buchhalter und Schreiber arbeiteten wie gewöhnlich.

Aber natürlich wußten sie alle Bescheid, und außerhalb des Kontors sprachen sie darüber. Jeder sprach zu irgend jemandem darüber.

Ganz Assisi wußte um diese Zeit schon, daß Pietro Bernardones Sohn Geld gestohlen hatte und von zu Hause fortgelaufen war.
Er hätte die Angestellten nicht nach San Damiano mitnehmen sollen, nur Fabiello, oder besser vielleicht noch den Konsul Revini. Aber mit einer solchen Geschichte konnte man nicht gut zu Revini gehen. Nicht, daß er nicht davon gewußt hätte, er und seine Frau und seine Familie und alle anderen auch. Sie wußten es alle. So etwas war im Geschäft noch niemals vorgekommen. So etwas war ihm noch nie passiert.
Es war nicht das Geld. Der gestohlene Betrag war lächerlich für ein Geschäft wie seines. Immer wieder sagte Bernardone sich, daß es nicht das Geld war. Es war Franz.
Er hatte einen Sohn verloren. Wäre Franz in der Schlacht von Ponte San Giovanni gefallen, es wäre ein großes Unglück, ein furchtbarer Schlag gewesen. Aber er wäre rühmlich gestorben, und sein Name würde mit Achtung genannt.
Wäre er nach der Entlassung aus der perugianischen Gefangenschaft an seiner Krankheit gestorben, so hätte man noch immer sagen können: Es war ein ehrenvoller Tod.
Aber ein Ausreißer, ein Dieb mit irgendwelchen seltsamen, verschrobenen Ideen über Geld! Wie war es möglich, daß sein eigener Sohn verdrehte und verschrobene Ideen vom Geld haben konnte? Dem alten Zittergreis von einem Priester hatte er es geben wollen, der vernünftig genug gewesen war, es nicht anzunehmen, weil er wußte, daß Pietro Bernardone nicht der Mann war, der sich Geld wegnehmen ließ, unter welchem Vorwand oder zu welchem Zweck es auch immer war.
Franz' Mutter hatte natürlich den Versuch gemacht, ein gutes Wort für ihn einzulegen. Er hatte ihr sofort die Rede abgeschnitten. »Ein Kind Gottes stiehlt nicht.« Das brachte sie zum Schweigen. Ohne Zweifel war es zum großen Teil ihre Schuld. Sie hatte ihm alle diese Flausen in den Kopf gesetzt, und nun, da die furchtbaren Folgen für jeden sichtbar da waren, wußte sie nichts Besseres zu tun, als sich die Augen aus dem Kopf zu heulen.
Inzwischen war die Sache in aller Munde. Natürlich sprach niemand zu ihm darüber, aber man konnte sich leicht vorstellen, was sie hinter seinem Rücken sagten. Er war ein gezeichneter Mann,

der Vater eines Diebes. Manche der Geschäftsfreunde in der Stadt mochten sogar so weit gehen, zu sagen, Franz hätte nur auf plumpe Art das gleiche getan, was sein Vater hintenherum tat. Der reine Neid, denn oft genug war es ihm gelungen, sie bei irgendeinem Handel übers Ohr zu hauen. Genau das gleiche hätten sie bei ihm getan, wenn sie den richtigen Einfall gehabt hätten. Aber jetzt würden sie sich weiden …

Es war nicht überraschend, daß es geschah, als Pietro Bernardone in solche Gedanken verloren war. Er war sie nie mehr losgeworden, so sehr er sich auch bemühte, sich auf seine Arbeit zu konzentrieren. Zweimal bemerkte er erst im letzten Augenblick, daß er in wichtigen Geschäftsbriefen Fehler gemacht hatte, plumpe Fehler, die ihn viel Geld hätten kosten können.

Von draußen kam schrilles Geschrei und Gelächter; dann mehr Geschrei und das Getrappel vieler kleiner Füße. Die Gassenjugend war unterwegs zu irgend etwas, das gute Unterhaltung versprach, ein Überfall, ein Straßenunfall – vielleicht war jemand aus dem dritten Stock eines Hauses gefallen; oder zwei Betrunkene hatten Streit bekommen.

Mürrisch ging Pietro Bernardone zum Fenster, um es zu schließen. Unten tanzten Gassenbuben um jemanden herum und bewarfen ihn mit Kot. Ein armer Schwachsinniger vielleicht oder ein Betrunkener. Sie überschütteten ihn mit einem Hagel von Schmutz und Abfällen, und ihr Opfer verteidigte sich nicht und lief auch nicht davon, sondern ging langsam weiter, den Kopf zu Boden gerichtet und einen Arm erhoben, um seine Augen zu schützen. Es war ein widerlicher Anblick. Aber während er dabei war, das Fenster zu schließen, hielt Bernardone plötzlich inne.

Der Bursche ging in Lumpen, aber es waren die Lumpen von etwas, das einmal ein guter Mantel gewesen war. Ein feiner Mantel mit Stickereien.

Bernardone stellte fest, daß er den Mantel kannte. Er hatte ihn selbst für gutes Geld gekauft. Der Kerl hatte den Mantel von Franz gestohlen.

Bernardone stürzte auf die Straße. Das Erscheinen eines großen, wohlgekleideten und sehr erbosten Mannes brachte die Gassenbuben zum Zurückweichen.

Und dann, erst dann sah Bernardone mit Entsetzen, daß ihr Opfer Franz selbst war, dünn, abgehärmt, struppig und völlig verdreckt.
Einen Augenblick lang stand der Kaufmann wie angewurzelt. Dann kam er in Bewegung. Er packte die Vogelscheuche von einem Sohn beim Genick, drehte ihn herum und stieß ihn vor sich her die Straße entlang zu seinem Haus und in das Haus hinein. Brüllend stieß er ihn die Kellertreppe hinunter und in einen Verschlag hinein. Er schlug ihm über den Kopf. Er prügelte ihn von einem Ende des Raums zum anderen, und als er hinfiel, stellte er ihn wieder auf die Beine, hielt ihn fest und schlug weiter auf ihn ein.
Erst als er ganz außer Atem war, ließ er ihn los, und der ausgemergelte Körper sank wie ein lebloser Haufen auf dem Boden zusammen.
Mit blutgesprenkelten Augen und pfeifendem Atem starrte Bernardone auf den Haufen. Einmal und noch einmal trat er hart mit dem Fuß danach. Dann wandte er sich weg, ging hinaus und riegelte die Tür hinter sich ab. Den Schlüssel steckte er in die Tasche. Langsam stieg er die Treppe hinauf. Ein paar Angestellte standen oben und starrten ihn an, er sah sie nur wie durch einen Nebel. Er schwankte. Jeder Schritt war eine schmerzhafte Anstrengung. Mägde und Diener standen da oben. Pica auch.
Er erreichte das Erdgeschoß, und sie wichen vor ihm zurück. Sein Gesicht war purpurfarben, fast blau. Er blickte um sich.
»Niemand«, keuchte er, »niemand … darf … in den Verschlag … im Keller. Niemand … darf auch nur in die Nähe. Wenn jemand hingeht … werfe ich ihn oder sie aus dem Haus! Ganz gleich, wer es ist!« Er stolperte weiter zu seinem Schlafgemach.

*

Alle gingen im Hause auf Zehenspitzen und sprachen nur im Flüsterton, selbst wenn Pietro Bernardone in seinem Kontor war und unmöglich etwas hören konnte.
Der Kaufmann erlaubte niemandem, ihn anzusprechen, außer zur Entgegennahme von Befehlen. Er entließ Lauro, weil er gelacht hätte, obgleich der Diener behauptete, er habe nur gehustet. Er verbot seiner Frau, aus dem Haus zu gehen. »Wir können uns

nicht erlauben, unser Gesicht in der Öffentlichkeit zu zeigen. Das hat Euer Verbrecher von einem Sohn uns angetan.«
Pica ging in ihr Zimmer und blieb dort. Sie erschien nicht zum Abendessen, und der Kaufmann aß allein in finsterem Schweigen.
Die drei Bediensteten in der Küche sprangen erschrocken auf, als der Herr des Hauses plötzlich bei ihnen erschien. Das hatte er noch nie getan. Ohne ein Wort an sie zu richten, nahm er einen Brotlaib, füllte einen Krug mit Wasser aus dem Faß und stelzte wieder hinaus. Die Köchin und ihre beiden Gehilfinnen sahen sich an. Sie wußten, wer Wasser und Brot bekommen würde. Sie sagten nichts.
Der Kaufmann ging in den Keller hinunter. Pica, die voller Ängste oben an der Treppe stand und lauschte, konnte nur die Stimme ihres Mannes hören. »Still«, schnauzte er. »Kein Wort von dir.« Dann knallte die Tür zu, und sie konnte hören, wie er sie verriegelte. Sie floh in ihr Zimmer zurück.
Vier Tage vergingen, und Bernardone wurde nicht nachgiebiger. Am Morgen des fünften kündigte er an, daß er wieder auf eine Geschäftsreise gehen müsse, diesmal nach Rieti. In weniger als einer Woche würde er zurück sein.
»Was Franz Bernardone anbetrifft«, sagte er kalt, »bleiben meine Befehle weiter bestehen, nur daß du, Fabiello, ihm am Morgen einen Laib Brot und einen Krug mit Wasser bringen wirst und einen zweiten Krug, ehe du heimgehst. Hier ist der Schlüssel. Du wirst ihn nicht aus der Hand geben. Du darfst nicht zu Franz sprechen, und wenn er zu dir spricht, darfst du ihm nicht antworten. Ist das klar?«
»Ja, Messer Bernardone.«
Der Kaufmann ging.

*

Niemand wagte, Pica zu hindern, als sie zu dem Verschlag im Keller ging. Niemand wagte den Versuch, den langen, geflüsterten Unterhaltungen zuzuhören, die wieder und wieder zwischen Mutter und Sohn stattfanden. Aber die Dienerschaft machte eine merkwürdige Feststellung. Die ersten Male weinte Pica, wenn sie wie-

der heraufkam. Später war sie ernst und nachdenklich. Und schließlich schien sie fast fröhlich, als wäre sie von einem heiteren Beisammensein zurückgekommen, an das sie noch mit Freuden dachte.
Aber als die Dienerschaft eines Abends sah, wie sie die kleine Truhe öffnete, in der sich Werkzeug für alle möglichen Gelegenheiten befand, begannen sie sich ernstlich Sorgen zu machen, und ihre Sorgen wuchsen zu tödlicher Furcht an, als am Morgen des dritten Tages Fabiello bei seinem Gang zum ›Gefängnis‹, wie sie den Kellerverschlag nannten, entdeckte, daß die Tür gewaltsam geöffnet und der Gefangene verschwunden war.
Fabiello selber zitterte und bebte. Schließlich war er mit der Verantwortung beladen worden, und nur er hatte den Schlüssel. Er versuchte, sich mit dem Gedanken zu trösten, daß er ja immer daraufhinweisen könnte, daß das Schloß aufgebrochen worden war.
Pica ließ die verängstigten Bedienten kommen und bemühte sich, sie zu beruhigen. »Ich werde meinem Gatten die Wahrheit sagen. Ich allein habe meinen Sohn befreit. Fürchtet nicht, daß irgendeinen von euch ein Vorwurf treffen wird.«
Aber sie dachten an Lauro, der wegen eines Hustenanfalls entlassen worden war, und hatten noch immer Angst.
Zwei Tage danach kam Pietro Bernardone von Rieti zurück. Sogleich berichtete ihm Fabiello, was geschehen war, und stieg mit ihm zum Keller hinab, um ihm das erbrochene Schloß zu zeigen.
Der Kaufmann nickte nur.
Als sie wieder heraufkamen, stand Pica wartend an der Treppe. »Ihr braucht niemanden zu fragen, wer Franz herausgelassen hat«, sagte sie. »Ich war es.«
»Fabiello, geh ins Kontor zurück«, sagte Bernardone tonlos.
Dann nahm er seine Frau beim Arm und führte sie in ihr Zimmer. Er schloß die Tür. Sein Gesicht war aschfahl. »Bisher dachte ich, nur mein Sohn Franz hätte vergessen, was er mir schuldig ist. Nun finde ich, daß Ihr es auch vergessen habt. Es scheint, daß ich nicht mehr Herr in meinem eigenen Hause bin. Meine Befehle werden einfach als leere Worte betrachtet.« Plötzlich brüllte er: »Wie konntet Ihr es wagen, so etwas zu tun, Frau! Wie konntet Ihr es wagen!«

»Ich bin seine Mutter«, sagte Pica. »Das allein sollte schon genug sein.«
»Genug, um meinen Befehlen zuwiderzuhandeln?« schrie er.
»Genug, um dem armen Jungen mehr Grausamkeiten zu ersparen.«
»Madonna, die Frau ist von Sinnen. Grausam bin ich also, ja? Ich hätte wohl diesen Verbrecher wie den verlorenen Sohn aufnehmen sollen! Ein gemästetes Kalb für den Elenden, der mich bestohlen hat und dann mich – und Euch – zum Gespött der ganzen Stadt gemacht hat. Gott, was habe ich getan, um einen solchen Sohn zu verdienen! Ich habe stets meine Pflicht getan. Ich habe gearbeitet. Ich habe Geld an ihn vergeudet; das ist es vielleicht, wofür ich jetzt bestraft werde. Nichts war gut genug für ihn. Und nun behandelt er mich – uns – so. Und meine eigene Frau setzt ihn wieder frei, meine eigene Frau!«
»Er will für Gott allein leben«, sagte Pica. »Weder Ihr noch irgend jemand anders kann ihn aufhalten.«
»Er hat jedenfalls einen wunderbaren Anfang damit gemacht«, höhnte der Kaufmann. »Gestohlen und seine Eltern entehrt. Zwei Gebote gebrochen, das ist der sicherste Weg, Gott zu gefallen, nehme ich an. Was für eine Närrin Ihr seid, auf ihn hereinzufallen! Ein Wahnsinniger ist er, ein verbrecherischer Irrer in der Pose eines … eines Heiligen oder Einsiedlers oder was er sonst zu sein vorgibt.«
»Ich weiß mehr darüber als Ihr«, sagte Pica. »Wenn Ihr mich nur einmal anhören wollt …«
»Ich werde weder Euch noch den Haufen Lügen anhören, den er Euch aufgetischt hat, damit Ihr ihn herausläßt. Und das gute Schloß ist auch hin. *Und* die Tür. Ihr habt gehört, was ich gesagt habe: Wenn irgend jemand, ganz gleich wer, meinen Befehlen zuwiderhandelt, so werfe ich den Betreffenden aus dem Haus. Ihr habt es doch gehört, oder nicht?«
Mit tonloser Stimme sagte Pica: »Dann werde ich also gehen.«
»Ja«, wütete Bernardone, »jetzt, wo ich entehrt bin, jetzt, wo die Leute mit dem Finger auf mich zeigen werden – das ist der Vater eines verrückten Bettlers –, jetzt wollt Ihr mich verlassen. Solange mich jedermann respektierte, wolltet Ihr nicht gehen …«

»Jetzt seid Ihr auch zu mir ungerecht«, sagte Pica. »Ich will ja gar nicht gehen. Ihr habt gesagt, Ihr wollt mich aus dem Hause werfen.«

»Ich habe nichts dergleichen gesagt«, erhitzte sich der Kaufmann. »Ich sagte ... ich sagte ... ach was. Ihr seid genauso wahnsinnig wie Euer werter Sohn. Vielleicht paßt es Euch, zu gehen, damit die Leute sagen: Mit dem Pietro Bernardone muß etwas nicht stimmen; nicht nur sein Sohn, sondern auch seine Frau ist ihm fortgelaufen. O nein, Frau! Ihr bleibt hier. Und was den Verbrecher anbetrifft, so werdet Ihr schon sehen, was ich tue. Ihr werdet es schon sehen!«

Er stampfte aus dem Zimmer und schlug die Tür mit solcher Wucht zu, daß das ganze Haus erbebte.

Pica begann um Kraft zu beten, nicht um den Zorn ihres Mannes zu ertragen – sie war sicher, daß sie das konnte, und wenn er sie schlagen und treten und in den Keller sperren würde –, sondern Kraft, um die Erfüllung ihrer Gebete ertragen zu können. Jahr um Jahr hatte sie gebetet, von dem Augenblick an, da Franz geboren war, daß ihr Sohn ein Kind Gottes werden würde. Sie wußte, daß sie um etwas Großes und Gefährliches bat. Nun war die Erfüllung gekommen. Franz hatte ihr alles gesagt. Es bedeutete, daß sie ihn verloren hatte, so wie eine Mutter den Sohn verlor, wenn er sich Gott allein hingab. Er hatte nichts davon gesagt, aber in ihrem Herzen fühlte sie ganz sicher, daß sie ihn niemals wiedersehen würde.

DREIZEHNTES KAPITEL

»Seid Ihr wirklich sicher, daß Ihr das wollt, Bernardone?«

Konsul Revini ging in seinem Amtszimmer auf und ab.

»Ganz sicher.«

»Ihr seid ein starrköpfiger Mann, Bernardone, und jähzornig. In einigen Wochen, vielleicht in ein paar Tagen werdet Ihr es bereuen.«

»Ich werde es niemals bereuen.«

Revini blieb vor dem Kaufmann stehen. »Glaubt mir, ich verstehe, wie Ihr fühlt«, sagte er. »Es ist für Euch nicht leicht. Man sollte weniger empfindlich gegen den Klatsch der Leute sein und all die Dinge, die wir einen Skandal nennen – aber man ist es nicht. Ich hätte genau die gleichen Gefühle, wenn eines meiner Kinder sich ... äh ... schlecht benommen hätte. Aber ist es klug, die Sache auf die Spitze zu treiben?«
Pietro Bernardone funkelte ihn an. »Das ist leicht gesagt. Eure Kinder haben sich eben nicht ›schlecht benommen‹, wie Ihr es nennt. Sie haben Euch nicht Euer Geld gestohlen. Sie haben sich nicht in Irre verwandelt und zum Gespött der Gassenbuben gemacht. Sie haben den Namen Revini nicht entehrt. Möge es Euch nie geschehen. Aber tadelt mich nicht, wenn ich versuche, wenigstens die Achtung vor mir selbst wiederzugewinnen. Und dafür gibt es nur ein Mittel: ich werde zwischen ihm und meinem Haus alle Bande zerschneiden.«
»Das könnt Ihr tun«, sagte Revini, »ohne seine Verhaftung zu verlangen.«
»So! Und das Geld, das er mir gestohlen hat, soll er behalten? Nie! Ich will es wieder haben bis zum letzten Maravedi.«
»Vielleicht hat er es gar nicht mehr.«
»Doch, er hat es. Er mag es diesem alten Priester von San Damiano gegeben haben, aber ich bezweifle es.«
Revini schüttelte den Kopf. »Als alter Freund von Euch ...«
»Vergebung, Euer Exzellenz«, unterbrach ihn Bernardone eisig, »aber ich bin nicht hier, um in dieser Eurer Eigenschaft mit Euch zu sprechen. Heute nicht. Hätte ich das gewollt, so hätte ich Euch in Eurem Hause aufgesucht. Ich bin zum Palazzo Communale gekommen, um mit dem obersten Beamten von Assisi zu sprechen, dem Konsul Revini. Ich habe vor ihm formell Anklage wegen Diebstahls gegen Franz Bernardone erhoben. Ich habe Euch alle nötigen Einzelheiten über den Geldbetrag, den er mir gestohlen hat, bekanntgegeben. Ich habe sogar für Euch herausgefunden, wo der Dieb sich aufhält: er ist wieder in der Kirche von San Damiano.«
»Ja, ja, ich weiß, aber ...«
Bernardone stand auf. »Jetzt muß ich Euch fragen: Wollt Ihr den Dieb verhaften lassen und unter Anklage stellen, oder wollt Ihr

nicht? Wollt Ihr ihn zwingen, mir mein Geld zu ersetzen oder nicht?«
Konsul Revini breitete die Arme aus. »Ich tue, was Ihr wollt«, sagte er. »Aber denkt daran: wenn ich erst einmal meinen Beamten den Befehl erteilt habe, gibt es kein Zurück mehr. Kommt nicht nachher zu mir und bettelt für den Jungen.«
»Das schwöre ich«, schrie Bernardone. »Und je härter die Strafe, um so besser soll sie mir gefallen. So hätte Cato gehandelt und Cincinnatus und die Gracchen.«
»Also gut«, sagte Revini achselzuckend. »Ich gebe den Befehl sofort. Ich lasse Euch rufen, sobald der Angeklagte sich im Stadtgefängnis befindet.«
»Ich danke Euch, Euer Exzellenz«, sagte Bernardone grimmig. Er verbeugte sich förmlich und ging.
Am frühen Vormittag wurde er wieder in den Palazzo Communale gerufen.
»Es tut mir außerordentlich leid, Euch enttäuschen zu müssen, Messer Bernardone«, sagte Revini.
»Wie, ist er wieder entwischt?«
»Nein, meine Beamten haben mit ihm gesprochen, aber er weigerte sich mitzukommen.«
»So. Und sie haben ihn nicht zwangsweise verhaftet?«
»Das konnten sie nicht. Er hat ihnen erklärt, daß er die Welt verlassen habe.«
»Was ist das für ein Unsinn?« schrie Bernardone.
»Kein Unsinn«, sagte Revini ernst. »Eure Kenntnisse von Gesetzesdingen scheinen außerordentlich beschränkt zu sein, Messer Bernardone. Ist Euch nicht bekannt, daß ein Mensch, der sein Leben ausschließlich der Religion weiht, den Zivilbehörden nicht mehr untersteht?«
»Ich gehe hin und breche ihm mit meinen eigenen Händen das Genick«, fauchte Bernardone.
»Ihr vergeßt, daß *Ihr* den Zivilbehörden noch untersteht, Messer Bernardone«, sagte Revini kalt.
»Das ist ein Bubenstreich«, brüllte Bernardone, »ein neuer heimtükkischer Bubenstreich von ihm. Er ist kein Priester. Er ist kein Mönch. Gar nichts ist er. Und jetzt ist er wohl Gott im Himmel allein verantwortlich, wie?«

»Und der Kirche«, sagte Revini.
Der Kaufmann starrte ihn an. Er schob sein massives Kinn vor. »Der Kirche«, wiederholte er langsam. »Das klingt schon besser. Ich werde sofort bei Bischof Guido vorsprechen.«

*

Die Kunde, daß der Bischof über Franz Bernardone zu Gericht sitzen würde, ging wie ein Lauffeuer durch die Stadt.
Der Streit zwischen Vater und Sohn war schon eine ganze Zeit lang Stadtgespräch, und es hatten sich Parteien für und wider gebildet. Der Fall wurde in den Adelspalästen, den Häusern von arm und reich, in der Wachstube des Stadtgefängnisses und im Kapitelsaal der Kathedrale diskutiert, und es stellten sich so viele Leute vor den Toren des Bischofspalastes ein, daß ein Diener, blaß und bestürzt, beim Kanonikus Cattaneo, dem Rechtsberater des Bischofs, erschien und ihn fragte, was er dagegen tun solle.
Der Kanonikus hob die Augenbrauen. »Dagegen tun? Warum? Kommt es zu Tumulten?«
»Nicht gerade das, aber…«
»Nicht einmal das? Wenn man dich sieht, könnte man denken, daß draußen ein blutiger Aufstand im Gange ist. Laß die Tore öffnen und die Leute hereinkommen.«
»Aber… es sind Hunderte, und viele Frauen sind dabei«, stotterte der Diener.
»Das ist doch lächerlich«, sagte der Kanonikus. »Du weißt so gut wie ich, daß Frauen bei Gerichtsverhandlungen nicht zugelassen sind, nicht als Zuschauer. Nun geh und laß die Leute herein, die Männer meine ich. In der großen Halle ist Platz für mindestens zweihundert Menschen.«
»Es sind aber fünf- bis sechshundert Menschen draußen, und…«
»Dann müssen eben welche draußen bleiben. Was ist los mit dir, Gaetano, kannst du denn nicht bei dem kleinsten unerwarteten Ereignis einen klaren Kopf behalten?« Der Kanonikus ließ den Diener stehen und ging zum Bischof. »Die halbe Stadt scheint draußen zu sein«, verkündete er fröhlich. »Wenn wir bei jeder Messe so rege Teilnahme hätten, wäre Assisi eine Musterstadt, um deretwil-

len der liebe Gott der ganzen Welt vergeben könnte. Ich habe Gaetano gesagt, er soll zweihundert Leute hereinlassen, mehr nicht.«
»Wozu in aller Welt?« fragte der Bischof verblüfft.
»Nun, um der Verhandlung gegen den jungen Bernardone beizuwohnen. Die Leute ...«
»Aber sie gehen ja gar nicht hinein. Die Halle ist voll!«
»Voll?« wiederholte der Kanonikus mit großen Augen. »Schon jetzt?«
»Schon seit fast einer Stunde.«
»Entschuldigt mich, Herr Bischof.« Cattaneo stürzte hinaus, um Gaetano zu finden. Er kam gerade noch zurecht, um zweihundert Leute in die Halle strömen zu sehen, wo sie vergebens versuchten, auf den ungehobelten Bänken, die schon zum Bersten voll waren, noch einen Platz zu ergattern. Manche machten es sich einfach auf dem Boden bequem, andere auf den Fensterbrettern. Der Kanonikus hob den Arm, um etwas zu verkünden, ließ ihn aber mit einem Achselzucken wieder fallen. Es war ein hoffnungsloses Unterfangen, diese Menschen wieder hinauszubekommen. Es gab natürlich viel Lärm; Proteste, Grobheiten und einige Lachsalven.
Der einzige freigebliebene Raum war die dreistufige Estrade, auf der der Bischof mit einem Kanonikus zu jeder Seite unter einem Baldachin sitzen würde, und ganz vorn, wo ein kleiner Teil der Halle abgesperrt und von vier bischöflichen Dienern ängstlich gehütet wurde.
Auf der einen Seite dieser Absperrung sah Cattaneo den Kaufmann Pietro Bernardone massig und unbeweglich sitzen, mit einem dünnen, leichenblassen Individuum neben sich, seinem Oberbuchhalter – Cattaneo erinnerte sich an das Gesicht –, Favello oder Fabrielli oder so ähnlich hieß er.
Ganz in der Nähe, in der ersten Zuschauerreihe, saß ein alter Freund, Bernard von Quintavalle. Immer wenn es einen Streit um Geld gab, waren die reichen Leute so interessiert, als ob es um ihr eigenes ginge.
Cattaneo lächelte und nickte, aber Bernard sah ihn nicht. Er sah zu dem Angeklagten hin, der auf der anderen Seite der Absperrung saß. Aber das war doch nicht Franz Bernardone? Der Kanonikus

erinnerte sich des ausgelassenen jungen Mannes, der der ungekrönte König der wohlhabenden jungen Nachtschwärmer der Stadt gewesen war. Er war immer noch recht auffällig gekleidet, aber darunter schien er zusammengeschrumpft zu sein, und sein Gesicht… war es Schuld, oder war es etwas anderes? Wenn er nur einmal aufschauen würde. Aber das tat er nicht, er hielt die Augen gesenkt, und seine Hände lagen gefaltet in seinem Schoß. Betete er? Es mochte sein.

Ein alter Priester saß neben ihm und schlief. Capellanus Livoni von der San-Damiano-Kirche oder was davon noch stand.

Und drüben auf der anderen Seite: Konsul Revini *und* Konsul Torreone; und die jungen Nachtschwärmer waren auch da, für die nichts sprach als ihrer Väter Geld.

Cattaneo wandte sich ab und ging zurück ins Zimmer des Bischofs. »So eine Zuschauermenge haben wir noch nie gehabt, gnädiger Herr«, meldete er. »Nicht seit den Tagen des großen Pierre Vidal, des Königs der Troubadours.«

Der Bischof faltete die Stirn ein wenig. Dann lachte er. »Ich fürchte, sie werden enttäuscht werden«, sagte er. »Der Fall liegt doch sicherlich ganz einfach. Was habt Ihr für einen Eindruck von diesem jungen Mann, Kanonikus?«

»Ich weiß nicht recht, gnädiger Herr. Konnte seine Augen nicht sehen. Er hat sich nett herausgeputzt für die Gelegenheit, das muß man ihm lassen.«

»Trägt einen buntgewirkten Rock und dünkt sich besser als seine Brüder, wie?« fragte der Bischof spöttisch.

»Ich bin nicht sicher, ob er wie Joseph, der Sohn Jakobs, ist, gnädiger Herr«, sagte der Kanonikus lächelnd. »Aber sicherlich war einmal ein gut Teil Eitelkeit unter seinem langen Rock.«

»Auch sein Vater ist ein eitler Mann, aus anderen Gründen allerdings«, meinte der Bischof. »Es ist beachtlich, um wie vieler Dinge willen uns die Eitelkeit packen kann.«

»Ah, die Glocke«, sagte Cattaneo. »Und nicht zur Unzeit, gnädiger Herr. Bei dieser Menschenfülle in der Halle würden uns die Leute in Scharen umfallen, wenn sie noch viel länger warten müßten.«

Als die kleine Prozession die Halle betrat, vier Priester, die beiden Kanoniker Cattaneo und Broga, und schließlich Bischof Guido, erhob sich die Menge, was nicht ganz einfach war, da so viele Leute auf dem Boden saßen – von denen auf den Fensterbrettern ganz zu schweigen.

Capellanus Livoni erwachte von dem Geräusch und blickte in großer Sorge um sich. Dann rappelte auch er sich mühsam auf die Beine.

»Franz«, flüsterte er. »Franz …«

»Ja, Ser Capellanus?«

»Hast du die Tasche?«

»Ja, Ser Capellanus.«

»Gott und Sankt Damian sei Dank dafür.«

Niemals in seinem Leben war der Capellanus so erschrocken gewesen wie vor ein paar Tagen, als er plötzlich die gelbe Ledertasche entdeckt hatte, die unter dem hohlen Sockel der Statue des heiligen Damian lag. Er erkannte sie sofort wieder und lief, um seinen Ministranten herbeizuholen. »Deine Tasche liegt in der Kirche! Die Tasche mit diesem Geld. Wie ist sie dort hingekommen?«

»Ich habe sie durchs Fenster geworfen«, sagte Franz, »aber das ist schon viele Wochen her, an dem Tage, als ich von Foligno kam. Ich dachte, Ihr hättet sie aufbewahrt.«

»Ich hab das Ding erst diesen Augenblick entdeckt«, sagte der alte Priester. »Jetzt nimm es an dich. Ich mag es nicht einmal anrühren. Und wenn wir zum Bischof gehen, nimmst du es mit, darauf bestehe ich.« Er hatte auch darauf bestanden, daß Franz den feinen Rock anzog, den seine Mutter ihm gegeben hatte, als sie ihn aus dem Keller entkommen ließ. »Du bist mein Ministrant«, sagte er. »Ich will nicht, daß du in Lumpen vor dem Bischof erscheinst.«

Inzwischen hatte der Bischof seinen Platz auf dem Thronsitz eingenommen, und Kanonikus Broga verlas die Namen des Klägers und des Angeklagten.

Vater und Sohn erhoben sich. Eine plötzliche Stille verbreitete sich durch den Raum. Es schien kaum glaublich, daß diese beiden Männer miteinander verwandt waren, geschweige denn Vater und Sohn.

»Der alte Wirkwarenhändler ist ein wahrer Riese«, raunte der junge Riccardo Parelli. »Er könnte unseren Franz zwischen zwei Fingern zerdrücken.«

»Du vergißt, daß der kleine David den Riesen Jonathan erschlug«, flüsterte Paolo Spadone zurück.
»Bathseba meinst du, nicht Jonathan«, berichtigte Mario Luca. »Und David und Bathseba waren auch nicht Vater und Sohn, soviel ich mich erinnere.«
»Pst ... der Bischof spricht.«
»Gemäß dem Kaiserlichen Privilegium, das dem Episkopat von Assisi im Jahre des Herrn eintausendeinhundertundachtzehn verliehen ward«, verkündete Bischof Guido, »und gemäß dem Breve des Heiligen Vaters, Papst Innozenz III., vom Jahre des Herrn eintausendeinhundertachtundneunzig, hat der Bischof von Assisi die alleinige Rechtsprechung über alle Untertanen der Kirche, und kein weltlicher Gerichtshof darf über einen Kleriker oder Bewohner eines dem Bischof unterstehenden Hauses oder Territoriums richten. Sintemalen der Angeklagte, Franz Bernardone, seinen Wohnsitz bei dem Capellanus Eufemio Livoni auf dem Grund und Boden der Kirche von San Damiano genommen hat, ist derselbe ein *Dimorante*, ein Bewohner des bischöflichen Grund und Bodens geworden und unterliegt demgemäß unserer Rechtsprechung.«
Es war ganz still geworden, so still, daß man den Gänsekiel des Schreibers wild kratzen hören konnte, der versuchte, mit den Worten des Bischofs Schritt zu halten. Bischof Guido sprach sehr schnell; die meisten Schreiber führten Klage, daß sie nur schwer folgen konnten, zumal der Bischof nur ungern etwas wiederholte. Der Bischof wußte das und machte eine Pause, um dem Schreiber Zeit zum Aufholen zu geben.
Pietro Bernardone war der Meinung, daß nun die Zeit für ihn gekommen sei, seinen Standpunkt klarzumachen. »Ehrwürdigster Herr, ich möchte hier an dieser Stelle sogleich erklären, daß dieser Mensch, bisher als Franz Bernardone bekannt, durch seine verbrecherische Tat sich jedweden Platz in meinem Hause und Anteil an meinem Besitz verscherzt hat. Ich möchte ferner erklären ...«
»Messer Pietro Bernardone«, unterbrach ihn der Bischof, »ich muß Euch ersuchen, zu warten, bis ich geendet habe und Euch bedeutet wird, zu sprechen. Das Gericht kennt die Tatsachen des Falles, so wie sie von den beiden Parteien dieses höchst betrüblichen Streitfalles vorgebracht worden sind. Der Angeklagte hat ohne

Zögern dem Gericht eingestanden, daß er bestimmte Waren aus dem Lager im Hause seines Vaters entwendet hat ...«

»Zwei Ballen der feinsten Seide!« Pietro Bernardone konnte sich nicht halten.

»... und dazu ein Pferd«, fuhr der Bischof ruhig fort, »in der Hoffnung, daß sein Vater, der sich auf einer Reise befand, ihm die Verwendung dieser Dinge nicht verübeln würde, wenn er sah, daß sie für den Wiederaufbau der Kirche von San Damiano bestimmt waren, die dringend der Instandsetzung bedarf.«

»Für eine solche Annahme liegt nicht der geringste Grund vor«, rief Pietro Bernardone wütend.

»Messer Bernardone«, sagte der Bischof kalt, »ich hoffe, Ihr werdet mir gestatten, beide Seiten des Falles ohne Unterbrechung vorzutragen.«

Pietro Bernardone setzte sich und murmelte etwas vor sich hin.

»Der junge Mann erklärt, er habe nie die Absicht gehabt, sich mit diesem Geld zu bereichern«, fuhr der Bischof fort, »und daß er glaubte, darüber verfügen zu können, weil sein Vater die Absicht hatte, ihm eine viel größere Summe Geldes für persönliche Geschäfte zu überlassen. Wie er sich ausdrückt, hätte er sich kein besseres Geschäft ausdenken können.«

Der Kaufmann schnaufte einmal kurz und verächtlich, wagte aber nicht wieder, zu unterbrechen.

»Franz Bernardone«, sagte der Bischof und sah den Angeklagten scharf an. »Du sagst, du wolltest Gott dienen?«

»Ja, ehrwürdigster Herr.«

»Du mußt deinem Vater das Geld zurückgeben.«

Pietro Bernardone holte tief Atem. Er bemerkte, wie Fabiello zu ihm hinlächelte.

»Ja, gnädiger Herr«, sagte Franz mechanisch.

»Du durftest das Geld nicht verschenken«, fuhr der Bischof fort, »und, wie du siehst, ist dein Vater sehr bestürzt und empört. Ich bin sicher, sein Ärger wird sich legen, wenn er das Geld zurückbekommt.«

Pietro Bernardone sprang auf. »Darf ich jetzt um Gehör bitten, ehrwürdigster Herr?«

Bischof Guido sah ihn gelassen an. »Ja«, sagte er.

Der Kaufmann räusperte sich. »Dieser junge Mann hat keinen persönlichen Besitz«, sagte er. »Es ist wahr, daß ich die Absicht hatte, ihm etwas Geld zu geben, aber erst später, zu einem noch nicht festgesetzten Zeitpunkt und unter meiner Aufsicht. Einstweilen besitzt er nichts. Jeder Maravedi, den er ausgegeben hat, gehörte mir, alles, bis hinunter zu dem Rock, dem Gürtel und den Schuhen, die er da trägt, ist das Resultat meiner Anstrengungen, die Frucht meines Schweißes, der Erfolg meiner Mühen. Trotzdem hat er sich hinter meinem Rücken angeeignet, was nicht ihm, sondern mir gehört – wie Ihr es selbst gesagt habt, ehrwürdigster Herr –, und hat sich geweigert, es mir zurückzugeben, so daß ich vor Gericht gehen mußte. Ich habe keine Worte für solche Undankbarkeit, und ich will in Zukunft mit einem, der meinen guten Namen geschändet hat, nichts, nicht das geringste mehr zu schaffen haben.« Er sah in selbstgerechter Entrüstung um sich. Vielleicht würde man nun verstehen, warum die Versöhnung, die der Bischof angedeutet hatte, außer Frage stand. Es war unvorstellbar, daß man nicht sehen würde, auf wessen Seite Recht und Anstand waren.
Franz sagte nichts. Er sah bleich und verlassen und sehr klein aus.
»Fürchte dich nicht, junger Mann«, sagte der Bischof aufmunternd. »Wer Gott dienen will, muß auf Gott vertrauen, sich wie ein Mann halten und vor nichts fürchten. Gott selbst wird dir helfen und dich mit allem versehen, was du brauchst, um Seine Kirche wiederaufzurichten. Er würde nicht wollen, daß du dieses Geld dazu verwendest. Womöglich wurde es mit Mitteln erworben, die Ihm nicht wohlgefällig sind ...«
Pietro Bernardones Kopf war dunkelrot. Er bemerkte, wie Konsul Revini den Kopf etwas einzog und ironisch in sich hineinkicherte. Eine Stimme weiter hinten flüsterte hörbar: »Der Herr Bischof ist ausgezeichnet unterrichtet«, und unterdrücktes Lachen ertönte.
Der Kaufmann war noch bemüht, einen Protest zu formulieren, als der Bischof wieder sprach, diesmal mit etwas Ungeduld: »Ich sagte dir, du sollest das Geld zurückgeben, Franz Bernardone.«
Plötzlich kam Leben in den jungen Mann. Er sprang auf. »Gnädiger Herr«, sagte er. »Ich gebe gern alles zurück, was meinem Vater gehört.« Während er nach vorn ging, zog er die gelbe Ledertasche

aus dem Gürtel und legte sie auf die Estrade. Er nahm auch seinen Gürtel ab und zog den Rock aus.
Die Zuschauer begannen, Beifall zu spenden.
»Was zum Teufel trägt er da unter dem Rock?« fragte Riccardo Pirelli verblüfft.
»Ein Hemd natürlich.«
»Das ist kein gewöhnliches Hemd. Da ist etwas metallisches daran ... Nägel sind es. Er trägt ein Büßerhemd mit Nägeln.«
»Ich habe dir ja gesagt, er ist verrückt. Hab's immer gewußt.«
»Er ist so normal wie du, nein, ich muß ihn um Verzeihung bitten: er ist normal. Bei dir bin ich nicht so sicher.«
Franz hörte sie nicht. Er war damit beschäftigt, seine Schuhe abzustreifen und seine Strümpfe auszuziehen.
Die Beifallsrufe verstummten, als sie seinen zarten, ausgemergelten Körper sahen und die vielen kleinen Blutflecken auf dem Büßerhemd.
»Hört, ihr alle«, sagte Franz mit klarer, ruhiger Stimme.
»Bisher habe ich Pietro Bernardone meinen Vater genannt. Von nun an sage ich: Unser Vater, der Du bist im Himmel.«
Nicht ein Anflug von Unmut, Härte oder Ärger war in seiner Stimme. Es klang, als spreche er aus weiter Ferne.
Pietro Bernardone versuchte, sich Gehör zu verschaffen. Sein Gesicht war wutverzerrt.
»Messer Bernardone, erregt Euch nicht«, flüsterte Fabiello aufgeregt, »Messer Bernardone, es ist ja gut ... Ihr habt den Prozeß gewonnen. Ihr habt gewonnen. Das ganze Geld ist Euer!« Mit großem Wagemut zupfte er seinen Herrn am Mantel.
»Nimm deine Hände weg, du Dummkopf«, fuhr Bernardone ihn an. Mit gesenktem Kopf und geballten Fäusten machte er zwei Schritte auf Franz zu. Dann blieb er stehen.
Der Bischof stand zwischen Vater und Sohn. »Nehmt Euer Eigentum, Messer Bernardone«, sagte er milde und deutete auf die Tasche und die Kleider. Mit einer Wendung zu Franz nahm er seinen eigenen Mantel ab und legte ihn mit einer sehr behutsamen Gebärde über die dünnen Schultern, so daß seine Falten die vielen kleinen Wunden von den Nägeln verbargen. »Vor dem Tempel muß ein Vorhang sein«, flüsterte er. Als Franz aufblickte, sah er,

daß er einen Freund fürs Leben gewonnen hatte. Er ließ sich fortführen, in das Zimmer des Bischofs.
Pietro Bernardone stand wie erstarrt. Was man ihm hier antat, war unerträglich. Recht wurde in Unrecht verkehrt. Sie behandelten ihn, als sei er der Dieb und nicht dieser irrsinnige Verschwender, dieser Aufsässige, der ihn in aller Öffentlichkeit entehrt hatte. Das hatte er davon, daß er immer mehr Silberstücke in den Opferstock tat als irgendeiner in Assisi. Aber er würde ihnen nicht die Genugtuung geben, sich geschlagen zu bekennen. »Fabiello«, sagte er. »Nimm die Tasche und die Kleider auf und gib sie mir.«
Fabiello gehorchte, und der Kaufmann ergriff sie, als nähme er eine wohlverdiente Belohnung entgegen. Und letzten Endes waren sie das auch.
Aus der Menge kamen Hohnrufe.
»Habt Ihr auch alles, was Ihr braucht, Messer Stoffhändler?«
»Zählt lieber Eure Münzen nach – vielleicht hat Euer Sohn ein paar unter sein Büßerhemd geschoben. Zählt nur, zählt nur – man kann nie wissen!«
»Ja, das Nagelhemd! Gehört Euch das nicht auch, Messer Bernardone? Geht doch und holt es Euch! Könnte Euch nichts schaden, ein paar Jahre darin zuzubringen.«
Sie traten links und rechts zurück, als er, am ganzen Leibe schwitzend und vor Wut bebend, aber das Kinn in einer letzten, trotzigen Geste herausgestreckt, aus der Halle stolzierte. Aber sie machten ihm nicht Platz wie Leute es aus Respekt vor größerer Macht und höherer Würde tun; sie wichen vor ihm zurück, als seien er und sein Geld unrein.
Hinter ihm schloß sich die Menge wieder zu einem Ganzen zusammen, und als einer nach Franz zu rufen begann, zollten die anderen ihm Beifall und riefen mit.
Die Estrade mit dem Thron war jetzt leer, aber nach einer Weile erschien der Kanonikus Cattaneo. »Geht heim, ihr guten Leute«, sagte er, »es ist alles vorüber, es gibt nichts mehr zu sehen.« Er lächelte gutmütig dabei, und die Menge lachte und begann sich zu zerstreuen.
Eine halbe Stunde danach verließ Franz den Bischofspalast. Er trug einen alten Kittel, den sie ihm gegeben hatten; er hatte einmal

dem Gärtner des Bischofs gehört, und Franz hatte ein weißes Kreidekreuz darauf gemalt. Hinter ihm trippelte Capellanus Livoni, der ausnahmsweise einmal nicht besorgt dreinschaute. An einer Ecke des großen Platzes warteten Riccardo Parelli, Mario Luca, Paolo Spadone und Nino Manetti. Sie hatten des langen und breiten über den Fall, den Bischof, den alten Bernardone und ihren rätselhaften Freund Franz diskutiert. Als er an ihnen vorüberkam, lächelten sie ihn fast scheu an und wußten plötzlich nicht, was sie sagen sollten.

»Ich danke euch, daß ihr zu meinem Hochzeitstag gekommen seid«, sagte Franz fröhlich.

Sie starrten ihn mit offenen Mündern an.

»Dein ... Hochzeitstag?« fragte Riccardo Parelli.

»Jawohl.«

»Aber ... wer ist denn die Braut?«

»Frau Armut«, sagte Franz, und er ging weiter, ohne Hut, ohne Schuhe und strahlenden Angesichts. Nach einer Weile fing er an, zu singen.

Sie konnten es noch hören.

Paolo Spadone schüttelte den Kopf. »Ich dachte tatsächlich, er würde ein Heiliger werden; und nun singt er wie ein Troubadour.«

»Vielleicht wird er beides«, sagte Riccardo. »Das wäre einmal etwas Neues.« Und sie lachten alle.

VIERZEHNTES KAPITEL

Er sang französisch. Provençalisches Französisch, die Sprache der Troubadours.

Der Capellanus Livoni konnte ihn eine Zeitlang hören, aber nicht lange; denn bald wandte sich Franz fröhlich winkend nach ihm um, schritt in einer anderen Richtung aus und war bald aus dem Gesichtskreis des alten Priesters entschwunden. Statt nach der Kirche von San Damiano zu gehen, verließ er die Stadt durch das Osttor und ging singend weiter und weiter.

Ein Ziegenhirt hörte ihn und zwei alte Weiber, deren zerfurchte Gesichter sich vorübergehend zu einem Lächeln aufhellten. Weidende Schafe hörten ihn, und ein einsamer Esel hob seine langen Ohren mit ernstem Interesse und posaunte zurück. Die Hühner hörten ihn und die Krähen und die Lerchen und die Drosseln. Und Gott hörte ihn auch.

*

In dieser neuen, kostbaren Freiheit, die ihm gehörte, mußte er allein sein. Aber seine Einsamkeit war nicht die eines Eremiten oder Büßers, sondern die eines Liebhabers, den es trieb, allein zu sein mit seiner Adorata. Und Frau Armut lächelte, als sie ihn da singend in dem abgelegten Gärtnerkittel ziehen sah, und sie brauchte ihm keine Freude zu wünschen, denn er war voll davon bis zum Überlaufen.

Dies waren ihre gemeinsamen Flitterwochen, die herrliche Zeitn bevor er sich in seiner neuen Lebensstation einrichtete. Es ging nicht ganz ohne Zwischenfälle ab. Als er auf dem Bergpfad nach Valfabbrica einen Wald durchquerte, wurde er von sechs Männern angehalten. Ihre Kleidung war mehr wert als seine; aber sie waren Wegelagerer.

Der Gedanke, daß irgend jemand Gelüste haben sollte, Frau Armuts Bräutigam auszurauben, war mehr, als sein Humor gelassen hinnehmen konnte, und er brach in ein fröhliches Gelächter aus.

Gewohnt, daß ihr Erscheinen Angst und Schrecken in die Herzen einsamer Wanderer jagte, fühlten sich die Räuber angesichts ihrer so ungewohnten Wirkung sichtlich fehl am Platz, und einer von ihnen fragte: »Wer zum Teufel seid Ihr?«

Er antwortete: »Ich bin der Herold des großen Königs. Kann ich etwas für euch tun?«

Nach einem Augenblick der Verblüffung war es an den Räubern, in Gelächter auszubrechen. Einer von ihnen, ein vierschrötiger Bursche, griff ihn sich und durchsuchte ihn gründlich. Er hatte eine einfache Methode: er riß Franz den Kittel streifenweise vom Leib und warf die Fetzen fort. »Nicht ein Kupferstück«, berichtete er verächtlich. »Glück muß man haben: den ganzen Tag keine Seele und dann ein Bettler.«

»Ein Herold, meinst du«, verbesserte ihn ein anderer feierlich.
»Also gut, Herold«, sagte der Vierschrötige. »Weg mit dir. Nimm seine Beine, Tonio.«
Sie schwangen ihn einige Male vor und zurück und ließen ihn dann in eine schneegefüllte Mulde fliegen.
»Empfiehl uns deinem großen König!« schrie einer ihm nach, und die anderen wieherten.
Und Franz tat es. Als er sein Gebet beendet hatte, rappelte er sich auf und ging, fast nackt, die Straße weiter. Nach langem Wandern kam er an ein kleines Benediktinerkloster, wo man ihm zu essen gab. Nicht viel, aber sie hatten dort selbst nicht viel. Sie konnten oder wollten ihm nichts anzuziehen geben. Weiter ging es wieder, nach Gubbio, wo die Lazaristen ihm erlaubten, ihre Aussätzigen zu pflegen.
Ein Fremder erbarmte sich seiner und schenkte ihm eine Einsiedlertracht, Kutte, Gürtel, Sandalen und Stab.
Da wurde ihm klar, was Gott von ihm wollte: völlige Abhängigkeit von Ihm. Er hatte für die Benediktiner in der Spülküche gearbeitet und jetzt für die Lazaristen, aber keiner von ihnen hatte ihm Kleider gegeben. Ein Fremder tat es, ein Mann, für den er nichts getan hatte. Sein Auftrag war also nicht, seinen Lebensunterhalt zu verdienen, sondern Gottes Willen auszuführen, und wenn er das tat, würde Gott für ihn sorgen, so wie Er für die Lilien auf dem Felde sorgte.
Nun waren seine Flitterwochen vorüber. Singend kehrte er zum Kirchlein von San Damiano zurück, betete vor dem Kruzifix und ging dann den alten Priester aufwecken, der an seinem gewohnten Plätzchen schlief.
Der gute Alte war nicht gerade begeistert über seine Wiederkehr: »Sag mir nur nicht, daß du wieder einen Sack mit Geld hast.«
Franz lachte. »Ich habe keinen, und Gott verhüte, daß ich je wieder einen haben werde, ehrwürdiger Herr. Ich war ein Narr.«
»Ah«, sagte der Priester unverbindlich.
»Ich dachte, man braucht Geld, um eine Kirche wiederaufzubauen.«
Capellanus Livoni riß die Augen auf. »Was in aller Welt hat dich auf diese Idee gebracht?« fragte er ironisch.

»Eine falsche Erziehung«, sagte Franz, »und, wie ich Euch schon sagte, meine Dummheit. Was man braucht, sind Steine, Mörtel und guten Willen. Guten Willen habe ich. Ich brauche also nur noch Steine und Mörtel. Ich werde sie holen gehen. Ich komme wieder. Übrigens, die Lampe vor dem Kruzifix brennt nicht mehr. Ich bringe auch etwas Öl mit.«

Er ging geradeswegs weiter, auf Assisi zu. Capellanus Livoni schüttelte den Kopf, seufzte und nickte wieder ein.

In Assisi ging Franz durch die Straßen. »Gebt mir Steine, ihr guten Leute«, sang er. »Steine, um die Kirche von San Damiano wiederaufzubauen. Wer einen Stein gibt, bekommt eine Belohnung. Wer zwei Steine gibt, bekommt zwei Belohnungen. Wer drei Steine gibt ...«

Die Leute lachten. Sie hielten ihn für verrückt. Sie gaben ihm Steine.

»Öl haben sie ihm auch gegeben«, sagte Kanonikus Cattaneo. Bernard von Quintavalle glättete die Falten seines Rockes.

»Wer hat Euch das gesagt?«

»Der junge Paolo Spadone, Ihr wißt schon, Giulio Spadones hoffnungsvoller Sproß. Er und seine Zechgenossen hatten eins ihrer üblichen Gelage im ›Goldenen Baum‹, und mit einemmal tauchte Franz mitten unter ihnen auf.«

»Und bettelte?«

»Er war anscheinend sehr erregt. Er sagte: ›Seht mich an, ich bin ein Feigling. Ich kam her, um euch um Öl anzubetteln und schämte mich so, daß ich mich nicht hereingewagt habe, sondern wieder fortschlich. Darüber habe ich mich dann so geschämt, daß ich jetzt hier bin.‹ Da haben sie gelacht. Sie dachten, es wäre ein guter Witz, einige von ihnen jedenfalls. Sie wollten, daß er mit ihnen trinken und ihnen etwas vorsingen sollte. Dann wollten sie ihm Geld geben. Er lehnte das ohne weiteres ab. Er wollte kein Geld. Er wollte Öl. Sie fanden das furchtbar komisch, aber sie gaben ihm Öl, und er gab ihnen seinen Segen und ging wieder. Draußen hatte er einen großen Sack mit Steinen – so voll, daß er ihn gerade noch schleppen konnte.«

»Er ist eben doch verrückt«, sagte Bernard.

»Wenn ja, dann ist es eine ganz merkwürdige Art von Verrücktheit«, sagte Cattaneo nachdenklich. »Sie scheint ansteckend zu

sein. Denn diese jungen Tunichtgute fingen auch an, Steine zu sammeln ...«
»Das haben sie zum Scherz getan.«
»Zweifellos. Aber sie bekamen eine Wagenladung zusammen, besorgten sich Karren und Pferd und brachten ihre Steine zur Kirche von San Damiano.«
»Auf diese Art bekommt man keine Kirche wieder instand, das ist lächerlich«, sagte Bernard. »Ich kenne dieses junge Volk. Sie haben es einmal getan, und dann haben sie jedes Interesse daran verloren. Habe ich recht?«
»Das habt Ihr«, gab Cattaneo zu. »Aber inzwischen überredete Franz einige andere Leute, ihm zu helfen, einen Schuster, einen Schneider, einen Waffenschmied – ich glaube, alles Leute, die ihm früher ihre Waren geliefert haben –, und er selbst schleppt Tag für Tag Tröge voll mit Steinen von Assisi nach der Kirche.«
»Hört einmal«, sagte Bernard, »Ihr wißt so gut wie ich, daß man einen Baumeister und gelernte Handwerker für ein solches Unternehmen braucht ... was lacht Ihr?«
»Mein lieber Bernard! Die Kirche selbst ist ja noch solide genug. Eine neue braucht man nicht zu bauen. Was nötig ist, sind Reparaturen, ziemlich umfangreiche Reparaturen, glaube ich. Aber dazu braucht man keinen Baumeister. Der Mann, der ursprünglich die Kirche gebaut hat, verstand sein Handwerk. Unser Verrückter hat ganz recht: Steine braucht er und Mörtel und gute, dauerhafte Arbeit. Und – nach allem, was ich gesehen habe – wenn er noch eine kleine Weile so weitermacht, dann hat er es geschafft.«
»Ihr waret selber dort?«
»Nun, ja. Ich ... ich wollte mir die Sache einmal ansehen. Außerdem gehört die Kirche zum Bischofssitz, wißt Ihr, und der Bischof muß doch wissen, was vorgeht.«
»Schön, und wenn der kleine Franz es schafft?« fragte Bernard und trommelte mit den Fingern auf dem Tisch. »Was ist das schon für eine große Tat?«
»Es ist eine, und es ist keine«, sagte der Kanonikus versonnen. »Es ist keine, weil es eine sehr kleine Kirche ist und, selbst wenn sie wiederhergestellt ist, kein Glaubenszentrum sein wird. Und es ist doch eine ... aus zwei Gründen.«

»Da bin ich aber neugierig.«
»Erstens, weil ganz Assisi darüber spricht«, sagte Cattaneo. »Was bedeutet, daß sie sich mit einer Sache der Religion, des Glaubens und der Liebe zu Gott beschäftigen, anstatt mit dem letzten Gelage der Nachtschwärmer oder der neuesten Mode in Perugia oder der Zunahme des Seidenhandels und den Gewinnen, die der Nachbar gemacht hat.«
»Und zweitens?«
»Zweitens gibt es einem zu denken«, sagte Cattaneo. »Wir haben uns daran gewöhnt, unser geistliches Erbe als selbstverständlich hinzunehmen – die meisten von uns. Wir sind lau geworden, und es gibt eine schreckliche Warnung dagegen in der Heiligen Schrift.«
Bernard rückte auf seinem Sessel herum. »Damit könnt Ihr Euch doch kaum selbst meinen. Ihr habt der Kirche Euer Leben gegeben. Ihr seid Kanonikus, Doktor der Rechte, ein Fachmann des Gesetzes, der dem Bischof nach besten Kräften mit seinem Wissen dient. Ihr...«
»Ich habe ein Amt«, unterbrach Cattaneo. »Ich verrichte meine Arbeit, und ich versuche, sie so gut zu verrichten, wie ich kann. Aber ich stehe nicht in Flammen, wie dieser erstaunliche kleine Mann. Ich laufe nicht mit einer Last von Steinen hin und her. Ich bettele nicht zum Ruhme Gottes. Und wenn ich von meinem Amt heimkomme, gehe ich nicht wieder hinaus, um Aussätzige zu pflegen...«
»Gut, wenn Ihr von dem kleinen Franz so beeindruckt seid, warum geht Ihr nicht hin und macht mit?« fragte Bernard boshaft. »Wenn er Steine schleppen kann, so könnt Ihr es auch. Warum tut Ihr es nicht?«
»Das ist es«, sagte Cattaneo. »Warum tue ich es nicht?«
Bernard brach in Gelächter aus. »Ihr solltet Euch sehen, lieber Freund.«
»Das ist es ja gerade«, sagte Cattaneo. »Ich will mich gar nicht ansehen. Ich glaube, was ich sähe, würde mir nicht gefallen.«
»Ihr gelehrten Leute seid doch alle gleich«, sagte Bernard herablassend. »Ihr wißt zu viel, um eine richtige Meinung von euch selbst zu haben. Ich bin ein Mann des praktischen Lebens, ein Geschäftsmann, und ich will Euch sagen, weshalb Ihr so etwas nicht tun

könnt. Weil Ihr eine eigene Stellung habt. Weil Ihr Euch diese Stellung in langen Jahren mit Geduld, Strebsamkeit und Klugheit aufgebaut habt. Und es wäre Wahnsinn, das alles fortzuwerfen und ein Steineträger und Bettler zu werden, selbst wenn Ihr, wie er es ausdrückt, für Gott betteln würdet.«
»Das also ist es, was Ihr Euch gesagt habt!« sagte Cattaneo.
»Ich – mir?«
»Natürlich. Das ist *Eure* Ausrede. Jedes Wort davon paßt auf Eure eigene Lage.«
Bernard sann darüber nach. »Ihr mögt recht haben«, gab er zu.
Cattaneo hatte ein warmes Lächeln. »Seht Ihr, das ist es, was ich an Euch mag, Bernard. Ihr seid einer der ganz wenigen Kaufleute, soweit ich sie kenne, die sich ihre Redlichkeit erhalten haben. Ich meine nicht geschäftliche Redlichkeit...«
»Die ist auch nicht so leicht zu erhalten. Ihr wißt ja, was der Bischof von dem armen alten Bernardone gesagt hat...«
»Ihr seid nicht wie dieser alte Maulesel. Außerdem – auch ein Doktor der Rechte hat seine Versuchungen. Ach, wir sind ja so gern im Recht und geben so ungern zu, wenn wir es nicht sind. Da braucht man nur die Tatsachen etwas zu verdrehen...«
»Ihr versucht wenigstens nicht, den anderen übers Ohr zu hauen, wie es so viele von uns Kaufleuten tun – und wir klopfen uns dann obendrein noch dafür auf die Schulter.«
»So? Tun wir das nicht? Die ganze Zeit bewegen wir uns selbst, von Ehrgeiz angestachelt, von Starrsinn, von Eitelkeit – anstatt uns von Gott bewegen zu lassen, so wie der kleine Mann das tut.«
»Glaubt Ihr das wirklich? Ich meine, glaubt Ihr wirklich, er wird ›von Gott bewegt‹, wie Ihr das nennt?«
»Das ist es eben«, sagte Cattaneo. »Seht Ihr denn nicht, was er mit uns macht? Ja, mit Euch und mir? Er zwingt uns, ständig unser Gewissen zu erforschen. Und wenn wir uns auch gegenseitig zu beruhigen versuchen, so sehen wir ja doch, wie es mit uns steht, und es gefällt uns gar nicht.«
»Ihr guten Heiligen«, rief Bernard aus. »Es hört sich tatsächlich so an, als ob Ihr Euch dem kleinen Mann anschließen wolltet.«
»Das würde Euch schwere Sorgen machen, wie?« Ein Anflug von Bitterkeit war in Cattaneos Lachen. »Oje, oje, Ihr wartet ja

geradezu auf ein Gegenargument wie ein Hund auf seinen Knochen. Ich will Euch Euren Knochen geben: Ich hänge zu sehr an meinem Lebensstil, um mich loszureißen. Ich kann es nicht, der Himmel steh mir bei. Und jetzt muß ich gehen. Muß noch ein ziemlich langes Schriftstück für den Bischof aufsetzen. Wir bekommen wahrscheinlich einen Prozeß wegen des Grundstücks vom alten Panelmo. Das Testament ist nicht ganz klar, und ... nun ja, so ist das eben.« Er strich sich müde mit der Hand über die Stirn. »Nein«, sagte er, »daß Männer, wie Ihr und ich, sich allen Ernstes über solche Dinge unterhalten. Eigentlich ganz absurd.« Er lächelte kläglich. »Will Euch etwas sagen, Freund. Ich mache bei dem kleinen Mann mit, wenn Ihr es tut. Am selben Tag. Aber nicht eher. Ihr seht also, Ihr seid ganz sicher.«
Er winkte flüchtig mit der Hand und ging.

*

»Du bist die nächste«, sagte Franz zu der winzigen Kapelle. Er kannte sie schon lang, und er hatte oft an sie gedacht, wenn er an der Kirche von San Damiano arbeitete und später an der kleinen Kapelle von Sankt Peter, nahe bei der Stadtmauer. Sankt Damian und Sankt Peter würden ihm das verzeihen, denn diese Kapelle hier war der Königin der Heiligen geweiht, wenn es auch die kleinste war, die ihr – außer Menschenherzen – je zugeeignet worden war. Die Arbeit an den beiden anderen war jedenfalls beendet.
Santa Maria degli Angeli war alt, uralt – es hieß, daß vier Pilger vom Heiligen Land sie gegründet hätten, die nach Rom gegangen waren, um die Gräber der Apostel Peter und Paul zu besuchen und dann beschlossen hatten, irgendwo in Italien als Einsiedler zu leben.
Damals – es war fast achthundert Jahre her – hatte ihnen der Papst gesagt, sie sollten nach Umbrien gehen. Denn er wußte, was gut war.
Franz musterte die winzige Kapelle. Selbst die Steine, die nutzlos herumlagen, schienen zu weinen, und das Unkraut sah aus, als versuche es vergeblich, die Mauerreste zu stützen.
Die vier Pilger, so hieß es, waren nach einer Weile wieder fortgezo-

gen, ins Heilige Land, aber ehe sie sich auf den Weg machten, gruben sie eine Reliquie vom Grab der Gottesmutter unter dem Altar ein und empfahlen den Engeln der Himmelskönigin den Schutz des Grabes an. Und die Leute sagten, daß, wenn ein Wanderer in der Morgendämmerung daran vorbeikam und ein frommer Mann war, er die Engel zum Lobe Gottes singen hören könnte.
Vielleicht war das der Grund, warum einhundertfünfzig Jahre später der heilige Benedikt hier eine Zeitlang verweilte. Er liebte diesen Ort, und er war es auch, der ihm seinen neuen Namen gab: Santa Maria Portiuncula. Sankt Mariens Kleinod. Als er fortging, schickte er einige seiner Mönche von dem großen Kloster von Monte Cassino her, um das Kleinod zu pflegen, aber auch sie blieben nicht lange, sondern zogen zum Monte Subasio hinüber, wo die guten Benediktiner noch heute lebten.
Ein winziges Kleinod war es. Aber wenn Gott die kleinen Dinge nicht verachtete – und wie konnte er das, da er doch so viele selbst geschaffen hatte –, so würde es die Gottesmutter auch nicht tun.
Behutsam schob Franz das Unkraut beiseite, trat ein und kniete vor den Altar hin.
Als er drei Stunden später fortging, wußte er, daß weder San Damiano noch Sankt Peter, sondern diese winzige Kapelle der Ort war, an den er angebunden war wie ein Kind an den Mutterleib; und er beschloß, sich daneben eine Hütte zu bauen.
Er fühlte Hunger, ging in die Stadt zurück und bettelte um Brot.
Assisi hatte sich schon an sein Betteln gewöhnt, und er hatte zahllose Freunde, die ihm auch beim Bauen halfen. Manche arbeiteten viele Tage hintereinander mit ihm, manche nur von Zeit zu Zeit.
Es gab auch Leute, die ihn weiter verhöhnten. Fabiello zum Beispiel, der ihn einmal mit einer Ladung Steinen vorüberkommen sah und sagte: »Wollt Ihr uns nicht etwas von Eurem Schweiß da verkaufen?« Worauf Franz lächelnd erwiderte: »Es tut mir leid, aber ich habe ihn schon an den Herrn verkauft, zu einem Preis, den Ihr nie bezahlen könntet.« Viel schlimmer war, daß Pietro Bernardone immer noch in eine Flut von Schmähworten ausbrach und seinen Sohn verfluchte, jedesmal wenn er ihn sah. Glücklicherweise geschah das nicht oft, aber immer wenn es der Fall war, wurde

Franz totenbleich und wandte sich ab, bis er schließlich nie mehr irgendwo hinging, wo er seinen Vater treffen konnte, ohne einen alten Bettler namens Alberto zu bitten, ihn zu begleiten und zu segnen, jedesmal wenn der alte Bernardone ihn verfluchte.

Aber die meisten Menschen mochten ihn. Die Leichtherzigen wegen seiner ansteckenden Fröhlichkeit und seines Charmes und weil er völlig ohne Sorgen zu sein schien; andere, weil sie ahnten, was die Quelle seiner Freude war; und alle zusammen wegen seiner immer gleichbleibenden Liebenswürdigkeit.

Diejenigen, die mit ihm an einer der Kirchen gearbeitet hatten, schätzten ihn am meisten, aber ihre Sympathie war mit einem verlegenen Respekt gepaart. Sie hatten Augenblicke erlebt, wo sein junges Gesicht einen seltsamen, fast unheimlichen Ausdruck annahm, und wenn das geschah, stieß einer den anderen an, still zu sein, damit ihnen nichts entginge, was er sagte. Er verkündete nichts, er hob nicht einmal die Stimme. Nur dieser gewisse Ausdruck auf seinem Gesicht – manche meinten, es sei, als ob er etwas höre oder jemandem lausche – zeigte an, daß etwas Wichtiges kam. So sagte er einmal während der Arbeiten an der Kirche von San Damiano: »Eines Tages werden hier die Armen Frauen leben«, und es gab ein großes Rätselraten, was er wohl gemeint habe. Denn wie konnten Frauen, ob sie nun reich oder arm waren, in einer Kirche leben?

FÜNFZEHNTES KAPITEL

Sankt Mariens Kleinod wurde wiederaufgebaut, und Assisi war um drei Gotteshäuser reicher. Bald danach sahen die Leute von Assisi Franz wieder in einem neuen Aufzug: er hatte Sandalen und Stab abgelegt; anstatt seiner Eremitenkutte trug er ein Gewand aus Sacktuch und statt des Ledergürtels einen gewöhnlichen Strick. Das Gerücht ging, daß er den Wechsel nach der ersten Messe in Santa Maria Portiuncula vollzogen hatte, bei der im Evangelium von dem Gebot Christi an seine Jünger die Rede war, auf allen irdischen Besitz zu verzichten und ohne Schuhe und Stab einherzugehen.

Es war von dieser Zeit an, daß Franz zu predigen begann. Nicht in einer Kirche oder Kapelle, sondern auf der Straße oder auf offenem Feld, in einer Scheune oder einem Laden oder in einem Rebgarten – wo er gerade war.

»Ich glaube, Ihr würdet es predigen nennen«, berichtete Kanonikus Groga dem Bischof, »obgleich es, weiß der Himmel, ganz anders ist, als was gewöhnlich von der Kanzel gesprochen wird.«

»In welcher Weise ist es anders?« erkundigte sich der Bischof aufmerksam. »Nun, Ihr wißt ja, wie es ist, gnädiger Herr, wir müssen die Evangelien erklären …«

»Und das tut er nicht?«

»Jedenfalls habe ich es noch nicht von ihm gehört. Er zitiert reichlich aus der Heiligen Schrift, aber es ist keine gelehrte Interpretation dabei, und wie könnte es auch sein? Er ist ungebildet, er hat wenigstens nie Theologie studiert …«

»Nein«, sagte der Bischof. Er schien ein klein wenig bedenklich zu sein. »Was *sagt* er denn nun?« fragte er. »Donnert er drauflos gegen die Mißwirtschaft der Behörden, der weltlichen und anderen? Gegen die Schwachheiten des Klerus?«

»Nicht daß ich wüßte, gnädiger Herr.«

»Sagt er ihnen, daß der Tag des Jüngsten Gerichts schon vor der Tür steht? Die meisten Laienprediger werfen gern mit diesen Dingen um sich; oder sie beschreiben ihren Zuhörern haarklein die Sünden, die in ihrer Stadt oder ihrem Dorf getrieben werden.«

»Nein, gnädiger Herr; ich meine, das ist es auch nicht.«

»Ja, was sagt er denn dann?«

»Ich habe ihn nur einmal selbst gehört«, sagte der Kanonikus, »aber mir sind etwa ein halbes Dutzend seiner … Predigten zu Ohren gekommen. Meistens spricht er vom Himmel.«

»Und was weiß er vom Himmel?« fragte der Bischof leicht ironisch. »Nur zu, Groga, heraus damit. Ihr geht doch sonst nicht so um den heißen Brei herum.«

»Er spricht, als wenn er gerade von dort käme«, sagte Groga.

Der Bischof musterte ihn scharf. Groga war ein alter Mann, abgeklärt in seiner Art und nicht leicht außer Fassung zu bringen. Und jetzt war seine Stimme unsicher, und er blinzelte, als ob er die Tränen zurückhalten müsse.

»Wie ist das?« fragte der Bischof milder.
»Ich weiß nicht, wie es kommt«, sagte Groga, »es tut mir leid, wenn mein … mein Bericht etwas unzusammenhängend und nebelhaft ist, aber es ist nicht leicht, es zu beschreiben. Er spricht wie ein Mann, der gerade zu Füßen unseres Herrn gesessen hat. Aber wenn ich das sage, klingt alles falsch, alles pompös, geschwollen und plump. Ich könnte es nicht mit seinen eigenen Worten wiederholen.«
»Warum nicht?«
»Weil … weil sie so einfach sind.«
Bischof Guido lachte, dann wurde er wieder ernst. »Gott ist einfach«, sagte er wie zu sich selbst.
»Eben«, sagte Kanonikus Groga schnell. »Und seht Ihr, gnädiger Herr, gerade das ist die Art von Gedanken, die er im Verstand und in der Seele des Menschen ständig auslöst. Selbst mein armseliger Versuch, es zu beschreiben, hat Euch sagen lassen, was Ihr gerade gesagt habt. Wißt Ihr, er … er ist so voller Freude. ›Seht ihr nicht, wie gütig der Herr ist?‹ sagt er. ›Schaut Ihn euch doch an. Er ist eure wahre Sicherheit und euer Frieden, Er ist Geduld und Demut, Er ist Kraft und Klugheit, Hoffnung und Freude, Frohsinn und Schönheit. Und Er ist euer Verbündeter, ihr braucht nur zu wollen! Warum wendet ihr euch nicht an Ihn? Wollt ihr nicht all das mit Ihm teilen und noch tausend gute Dinge dazu?‹« Er hielt atemlos inne. »Das ist die Art, wie er spricht«, murmelte er, »nur, seht Ihr, *wie* er es sagt …«
»Tröster der Armen …«, sagte der Bischof.
»Der geistig Armen«, sagte lächelnd der Kanonikus. »Ich habe eine ganze Anzahl wohlhabender Leute unter den Hörern gesehen, und Arme auch. Mein geehrter Kollege Kanonikus Cattaneo sagt mir …«
»Cattaneo? Er hört ihn auch?«
»Er war verschiedene Male dort, soviel ich weiß.«
»Merkwürdig … er hat mir nie etwas davon gesagt. Ich bin froh, daß Ihr es tatet«, sagte der Bischof. »Ich war zuerst ein wenig in Sorge, wir könnten es hier mit einem dieser feueräugigen Laienprediger zu tun bekommen, wie dieser Waldo, oder die Sorte, wie sie sie in Südfrankreich haben, die die Kirche, den Papst, die ganze Geistlichkeit in Bausch und Bogen angreifen und noch Schlimmeres tun. Ich bin froh, daß er gar nicht so zu sein scheint.«

»Ich glaube, er ist überhaupt nicht wie irgend jemand anders«, sagte Kanonikus Groga. »Außer daß er vielleicht so ist ... daß er versucht, zu sein wie ...«
»Kanonikus! Was wollt Ihr da sagen?« fragte der Bischof.
»Nun, sollen wir nicht alle versuchen, unserem Herrn so ähnlich zu werden, wie wir nur können?« sagte Kanonikus Groga mutig. »Gerade das sagt Paulus uns: ›Ziehet an den Herrn Jesus Christus ...‹«
»Ich habe den heiligen Paulus auch gelesen«, sagte der Bischof kühl. »Nun geht und ruft mir den Kanonikus Cattaneo, wenn es Euch beliebt.«
»Sehr wohl, gnädiger Herr. Er kann Euch viel mehr über Franz berichten als ich«, sagte Kanonikus Groga, nicht ohne Erleichterung.
»Leider«, sagte der Bischof, »wird er mir über die juristischen Aspekte eines sehr unangenehmen Briefes berichten müssen, den ich gerade in der Panelmo-Sache erhalten habe.«
Der Kanonikus verbeugte sich und ging zur Tür.
»Übrigens«, sagte der Bischof, »setzt Euch doch mit Pater Silvester von der San-Giorgio-Kirche in Verbindung ...«
»Ja, gnädiger Herr?«
» ... und sagt ihm, er kann den jungen Franz in seiner Kirche predigen lassen, wenn er will.«
»Danke, gnädiger Herr«, sagte Kanonikus Groga strahlend und ging.

*

»Es heißt, Ihr hättet Eure Berufung zum Prediger bei der Messe des Apostels Matthias erhalten«, sagte Bernard von Quintavalle nach dem Gottesdienst in der Kirche von San Giorgio.
Franz sah ihn an. »Warum fragt Ihr mich das?«
»Weil im Evangelium jenes Tages geschrieben steht, daß die Apostel ein Haus betreten können, das sie für würdig halten, und sich dort eine Weile aufhalten«, sagte Bernard. »Wollt Ihr heute nacht mein Gast sein?«
»Das will ich gern«, sagte Franz.

Sie blieben an diesem Tage zusammen und sprachen über viele Dinge.

Es war vielleicht etwas sonderbar, daß Bernard das Bett für Franz in seinem eigenen Schlafgemach richten ließ, obgleich genügend andere Räume da waren.

Morgens sagte er zu seinem Gast: »Ich bin mein ganzes Leben lang ein vorsichtiger Mann gewesen. Ehe ich mich mit jemandem auf ein Geschäft einließ, habe ich immer sehr sorgfältig nachgeforscht, ob er meines Vertrauens würdig war. Ich ließ meine Agenten alles über ihn herausfinden, wie sie konnten. Mit Euch habe ich das gleiche getan.«

Franz sagte nichts.

»Meine Agenten waren in Eurem Fall meine Augen«, sagte Bernard. »Ihr dachtet, sie wären letzte Nacht geschlossen gewesen und ich hätte geschlafen. Aber ich schlief nicht und habe Euch die ganze Zeit beobachtet.«

Franz sah fort. »Ich brauche sehr wenig Schlaf«, murmelte er.

»Zwei Stunden«, sagte Bernard. »Dann erhobt Ihr Euch und betetet, und jetzt weiß ich erst, was Beten ist.«

»Ich habe viel wiedergutzumachen«, sagte Franz.

»An der Stelle des Matthias-Evangeliums, die ich gestern zitierte, heißt es auch, daß, wenn ein Apostel sich in einem Haus aufhält, das würdig ist, sein Frieden auf das Haus herabkommt. Das ist geschehen, und daher weiß ich, daß Ihr von Gott kommt. Nun muß ich Euch fragen: Was sollte ein Mann tun, wenn er jahrelang großen Reichtum besessen hat und nun merkt, daß er für ihn kein Segen mehr ist?«

»Er sollte ihn dem Herrn zurückgeben.«

»Das ist es denn, was ich tun will«, sagte Bernard von Quintavalle.

Franz' Augen leuchteten. »Wir treffen uns morgen früh bei der Kirche von Sankt Nikolas, ehe die erste Messe gelesen wird«, sagte er. Er machte das Zeichen des Kreuzes über dem Haupt seines Gastfreundes, und so lebendig war seine Handbewegung, daß das Kreuz einen Herzschlag lang dort zu verweilen schien. Dann ging er.

*

Die erste Messe in der Sankt-Nikolas-Kirche war bei Sonnenaufgang, und so war es noch ganz dunkel, als Bernard die Kirche betrat. Er fröstelte ein wenig in der Morgenkälte. Zuerst dachte er, es wäre niemand da, aber nach einigen Augenblicken sah er die Gestalt eines Mannes auf sich zukommen.

Aber das konnte doch nicht Franz sein. Der Mann war viel größer. Dann erkannte er den Kanonikus Cattaneo, und beide blieben in ungläubiger Überraschung voreinander stehen.

»Ihr auch?« flüsterte Cattaneo. »Ist es möglich?«

»Das wollte ich selber gerade fragen«, flüsterte Bernard zurück.

Sie lächelten, fast wären sie in Gelächter ausgebrochen.

»Ich mache bei dem kleinen Mann mit, wenn Ihr es tut«, hauchte Cattaneo. »Das sagte ich zu Euch vor einem Jahr – oder ist es zwei her? Und nun seht uns an ...«

Franz stand plötzlich lächelnd zwischen ihnen. »Kommt mit mir«, sagte er. »Wir wollen ganz sicher sein, was von uns gewollt wird. Darum werden wir den Herrn selbst fragen.« Er nahm sie bei den Händen und ging mit ihnen zum Altar. Vor dem Gitter knieten sie zusammen nieder. Franz erhob sich als erster wieder und führte sie die Altarstufen hinauf auf die Epistelseite, wo das große Missale auf seinem Platz lag.

Die Männer standen dicht zusammen. Ein Bruchstück des Vaterunsers tanzte und wirbelte in Bernards Kopf herum: »Dein Wille geschehe ... Dein Wille geschehe ...«

Cattaneo dachte: Genau das tat Sankt Augustin im entscheidenden Augenblick seines Lebens. Ob Franz das wohl wußte, überlegte er. Aber dann verbannte sein Wille den Gedanken und alle anderen Gedanken und legte sich formlos und ergeben dem Kruzifix zu Füßen.

Das Buch war offen, und Franz las laut den Text: »Willst du vollendet sein, geh hin, verkaufe deine Habe und schenke sie den Armen; dann komm und folge Mir.«

Bernard seufzte tief. Cattaneo lächelte.

Franz' dünne Finger schlossen das Buch und öffneten es sofort wieder. Und er las: »Wer Mir nachfolgen will, der verleugne sich selbst, nehme sein Kreuz auf und folge Mir.«

Wieder schloß er das Buch; wieder öffnete er es. »Nehmt weder Gold noch Silber noch sonstiges Geld in euren Gürtel, keine Reisetasche, nicht zwei Röcke, keine Schuhe und keinen Stab.«
Er wandte sich zu ihnen und legte ihnen die Arme um die Schultern. »Dies ist unser Leben und unsere Regel, Brüder«, sagte er jubelnd. »Für uns und für alle, die uns Gesellschaft leisten wollen. Geht und erfüllt das Wort, das ihr gehört habt.«
Als sie die Altarstufen hinunterschritten, erklang eine Glocke, und hinter einem sehr kleinen Ministranten kam der Priester herein, um die erste Messe des Tages zu lesen, des sechzehnten Tages im April des Jahres eintausendzweihundertundneun.

*

Der Bischof von Assisi hatte Sorgen, denn Kaiser Otto IV. kam mit einer Armee von Deutschland herunter. Der Herrscher kam nicht, um Krieg zu führen; im Gegenteil, er sollte vom Papst in Rom gekrönt werden, und großer Jubel und Festlichkeiten standen bevor.
Aber wenn Truppen in großer Anzahl durch das Land zogen, gab es immer Mißhelligkeiten, und der Bischof nahm nicht an, daß Kaiser Ottos Soldaten eine Ausnahme machen würden. Er war deshalb nicht in bester Stimmung, als der Pfarrer Silvester von der Kirche von San Giorgio mit einem besonderen Anliegen bei ihm erschien.
»Ich muß Euch leider um eine sehr große Gunst bitten, gnädiger Herr«, sagte der ältliche Priester.
»Dann müßt Ihr Euch an Gott wenden und nicht an mich«, sagte der Bischof kurz angebunden.
»Das habe ich schon getan, gnädiger Herr. Aber als Priester Eurer Diözese muß ich auch Euch darum bitten. Ich möchte Bruder Franz und seiner Gemeinschaft beitreten.«
Der Bischof stieß seinen Stuhl zurück. »Wie – Ihr?« fragte er ungläubig.
Der Priester sah zu Boden. »Gerade Eure Überraschung zeigt, wie sehr ich dessen bedarf, gnädiger Herr.«
»Was ist in euch alle gefahren?« fragte der Bischof gereizt. »Erst

verläßt mich einer meiner Kanoniker wegen dieser… dieser… ich weiß nicht, wie ich es nennen soll…«

Der Priester lächelte mühsam. »Die ›Minderen Brüder‹, sagte er, die ›Kleinen Brüder‹ – so nennt uns Bruder Franz.«

»Uns?« wiederholte der Bischof scharf. »Ihr gehört doch noch nicht zu ihnen. Und jetzt möchte ich wissen, wie Ihr auf eine solche… auf diese Sache gekommen seid. Ich wußte gar nicht, daß Ihr zu diesem Mann überhaupt irgendwelche Beziehungen hattet, außer daß ich Euch Erlaubnis gab, ihn in der Kirche von San Giorgio predigen zu lassen. Er scheint bei Euch einen stärkeren Eindruck hinterlassen zu haben als bei Eurer Gemeinde. Soviel ich sehe, sind die Einkünfte der Kirche nicht besonders gestiegen, obgleich ich weiß, daß Ihr mit größtem Eifer sammelt.«

Der Priester nickte. »Ihr habt den Finger auf die Wunde gelegt, gnädiger Herr. Gerade mein Eifer hat mich… ich weiß nicht, wie ich beginnen soll, gnädiger Herr.«

»Ihr beginnt am besten mit dem Anfang«, sagte der Bischof, »und vor allem: macht es kurz. Ich habe viel zu erledigen.«

»Es fing mit dem Bau der Kirche von San Damiano an«, sagte Capellanus Silvester. »Vielleicht habt Ihr gehört, gnädiger Herr, daß Bruder Franz herumging und jedermann um Steine bat…«

»Ja, ja. Und?«

»Ich gab ihm welche. Und ich ließ ihn predigen. Dann kam der Tag, an dem Ser Bernard von Quintavalle und der Kanonikus Cattaneo ihr Geld an die Armen verteilten. Der Platz war schwarz von Menschen.«

»Das habe ich gehört. Faßt Euch bitte kürzer.«

Der Priester schluckte. »Da ging ich zu Bruder Franz und… und erinnerte ihn an die Steine, die ich ihm gegeben hatte. Er hatte eine Belohnung dafür ausgesetzt.«

Der Bischof schmunzelte. »Das sieht Euch schon ähnlicher. Nie eine Gelegenheit vorbeigehen lassen.«

Der Capellano ließ den Kopf hängen. »Was Ihr sagt, ist nur zu wahr, gnädiger Herr. Bruder Franz sah mich an, wandte sich zu Ser Bernard um, nahm zwei Hände voll Münzen aus der Truhe, die vor ihm stand, und gab sie mir. Ich steckte sie in die Tasche, und sofort füllte er meine Hände wieder. ›Nun, seid Ihr zufrieden, Ser

Priester?‹ fragte er ganz vergnügt. Ich war überwältigt. Ich konnte nur ein paar Dankesworte murmeln und schlich davon.«

»Ich glaube, ich fange an zu verstehen«, sagte der Bischof. »Fahrt fort.«

»Die Sache ließ mir keine Ruhe«, sagte der Priester. Seine Lippen bewegten sich lautlos, ehe er fortfahren konnte. »Ich bin immer ein eifriger Geldeinsammler gewesen. Nicht für mich, sagte ich mir stets, gewiß nicht für mich, sondern für die Kirche, für die Armen in meinem Sprengel, für eine neue Altardecke, für dies und für jenes. Aber war es wirklich so? Ich dachte an die Freude, die mich im ersten Augenblick erfüllt hatte, als ich alle diese Münzen in meinen Händen fühlte, und ich erinnere mich, daß ich bei mir dachte: Du mußt sie sofort zählen; und auch dieser Gedanke war Freude. Aber in diesem Augenblick dachte ich nicht an die Armen und an die Freude, die es ihnen verschaffen würde. Es war alles nur meine Freude, meine ganz persönliche.« Er schloß und öffnete die Hände. »Da wußte ich mehr über mich selbst, gnädiger Herr, als ich je gewußt hatte, selbst wenn ich zur Beichte ging, Gott verzeih es mir. Und ich hatte einen Traum ... drei Nächte hintereinander denselben Traum.«

»Von Bruder Franz?« fragte der Bischof leise.

»Ja, gnädiger Herr. Und da ging ich zu ihm, und wir sprachen miteinander. Und wieder war ich voller Freude. Aber was für eine ganz andere Freude das war, gnädiger Herr.« Mit einem Schluchzen fiel der Priester auf die Knie. »Im Namen unseres Herrn ... darf ich zu ihm?«

Der Bischof blies die Backen auf. »Ich werde Euch wohl oder übel die Erlaubnis geben müssen«, grollte er. »Wenn ich es nicht täte, würde es immer an Euch fressen, und Ihr wäret doch nicht mehr recht zu gebrauchen.«

»Danke, gnädiger Herr, danke.« Der Priester erhob sich strahlend.

»Nicht sofort natürlich«, warnte der Bischof. »Erst bringt Euer Haus in Ordnung. Ich werde Euch Euren Nachfolger in einigen Monaten schicken ... sagen wir in drei Monaten. Wenn Ihr dann noch so denkt wie jetzt, könnt Ihr Euch dem kleinen Mann anschließen. Es kann für ihn nur gut sein, einen Priester zur Seite zu haben; wenn ich auch wünschte, er würde sich ein paar simp-

lere Leute aussuchen für das Leben, das er und seine ... wie war es doch? ... seine Kleinen Brüder führen. Ein reicher Kaufmann – ein Kanonikus und Doktor der Rechte; und nun ein Priester!«
»Aber da ist noch Bruder Ägidius«, sagte der Priester und lächelte hinter seinen Tränen. »Er war Feldarbeiter. Und Sabbatino und Giovanni da Capella – alle aus Assisi; und Filippo Longo; und Morico, der vorher bei den Aussätzigen im Hospital von San Salvatore arbeitete; und Barbero und Giovanni aus San Constantio und noch ein Bernhard, Bernhard della Vite; ja und dann noch Bruder Tankred aus Rieti, der ein Ritter war...«
»Zwölf«, sagte der Bischof mit vor Überraschung hoher Stimme. »Das ist erstaunlich. Und Ihr wäret der dreizehnte.«
»O nein, gnädiger Herr«, sagte der Priester fröhlich. »Da ich ja noch warten muß, bis mein Nachfolger kommt, werde ich wohl der fünfzigste oder so etwas sein.«
Der Bischof schüttelte den Kopf. »Wo werdet ihr leben?«
»Im Augenblick leben die Brüder bei der Portiuncula. Wir... sie werden bald eine Hütte in der Nähe der Kapelle bauen.«
»Das will ich hoffen, um Euretwillen«, sagte der Bischof. »Also gut ... Ihr mögt jetzt gehen.«
Als der ältliche Priester niederkniete, um den Bischofsring zu küssen, sah der Bischof zum erstenmal, wie er als Knabe ausgesehen haben mochte.
Dann saß er eine Weile, allein, in tiefem Nachdenken. Die Idee war nicht neu, sagte er sich. Sie schien in den Köpfen von Menschen in ganz Europa zu spuken. Peter Waldo ... die Humiliati ... die Armen Leute von Lyon; selbst die Albigenser... alle schienen sie sich nach Armut und Einfachheit in irgendeiner Form zu sehnen. Aber es gab einen Unterschied. Sie trugen alle einen Groll mit sich herum. Sie donnerten und brüllten gegen die, die nicht so leben wollten wie sie. Sie wollten die anderen zwingen, sich ihren Regeln zu unterwerfen. Und sie hatten Schaum vor dem Mund. Sie stellten neue Gesetze und Dogmen auf, die oft genug im Gegensatz zu den Lehren der Kirche standen. Dieser Franz schien gegen niemanden einen Groll zu haben. Er zwang niemanden, außer durch eine Art von ansteckender Fröhlichkeit, durch die Ansteckung mit seiner eigenen Freude. Und er lehrte nichts, was

falsch war. Es ist doch eine neue Sache, dachte der Bischof. Und ausgerechnet der gute Silvester. Noch nie hatte er so jung und glücklich ausgesehen. Fast konnte man ihn beneiden. Wie hatte Kanonikus Cattaneo einmal gesagt: »Nicht mehr sich selbst bewegen, sondern von Gott bewegt werden« – oder so ähnlich. Das einfache Leben – das Leben, wie es die Apostel gelebt hatten, frei von der Bürde des Besitzes, deshalb frei von Prozessen und anderen Scherereien mit Land, Liegenschaften und Geld.
Gütiger Himmel, dachte der Bischof, ich beneide ihn ja wirklich. Er wird in Schmutz und Unrat leben, er wird um ein paar Brotrinden betteln, er wird für seine Mitmenschen arbeiten, ohne Geld dafür zu nehmen; und doch beneide ich ihn. Es war die reine Torheit. Aber hatte nicht der heilige Paulus von der Torheit des Kreuzes gesprochen?
Sieben Herzschläge lang überlegte Bischof Guido von Assisi allen Ernstes, ob Franz, der einen Priester zum Gefährten nahm, auch einen Bischof nehmen würde.
Dann sah er mit Bedauern seine Füße an, heiß und geschwollen, wie sie am Abend waren, obgleich er nicht viel lief; er dachte daran, wie schwer ihm der Atem ging, wenn er eine Treppe erklomm. Mit zweiundsechzig war es ein wenig spät, sein Leben so drastisch zu ändern.
Er lächelte traurig. Der Herr würde ihn so aufbrauchen müssen, wie er war.
Dann begann er darüber nachzudenken, wen er als Ersatz für Silvester an die Kirche von San Giorgio schicken könnte.

SECHZEHNTES KAPITEL

A. D. 1209, OKTOBER

Als Roger von Vandria zur Königin gerufen wurde, gelang es ihm gerade noch, einen Ausdruck des Verdrusses auf seinem Gesicht zu verbergen. Statt dessen machte er der steifen, kleinen spanischen Hofdame, Doña Maria de Sotomayor, eine zeremonielle Verbeu-

gung und folgte ihr treppauf, treppab und wieder hinauf durch den Kaninchenbau des königlichen Palastes von Palermo.
Es war ganz klar, warum die Königin ihn rufen ließ. Tatsächlich hatte er es fast erwartet, obgleich sie es sich hätte sparen können. Friedrich war ein Genie, aber ein Genie, das noch nicht ganz fünfzehn Jahre alt war – beides gute Gründe, aus denen sie nicht hätte erwarten sollen, daß er sich so benahm, wie sie es so gern wollte: nämlich wie ein Durchschnittskönig – wenn es so etwas gab – und wie ein reifer Mann. Ihre eigene Reife hätte den Ausgleich schaffen sollen. Schließlich war sie vierundzwanzig, fast zehn Jahre älter als ihr Gemahl; und sie war schon einmal verheiratet gewesen.
Doña Maria de Sotomayor zog die Vorzimmervorhänge der Suite der Königin zurück, und er trat ein und verbeugte sich vor zwei anderen Hofdamen, die mit einem Knicks erwiderten. Er erinnerte sich, daß das steife spanische Zeremoniell, auf dem die Königin bestand, Friedrich zuerst amüsiert hatte. Nun war er schon daran gewöhnt, was bei ihm gleichbedeutend damit war, daß es ihn langweilte. Es ging Roger durch den Kopf, was wohl die Ungarn davon gehalten haben mochten, als sie noch die Frau des verstorbenen Königs Emerich war.
»Der Graf von Vandria, Madame.«
Königin Konstanze saß auf ihrem Lieblingssessel, und wohl zum hundertstenmal sagte sich Roger, daß sie wirklich eine sehr schöne Frau war, wenn auch ihre großen, dunklen Augen und die stolze, etwas lange Nase ihr einen Ausdruck beständiger Feierlichkeit gaben. Hinter ihr stand wie immer Doña Pilar de Moralès, sechzigjährig, grau und achtunggebietend.
»Mein lieber Graf«, sagte die Königin, als er sich aus der Verbeugung aufrichtete, »ich bin in großer Sorge. Der König hat seine Gemächer seit einer Woche nicht verlassen und wünscht mit niemandem zu sprechen. Ich verstehe ja, daß die jüngsten Nachrichten etwas beunruhigend waren, wenn ich sie auch im einzelnen nicht so ganz begreifen kann. Aber es sollte doch etwas getan werden, um ... um ihn aus seiner selbstgewählten Einsamkeit zu erlösen.«
»Was kann ein simpler Diener tun, Madame, wenn Ihr selbst keinen Erfolg hattet?« sagte Roger.

»Es gibt Momente ... Zeiten vielleicht, wo die Gattin weniger zu helfen vermag als ein treuer Freund«, sagte die Königin.
»Ein treuer Freund kann diese beiden ehrenvollen Attribute leicht verlieren, wenn er es wagt, gegen des Königs ausdrücklichen Befehl zu handeln, Madame.«
Die Königin seufzte. »Habt Ihr wenigstens eine Erklärung?« fragte sie. »Ich weiß nur, daß aus Rom Nachrichten über die Krönung des neuen Kaisers gekommen sind. Es ist natürlich höchst bedauerlich, daß er aus jener schrecklichen Familie stammt, deren Feindschaft gegen das Haus der Hohenstaufen so viel Unruhe über Europa gebracht hat. Aber sicherlich hätte doch Seine Heiligkeit der Papst sich nicht bereitgefunden, ihn zu bestätigen, wenn er nicht die Unantastbarkeit des Königreichs aufs feierlichste verbürgt hätte.«
Sie versteht ihn überhaupt nicht, dachte Roger. Und als Frau kann sie an nichts anderes denken als an Sicherheit. Er sagte: »Trotzdem war es eine große Enttäuschung, Madame. Als vor einem Jahr Kaiser Philipp ermordet wurde, war der König, sein Neffe, der einzige überlebende Hohenstaufe. Er konnte sich nicht vorstellen, daß man ihn übergehen und die Kaiserkrone seinem mächtigsten Feind geben würde.«
»Oh, *das* weiß ich«, sagte Königin Konstanze. »Aber, wie Ihr selbst sagt, das war vor einem Jahr. Damals waren wir noch nicht einmal verheiratet, und seitdem ist doch so viel geschehen. Er hat doch auch die ganze Zeit über gewußt, daß dieser schreckliche Mann in Rom gekrönt werden würde – aber trotzdem war er in bester Stimmung.«
»Vielleicht hoffte er, der Papst würde sich noch eines anderen besinnen«, brachte Roger vor, »obgleich das natürlich eine reine Vermutung von mir ist. Der König spricht über solche Dinge nicht oft zu mir – oder zu irgend jemandem.«
»Das ist nur zu wahr«, sagte die Königin traurig. »Wer hätte geglaubt, daß ein so junger Mensch so viele Geheimnisse in seinem Herzen bewahren könnte!«
»Das hat der König schon in einem Alter lernen müssen«, sagte Roger, »wo andere noch mit ihrem Spielzeug spielen.«
»Ich wünschte, ich könnte Euer wundervolles Land etwas besser verstehen, Graf. Nie scheint man so recht zu wissen, was eigent-

lich vorgeht. Der Kanzler, Bischof Walter von Pagliari, der Gouverneur Capparone, Graf Pietro Celano, Graf Riccardo von Fondi und andere Edle – sie alle verfügen über eine Macht, die sich kaum mit der Stellung des Königs vereinbaren läßt. Das war nicht so, schien wenigstens nicht so, als ich mit meinem armen Bruder Alphons im Januar hierherkam.«

Natürlich nicht, dachte Roger bei sich. Prinz Alphons kam mit nicht weniger als sechshundert spanischen Rittern und ihrem Gefolge an; das war ein gewaltiger Machtfaktor, vor dem die Kleineren sich zurückhielten und abwarteten. Aber die Pest brach aus, Prinz Alphons und ein Teil seiner Ritter erlagen ihr, und ein anderer Teil zog es vor, eiligst nach Aragon zurückzukehren. Die Pest hatte erreicht, was weder Kanzler noch Gouverneur vermochten: sie hatte die Macht, die der König nach dem Eintreffen seiner Braut besaß, auf einen Bruchteil reduziert. Natürlich durfte er das auf keinen Fall zeigen, deshalb trug er sich froh und heiter und schien sich seines Lebens zu freuen. Aber er war sich keinen Augenblick im Zweifel darüber, daß er sich auf keine der vielen Machtfaktoren und Parteien verlassen konnte; und die neuste Nachricht war, daß Graf Pietro de Celano, der vom Papst eingesetzt worden war, um die Interessen des Königs wahrzunehmen, heimlich mit dem neugekrönten Kaiser korrespondierte.

»Ich bin sicher, daß der König den jähen Tod des Prinzen Alphons so tief bedauert wie Ihr, Madame«, sagte er sehr der Wahrheit gemäß. »Und traurig ist es auch, daß Ihr der Gesellschaft so vieler Eurer Landsleute beraubt wurdet.« Weiter wagte er nicht zu gehen. Aber sie war Königin genug, um zu verstehen.

»Leider kann ich meinen Vater nicht bitten, eine Armee zu entsenden, um unsere Interessen zu schützen«, sagte sie. »Aragon muß auch gegen die Mauren im Süden gewappnet bleiben. Sie sind eine dauernde Gefahr. Auch das gehört zu den Dingen, die ich nicht verstehe: daß der König sich herbeiläßt, sarazenische Edelleute zu empfangen, sie zu bewirten und Stunden damit zubringt, sich mit ihnen in ihrer abscheulichen Sprache zu unterhalten.«

Es muß sie oft gelangweilt haben, dachte Roger. Er kann es nicht lassen, bei der erstbesten Gelegenheit arabisch zu sprechen. Begütigend sagte er: »Es sind hochgelehrte Leute unter ihnen, Madame,

und dem König liegt sehr daran, soviel wie möglich von ihnen zu lernen. Wissen ist immer nützlich.«
»Nein«, sagte die Königin streng. »Es gibt Wissen, das kein guter Christ sich anzueignen streben sollte, und was kann man von den Anhängern Mahomets schon anderes erwarten als unheilige Künste und Machenschaften. Ich schaudere jedesmal, wenn ich einen von diesen Unholden hier im Palast sehe. Wir kennen sie, wir Spanier. Sie sind so falsch wie ihr Lächeln, und was könnte falscher sein? Sie sind so bekannt für ihre Verrätereien wie für ihr Wissen um die Schwarze Kunst, und ich bin noch gar nicht überzeugt davon, daß die Sarazenen auf dieser Insel anders sind, obgleich der König es behauptet. Er ist so jung, Graf, so furchtbar jung ...«
»Auch ich habe arabisch sprechen gelernt, Madame«, sagte Roger. »Ehe meine Familie ins Exil ging, hatte ich schon ein paar Brocken aufgeschnappt, und in den letzten Jahren habe ich die Sprache mit großem Eifer studiert, um mich an den Diskussionen des Königs mit muselmanischen Weisen beteiligen zu können.«
»Weisen! Zauberer und Hexenmeister solltet Ihr sagen.«
»Nicht ein einziges Mal habe ich sie von solchen verbotenen Dingen reden hören, Madame; nur über die Wissenschaft der Sterne und über die Medizin.«
»Ja, ja, ich weiß, darin sind sie wahre Meister. Die Universität von Toledo ist in der ganzen Welt berühmt für die Ausbildung solcher Leute. Und viele von denen, die sich mit ihnen eingelassen haben, glauben nur noch an ihre eigenen Fähigkeiten, geben wenig auf die Macht Gottes und sprechen verächtlich von der Kirche und von allen heiligen Dingen ...«
»Und warum sollten sie auch nicht, meine Liebe?« fragte eine scharfe, metallische Stimme.
Trotz fast fünfzigjähriger Schulung konnte Doña Pilar de Moralès einen kleinen Laut der Überraschung nicht unterdrücken, ehe sie in einen tiefen Hofknicks versank.
»Federico!« rief die Königin aus, während sie gleichfalls knickste. »Oh, wie froh ich bin, daß Ihr endlich ...« Sie hielt inne. Sie hatte sein Gesicht gesehen.
Der König sah weder wie ein Knabe noch wie ein Mann aus. Die-

ses glatthäutige Gesicht mit der gekrümmten Nase und den starren Augen hatte etwas Außermenschliches.
Roger mußte an Hassan ben Mubarek, den Arzt, denken, der dem König erzählt hatte, daß die alten Ägypter einen Gott mit einem Habichtskopf verehrt hatten. »Er war in seiner Jugend nicht sehr mächtig, aber später wurde er es«, sagte der alte Sarazene mit einem seltsamen Lächeln, als wolle er dem König ein Kompliment machen, statt ihm eine seiner vielen phantastischen Geschichten zu erzählen. Aber recht hatte er – so sah der König aus.
Ich werde mich nie an sein Gesicht gewöhnen können, dachte Roger. Ob wohl die Königin es je können würde? Bisher war es ihr noch nicht gelungen, das sah man.
»Warum sollten sie auch nicht?« wiederholte der König. Er stand ganz still, und doch schien er sich zu bewegen. Er bebte. »Warum soll man nicht mit Verachtung von etwas sprechen, das verächtlich ist? Oder lehrt man euch am Hof von Aragon nicht, daß Verrat etwas Verächtliches ist?«
»Ich verstehe nicht«, sagte die Königin und wurde blaß.
»Nein? Wirklich nicht? Aber ich soll ja nicht ungeduldig sein. Das predigt Ihr mir doch immer, meine liebe Konstanze, nicht wahr? Also gut. Ich werde geduldig sein. Fangen wir von vorne an. Als mein Vater starb, wählten die Fürsten in Deutschland meinen Onkel Philipp zum König und künftigen Kaiser, weil ich noch ein Kind war. Das war falsch. Kind oder nicht, ich war der Thronerbe. Aber der Papst gab seine Zustimmung, und wer könnte dem Heiligen Vater widersprechen? Er erlaubte mir gnädigst, die Krone von Sizilien zu behalten – unter seiner Vormundschaft natürlich. Dann wurde mein Onkel Philipp ermordet, schändlich ermordet von dem dreimal verfluchten Otto von Wittelsbach. Seine Frau mußte mit dem noch ungeborenen Kind fliehen, um ihr Leben zu retten. Die Härten und Entbehrungen der Flucht waren zu viel für sie – Mutter und Kind starben. Ich war der letzte männliche Hohenstaufe. Und was tat der Papst? Er verlieh die Kaiserkrone, die Krone Karls des Großen und meiner großen Vorfahren dem Welfen Otto von Braunschweig.«
»Aber was blieb ihm anderes übrig?« fragte die Königin beschwörend. »Er ist doch nicht allmächtig. Ihr habt mir selbst gesagt, daß die deutschen Fürsten ...«

»Die deutschen Fürsten hätten nicht gewagt, sich gegen den Papst zu stellen, wenn er sich nur zu mir bekannt hätte, wie es seine Pflicht gewesen wäre.«
»Seine Pflicht! Gibt es ein Gesetz ...«
»Niemand hat den König zu unterbrechen!« sagte Friedrich und stampfte mit dem Fuß auf. »Der Papst hatte es in seiner Macht, den Bannstrahl gegen die zu schleudern, die sich seinem Willen widersetzten. Aber tat er es? Er gab nach; und er gab herzlich gerne nach. Er meinte, es sei – wie drückte er es aus? – statthaft, schicklich und nützlich. Hier war endlich die Gelegenheit, eine Familie loszuwerden, die den Nachfolgern Petri in der Vergangenheit einen Haufen Ärger bereitet hatte. Er war schnell dabei, sie zu ergreifen. Und Otto wurde gekrönt. Den weisen Papst nennen sie ihn; den staatsmännischen Papst. Und beides ist er – wenn es Weisheit ist, sich auf die Seite der mächtigeren Partei zu schlagen, und wenn Verrat die Kunst des Staatsmanns ist.«
Empört sagte die Königin: »In Spanien sprechen wir nicht so vom Heiligen Vater.«
Friedrich lachte kurz auf. »Ihr tätet gut daran, Euch darüber klar zu werden, daß Ihr nicht mehr in Spanien seid.«
»Das tue ich«, sagte die Königin, »und nicht ohne Bedauern. Wenn mein Gemahl erlaubt, werde ich mich zurückziehen.«
»Im Gegenteil«, sagte Friedrich. »Da Eure spanischen Ohren zu empfindsam sind, um die Wahrheit zu ertragen, werde *ich* mich zurückziehen.« Er verbeugte sich ironisch und ging, wobei er Roger ein Zeichen gab, ihm zu folgen.
Rogers Verbeugung vor der Königin blieb unbemerkt. Sie hatte ihm den Rücken zugewandt, um ihre Tränen zu verbergen.
Der König schritt so schnell aus, als sei ihm selbst die Luft in der Suite der Königin schon zuviel, aber auch, als er heraus war, verlangsamte er seine Schritte nicht. Behend wie eine Katze kletterte er die Treppe zum Westturm hinauf, so daß Roger ihm kaum folgen konnte. Oben angekommen wandte er sich um und zog die Stirn in Falten, als er Roger aus dem Treppenhaus herauskommen sah.
»Bleibt bei mir«, sagte er, »aber sprecht mich nicht an.« Er blickte über die weite blaue Bucht, und wieder mußte Roger denken, wie

sehr er einem Habicht ähnelte, einem Habicht, der gleich vom Turm auf seine Beute herunterstoßen würde, die Flügel ausgebreitet, die Klauen bereit, in weiches Fleisch zu krallen.
»Ich war in Rom«, sagte der König rauh. »Ich habe alles gesehen, jede Einzelheit. Und wenn ein Mann vor Haß sterben könnte, wäre ich gestorben.«
Einen Augenblick lang dachte Roger, er hätte den Verstand verloren.
»Ein großer, schwerer, plumper Ochse von einem Mann«, fuhr Friedrich fort. »Er kam mit seinen Myrmidonen vom Brenner herunter, trapp, trapp, trapp; sie sind alle schwer wie Ochsen, breitfüßig, stiernackig, fleischbepackt. Trampelten durch die umbrische Ebene nach Viterbo. Das war der Ort, wo der heilige Mann ihn empfing, wo er mit Otto den Friedenskuß tauschte, wo der eine Judas den anderen in unheiliger Vereinigung küßte. Es heißt, der Papst sei ein kleiner Mann, und Otto überragt seine Ritter noch um einen Kopf. Es muß ein sehenswerter Anblick gewesen sein. Lange können sie nicht Freunde bleiben, diese beiden. Merkt Euch meine Worte, sie können es nicht. Ihre Horoskope passen sowenig zueinander wie ihre Naturen, und das ist nur natürlich, da das eine sich aus dem anderen ergibt. Aber ihre Verbindung hat lange genug gehalten, um die Gemeinheit dieser Krönung zu vollziehen. Glaubt Ihr mir, daß ich alles mit den Augen meiner Seele gesehen habe? Wie die heilige Krone auf das Haupt des Ochsen gestülpt wurde und die silbernen Trompeten um die Wette bliesen zu Ehren dieser Blasphemie? *Meine* Krone! Die Pest soll sie beide schlagen, den Verräter und den Welfen.«
Seine Hand krallte sich um den Schwertgriff, als sei er des Welfen Kehle. »Sieben Fuß, angefüllt mit Habsucht«, sagte er. »Sie hassen ihn. Die Fürsten hassen ihn fast alle. Er ist gewöhnlich wie ein Bauer und frißt wie ein Schwein. Oh, ich habe ihn mir genau angesehen. Es ist nicht wahr, daß Haß blind macht. Meiner jedenfalls nicht. Ich sehe ihn so deutlich, als wäre ich in ihm drin.« Er wandte sich von der großartigen, der majestätischen Aussicht auf die Bucht ab. Er hatte sie überhaupt nicht gesehen.
»Sie werden sich entzweien«, sagte er verhalten. »Aber mir wird das nicht helfen. Celano steht mit Otto in Verbindung. Vielleicht

auch Fondi, ich habe noch keinen Beweis, aber ich werde ihn bekommen. Celano – wißt Ihr, was das bedeutet? Es bedeutet, daß der Welfe Sizilien haben will. Ruhig! Ich will nichts hören. Ich denke laut, und Ihr dürft zuhören. Es gibt nicht viele, denen ich diese Gunst gewähren würde. Aber ich glaube, Ihr seid mir treu. Auf jeden Fall hättet Ihr nichts zu gewinnen, wenn Ihr die Seiten wechselt. Otto hat zu viele großköpfige Deutsche, die er mit Herzogtümern, Grafschaften und Freiherrschaften belohnen muß. Ich allein kann Euch Vandria wiedergeben – wenn es soweit ist. Einstweilen geht es noch nicht, solange die Kreaturen des Kanzlers mit Dokumenten und Armbrüsten bewaffnet dort sitzen. Ihr müßt noch warten. Diepold hat sich natürlich Otto angeschlossen. Ich hätte diesen Dummkopf Capparone umbringen können, daß er ihn entwischen ließ. Möchte wissen, wieviel ihm Diepold dafür gezahlt hat. Diepold – das ist auch so einer von der Bullenzucht. Sein Heer war natürlich nicht mehr vorhanden; weggebröckelt, in alle Winde verstreut, wie könnte es auch anders sein, wenn die Leute über ein Jahr lang ihren Sold nicht bekommen. Aber ein Mann wie er findet immer wieder Anhänger. Um es mit Otto aufzunehmen, ist er allerdings nicht groß genug, seit der Krönung jedenfalls nicht mehr. Seine kühnsten Träume sind vorüber. Aber als Ottos Feldherr ist er gefährlich genug für mich. Und ich kann nichts machen. Auf dieser Insel bin ich hilflos, wo jedermann an seinen eigenen kleinen Machtkreis denkt, jedermann bereit ist, sich an den Meistbietenden zu verkaufen. Wenn ich mich nur auf die Sarazenen verlassen könnte ... beim Haupte Gottes, ich würde morgen schon den Halbmond auf dem Palast aufziehen und mich mit dem Dey von Tunis und dem Sultan von Ägypten verbünden.« Plötzlich fing er an zu lachen. »Ihr denkt, ich rede irre, nicht wahr? Das haben die Leute immer von den wenigen, den ganz wenigen gedacht, die es fertigbrachten, alle altgewohnten Gedankengänge auf den Abfallhaufen zu werfen.«

»Habe ich des Königs Erlaubnis, zu sprechen?« fragte Roger.

Friedrich stieß einen schweren Seufzer aus. »Sprecht«, sagte er. Seine Stimme klang müde.

»Ich glaube, Ihr tut dem Papst unrecht, mein König. Als Ihr damals Euren Brief an alle regierenden Könige und Fürsten von Europa

schicktet, in dem Ihr sie auf das Unrecht Eurer Lage aufmerksam machtet, war der einzige, der Euch mit mehr als nur mit honigsüßen Worten antwortete, Innozenz III. Er sandte Euch zweihundert seiner Ritter. Er verhandelte für Euch mit König Peter von Aragon, und die Fürsten von Aragon kamen mit sechshundert spanischen Rittern her…«
»Hört auf, meinen heiligen Vormund von gestern zu verteidigen«, sagte Friedrich spöttisch. »Er kann Euch doch nicht dafür danken. Ja, er hat getan, was Ihr sagt. Aber warum? Nicht um den letzten Nachkommen des verhaßten Hauses Hohenstaufen zu retten, sondern um den festen Halt der Kirche in Sizilien zu sichern. Dementsprechend hat er mir auch die Braut ausgesucht. Aber alles das ist Vergangenheit. Was ich wissen möchte, ist, was in Viterbo geschehen ist. Ihr könnt Euch darauf verlassen, daß dort über Sizilien gesprochen wurde. Wenn ich nur wüßte, ob es dem Papst gelungen ist, es vor Ottos Klauen zu retten! Und vielleicht werde ich es sehr bald wissen… da kommt jemand zum Tor heraufgeritten, jemand auf einem sehr müden Pferd. Könnt Ihr ihn sehen? Es ist Martino.«
»Martino, mein König?«
»Der beste Mann, den ich in Messina habe. Das bedeutet Neuigkeiten, und höchstwahrscheinlich Neuigkeiten aus Rom. Ohne zwingenden Grund würde Martino nicht selbst kommen.«
Während er die Wendeltreppe hinter dem König hinunterpolterte, wunderte sich Roger, wie dieser erstaunliche Knabe es immer wieder fertigbrachte, Geheimnisse zu haben, von denen nicht einmal seine engste Umgebung etwas wußte; und das in einem Palast, wo jeder in irgend jemandes Solde stand und Geheimnisse so schwer zu hüten waren wie ein Sack voll Flöhe.
Der König empfing Martino in dem selben kleinen Arbeitsraum, wo er sich gern mit seinen arabischen Ärzten und Astrologen zu unterhalten pflegte: ein Kabinett mit einem Schreibtisch, einigen Regalen für Bücher und Zeichnungen und nur zwei Stühlen. Als der Mann gegangen war, ließ Friedrich Roger hereinkommen.
»Ich bin ein guter Prophet«, sagte er. »Sie haben sich schon gezankt.«
Rogers Augen wurden groß. »Der Papst und der Kaiser?«

Friedrich nickte. »Der Anfang ist da. Es ist noch nicht endgültig, aber ich glaube, es wird bald soweit sein. Habe ich Euch nicht gesagt, daß der Ochse habgierig ist? Das ist ein unheilvolles Laster für einen, der eine Krone tragen will. Sie kamen schon in Viterbo nicht allzu trefflich miteinander aus. Der Papst bestand darauf, daß Otto auf jeden Anspruch auf Sizilien verzichten sollte, und das hat der Welfe nach langem Hin und Her anscheinend auch getan. Er schwur einen Eid, daß er unsere Integrität nicht antasten würde.«
»Aber das ist doch eine wunderbare Nachricht«, fiel Roger ein. »Ich sagte Euch ja, Ihr tut dem Papst unrecht ...«
»Und ich sagte Euch, daß er Sizilien nur für sich selbst retten will«, erwiderte Friedrich. »Jedenfalls haben sie darum gekämpft, der Papst gewann, und beide begaben sich nach Rom, mit einem Lächeln, als ob die Welt in bester Ordnung sei. Der Ochs von Braunschweig und der Fuchs von Sankt Peter – was für ein Paar! Aber Otto ließ sein Heer mitmarschieren, und sie mußten ihn samt seinen Truppen hineinlassen. Er wollte sichergehen, daß nicht noch in letzter Minute etwas dazwischenkam, und sicher fühlte er sich auch nur inmitten seines Heeres. Den Römern gefiel das wenig. Sie dachten an ihre Frauen und Kinder – und auch an ihre Wertsachen. Der Papst war Ottos Gefangener...«
»Wie? Der Kaiser hat es gewagt...«
»O nein, er hat Sankt Peter nicht in Ketten gelegt«, spottete Friedrich. »Das war gar nicht nötig. Aber die Römer griffen zu den Waffen ...«
»Um den Papst zu befreien?«
Der König warf den Kopf zurück und lachte. »Da kennt Ihr sie schlecht. Die würden nicht einen Maravedi darum geben, ob der Papst frei oder ein Gefangener, lebendig oder tot ist. Nein, nein – die wollten ihren Tribut. Ein guter alter Brauch. Den Krönungszins nennen sie es. Jeder Kaiser, der gekrönt wird, muß ihn zahlen. So reagiert der Mob auf Freigebigkeit. Ein großzügiger Herrscher gibt ihnen reichlich. Der nächste will sich nicht lumpen lassen und macht es ihm nach. Der dritte muß es einfach tun, denn jetzt beansprucht es der Mob schon als angestammtes Recht. Zum Unglück war der Welfe der dritte, der Mann, der jedes Geldstück dreimal in der Hand umdreht und es dann eher wieder in die Tasche steckt,

als daß er es einem Bettler gibt. Er lehnte es glatt ab. Das kostete über zweitausend Menschenleben. Rom wurde zum Schlachtfeld! Sie mußten den Platz vor der Peterkirche und das ganze Viertel darum herum räumen, damit die Krönung überhaupt stattfinden konnte. Den ganzen Tag und die ganze Nacht wurde weitergekämpft. Der Welfe zahlte seinen Zins in Blut, und viel davon war deutsches. Jetzt sind sie aus Rom abgezogen, nach Norden, aber nicht sehr weit. Sie beziehen ihre Winterquartiere in Toscana und Ancona, und sie behandeln den päpstlichen Staat wie Feindesland.«
»Ich hätte nicht gedacht, daß der Kaiser so dumm sein würde«, sagte Roger.
»Ich glaube nicht einmal, daß er das ist«, erwiderte Friedrich. Eine steile Falte grub sich zwischen seine Brauen, wenn er angestrengt nachdachte. Es machte ihn zweimal so alt. »Ich kann mich über die Wendung nur deshalb freuen, weil es beiden recht geschieht, dem Ochs und dem Fuchs. Aber deshalb hat sich die Gefahr für mich doch nicht verringert – im Gegenteil, sie ist wahrscheinlich viel größer als zuvor.«
Roger schüttelte den Kopf. »Ich verstehe nicht, mein König. Ihr habt mir gerade erst gesagt, daß der Kaiser geschworen hat, er würde die Integrität Siziliens nicht antasten. Also ...«
»Also seid Ihr ein Dummkopf«, ergänzte der König trocken. »Denkt doch einmal nach, Mann, denkt! Bis jetzt brauchte Otto Innozenz. Ohne Papst – keine Krönung. Jetzt ist er gekrönt. Sein Ochsenkopf ist mit dem heiligen Öl gesalbt. Das kaiserliche Schwert ist in seine Hand gegeben. Er braucht den Papst nicht mehr. Er ist über die Mauer. Nichts kann ihn hindern, die Leiter wegzustoßen, auf der er hinaufgeklettert ist. Er hat Italien. Warum sollte er nicht weiter gehen? Und wer sollte ihn hindern, wenn er es tut?«
»Ihr glaubt wirklich ...«
»... daß er uns angreifen wird, jawohl. Erst Apulien natürlich. Dann die Insel. Italien ist ein Stiefel. Er ist schon ziemlich weit hineingeschlüpft – aber er wird nicht gehen können, ehe er den Stiefel nicht richtig anhat. Ich weiß, so würde ich denken. Und wenn er nicht selber daran denkt, dann wird Diepold von Acerra daran denken. Und Diepold weiß, wie schwach ich bin.«
Eine Pause entstand.

»Natürlich«, sagte der König leichthin, »wenn ich einen Ritter hätte, der mir so treu ist, daß er bereit wäre, sein Leben für meine Sache aufs Spiel zu setzen – und wenn dieser Ritter an den Welfen herankäme und ihn umbringen würde – eine winzige Wunde würde vollauf genügen, wenn der Dolch in eine gewisse Flüssigkeit getaucht wäre, die ich leicht von einem meiner arabischen Freunde bekommen könnte – dann wäre alles ganz anders. Die Fürsten in Deutschland müßten wieder eine Wahl abhalten. Es würde wieder eine Krönung geben. Und diesmal könnten sie mich nicht mehr übergehen. Aber wo finde ich so einen Freund?«
Roger fühlte, wie die starren Augen, die nicht blinkten, ihn genau beobachteten. Jetzt hieß es schnell nachdenken. »Meine Treue zu Euch steht über allem, mein König«, sagte er mit ruhiger Stimme. »Aber es steht hundert zu eins, daß es mir mißlingen würde. Sicher ist der Kaiser gut bewacht. Mein Leben wäre nicht so wichtig. Ich bin niemand, und ich glaube kaum, daß ein einziger Mensch, Mann oder Frau, mir eine Träne nachweinen würde. Aber man sagt, daß nur wenige unter der Folter schweigen können. Sie hätten bald heraus, wer mich geschickt hat. So wie die Dinge jetzt liegen, wissen wir noch nicht, ob der Kaiser wagen wird, Sizilien anzugreifen. Aber wenn es bekannt wird, daß der König von Sizilien versucht hat, ihn ums Leben zu bringen, würden wir ihm eine wunderbare Ausrede geben, es im Namen der Vergeltung zu tun.«
Der Schatten eines Lächelns spielte um Friedrichs schmalen Mund. »Ich tat Euch unrecht, Graf Roger von Vandria«, sagte er, und es klang recht freundlich. »Ihr seid doch gar nicht dumm. Was für ein hübsches Argument. Ihr habt recht, so leicht kann ich den Welfen nicht loswerden.«
Es war auch gar nicht sein Ernst, dachte Roger. Er hat mich nur geprüft – und höchstwahrscheinlich auf meinen Verstand und nicht auf meine Treue. Was bedeutet, daß ich die Prüfung bestanden habe. Er liest in mir wie in einem Buch.
Aber Friedrichs Gedanken waren schon wieder zu den größeren Zusammenhängen zurückgekehrt. »Der Welfe kann nicht gleich zuschlagen«, sagte er langsam. »Aber die Wolken ziehen sich schnell zusammen. Und in einem Jahr wird das Ungewitter niedergehen.«

SIEBZEHNTES KAPITEL

A. D. 1210, NOVEMBER

Von allen Haufen, die je gegen Rom zogen, war dieser der sonderbarste: zwölf Männer in Kutten, gröber und einfacher als Bauernkittel, ungepflegt, bärtig und unbewaffnet – und doch so fröhlich und zuversichtlich, als würden sie von Tausenden von Kriegern beschützt. Manche hielten sie für Irre, andere für irgendeine Art von Mönchen und andere wieder für Bettler. Aber wenn sie gefragt wurden, wer sie seien, antworteten sie: Wir sind die Kleinen Brüder.

Ihr Anführer war nicht Franz, sondern ein älterer Mann, ein etwas langsamer, bedächtiger: Bernard von Quintavalle. Ehe sie vom Kleinod der Himmelskönigin aufbrachen, hatte Franz darauf bestanden, daß sie für die Reise statt seiner einen anderen Führer wählen sollten – bis sie in Rom ankamen.

Sie sangen sich durch die umbrische Ebene hindurch bis nach Spoleto, dann über das Plateau von Rieti und durch die Campagna, bis sie in feierlichem Schweigen durch die Straßen Roms zogen.

Nach einem Besuch der Gräber der Apostel Petrus und Paulus begaben sie sich zum Lateranpalast, und dort sagte Franz: »Ich gehe allein hinein. Wartet hier auf mich, Brüder, bis ich mit dem Heiligen Vater gesprochen habe. Und betet mit aller Kraft, daß er uns unsere Ordensregel gewährt und die Erlaubnis zum Predigen gibt.«

Bruder Cattaneo hatte in der kurzen Spanne, die er in der Gesellschaft von Franz verbracht hatte, viel zugelernt; und doch fiel es ihm schwer, Franz nicht zu fragen, ob er wirklich glaube, er könne den Statthalter Christi auf Erden, den Beherrscher des päpstlichen Staats, den Lehnherrn aller christlichen Könige und Fürsten einfach so besuchen, als sei er ein befreundeter Nachbar in Assisi – buon giorno, schönes Wetter heute; hört einmal zu, Heiliger Vater, ich muß Euch da um etwas bitten …

Nur mit Mühe brachte er es fertig, nichts zu sagen.

Aber Franz sah ihn lächelnd an. »Ich weiß von einem viel Höheren, der sagte: ›Bittet, und es wird euch gegeben werden; klopfet an, und es wird euch aufgetan.‹«

Bruder Pietro Cattaneo lächelte beschämt. »Das hätte ich mir auch selber sagen können«, und die anderen wußten gar nicht, worum es ging.

Als Franz zwischen den schlanken Säulen des Palasteingangs verschwand, erklärte es Cattaneo ihnen, ohne aber viel Verwunderung damit zu erregen. Jeder der Brüder hatte schon ähnliche Erfahrungen gemacht. Franz schien stets zu wissen, was sie gerade dachten oder empfanden, selbst wenn er ihnen den Rücken zuwandte. Vor noch nicht langer Zeit hatte er ihnen bei der Rückkehr von einer einsamen Reise nach Rieti von einer Vision über das Schicksal der Bruderschaft erzählt, die er gehabt hatte, und das gerade in einem Augenblick, als sie sich alle aus irgendeinem Grunde etwas entmutigt fühlten – und auch das wußte er und hatte es ihnen sogar vorhergesagt. »Ich fühle mich getrieben, euch zu sagen, was ich gesehen habe, so daß ihr ermutigt werdet, auf eurem Wege weiterzugehen. Lieber würde ich schweigen, aber meine Liebe zwingt mich zu sprechen. Ich habe eine große Menschenmenge gesehen, die zu uns kam mit dem Wunsch, das Kleid unseres Ordens anzulegen. Ihr Geräusch ist in meinen Ohren. Ich habe die Straßen aus aller Herren Länder voll mit Menschen gesehen, die in diese Gegend kamen. Die Franzosen kommen, die Spanier eilen herbei, die Deutschen und die Engländer kommen gelaufen, und groß ist die Menge der Ankömmlinge, die andere Sprachen sprechen.« Bisher waren sie noch nicht gekommen, aber sie würden kommen.

Nun ging Franz, mit dem Heiligen Vater zu sprechen, und er würde ihn auch sprechen. In der Zwischenzeit war ihnen aufgetragen worden, mit aller ihrer Kraft zu beten, und das taten sie, ein Schwarm graubrauner Vogelscheuchen vor den Pforten des Machtzentrums der Welt.

*

Franz schritt auf der Suche nach dem Papst energisch aus. Die Tracht der Bruderschaft, düster und formlos, wie sie war, erwies sich als gute Tarnung im Halbdunkel der Korridore des Laterans.

Einmal schien eine Wache ihn anhalten zu wollen, um ihn nach Woher und Wohin zu fragen, aber der kleine Mann ging so zielbewußt drauflos, daß man unmöglich annehmen konnte, er habe hier nichts zu suchen; er mochte vielleicht ein Bote für den Almosenier oder irgendeinen anderen hohen Geistlichen sein, und so einen Mann konnte man unmöglich anhalten.

Der Sekretär des Kardinals, Hugo von Ostia, der die deutschen Angelegenheiten unter sich hatte, rief: »He, Ihr dort! Wer seid Ihr?« Aber noch ehe er es zu Ende gerufen hatte, war Franz, der gar nicht auf den Gedanken kam, daß der Ruf ihm gelten könnte, um die nächste Ecke verschwunden.

Er ging über einen Hof und über einen zweiten und kam in eine riesige Halle, die ganz leer war. Ein Thron mit einem Baldachin darüber stand an einer Seite, aber es saß niemand darauf, und er ging quer durch die Halle, deren wunderschöner, kühler Mosaikfußboden hochmütig und vergebens mit leisem Knirschen gegen die Berührung durch ein Paar plumper Sandalen protestierte.

Im Korridor hinter der Thronhalle musterte ihn ein prachtvoller Offizier, dessen Bart mit dem Pelzbesatz seines Wamses wetteiferte, mißtrauisch von der Seite. Franz lächelte und winkte der prächtigen Erscheinung im Vorübergehen zu, und Graf Narcisio Vitale starrte ihm verwundert nach und überlegte, wer wohl der kleine Mann sein könnte, der ihn so gut zu kennen schien.

Es fiel Franz gar nicht ein, jemanden zu fragen, wo er den Heiligen Vater finden könne; schließlich mußte er ja irgendwo hier im Palast sein, und man mußte eben die Augen offen halten.

Einmal geriet er in einen großen Raum voller geistlicher Herren, die hitzig über irgend etwas debattierten, aber da sie *alle* saßen, konnte der Papst nicht gut dabei sein, und Franz zog sich wieder zurück und ging weiter.

Auf einer breiten Terrasse ging ein einsamer Mann ziemlich eilig auf und ab. Er hatte die Hände zusammengelegt, aber nicht vor sich und, nach Art der Mönche, in den Ärmeln verborgen, sondern auf dem Rücken, als wolle er sie hindern, irgend etwas Impulsives zu tun. Er war von kleiner Statur, und sein Körper schien nur mit Mühe den Kopf zu tragen. Der arme Kopf versuchte eine Stütze auf der Brust zu finden; und auf dieser Brust hing ein Kreuz, das blaues Feuer sprühte. Der Mann trug eine rote, mit weißem Hermelin verzierte Kappe.

Franz konnte sein Gesicht nicht sehen, aber er wußte, daß dies der Papst war, und sein Herz hüpfte.
Er stürzte auf die Terrasse hinaus und vor die furchteinflößende, ruhelose Gestalt hin und fiel auf die Knie: »Heiliger Vater, elf Brüder und ich sind von Assisi gekommen, um Eure gnädige Erlaubnis zu erbitten ...«
Unter der Purpurkappe erschien ein dunkles, starkes und offensichtlich sehr schlecht gelauntes Gesicht. »Wer bist du?« fragte Innozenz III. in jenem stählernen Ton, der gekrönten Häuptern, Kardinälen, Archimandriten und Heerführern das Zittern beibringen konnte.
»Euer niedrigster Diener Franz, Eure Heiligkeit. Ich habe eine Ordensregel für unsere Bruderschaft niedergeschrieben und ...«
»Wachen«, sagte Innozenz III. Er rief es nicht, und er war keineswegs durch den Auftritt, der sehr wohl ein Anschlag auf sein Leben hätte sein können, in Unruhe versetzt. Aber er war ärgerlich, wie es bei einem Mann natürlich ist, der aus sehr unangenehmen Gedanken über sehr unangenehme Dinge plötzlich herausgerissen wird.
»Heiliger Vater, bitte hört mich an ...«
Der stattliche Offizier erschien, und von der anderen Seite der Terrasse kamen zwei Wachen angelaufen.
Der Papst teilte dem Grafen Vitale mit, was er von ihm dachte, indem er zweimal den Kopf schüttelte, und nahm seinen Gang wieder auf, Hände auf dem Rücken, Kinn auf der Brust.
Franz fühlte sich von einer unwiderstehlichen und doch behutsamen Gewalt von der Stelle befördert und fand sich in viel kürzerer Zeit, als er für den Hinweg gebraucht hatte, unter den schlanken Säulen des Eingangs wieder.
»Und *bleibt* draußen!« sagte der Offizier grimmig. Er war ganz rot im Gesicht und atmete mächtig.
Langsam ging Franz auf das kleine Häuflein von Männern zu, die immer noch eifrig beteten. Sie hörten auf, als er erschien, aber ihre Gesichter verdüsterten sich, als sie sein trauriges kleines Lächeln sahen.
»Unser Gebet war nicht stark genug«, sagte er und ging weiter. Sie folgten ihm stumm, und keiner wagte eine Frage.

*

Hin und her ging die einsame kleine Gestalt auf der Terrasse. Der absurde kleine Zwischenfall existierte nicht mehr, außer in Gestalt einer Gedächtnisnotiz, daß die Bewachung des Palastes überholungsbedürftig war. Die Notiz wurde abgelegt und würde morgen früh um sieben wieder ins Bewußtsein springen, wenn der Gouverneur des Heiligen Palastes zu seiner täglichen Drei-Minuten-Audienz erschien.

Innozenz war zu dem Hauptproblem zurückgekehrt, dem Problem, das höchstwahrscheinlich innerhalb der nächsten vierundzwanzig Stunden entschieden werden mußte. Die Folgen dieser Entscheidung konnten den Lauf der nächsten vierundzwanzig Jahre bestimmen und vielleicht des Zehnfachen dieser Zeit. Alles hing an einem Faden.

Besser als irgendein anderer Staatsmann seiner Zeit verstand er sich auf die große Kunst, seine Zeit abzuwarten. Schwierigkeiten, die unüberwindlich waren, festgefahrene Situationen, an denen der brillanteste Verstand scheiterte, Einzelpersönlichkeiten, die unbesiegbar schienen – die Zeit wurde mit ihnen allen fertig.

Und doch gab es Augenblicke, wo diese Weisheit keine Anwendung finden durfte, wo Untätigkeit eine Sünde, so schwer wie die schlimmste Tat, sein konnte. Und jetzt war ein solcher Augenblick.

Die Wirkung, die die kaiserliche Krone auf die ausübte, die sie auf ihrem Kopf fühlten, hatte etwas Dämonisches. Die alten Cäsaren waren von dieser Magie in den Wahnsinn getrieben worden, und nun geschah Ähnliches mit den Deutschen, die sie trugen. Sie kamen nach Rom, um sich salben und krönen zu lassen. Sie schworen einen feierlichen Eid, die Rechte der Kirche zu wahren; und dann, wenn sie gesalbt und gekrönt waren, vermeinten sie, so schien es, daß der Eid dem Manne zugehörte, der sie gewesen waren, nicht aber dem, der sie jetzt waren – und daß er deshalb keine Gültigkeit mehr habe.

Und jetzt war es sonnenklar geworden, daß Otto von Braunschweig keine Ausnahme war. Ja, er war das schlagendste und primitivste Beispiel von allen. Er legte sich nicht einmal die Mühe auf, ein paar Jahre zu warten, nicht wenigstens ein Trauerjahr für jenen Otto von Braunschweig, der er gewesen war, bevor er als der neue Mann handelte, der er nun zu sein meinte. Mit dem Gefühl der Krone sozusagen noch warm auf seiner Stirn rannte er davon und brach alle Eide, die er geschworen hatte.

Er hatte geschworen, die Grenzen des Patrimoniums Petri, des päpstlichen Staates, zu respektieren. Und doch stationierte er sein Heer dort und richtete unnennbaren Schaden an. Klage um Klage kam aus jeder Stadt, aus jedem Dorf über die Räubereien und die Zügellosigkeit der kaiserlichen Truppen, über abgebrannte Häuser, ja ganze Dörfer. Das ganze Höllenregister von Verbrechen, wie sie feindliche Besatzungskräfte begingen.

Otto gab seinem Gefolgsmann, Azzo von Este, die Städte Ancona, Ascoli, Firmo, Camerino, Osimo, Sinigaglia, Fano, Pessaro und Fossombrone zum Lehen und schenkte diesem Musterbeispiel der Treulosigkeit, Diepold von Acerra, das Herzogtum Spoleto – und doch gehörten diese Städte und Ländereien gar nicht ihm, sondern dem päpstlichen Staat.

Otto hatte aufs feierlichste geschworen, die Integrität beider Sizilien zu respektieren – aber kaum war der Winter vorbei, zog sein Heer nach Süden, überquerte die Abruzzen und fiel in Apulien ein, mit stillschweigender Unterstützung des Grafen Pietro von Celano …

Gute Ratschläge, Ermahnungen, Warnungen – nichts schien den geringsten Eindruck auf den riesigen, stierköpfigen Deutschen zu machen. Innozenz hatte den Text seines letzten Briefes an ihn noch genau im Kopf. Vor über vier Monaten hatte er ihn geschrieben: »Die Kirche hat Euch erhoben. Denket an Nabuchodonosor, der in seinem Hochmut all sein Vertrauen in vergängliche Macht setzte und von einem Mann in einen Ochsen verwandelt wurde und Gras fraß. In unseren Tagen starb Friedrich I., ehe seine Augen Jerusalem erblickten, und seine Söhne sind sehr bald untergegangen. Warum könnt Ihr nicht an dem genug haben, das so vielen Eurer Vorgänger genug war? Wenn Ihr auf diesem Weg fortfahret, wird die Kirche Euch nicht straflos davonkommen lassen. So hütet Euch denn, damit Gott Euch nicht vernichte und Eure Wurzeln aus dem Lande der Lebenden reiße.«

Die Antwort kam mit langer Verzögerung. »Ich bin ehrlich

erstaunt, daß Euer Apostolische Gnaden sich so ausführlicher Mühe unterzogen hat, so viele unverdiente Vorwürfe gegen mich zu erheben. Der, welcher die heilige Kommunion austeilt, hat nichts mit dem Richtspruch über Leben und Tod zu schaffen. Ich habe nicht die Absicht, mich in geistliche Dinge zu mengen, aber in allen anderen Dingen ist die Entscheidung überall mein.«

Hochmut und Zynismus. Aber das hochmütigste und zynischste daran war, daß der Brief aus … Neapel kam, das der kaiserliche Eidbrecher eingenommen hatte. Der größte Teil des festländischen Sizilien war jetzt schon in seiner Hand – nur die starken Burgen des getreuen Grafen von Aquino hielten noch gegen zehnfache Übermacht aus, Aquino selbst, Rocca Secca und San Giovanni.

Innozenz ging immer noch hin und her wie ein Tiger im Käfig. Es war so einfach, so menschlich, diesen rohen Eroberer zu hassen, für den er so viel getan hatte, so viele Jahre lang, und der ihm nun mit höhnischer Überheblichkeit zurückzahlte. Und da war noch die viel subtilere Gefahr: der brennende Zorn gegen sich selbst, weil er sich von Otto hatte hinters Licht führen lassen, weil er selbst das Schwert geschmiedet hatte, das ihn jetzt verwundete: wie groß war die Versuchung, aus diesem Gefühl heraus zu handeln, sich an Otto für das zu rächen, was er sich selbst zum Vorwurf machte, seine Gutgläubigkeit, seine falsche Einschätzung des Mannes, seiner Natur, seines Wertes. Jahrelang hatte er Otto vor Philipp von Schwaben den Vorzug gegeben, bis die deutschen Fürsten ihm keine Wahl mehr ließen. Schließlich war Otto kein Hohenstaufe, nicht von dieser schrecklichen Familie, aus der nur Unheil kam, für die Kirche und für die Welt. Und nun war hier der Beweis, daß Otto schlimmer war als alle Hohenstaufen, und die Rolle des Übertölpelten war bitter, auch für den Demütigsten.

Der Papst wußte genau, was er tun *wollte*. Die Verlockung, zu handeln, sofort und unerbittlich zu handeln, war fast unwiderstehlich. Aber solange seine Beweggründe nicht rein waren, solange verletzte Selbstachtung, ja verletzter Stolz die Wurzeln einer Entscheidung vergiften konnten, durfte er sie nicht treffen.

Was wollte Gott, daß er tat? Das allein war die Frage, die den Fall entschied. Aber es kam kein Zeichen, keine Antwort auf Stunden qualvollen Gebets, nicht von innen und nicht von außen. Er rang

mit Gott um eine Entscheidung, wie Jakob mit dem Engel um den Segen gerungen hatte.
Ein Brief des jungen Königs Friedrich war gekommen, er war durch das von Ottos Truppen schon besetzte Gebiet durchgeschmuggelt worden. Er hatte einen Sohn bekommen, den kleinen Heinrich, den er den Gebeten und der Sorge des Papstes anempfahl. Aber wie könne er sich, so schrieb er, über dieses Ereignis freuen, das dem letzten seiner Untertanen Anlaß zu Stolz und Freude gebe, wenn ein mächtiger Feind gegen ihn im Anmarsch sei, der ihm mit Vernichtung drohe, und wenn dieser Feind obendrein der neue, von des Papstes eigener Hand gekrönte Kaiser sei? Was gedenke der Papst zu tun, um ihn vor diesem Behemoth zu retten, das unwiderstehlich auf ihn niedergepoltert käme?
Konnte es etwas Schmerzvolleres und Beschämenderes geben, als unfähig zu sein, denen, für die er verantwortlich war, zu helfen?
Und doch … vielleicht bestand immer noch die Möglichkeit, daß Otto jetzt wenigstens einhalten würde; daß er sich mit dem festländischen Sizilien begnügte. Noch bestand die Möglichkeit eines Kompromisses.
Langsam verließ Innozenz die Terrasse und ging in sein Arbeitszimmer zurück, wo ein Sekretär auf ihn wartete. »Seine Eminenz, der Kardinal Hugo von Ostia, bittet, sobald wie möglich in Audienz empfangen zu werden, Eure Heiligkeit.« Der Kardinal hatte die deutschen Angelegenheiten unter sich. Erschöpft setzte sich Innozenz. Er nickte, und die Eile, mit der sich der Sekretär zurückzog, spiegelte die nagende Ungeduld des Kardinals wider.
Er kam auch fast sogleich herein, mit leicht gerötetem Gesicht und brennenden Augen.
»Nachrichten?« fragte der Papst kurz.
»Ja, Heiliger Vater. Die schlimmsten Nachrichten. Erstens: König Friedrich hat dem Kaiser ein Angebot gemacht, ganz Apulien sowie sein väterliches Erbe in Deutschland – das Herzogtum Schwaben – an ihn abzutreten, wenn der Kaiser von einem Angriff auf die Insel Sizilien absteht.«
Der Kompromiß! Und direkt von Friedrich kommend, so daß der junge König sich nie würde beklagen können, er sei durch päpstliche Einmischung dazu gezwungen worden.

»Die Quelle ist verläßlich?« fragte Innozenz.
»Der Bischof von Capua war anwesend, als der Brief im kaiserlichen Hauptquartier eintraf.«
»Daher also wißt Ihr es«, sagte der Papst. »Nicht durch einen Brief von König Friedrich.«
»Er mag an uns geschrieben haben«, sagte der Kardinal, »aber wenn er es getan hat, so ist sein Brief diesmal nicht durchgekommen.«
»Habt Ihr schon Nachricht, wie der Kaiser darauf reagiert hat?«
»Ja, Heiliger Vater. Der Kaiser hat den Brief laut vor allen vorgelesen, hat gelacht, ihn zu Boden geworfen und darauf gespien.«
»Die kaiserlichen Manieren sind bedauerlich«, sagte der Papst kalt. »Hat er eine schriftliche Antwort gegeben?«
»Er beabsichtigt, überhaupt nicht zu antworten. Aber er hat noch am gleichen Tag einen Vertrag mit Pisa unterschrieben.«
»Galeonen?« fragte der Papst schnell.
Der Kardinal nickte. »Zweihundert pisanische Schiffe sollen im nächsten Frühjahr im Hafen von Procida zusammengezogen werden.«
Der Papst stand auf. »Ich habe Gott um eine Antwort gebeten, und Er hat sie mir gegeben«, sagte er. »Es ist die gleiche Antwort, die Er Samuel gab: ›Es reut Mich, daß Ich diesen Mann zum König gemacht habe.‹ Den Bann über Otto den Vierten.«
Der Kardinal erschauerte. Er hatte den Papst ein ganzes Leben lang gekannt. Sie hatten als Kinder zusammen gespielt. Sie waren zusammen im Dienst der Kirche aufgestiegen, und ihre Charaktere ähnelten sich so sehr, daß sie Scherze darüber zu machen pflegten, obgleich es eigentlich gar nicht so überraschend war, da sie aus der selben Familie stammten, wenn auch von verschiedenen Zweigen. Aber Innozenz III. war mit dem einstmaligen Grafen Segni nicht mehr zu identifizieren. Kein anderer Mann in der Welt verfügte über solche Macht. Und nun hatte der Blitzstrahl eingeschlagen. Der Kardinal hatte es erwartet, und er war sich klar darüber, daß er selbst wahrscheinlich das gleiche getan hätte. Aber die Exkommunizierung eines Kaisers war angetan, die ganze christliche Welt zu erschüttern. Mit ihrer Verkündigung wurde Otto IV. zu einem seelisch Aussätzigen, und alle seine Untertanen waren von den Banden der Treue und des Gehorsams befreit.

Aber der Papst war jetzt ganz ruhig. Die Entscheidung war gefällt, und er konnte handeln. Er läutete. »Alle Kardinäle, Erzbischöfe und Bischöfe in Rom sollen sich morgen früh um zehn Uhr in der Haupthalle des Lateran einfinden«, sagte er zu dem Sekretär. »Eine Proklamation an das Volk, es soll sich um die Mittagszeit in der Basilika und auf dem Platz versammeln, um von dem Bannfluch gegen Otto von Braunschweig, bislang Kaiser, zu erfahren und um unseren Segen zu empfangen. Geht und schickt mir den Prälaten Cortano herein.« Cortano, Leiter der päpstlichen Korrespondenz, war in einer Minute zur Stelle.
»Ich werde den ganzen Tag und den größten Teil der Nacht Briefe diktieren«, sagte der Papst zu ihm. »Sorgt dafür, daß genügend Sekretäre zur Hand sind, und laßt den ersten sogleich hereinschikken.« Als der Prälat sich zurückzog, wandte sich Innozenz an den Kardinal. »Ich möchte, daß Ihr einstweilen bei mir bleibt. Die *Bulle* kommt als erstes. Dann muß ich an die deutschen Bischöfe und Fürsten schreiben. Ich werde vielleicht hier und da Euren Rat brauchen. Ihr kennt sie gut. Wo ist der erste Sekretär? Ah, da ist er. Steht auf. Setzt Euch. Schreibt.«
Die lateinischen Worte flossen leicht und schnell, jeder Satz war klar, beredt, geschliffen und tödlich. Ottos Schandtaten wurden Stück für Stück aufgezählt und jedes Verbrechen beim Namen genannt, Meineid, Landfriedensbruch, Blutvergießen in ungerechter Sache, Ungehorsam, Habsucht – Taten, die eines christlichen Monarchen unwürdig waren. Stück für Stück wurde dem Riesen die Krone vom Kopf gehämmert, ihre kostbaren Edelsteine fielen wie ein glitzernder Sprühregen zu Boden, um zertreten zu werden. Der Hermelin des Krönungsmantels wurde in Streifen heruntergerissen, und unter dem kaiserlichen Putz blieb nur ein riesiger ungefüger Körper, bedeckt mit Schande und Eiterbeulen.
Der große Bannfluch wurde über Otto von Braunschweig ausgesprochen, er wurde als unwürdig abgesetzt und verflucht, und alle seine Untertanen, Fürsten, Herzöge, Grafen und Barone, Ritter, Lehensmänner und Freie, ihres Treueides entbunden. Niemand durfte bei Strafe der Exkommunizierung zu ihm stehen, ihm Beistand, Hilfe, Nahrung oder Unterkunft gewähren. Zu Otto von

Braunschweigs Häupten und rings um ihn war Tod und Verdammung. Morgen würde es der Geistlichkeit und dem Volk von Rom verkündet werden; und auf dem Rücken von hundert Pferden und in vielen Schiffen würde der furchtbare Fluch in alle christlichen Länder reisen.

Sobald der Papst das letzte Wort gesprochen hatte, eilte der Sekretär davon, um das Schriftstück vervielfältigen zu lassen. Die Anfertigung der Abschriften würde die ganze Nacht beanspruchen.

Ein anderer Sekretär saß nun vor dem Papst, um den Brief an die Bischöfe und Äbte aufzunehmen. In wenigen Wochen würden sie die Bannbulle von den Kanzeln ihrer Kathedralen und Kirchen verlesen müssen, in Köln, in München, in Meißen und Trier, in Aachen und Mainz, Magdeburg und Jülich, in jeder einzelnen Diözese des riesigen Reichs. Mächtige Männer würden in Speyer und Worms, in Basel und Wien hinter geschlossenen Türen flüstern.

Einen Augenblick – einen recht langen Augenblick – zögerte der Papst, ehe er den Namen des Mannes diktierte, der nun berechtigt war, die kaiserliche Krone zu tragen. Es war nicht leicht, den Namen eines Hohenstaufen auszusprechen. Aber er hatte keine Wahl, jetzt nicht, jetzt nicht mehr.

Der Brief an die deutschen Fürsten war ein Meisterstück. Kardinal Hugo von Ostia, der die meisten von ihnen aus persönlichen Begegnungen kannte und in ständigem Briefwechsel mit jedem einzelnen von ihnen stand, lauschte dem Diktat des Papstes mit einer Bewunderung, die an Ehrfurcht grenzte.

Viele von ihnen waren schon immer gegen den groben, arroganten Braunschweiger gewesen. Andere würden den neuen Kaiser akzeptieren, weil er noch ein halbes Kind war, von dem sie kaum erwarteten, daß er sich viel in ihre eigene Machtsphäre einmischen würde. Aber selbst Ottos besten Freunden und Verbündeten würde es nicht leicht fallen, der unerbittlichen Logik dieses Briefes zu widerstehen, besonders der eindringlichen Warnung, daß von einem Mann wie Otto, der ohne Zögern einen Eid, noch warm auf seinen Lippen, brach und gegen einen großen deutschen Fürsten, den König von Sizilien, ohne den geringsten Anlaß einen Krieg begann – daß von einem solchen Mann kaum zu erwarten war, er

werde *ihre* Rechte und Privilegien respektieren, wenn er erst wieder in Deutschland war...
Um zehn Uhr abends bat der Kardinal um Erlaubnis, sich zurückziehen zu dürfen. Er hatte seit dem Frühstück nichts gegessen. Das hatte der Papst auch nicht, aber er gab ihm die Erlaubnis und diktierte einen Brief an den König von Frankreich. Philipp Augustus war ein scharfsichtiger und tüchtiger Mann; er hatte verschiedene Briefe nach Rom geschickt, in denen er vor Otto warnte, einige davon schon vor Jahren. Nicht gerade überraschend, da Otto mit König Johann von England, dem bitteren Feind Frankreichs, verwandt war. Immerhin...
»... Ich gebe offen zu, daß Ihr ihn besser und früher durchschaut habt als ich...«
Der Franzose war ein guter Verbündeter, obgleich er nur einen Arm frei hatte; der andere war gegen König Johann erhoben, der ein ebenso eigenwilliger, brutaler und arroganter Herrscher war wie Otto, wenn auch charakterlich schwächer. Aber wie halsstarrig doch ein charakterschwacher Mann sein konnte! In England stand es noch ganz schlimm, alle Bischöfe mußten ins Exil fliehen, und Hunderte von Priestern waren im Gefängnis, während der königliche Räuber nach Belieben Klöster und Abteien ausplünderte. Ähnliche Befehle konnte nun auch der Kaiser jeden Tag geben...
Seufzend beendete Innozenz das Diktat des Briefes an König Philipp und begann sogleich mit einer Liste von hochgestellten Prälaten, die zur Unterstützung der Bannbulle und des Briefes an die deutschen Bischöfe nach Deutschland reisen sollten.
Der Brief nach Livland... Er war todmüde. Seine Stimme klang heiser. Aber Bischof Albert brauchte seine Zustimmung zu den Maßnahmen, die er für die Bekehrung dieses Landes vorgeschlagen hatte.
Er riß seine Gedanken von anderen Problemen los und konzentrierte sich auf das kalte entlegene Livland, als gäbe es keinen anderen Ort auf der ganzen Welt.
Als er sich um zwei Uhr morgens erhob, gaben seine Beine fast unter ihm nach, und doch wußte er, daß er lange keinen Schlaf finden würde. Nur die äußere Hülle war müde. Der Geist, scharf und klar wie nur je zuvor, war nicht so leicht einzulullen.

»Ich möchte, daß mir jemand vorliest«, sagte er zu dem Bediensteten, der ihm beim Auskleiden half. Aufrecht, mit Kissen gestützt im Bett sitzend, wartete er, bis ein junger Benediktiner eintrat, niederkniete und den Ring küßte.

»Setzt Euch. Nehmt die Bibel. Lest... lest aus dem ersten Buch Samuel. Das fünfzehnte Kapitel.«

Der junge Mönch öffnete das Buch und las. »Eines Tages sagte Samuel zu Saul: ›Der Herr hat mich gesandt, dich zum König über Sein Volk Israel zu salben. Höre nun auf den Befehl des Herrn.‹«

»Fahrt ein wenig weiter unten fort. Überspringt zehn Verse.«

»Nun erging das Wort des Herrn an Samuel also: ›Es reut Mich, daß ich Saul zum König gemacht habe. Denn er hat sich von Mir abgewandt und Meine Befehle nicht durchgeführt.‹ Das schmerzte Samuel, und er flehte die ganze Nacht zum Herrn.«

»Die ganze Nacht«, wiederholte der Papst und nickte. Zehn Verse nur zwischen einem Mann, der König wurde, und einem, der es nicht mehr war, weil er nicht gehorcht hatte. »Noch etwa zehn Zeilen weiter. Wo Samuel wieder spricht.«

»Samuel aber sagte: ›Hat der Herr an Brand- und Schlachtopfern ein größeres Gefallen als am Gehorsam gegen den Befehl des Herrn? Siehe, Gehorsam ist besser als Opfer...‹«

Wie schwer es für einen Gekrönten war, zu gehorchen selbst seinen eigenen Worten, seinem eigenen heiligen Eid zu gehorchen...

»›... Denn Ungehorsam ist so schlimm wie die Sünde der Zauberei, Eigenwille so schlimm wie Götzendienst. Weil du den Befehl des Herrn mißachtet hast, verschmäht Er dich als König.‹«

»Nun lest, was der Prophet Ezechiel zu Pharao sagt, im zwanzigsten Kapitel.«

»So spricht der allmächtige Herr: ›Siehe, Ich werde gegen dich vorgehen, Pharao, König von Ägypten, du großes Krokodil! Du liegst zwischen deinen Nilarmen und sprichst: ›Mein ist der Nil, ich habe mich selbst geschaffen.‹ Ich werde Haken in deine Kinnbakken legen...‹«

Der Hochmut der Könige, durch die Jahrhunderte, Jahrtausende. Würden sie nie zulernen?

»›... Dann werde Ich dich in die Wüste werfen...‹«

»Etwas weiter«, sagte der Papst.

»Darum spricht der allmächtige Herr also: ›Siehe, Ich werde das Schwert über dich bringen und Menschen und Vieh in dir vertilgen. Ägypten wird zur Wüste und Einöde werden ...‹«
»Genug«, sagte der Papst. Und der junge Mönch sah mit Angst und Schrecken, daß er weinte. Bitter und lautlos.

*

Der Schlaf wollte nicht kommen. Gebet war unfruchtbar und durfte gerade deshalb nicht aufgegeben werden.
Die Last der Welt lag schwer auf seiner Seele. Wo er auch hinblickte, sah er den Feind am Werk. Vor sechs Jahren war das Christenheer auf einen Kreuzzug gefahren, aber anstatt in Palästina zu landen, um die Stätten zu befreien, die jedem Anhänger Christi am heiligsten sind, entschieden sich die Führer selbstherrlich, Byzanz anzugreifen. Denn so lautete der Rat des Dogen von Venedig, Dandolo, einem über menschliches Maß alt gewordenen, doch immer noch nach Beute dürstenden Greis. Trotzdem erwuchs durch Gottes Gnade Gutes aus dem Unternehmen, der Osten war wieder geeint und das Gewand Christi wieder ohne Naht. Aber wie lange – so wie die Menschen waren?
Der Islam, mächtiger denn je, beherrschte die gesamte Nordküste Afrikas, einen großen Teil von Spanien und sogar Teile von Sizilien vollständig.
England war unter Interdikt, solange König Johann seine Launen immer noch als oberstes Gesetz betrachtete und seine Untertanen unter der Geißel der Tyrannei hielt. Sicherlich würde das einmal anders werden, aber inzwischen konnten die Menschen dort die Sakramente nicht empfangen, der Leib des Herrn wurde ihnen verweigert, niemand konnte rechtsgültig heiraten, niemand auf geheiligtem Boden bestattet werden.
Und als ob das noch nicht genug wäre, bildeten sich seltsame Sekten. In vielen Ländern sprangen sie wie giftige Pilze aus der Erde. Bei weitem die schlimmsten waren die ›Catharoi‹ oder Albigenser, die den verderblichen Dualismus des Manes in neuer Form predigten und Zehntausende damit vergifteten. Sie leugneten die Menschwerdung Christi und die Auferstehung und behaupteten, die

gesamte sichtbare Welt stamme von Satan und nicht von Gott. Nur ›Reinheit‹ galt ihnen etwas, und sie betrachteten die Ehe nicht als ein Sakrament, sondern als legalisierte Prostitution.
Zehn Jahre hindurch schlugen sie jede Warnung in den Wind. Dann ermordete einer dieser Fanatiker den päpstlichen Legaten Pierre de Castelnau, und nun endlich entschloß sich der König von Frankreich, gegen sie vorzugehen. Aber die Methoden seines Befehlshabers, Simon de Montfort, waren schlechthin barbarisch, und er eroberte nicht für Gott, nicht einmal für seinen König, sondern für sich selbst.
Das schlimmste war: innerhalb der Kirche selbst waren die Dinge nicht, wie sie sein sollten, und strenge Maßnahmen mußten gegen viele Prälaten und Priester getroffen werden, deren Lebensweise ihrer heiligen Berufung Hohn sprach. Wären sie nicht gewesen, so hätten die albigensischen Fanatiker, die Sterilität mit Reinheit verwechselten, niemals so mächtig werden können.
Alles das ... und nun der Bann gegen den Kaiser, den Mann, dessen Pflicht es eigentlich gewesen wäre, die Kirche als ihr starker rechter Arm zu verteidigen.
Nötig, unvermeidbar wie er war, würde der Bann mit Sicherheit die schlimmsten Folgen haben. »Und das Land Ägypten wird eine Wüste und eine Wildnis werden ...«
Der Papst stöhnte. Sankt Peters Schiff befand sich in einem furchtbaren Sturm. Er mußte es steuern, und niemand, nicht einmal Hugo von Ostia, durfte sehen, wie er in seiner Sicherheit erschüttert war. Und doch fühlte er sich in seinem Herzen völlig machtlos und unfähig, die Flut zu dämmen, die sich gegen ihn erhob. Und zum erstenmal in seinem Leben betete er, wie die Apostel es im Sturm auf dem See Genezareth getan hatten: »Herr errette uns, wir versinken.«

*

Er erwachte mit einem Ruck. Und durch den Nebel gewohnter Dinge um ihn herum sah er noch, was er im Traum erblickt hatte: die gewaltige Masse der Laterankirche hatte sich in einem entsetzlich schrägen Winkel geneigt; sie stand so schräg, daß ihr Fall

unvermeidlich war. Und doch fiel sie nicht, konnte sie nicht umfallen. Jemand hielt sie und drückte sie langsam wieder hoch, ein Mann war es, ein kleiner Mann, abgerissen, in einer zerlumpten graubraunen Kutte; ein Bettler.
Plötzlich wußte er, daß er diesen Mann schon einmal gesehen hatte, nicht in einem Traum, sondern im wachen Leben. Der kleine Bettler, der plötzlich auf der Terrasse auftauchte und etwas von einer Ordensregel faselte, die er aufgestellt hatte, und von einer Genehmigung, die er haben wolle.
Innozenz III. stand auf. Arbeit wartete auf ihn. Zuerst die Messe; dann die Durchsicht der Bannbulle, der Briefe an die deutschen Bischöfe und Fürsten, an den König von Frankreich, den Bischof Albert von Riga; dann die Verabschiedung der Prälaten, die nach Deutschland reisten, die Audienzen für den Kämmerer und den Vorsteher des Heiligen Palastes; um zehn Uhr die Ansprache an die Geistlichkeit in der Haupthalle und mittags an die Bevölkerung auf dem Platz vor der Basilika ...
Ganz schräg, entsetzlich schräg ... und dieser kleine Mann ... manchmal sprach Gott durch das Medium eines Traumes. In seinem eigenen Verstehen konnte er keinen Grund finden, weshalb Er diesen merkwürdigen kleinen Mann mit der Aufgabe betrauen sollte, die Kirche in ihrem Fall aufzuhalten. Er versuchte sich zu erinnern, ob der Mann einen Namen oder Wohnort angegeben hatte, und das Wort Assisi fiel ihm ein. Assisi? Ascoli? Nein, Assisi.
Er läutete. »Gestern in den Morgenstunden wurde ich von einem Mann gestört; er war von kleiner Gestalt, trug einen Bart, sehr ärmliche Kleidung, eher bäuerlich als kirchlich. Ich glaube, er kam aus Assisi. Er wurde von den Wachen unter Graf Vitale entfernt. Fragt den Grafen, ob er irgend etwas über ihn erfahren hat. Der Mann soll gefunden und zu mir gebracht werden.«
»Jawohl, Heiliger Vater.«
Aber am Nachmittag dieses Tages, nachdem die ermüdenden Zeremonien in der Basilika und die Ansprache an die Bevölkerung, die sich auf dem gewaltigen Platz drängte, vorüber waren, erschien der Sekretär und berichtete, daß niemand etwas über den Mann wisse und er nirgendwo zu finden sei.

ACHTZEHNTES KAPITEL

»Ihr hättet Euch keinen schlechteren Augenblick aussuchen können«, sagte Kardinal Giovanni von San Paolo, »und vor allem: Ihr hättet es wissen müssen. Ihr wart im Lateran wie wir alle, und Ihr müßt einen Begriff davon bekommen haben, was dort vorgeht.«
Bischof Guido von Assisi nickte. »Ja, dort wird Geschichte gemacht, und, was mich betrifft, so danke ich Gott auf meinen Knien, daß nicht ich sie machen muß. Der Heilige Vater tut mir aufrichtig leid ...«
»Unsere ganze Politik in diesen letzten Jahren ...« Der Kardinal brach ab. »Lieber nicht«, sagte er lächelnd. »Es fällt mir immer noch nicht leicht, mich daran zu gewöhnen, daß ich mit den politischen Sachen nicht mehr viel zu tun habe.«
»Das muß Euch seltsam vorkommen«, sagte Bischof Guido, »nach all den Jahren unter Papst Celestin, wo Ihr wirklich der Mann wart, der die Kirchenpolitik gemacht hat.«
»Der Papst war neunzig«, sagte der Kardinal. »Und doch, wißt Ihr – sein Geist war klar wie poliertes Silber... *Tempi passati.* Innozenz III. ist ein sehr starker Mann und ein sehr guter Mann. Habt Ihr seine asketischen Schriften gelesen? Ihr solltet es einmal tun.«
»Ich wußte gar nicht, daß er etwas veröffentlicht hat«, gestand Bischof Guido. »Und meine Arbeit in Assisi ...«
»Natürlich. Ich verstehe. Er hat auch noch sechs Abhandlungen über die Messe verfaßt, und er ist wahrscheinlich der beste Kenner des kanonischen Rechts, den die Kirche seit langem gehabt hat. Hugo von Ostia hat mir erzählt, er habe die ganze Bannbulle gegen Otto allein in einem Zuge herunterdiktiert. So etwas bedarf im allgemeinen wochen-, oft monatelanger Vorbereitung. Aber er arbeitet zu viel und dezentralisiert nicht genug. Hugo von Ostia gibt das zu, und er ist die rechte Hand des Papstes. Auch ein sehr starker Mann. Dieser Bann übrigens ist eine sehr gefährliche Sache.«
»Nach allem, was uns der Papst heute sagte, war er ja nicht zu vermeiden. Wie er gesprochen hat und aussah! Wie das menschgewordene Schicksal.«
»Es war unvermeidlich, das gebe ich zu. Aber Otto wird nicht

klein beigeben. Und wenn auch nur ein Teil seiner Heerführer ihm treu bleibt, kann er auf Rom losmarschieren und uns alle massakrieren.«

»Meint Ihr wirklich, er wäre dazu imstande?«

»Bestimmt. Er hat nichts zu verlieren.«

»Aber der Mann ist angeblich ein Christ!«

»Ehrgeiz hat aus so manchen Christen Mörder und Heiden gemacht. Ihr könnt ganz sicher sein, daß Innozenz an diese Möglichkeit gedacht hat. Wahrscheinlich wird er trotzdem bleiben, wo er ist. Ein anderer würde vielleicht nach Frankreich fliehen.«

»Aber in Frankreich geht es auch blutig zu.«

»Das stimmt, allerdings nur im Süden. Auf jeden Fall, mein Freund, könnt Ihr Euch vorstellen, wie es augenblicklich im Lateran zugeht. Ich sagte ja, Ihr hättet Euch keinen schlechteren Augenblick aussuchen können, um diese Audienz zu erbitten.«

»Aber ich habe ihn mir ja nicht ausgesucht, Eminenz. Es ... es ist einfach so gekommen.«

»Ihr seid schon über eine Woche hier, Freund.«

»Aber ich bin erst gestern auf Franz und seine fröhlichen Brüder gestoßen. Und ich hatte keine Ahnung, daß sie in Rom sind, erst recht nicht, daß er versuchen würde, allein zum Papst vorzudringen. Aber das sieht ihm ähnlich. Im übrigen bin ich Euch zu höchstem Dank verpflichtet, Eminenz, daß Ihr ihnen hier Obdach gegeben habt.«

»Es ist gern geschehen. Aber was für ein törichter Einfall ... zu versuchen, den Lateran zu stürmen!«

»Ja, wirklich«, stimmte Bischof Guido bei. »Und das ist genau der Eindruck, den Franz immer auf die Leute macht ... zuerst. Nur ein Narr könnte versuchen, ohne Audienz, ohne von irgend jemand eingeführt zu sein, mit dem Heiligen Vater zu sprechen. Aber als ich ihm das gestern vorhielt, gab er mir zur Antwort: ›Ich habe in der Bibel nichts gelesen über den, der die armen Aussätzigen bei unserem Herrn eingeführt hat. Sie gingen einfach zu Ihm hin und riefen um Hilfe, und Er hörte sie und heilte sie.‹«

Der Kardinal lächelte. »Darauf gibt es keine Antwort«, sagte er amüsiert.

»Ja eben. Und so ist es immer bei ihm.«

»Selbst wenn ich ihm ein paar Minuten mit dem Papst verschaffen könnte«, sagte der Kardinal, »so sehe ich nicht ein, warum er die Erlaubnis bekommen sollte, einen eigenen neuen Orden zu gründen – denn das ist es doch, worauf er aus ist, seien wir ganz offen, wenn er auch nur von einer Bruderschaft spricht. Wir haben genug gute, alteingeführte Orden, denen er mit seinen Leuten beitreten könnte. Es täte diesen Orden sogar gut, wenn sie etwas frisches Blut eingepumpt bekämen, und auf der anderen Seite würde es Euren kleinen Mann von einigen seiner... äh... Übertreibungen befreien.«

Bischof Guido sagte unschuldig: »Warum spricht Euer Eminenz nicht einmal mit ihm darüber? Er wartet im Nebenzimmer.«

Der Kardinal schmunzelte. »Mit anderen Worten, Ihr wollt, er soll mir seine vernichtende Antwort direkt geben. Gut. Ich werde ihn fragen. Aber ich warne Euch, lieber alter Freund. Ich habe schon so viele von diesen Möchtegern-Reformierern kommen und gehen sehen. Mir imponiert man nicht so leicht mit ein paar schlagenden Antworten.«

»Dann schert Euch nicht um die Antworten, Euer Eminenz«, sagte Bischof Guido fröhlich. »Blickt nur einfach in das Herz des Mannes.«

Der Kardinal warf ihm einen scharfen Blick zu. »Also gut. In einer Minute bin ich wieder da.« Und er ging elastisch in das Nebenzimmer.

Bischof Guido blieb. Die Minute des Kardinals begann sich in die Länge zu ziehen. Die Glocke der Kirche von San Paolo schlug, und schlug noch einmal, und noch ein drittes Mal.

Draußen fuhr ein Wagen für Seine Eminenz vor. Sein Wappen prangte darauf, das berühmte Wappen der Colonna.

Endlich kam der Kardinal wieder. »Kommt, Freund«, sagte er. »Wir müssen sofort aufbrechen. Ich habe meinen Wagen bestellt.«

»Der Wagen ist unten, ich habe ihn durchs Fenster gesehen«, sagte Bischof Guido. »Aber wo gehen wir hin?«

»Zum Lateran natürlich. Ich muß Bruder Franz eine Audienz beim Papst verschaffen. Was lacht Ihr?«

»Ich lache gar nicht«, wehrte sich der Bischof. »Aber es ist sonderbar, wie er immer erreicht, was er will.« Sie gingen die Treppe hinunter.

»Bei mir nicht«, sagte der Kardinal grimmig.
»So? Nicht? Und warum sind wir so in Eile und versuchen, ihm seine Audienz zu verschaffen?«
»Ach das, ja«, sagte der Kardinal. »Aber seiner Bruderschaft bin ich doch nicht beigetreten.«
Die Augen geradeaus gerichtet und die Lippen fest zusammengepreßt, brachte Bischof Guido es zuwege, todernst zu bleiben.

*

»Ich bin mir völlig bewußt, daß Euer Heiligkeit mehr denn je mit Staatsgeschäften überlastet ist«, sagte der Kardinal von San Paolo. »Und ich erflehe Euer Heiligkeit Vergebung, desgleichen der Bischof von Assisi hier. Wenn ich mich desungeachtet aufs dringendste dafür verwende, eine Audienz, und sei sie noch so kurz, für Bruder Franz ...«
»Bruder Franz«, sagte Innozenz rasch. »Richtig. Das war der Name. Wo ist er?«
»Er wartet in meinem Haus«, sagte der Kardinal. »Ich hoffe, Euer Heiligkeit wird ihm seinen etwas ... spontanen Versuch vergeben, zu Euch vorzudringen. Er hat mir die Ordensregel gegeben, die er für seine Bruderschaft niedergeschrieben hat ...«
»Ich habe die Stadt nach ihm durchgekämmt«, sagte der Papst, und es war schwer zu entscheiden, ob er vor Freude oder Ärger außer sich war. »Bringt ihn um drei Uhr hierher. In der Zwischenzeit werde ich seine Ordensregel lesen.«
Kardinal und Bischof gingen in großer Hast.

*

Graf Narcisio Vitale grüßte den Kardinal und den Bischof ehrerbietig, doch als er aus seiner Verbeugung hochkam, sah er den schmalen graubraunen Streifen zwischen dem Scharlachrot und Violett und erkannte den Eremiten oder Mönch oder was der Mann nun sein mochte. Seine Augen traten heraus. Zwanzig von seinen Agenten hatten vergeblich nach dem Mann gesucht, und hier war er und ging so unbefangen einher, als besuche er den Lateran zum erstenmal.

Der Graf stürzte auf die Gruppe zu. »Eminenz ... Herr Bischof ...«, sprudelte er. »Seine Heiligkeit hat Befehl gegeben, ihm diesen ... diese Person sofort vorzuführen ...«

»Aber gewiß, mein lieber Graf«, sagte der Kardinal heiter, »wir sind auf dem Wege zu Seiner Heiligkeit.«

»Ach so«, stammelte Vitale. »Natürlich, jawohl.« Und er folgte ihnen, heftig schwitzend.

Der Papst empfing sie in einem der kleineren Audienzräume. Zu ihrer Überraschung hatte er mehrere Kardinäle bei sich: Hugo von Ostia, Cenzio Savelli und den Kardinalerzbischof von Palestrina.

Innozenz' Gesicht war streng. Er hatte Franz' Ordensregel gelesen, und er hatte sie den Kardinälen gezeigt. Sie verlangte völlige Armut, ohne die geringste Vorsorge auch nur für die unmittelbare Zukunft. Alles blieb der Sorge des Herrn und der Mildtätigkeit der Menschen überlassen. Ein einzelner mochte so leben können, wenn er heilig genug war. Aber eine ganze Bruderschaft von Heiligen war mehr, als man auf dieser Erde zu finden hoffen konnte. Selbst die asketischen Zisterzienser konnten nur deshalb existieren, weil ihr Orden Landbesitz hatte. Zudem ... in seinem Traum hatte *ein* Mann die fallende Kirche gestützt. *Ein* Mann. Nicht eine Bruderschaft.

»Mein lieber Sohn«, sagte Innozenz. »Ich habe deine Ordensregel gelesen. Aber das Leben, das du und deine Brüder führen, scheint mir zu streng.«

Schmerzlich bestürzt und tief enttäuscht, konnte Franz einen Augenblick lang keine Worte finden.

Der Papst sah es. »Ich zweifle nicht an deinem Eifer und Enthusiasmus«, fuhr er in milderem Ton fort. »Aber man muß an diejenigen denken, die nach dir kommen und nicht ganz so eifrig und enthusiastisch sein werden.«

Franz hatte sich nun von dem ersten Schlag erholt. »Herr Papst«, sagte er, »ich verlasse mich vollständig auf meinen Herrn Jesus Christus. Er hat mir ewiges Leben und Glückseligkeit versprochen. Wie könnte Er uns dann die einfachen Notwendigkeiten in der Gegenwart versagen?«

»Ganz recht, mein Sohn«, erwiderte Innozenz geduldig. »Aber des Menschen Natur ist schwach und selten fähig, lange Zeit demselben Vorsatz zu folgen. Es ist besser, du gehst und betest, daß Gott dir offenbare, wie weit deine Wünsche mit Seinem Willen übereinstimmen.«

Noch einen Augenblick lang ruhten die Augen von Innozenz und Franz in stummer Unterhaltung ineinander. Dann kniete Franz nieder, küßte den Ring, erhob sich und verließ die glänzende Versammlung.

Bischof Guido holte, tief seufzend, Atem.

Der Kardinal von San Paolo stand stumm, mit gefurchter Stirn.

Aber Innozenz III. fragte fast leichthin: »Was denken Eure Eminenzen?«

Eine Pause entstand. Dann sagte der Kardinalerzbischof in einem polternden Baß: »Unmöglich.«

Der milde alte Kardinal Savelli lächelte. »Es ist ein wunderschöner Gedanke, und dem Mann ist es ernst. Ich wünschte, es *wäre* möglich, ihm zu geben, worum er bittet.«

»Aber ist es das?« fragte der Kardinal von Ostia. »Wäre es nicht entsetzlich schade, wenn so viel Eifer und Begeisterung scheitern würde an der Unfähigkeit von Anhängern, nach der Ordensregel zu leben? Und doch würde das unweigerlich geschehen.«

»Und dann wird er säuerlich«, stimmte der Baß ein. »Und ein säuerlicher Heiliger ist so nahe an der Ketzerei, daß es schon beinahe keinen Unterschied mehr macht. Noch ein Waldo. Das Ei, aus dem ein weiteres Nest von Albigensern ausgebrütet werden wird.«

»Die menschliche Natur...«, hub Kardinal Savelli an.

Aber Giovanni von San Paolo konnte nicht mehr länger an sich halten. »Euer Heiligkeit«, sagte er, »und Eure Eminenzen... überlegen wir, was wir zu tun im Begriff sind. Dieser Mann will weiter nichts als die Erlaubnis für sich und seine Anhänger, dem Evangelium nachzuleben. Wenn wir also sagten, daß eine solche Art zu leben unmöglich sei, so würden wir erklären, daß man dem Evangelium nicht folgen kann. Und das wäre eine Lästerung Christi.«

Bischof Guido unterdrückte nur mühsam ein Schmunzeln. So hatte es also auch San Paolo befallen, dieses unfaßbare, ansteckende Etwas, das über jeden kam, der mit dem kleinen Franz zu tun hatte. Ob es der Kanonikus Pietro Cattaneo war oder der brave Silvester, Kanonikus Groga oder Seine Eminenz Giovanni Colonna,

Kardinal von San Paolo – sobald der kleine Franz erst einmal ihrer habhaft wurde, waren sie verloren. Sie nahmen etwas von der Begeisterung dieses Mannes mit sich; sie waren bereit, ihn und seine Sache überall und gegen jeden zu verteidigen. Und zu ihnen gehörte auch der Bischof von Assisi. Auch er war vor der Idee der absoluten Armut zurückgescheut, es war unrealistisch, es würde einfach nicht gehen. Selbst wenn der einzelne nichts besaß, so müßte doch die Bruderschaft als solche über Besitz verfügen. Aber Franz erwiderte darauf: »Wenn wir Besitz haben, so müssen wir Waffen haben, um ihn zu verteidigen; und Besitz führt zu Streit mit Nachbarn und Verwandten ...« Darauf gab es keine Antwort, schon gar nicht, wenn man auf seinem eigenen Schreibtisch die Schriftsätze von zwei höchst unangenehmen Prozessen liegen hatte.

Aber was würde der Papst zu San Paolos kühnen Worten sagen? Alle sahen auf Innozenz.

Der Papst schien völlig unbewegt. Er war der Richter, der ohne Ausdruck den Zeugnissen lauschte, die vor ihm abgelegt wurden, und sich seine eigene Meinung vorbehielt. Aber plötzlich sprach er: »Laßt Bruder Franz zurückrufen.«

Füße trappelten, dann wurde es wieder still, und nach einer Weile kam Franz frohgemut zurück, kniete nieder und erhob sich auf einen Wink des Papstes.

Gott vergebe mir, dachte Bischof Guido, aber er sieht aus, als habe er gerade mit allen Heiligen im Himmel zu Tisch gesessen.

»Herr Papst«, sagte Franz, ehe irgend jemand Zeit hatte, ihn anzusprechen, »ich habe Euren Befehl befolgt und mit Gott gesprochen, und nun ist da eine Geschichte, die ich Euch und den Herren Kardinälen erzählen muß. Es war einmal eine Frau, die in der Wüste lebte. Sie war arm, aber schön, und einmal sah sie der König und heiratete sie, und sie schenkte ihm viele Söhne ...«

Der Kardinalerzbischof von Palestrina räusperte sich, als wolle er unterbrechen, aber als er sah, wie intensiv der Papst zuhörte, entschloß er sich, seine Bemerkung für etwas später aufzuheben. Wirklich eine erstaunliche Sache, dachte er. Die ganze Welt war in Aufruhr, und da standen sie und hörten sich von einem jungen Mann ein phantastisches Märchen an; einem jungen Mann, der durchaus ein Bettler sein und andere Bettler um sich sammeln wollte. Zweifellos ein Mann, der es ehrlich meinte, ein frommer Mann, gewiß. Aber was war der Sinn der ganzen Sache?

»... aber da der König sie und ihre Söhne nicht an den Hof kommen ließ, schickte sie diejenigen, die schon alt genug waren, hin, um ihn dort zu besuchen. Der König sah, daß sie ihm alle ähnelten, und fragte sie, wessen Söhne sie wären. Da sagten sie: ›Wir sind die Söhne der armen Frau in der Wüste.‹ Und der König umarmte sie und erkannte sie mit großer Freude als seine Söhne an und sagte: ›Sorgt euch nicht, meine Söhne. Wenn ich so viele Fremde an meiner Tafel speisen kann, wieviel mehr noch euch, die ihr meine eigenen Söhne seid.‹ Und er schickte einen Boten zu der Frau und bat, daß alle seine Söhne an den Hof gebracht werden sollten, sobald sie alt genug wären, die Reise anzutreten.«

Innozenz nahm alles in sich auf: die Geschichte, so töricht und so weise, so kindlich und doch pure Theologie; und wie der Mann sie vortrug, die beredten, leidenschaftlichen Bewegungen des Kopfs, der Hände und der Füße. Etwas von einem Gaukler hatte er und etwas von einem Tänzer. Der alte Cenzio hatte Tränen in den Augen. Billige Emotionen? Nein. Die Sache war echt, nicht von der Oberfläche her, sondern aus der Tiefe. Der alte Cenzio hatte ein Recht auf seine Tränen.

Mit Messerschärfe setzte es sich alles im Geist des Papstes ab. Dieser Bettler war ein Troubadour, ein *Minnesänger*, wie man sie in Deutschland nannte. Aber dieser Minnesänger sang das Lob der Minne Gottes.

»Ich bin die arme Frau in der Wüste«, erklärte Franz voll Freude. »Und ich verlasse mich auf meinen Herrn, den König. Er wird für meine Söhne sorgen.«

Ein Gaukler und ein Tänzer; ein Bettler und ein Troubadour; ein Prediger, ein Mönch, ein Märchenerzähler und vielleicht ein Heiliger: der Mann hatte keine Grenzen. Wenn Satan die Gehirne von so vielen vergiftete, daß sie im Namen der Reinheit gegen die Kirche predigten, so war hier einer, der im gleichen Namen *für* die Kirche predigen konnte. Hier war vielleicht das Gegenmittel gegen das Gift in den Adern Europas, der Mann, der einer erkalteten Welt neues Leben einhauchen konnte. Und deshalb konnte dieser

Mann derjenige sein, nein: *war* er der, welcher die stürzenden Mauern der Kirche aufrecht hielt. Und das war alles, was Innozenz wissen wollte.

»Mein Sohn«, sagte er laut, »dein Wunsch ist gewährt. Geh und predige mit deinen Brüdern, wie es Gott dir eingeben wird. Und wenn der Herr eure Zahl vergrößert hat, komm wieder zu mir, und ich will dir noch größere Aufgaben stellen. Willst du mir Gehorsam versprechen?«

»Das will ich«, sagte Franz.

»Es ist gut«, sagte Innozenz. »›Stärke du deine Brüder.‹« Er machte das Zeichen des Kreuzes über dem kleinen Mann.

Franz kniete nieder, bekreuzigte sich selbst, stand auf, ging hinaus und war verschwunden.

In die Stille brach plötzlich der Klang tiefpolternden Gelächters, und aller Gesichter wandten sich dem Kardinalerzbischof von Palestrina zu. »Habt Ihr das gesehen?« fragte er und bezähmte sein Lachen mit Mühe. »Habt Ihr die Freude auf dem Gesicht des Kleinen gesehen? Heiliger Vater, der Mann ist ein Kind, aber er hat recht, und er hat recht, weil er die Art von Kind ist, die er ist. Und ich war ein Narr.«

Der Kardinal von San Paolo lächelte unverhüllt dem Bischof von Assisi zu.

Der Bischof von Assisi lächelte strahlend zurück.

Der alte Kardinal Cenzio Savelli schüttelte den Kopf. »Es erinnert mich an irgend etwas«, sagte er.

Kardinal Hugo von Ostia sagte: »›Alle, die ihn hörten, staunten über sein Verständnis und seine Antworten.‹«

»Die Auffindung des Kindes im Tempel«, rief Kardinal Savelli aus. »Das ist's. Natürlich.«

»Ich bin froh über Eure Entscheidung, Heiliger Vater«, sagte Hugo von Ostia. »Gott verhüte, daß die Kirche keinen Platz für Menschen haben sollte, die so leben wollen wie er.«

Der Papst wachte aus seinen Gedanken auf. Mit einer Stimme, die von sehr fern her zu kommen schien, sagte er: »Ich wünschte, dieser Mann könnte an meiner Seite sein, wenn meine Todesstunde schlägt.«

Drittes Buch

NEUNZEHNTES KAPITEL

A. D. 1211, NOVEMBER

»Habt Ihr alles eingepackt?« fragte Friedrich barsch.

»Ja, mein König.« Das Lächeln des Majordomo war unstet. Der Mann war ein Lügner. Sie waren es alle, und warum sollten sie es auch nicht sein? Was sollten sie noch zu einem Herrscher stehen, der erledigt war, auf Jahre hinaus, vielleicht für immer... und ehe er überhaupt begonnen hatte, wirklich zu regieren.

»Die Schriften?«

»Ja, mein König.«

»Das goldene Geschirr? Die Teppiche aus meinem Arbeitszimmer und dem grünen Zimmer? Die Sachen der Königin?«

»Gewiß, mein König.«

»Ich werde heute nachmittag alles inspizieren. Wir können jeden Augenblick nach Catania aufbrechen. Ihr könnt gehen.«

Der Mann verbeugte sich und ging. Friedrich war ziemlich sicher, daß er ihn nie wiedersehen würde. Er würde die Inspektion gar nicht erst abwarten, sondern den Palast schleunigst verlassen und verschwinden wie so viele andere. Wie Capparone selbst vor zwei Monaten und letzte Woche der Graf von Fondi. Wie der zweite Kammerherr Massimo gestern erst und zwei Dutzend Diener des königlichen Haushalts mit ihm. Ratten.

Erstaunlich, wie schnell sich Nachrichten über die Insel verbreiteten; wie Rauchschwaden von etwas, das in der Ferne brannte. Dabei befand sich das Feuer jenseits der Meerenge von Messina – gestern jedenfalls noch. Aber lange konnte es nicht mehr dauern. Otto *mußte* kommen. Er war langsam wie viele große, schwere Männer – wie der Ochse, der er war. Langsam aber sicher. Einen Überraschungsangriff wie damals der von Diepold von Acerra mit zweihundert Rittern und einem päpstlichen Legaten, um den Schein des Rechts zu wahren – so etwas gab es bei Otto nicht. Und vielleicht war gerade Diepolds mißlungener Überfall eine Warnung für ihn gewesen, diesmal nichts dem Zufall zu überlassen.

Er hatte fast zweihundert Schiffe in Procida, die meisten davon pisanische Galeonen. Sechstausend Ritter, jeder mit seinem eigenen

Gefolge, und Seine Majestät selbst mit seiner Leibgarde. Es fehlte nichts.
Martinos Berichte waren in den letzten Wochen immer schlimmer geworden. Die Schiffe verproviantiert. Eine Truppenparade. Hetzreden gegen den ›Usurpator‹, den ›Säugling des Papstes‹, den ›infamen Infanten‹ Friedrich. Die Ankunft einer Abordnung des Emirs Ibn Abbad von Jato vor versammelten Truppen mit feierlicher Überreichung eines Purpurmantels für den ›Imberadour‹ Otto. Nun, vielleicht sollte man sich nicht weiter wundern, daß Sarazenen genauso treulos und opportunistisch sein konnten wie christliche Fürsten und Prälaten. Wasser auf die Mühle der Königin natürlich.
Martino hatte eine Läuferkette von Messina nach Palermo aufgestellt. Sobald die ersten Schiffe aus Procida gesichtet wurden, würde der erste Läufer abgehen, mit einem kleinen roten Seidenfetzen statt eines Briefes. Jeden Augenblick konnte der letzte Mann der Stafette eintreffen.
Der Page Agostino kam finster und verdrossen und meldete den Grafen von Vandria.
»Er soll hereinkommen.« Einer wenigstens, der noch nicht verschwunden war. »Nun, Graf, was gibt's? Leise bitte, der Lümmel Agostino klebt mit dem Ohr an der Tür.«
»Ich war am Hafen unten, um das Verladen der ersten Kisten zu überwachen und mich etwas umzuhören. Der Kapitän ist, glaube ich, in Ordnung, ein alter Gegner des Emirs Ibn Abbad, irgend so eine Blutfehde, soviel ich herausbekommen konnte. Die Mannschaft fährt schon seit einigen Jahren mit ihm. Keine neuen Leute an Bord.«
»Wie viele im ganzen?«
»Fünfunddreißig mit dem Kapitän.«
»Und wie viele sind wir?«
»Zweiundsechzig, mein König, die Königin mit ihren Damen nicht miteingerechnet.«
»Ihr habt ihn auf den Koran schwören lassen?«
»Ja, mein König.«
Friedrich nickte finster. »Ein Jammer, daß wir mit dem Verladen anfangen mußten. Niemand, der Augen im Kopf hat, kann anneh-

men, daß wir ausgerechnet nach Catania gehen. Aber es ging nicht anders. Sonst etwas?«

»Nur noch eine Sache – ein Schiff hält auf den Hafen zu.«

Der König sprang auf. »Also doch ein Überraschungsangriff!«

»Nein, mein König. Es ist ein sehr kleines Schiff. Wenn es zum Bersten voll ist, können nicht mehr als dreißig Leute darauf sein. Ich habe es nur erwähnt, weil es seit Wochen das erste Schiff ist, das den Hafen von Palermo anläuft. Vielleicht ist es leck geworden und will hier reparieren. Oder sie wollen Waren einkaufen, für Frankreich vielleicht.«

»Möglich. Trotzdem werden wir die Wachen um den Palast verdoppeln. Sagt Beraldo Bescheid und kommt zurück.«

Als Roger zurückgekehrt war, beobachtete der König vom Fenster aus die Wachen. »Was mir an unserer... Reise mit am wenigsten gefällt, ist, daß wir immer noch ein paar hundert Mann haben, auf die wir uns, glaube ich, verlassen können, und ich kann nur sechzig mitnehmen.«

»Es kann ganz nützlich sein, ein paar Getreue hier zu haben, wenn wir zurückkommen«, sagte Roger.

»O ja, gewiß«, sagte Friedrich trocken. »Aber sechzig Mann Leibgarde sind nicht viel in einem fremden Land. Mir ist der Bey von Tunis ein Buch mit sieben Siegeln. Ich müßte fünfzigtausend Mann mitnehmen, wenn ich sicher sein wollte.

Die Königin natürlich ...« Er hob die Schultern. »Es muß schwer sein für die Königin.«

»Für mich ist es auch nicht gerade leicht«, fuhr Friedrich auf. »Ich kann ihr auch nicht helfen mit ihren spanischen Bedenken gegen eine Übersiedlung ins Land der Ungläubigen und all diesen Flausen. Mir wäre wohler, wenn ich es ihr nicht hätte sagen brauchen. Aber was sollte ich tun? Ich mußte sie doch ihre Sachen packen und alles bereithalten lassen. Die Tränen, die Vorwürfe ... als ob es meine Schuld wäre, daß der Welfe sich den Teufel um den Bann des Papstes kümmert.«

»Ich habe mich oft darüber gewundert.«

»Wer nicht? Ein ganzes Jahr ist es jetzt her, daß der Bann verkündet wurde, und Otto ist noch immer da, hält seine Truppen bei der Stange, bekommt, soviel ich weiß, sogar noch Zuwachs und liegt der ganzen Länge nach über Italien wie der große Drache über seinem Schatz in dieser neuen Geschichte von Siegfried und den Nibelungen.«

»Der Drache wurde getötet«, erinnerte Roger.

Friedrich lächelte bitter. »Das ist wahr. Aber erst mußte Siegfried sich ein Schwert beschaffen. Heutzutage ist kein Schwert zu bekommen, außer für Geld, und ich habe keins. Aber vielleicht kann ich mir eine Klinge aus Damaskus verschaffen. Sie sollen gut sein, heißt es. Was für ein Spaß, wenn der Erwählte des Papstes sein Land damit zurückgewänne! Es wird ihm nicht sehr behagen, aber warum hat er mir kein christliches Schwert gegeben? Es ist leicht für ihn, große Worte zu machen; aber außerhalb Italiens, was sage ich, außerhalb des Laterans scheinen sie leider nicht viel zu gelten. Wenn ich eine Sache gelernt habe, dann ist es, daß der Papst mit all seinem Pomp keine wirkliche Macht mehr darstellt. Die Fürsten mögen ihm zum Munde reden, um die Gewissen ihrer abergläubischen Untertanen zu beschwichtigen, aber sie tun, was ihnen paßt. Entweder wollen sie sich nicht gegen Otto auflehnen, oder sie getrauen sich nicht.« Er begann im Zimmer auf und ab zu gehen, wie immer, wenn er scharf nachdachte. »Eigentlich soll es mir recht sein, wenn der Welfe kommt«, sagte er ingrimmig. »Besser ein Ende mit Schrecken als ein Schrecken ohne Ende. Untätig auf eine Katastrophe warten ist das Schlimmste, was ich kenne. Also her damit.« Er stand plötzlich still. »Es gibt noch einen anderen Ausweg«, sagte er höhnisch. »Nach Messina gehen, dort auf die Landung warten und kämpfend untergehen. Ich habe mit der Königin darüber gesprochen, und sie meinte, selbst das wäre besser, als bei den Ungläubigen Schutz zu suchen. Und warum auch nicht? Sie ist schon einmal Witwe geworden und hat es überlebt. Vielleicht schont Otto sie und benutzt meinen Sohn, um sich die Legitimität zu geben, die er so nötig braucht.«

»Daran hat die Königin sicher nicht gedacht, mein König.«

»Wie könnt Ihr dessen sicher sein? Nicht einmal unserer eigenen innersten Beweggründe können wir sicher sein. Und das Balg bedeutet ihr mehr als ich. Ich habe ihr gesagt, daß es gar nicht so edel und mutig ist, sich abschlachten zu lassen, wenn man es vermeiden kann. Es ist einfach dumm, es ist die größte und letzte

Dummheit, die es gibt, denn man kann sie nicht mehr rückgängig machen. Wenn man tot ist, ist man tot.«
Damit mag er recht haben, dachte Roger.
»Ich verachte große Gesten, wenn sie dem Feind gefallen«, fuhr Friedrich fort. »Otto könnte sich gar nichts Besseres wünschen.«
Ich hätte diesen Knaben von Assisi seinem Schicksal überlassen sollen, dachte Roger. Verdammt, wie hieß er doch? Franz, Franz Soundso.
»Ihr denkt an Euch selbst, wie?« fragte der König. »Bis vor etwa einem Jahr war ich noch ziemlich sicher, daß ich Vandria für Euch zurückbekommen könnte. Jetzt zweifle ich daran.«
Die niemals blinzelnden Augen waren voller Rätsel, wie immer. »Wenn Ihr meine Dienste verlassen wollt – es steht Euch frei.«
Roger lächelte kalt. »Auch ich hege nicht den Wunsch, dem Feind einen Gefallen zu tun, mein König. Unter Seekrankheit leide ich auch nicht. Und Tunis wird eine neuartige Erfahrung sein.«
Friedrich gab ihm das Lächeln zurück. »Gut. Dann geht und laßt die zweite Ladung an Bord schaffen. Und laßt ein paar ausgewählte Leute dort, sonst könnte es dem Kapitän in den Sinn kommen, ohne uns loszusegeln, Koran oder kein Koran.«
»Jawohl, mein König.«
Der Page Agostino kam herein. »Eine Botschaft, mein König.«
Friedrich wurde blaß. »Wo ist der Mann?«
»Im ersten Vorzimmer, mein König. Eine Empfehlung von Graf Beraldo; er sagt, es sei ein deutscher Edelmann mit seinen drei Begleitern, der um eine Audienz bittet.«
»Ein deutscher Edelmann?« wiederholte Friedrich ungläubig.
»Das Schiff«, murmelte Roger, »das kleine Schiff, das ich in die Bucht kommen sah ...«
Der König nickte. »Graf Beraldo soll kommen.«
Der Kammerherr war ein farbloser Mann anfangs der Fünfzig, von der Art der Leute, die sich aus reinem Mangel an Einbildungskraft nie vorstellen können, daß eine Änderung eintritt. »Der edle Ritter Anselm von Justingen ist eingetroffen, mein König«, meldete er, und Friedrich mußte bei sich denken, daß er das Eintreffen eines siegreichen Otto in genau der gleichen Weise verkündet hätte. »Er hat drei Lehnsmänner bei sich, und er kommt von Nün ... Nünberg.«

»Nürnberg«, verbesserte der König gelassen. »Hat er Euch irgend etwas über den Grund seines Ansinnens gesagt?«
»Er bestand darauf, daß er das nur vor Euch sagen könne, mein König.«
»Er wird mich ganz bestimmt nicht allein zu Gesicht bekommen, falls es das ist, worauf er aus ist«, erklärte Friedrich. »Mein Onkel Philipp mußte zu teuer für einen solchen Scherz bezahlen. Die Audienz ist gewährt und wird in einer halben Stunde stattfinden. Aber ich will dreißig bewaffnete Wachen in der Haupthalle haben, je drei davon zu beiden Seiten des Throns. Graf Vandria hier übernimmt den Befehl über sie. Und, Beraldo, laßt die vier Deutschen keinen Augenblick aus den Augen. Dies könnte ein Anschlag auf mein Leben sein.«
»Mein König, in der Haupthalle sind verschiedene Kisten und Bündel aufgestapelt ... ich weiß nicht wozu.«
Friedrich biß sich auf die Lippen. »Laßt sie forträumen. Irgendwohin, wo man sie nicht sehen kann. Macht schnell damit.«
Der Kammerherr verbeugte sich unberührt. Der König wandte sich zu Roger. »Es wäre so ein einfacher Ausweg für Otto«, sagte er. »Ich bin vom Papst zum Kaiser benannt, aber die Proklamation des Heiligen Vaters ist null und nichtig, wenn ich tot bin. Justingen ... das liegt in Schwaben, mein eigenes Herzogtum, der Mann ist mein Untertan, aber das bedeutet heutzutage nicht viel. Ich werde auf der Hut sein.«

*

Friedrich setzte sich auf den Thron und sah sich um. Die Haupthalle war in aller Eile leergeräumt worden; nichts war mehr da, das die unmittelbar bevorstehende heimliche Flucht hätte verraten können. Graf Beraldo stand an der Tür, dem Thron gegenüber, mit vier Schildwachen auf jeder Seite. Die Wachen in ihren Rüstungen standen auf ihren Posten, und Roger von Vandria, Schwert in der Hand, auf der rechten Seite des Königs.
Friedrichs eigenes Schwert lag bereit, quer über seinen Knien. Er nickte, der Kämmerer gab ein Zeichen, und die Türen flogen auf. »Der Ritter Anselm von Justingen mit Gefolge!«

Die vier Deutschen kamen hereinmarschiert. Anselm von Justingen war ein großer, fülliger Mann in einem dunkelblauen pelzverbrämten Wams. Auch seine Gefolgsleute trugen keine Rüstungen. Als er auf den Thron zuschritt, blickte Friedrich in ein rundes, blondes Gesicht mit klugen braunen Augen. Der Mann ging mit der gemessenen Würde, wie sie beleibte Menschen manchmal an sich haben. Vier Schritte vor dem Thron hielt Graf Beraldo, der neben ihm hergegangen war, den Ritter an, indem er seinen Zeremonienstab vor ihm ausstreckte. Der Deutsche ging auf ein Knie nieder, erhob sich, und einer seiner Gefolgsleute, ein Mann mit einem weißen Bart, reichte ihm ein Schriftstück. Er entrollte es, aber während er sprach, sah er nicht darauf. Er konnte es auswendig.
»›Euer Majestät! Der Kongreß der Fürsten des Deutschen Reichs entbietet dem hochedlen Herren, König von Sizilien und Herzog von Schwaben, seinen Gruß. Wir: König Ottokar von Böhmen, Erzbischof Siegfried von Mainz, Erzbischof Albrecht von Magdeburg, Landgraf Hermann von Thüringen, Landgraf Dietrich von Meißen und alle anderen Unterzeichneten, bevollmächtigt nach altem Brauch, unseren König und Oberlehnsherrn zu erwählen und ihn als Römischen Kaiser auf den Thron zu erheben, sind in Nürnberg zusammengekommen, um über das Gemeinwohl des Reichs zu Rat zu sitzen, Otto von Braunschweig für seine Missetaten abzusetzen und einen neuen Herrscher zu wählen. Wir blicken auf Euch als den Mann, der uns einer solchen Ehre am würdigsten erscheint, einen Mann, jung an Jahren, aber alt an Weisheit und Erfahrung, begabt mit allen edlen Gaben, Sproß jener erhabenen Kaiser, die nie ihr Leben oder ihre Reichtümer geschont haben, um das Reich zu erweitern und ihre Untertanen glücklich zu machen. Und wir laden Euch ein, Euer Königreich zu verlassen und nach Deutschland zu kommen, um die Reichskrone anzunehmen und sie gegen den Feind Eures Hauses zu verteidigen. All dieses tun wir aus eigener Wahl und eigenem Willen, wenn wir dabei auch den Rat Seiner Heiligkeit des Papstes in Betracht ziehen, der Otto von Braunschweig öffentlich in den Bann getan hat und alle Fürsten, Edlen und Geistlichen ihres Treueids gegen ihn entbunden hat. Und dieses tun wir in fester Zuversicht in die Macht und die Gerechtigkeit Gottes. Amen.‹ Gezeichnet und bestätigt von allen oben aufgeführten Fürstlichkeiten.«

Anselm von Justingen trat vor und legte mit einem zweiten Kniefall die Schriftrolle in Friedrichs Hand.
»Dank Euch, Herr von Justingen«, sagte der König. »Die uns angetragene Ehre ist in der Tat groß. Wir brauchen Zeit, um sie in allen ihren Folgerungen zu erwägen.« Er reichte das Schriftstück dem Grafen Beraldo. »Inzwischen hoffen wir, Ihr werdet den Frieden und die Ruhe unserer Gastfreundschaft genießen, nach einer Reise, die lang und anstrengend gewesen sein muß.« Mit einem Kopfnicken, das gleichzeitig Abstand und Huld verriet, entließ er die Abgesandten.
Anselm von Justingens intelligentes Gesicht konnte die Überraschung über diese königliche Kürze nicht ganz verbergen, aber Roger sah, daß er beeindruckt war, und, beim Donner, das durfte er auch sein. Es kam nicht gerade jeden Tag vor, daß einem jungen Mann von siebzehn Jahren eine Königs- und Kaiserkrone angetragen wurde. Aber daß dieser junge Mann schlicht und trocken um Bedenkzeit bat, anstatt sofort nach diesem höchsten Preis zu greifen und ihn an sich zu drücken – und das in einem Augenblick, wo er allen Grund hatte anzunehmen, daß alles verloren war... am liebsten hätte Roger vor Freude und Begeisterung laut aufgebrüllt. Er sah, wie Friedrich, über die Köpfe der abgehenden Deutschen hinweg, dem Kammerherrn ein Zeichen gab.
Wieder wurden die Türen aufgerissen, und sie marschierten hinaus, gefolgt von Graf Beraldo, der ganz höfische Grazie und Eleganz war.
Friedrich blickte seine Wachen an, eine nach der anderen, und jeder von den Männern hatte das Gefühl, in ein spezielles verschwörerisches Vertrauensverhältnis mit dem König aufgenommen zu werden: Siehst du, Roberto? Hast du das gehört, Ernesto? Was sagst du dazu, Carlo? So sieht die Sache aus. Du stehst auf der richtigen Seite, mein guter Mann, meinst du nicht?
Dann stand der König auf und ging langsam und ruhig, ohne das geringste Zeichen der Erregung, hinaus. Noch nie zuvor hatte Roger eine solche Bewunderung für ihn empfunden. Er befahl den Wachen, ihre Posten zu beziehen, und ging dann in des Königs Arbeitszimmer.
Friedrich lag mit dem Gesicht nach unten auf einem Ruhebett, die Füße in der Luft. »Was meint Ihr, wie der Mann durch Ottos Blok-

kade hindurchgekommen ist?« fragte er und fuhr gleich fort, ohne auf eine Antwort zu warten: »Sie haben einen einfachen Adligen mit drei Lehnsleuten geschickt. Gar nicht dumm. Ein Mann wie er kann reisen ohne Angst, erkannt zu werden. Was wird Otto machen? Er hat sicher schon von dem Nürnberger Kongreß gehört. Jetzt *muß* er kommen und mich erledigen. Und wir können nicht nach Norden segeln mit all den pisanischen Galeonen auf dem Meer. In ein paar Tagen hätten sie mich, und Otto könnte mich in einem Vogelkäfig mit nach Deutschland nehmen und mich vor der Nase von Ottokar von Böhmen, den Erzbischöfen und Landgrafen aufhängen. Es scheint also, die Losung heißt für uns noch immer Tunis. Wir könnten Justingen mitnehmen. Von Tunis aus könnten wir vielleicht nach Spanien oder Frankreich hinüber. Bei Sankt Mohammed und Sankt Peter, worauf wartet Otto nur noch?«
Die Antwort kam zwei Stunden später, als ein Reiter in den Palasthof preschte und gerade noch von seinem Pferd springen konnte, ehe es, am ganzen Leibe zitternd und mit Schaum vor dem Maul, zusammenbrach.
In der nächsten Minute meldete Agostino den Agenten Martino.
»Bleibt«, sagte der König zu Roger. »Vielleicht habe ich gleich Befehle für Euch.« Seine Augen leuchteten unheimlich. Martino kam herein, ein kleiner Mann mit Säbelbeinen und einem langen Schnurrbart in einem Gesicht mit tausend Falten. Als er eine Verbeugung machen wollte, fiel er auf die Knie und brach zusammen.
»Wein«, herrschte der König. »Schnell.«
Roger stürzte hinaus, gab den Befehl an Agostino weiter und raste wieder zurück. Der König hatte den Erschöpften auf eine Liegebank gezerrt und war dabei, ihm das Wams aufzureißen.
Agostino kam mit Krug und Becher, Roger goß etwas Wein ein, und der König tauchte seine Finger ein, sprenkelte ein paar Tropfen über Martinos Gesicht und rieb ihm die Schläfen. Dann erst führte er den Becher an seine Lippen. Martino stöhnte, würgte einen Tropfen herunter, dann noch einen und einen dritten. Er schlug die Augen auf. Sie waren so blutdurchschossen, daß das Weiße überhaupt nicht mehr zu sehen war, aber er lächelte, und sofort lächelte auch der König.
»Fort«, stieß Martino hervor. »Abgezogen ... nach Norden.«

»Was?« schrie der König. »Martino! Martino! Reißt Euch zusammen – nein, wartet, trinkt erst Euren Wein. Hier. So, jetzt redet, Mann.«
»Hat Nachricht bekommen … von Deutschland … abgesetzt …«
»Das weiß ich. Ich bin zum Kaiser gewählt, und Ihr könnt von mir haben, was Ihr wollt. Das Heer, Martino, was ist mit dem Heer?«
»Zieht ab … nach Norden … bis auf Garnisonstruppen.«
Friedrich richtete sich auf. »Der Fehler ist noch schlimmer, als sich vom Papst bannen zu lassen«, sagte er. »Der Ochse ist wahnsinnig. Roger, sagt Beraldo, der Rat der Familiaren soll sich in einer Stunde hier versammeln.«
»Die Mitglieder sind nicht alle in Palermo, mein König …«
»Als ob ich das nicht wüßte. Natürlich nur, wer da ist. Ich muß für die Zeit meiner Abwesenheit eine Regentschaft einrichten.«
»Ihr wollt fort, mein König, trotz der Nachricht?«
»Heiliges Jerusalem! Heiliges Mekka! Ich bin von Eseln umgeben. Ich will fort *wegen* der Nachricht, das heißt, sobald ich fort kann. Justingen muß mich begleiten. Otto geht natürlich nach Deutschland; und ich auch, um dafür zu sorgen, daß er die Fürsten nicht wieder umstimmt. Ich kenne sie. Wir müssen herausfinden, welche Reiseroute ich nehmen kann, ohne zu Land oder zu Wasser Ottos Leuten in die Arme zu rennen.
Das ist Euer nächster Auftrag, Martino – soviel wie möglich über den Rückzug des Welfen herauszufinden. Wir reisen in seinem Kielwasser, sobald das möglich ist. Und für Euch, Roger, habe ich auch eine Aufgabe: Ihr geht in die Lombardei und werbt für mich so viele Freunde, wie Ihr könnt. Wir arbeiten die Argumente noch aus. Das beste von allen ist Geld. Ich habe keins, natürlich, aber ich denke, ich kann etwas durch Justingen bekommen. Er stammt aus reichem Haus.«
»Mit Eurer Erlaubnis, mein König, ich gehe lieber erst einmal zum Hafen hinunter und hole die Kisten aus dem Moslemschiff.«
Friedrich bog den Kopf zurück und brach in Lachen aus. »Lebewohl, Tunis«, sagte er. »Ihr habt recht. Wie sich die Königin freuen wird! Und … ach, beinahe hätte ich's vergessen: ich sollte meinen Deutschen ja jetzt wohl sagen, daß ich mich entschlossen habe, die Kaiserkrone anzunehmen.«

ZWANZIGSTES KAPITEL

A. D. 1212, MÄRZ

»Mehr«, sagte Klara, »erzählt mir mehr, Vetter Ruffino.«
Der junge Ordensbruder strahlte. »Es gibt so viel zu erzählen, es will gar kein Ende nehmen. Vater Franz ist wie … wie das Meer. Ich erzähle Euch von tausend Wellen, die in der Sonne glitzern, und während ich erzähle, werden tausend neue geboren.«
Sie war damit beschäftigt, ein längliches Stück weißen Tuchs zu besticken. Draußen auf dem Domplatz war der Blumenmarkt in vollem Gang, und der Duft kam in Schwaden durch das offene Fenster herein.
»Ich brauche Euch nicht zu fragen, ob Ihr Euch in der Bruderschaft glücklich fühlt«, sagte Klara. »Man sieht es Euch schon von weitem an, und so war es doch nicht immer mit Euch bestellt, nicht wahr?«
»Ich glaube, ich hatte in meinem ganzen Leben keinen glücklichen Tag, ehe ich bei ihm war«, sagte Ruffino. »Oft habe ich gedacht, es müsse etwas bei mir nicht in rechter Ordnung sein, und so war es auch.«
»Nicht schlimmer als bei irgend jemand anderem; doch das genügt«, sagte Klara. »Aber Ihr habt nicht oft gelacht; und deshalb war ich etwas überrascht, als ich hörte, daß Ihr beigetreten seid. Sie sind alle so fröhlich.«
»Ich lerne schnell«, sagte Ruffino. »Aber das schlimmste war meine Scheu. Ich wagte überhaupt nicht, mit ihm zu sprechen.«
»Und Eure Eltern? Sind sie noch erzürnt?«
»Ja, leider. Aber bei Vater Franz war es ja auch nicht anders. Sein eigener Vater hat sich niemals damit abfinden können. *Eure* Eltern waren auch nicht gerade über mich entzückt.«
»Onkel Monaldo«, sagte Klara. Sie stieß einen kleinen Seufzer aus, aber sie lächelte dabei.
»Ja ja, Onkel Monaldo. Es wird ihm nicht leicht fallen, sich einen Neffen als Bettler vorzustellen.«
»Nein«, sagte Klara leise, »und deswegen tut er mir oft leid.«
»Aber ich darf Euch und die Euren wenigstens ab und zu be-

suchen«, sagte Ruffino, und Klara wußte nun, daß er das Haus seiner Eltern noch immer nicht betreten durfte.
»Bitte, erzählt mir noch mehr über Vater Franz.«
»Eigentlich heißt er ja Bruder Franz«, sagte Ruffino, »aber wir nennen ihn Vater; und er ist wie eine Mutter zu uns. Nein, lacht nicht, es ist wirklich so. Welcher Vater bemerkt alles bei allen seinen Söhnen? Da ist zum Beispiel Bruder... also einer von uns, der nicht sehr gut fasten kann, und eines Nachts fing er an zu schreien, er stürbe. Vater Franz stand sofort auf und sah, daß der arme Bruder fast vor Hunger umkam. Da kratzte er alle Reste, die wir noch hatten, für ihn zusammen, aber der Bruder schämte sich und wollte nicht essen. Vater Franz sagte: ›Ich esse mit dir. Wir werden uns alles genau teilen.‹ Und das taten sie, bis es dem Bruder wieder besser ging. Dann sagte uns der Vater, daß jeder von uns auf seine eigene Natur Rücksicht nehmen müsse, denn der eine brauche mehr Essen als der andere. ›Jeder‹, sagte er, ›muß soviel essen, wie sein Körper verlangt, und nicht versuchen, es denen nachzutun, die weniger brauchen, damit alle unsere Körper stark genug bleiben, um dem Geist zu dienen. Gerade so, wie wir uns vor zu viel Essen hüten müssen, das für Körper und Seele hinderlich ist, müssen wir uns auch, und erst recht, vor zu großer Enthaltsamkeit hüten. Der Herr will lieber Nachsicht als Opfer.‹«
Klara hörte gespannt zu und nickte. »Es ist nicht schwer, sich selbst zu kennen«, murmelte sie. »Sagt ... ist es wahr, daß er die Sprache der Tiere spricht? Der Vögel?«
Ruffino zögerte.
»Es könnte wohl so sein«, fuhr sie ruhig fort. »Ich glaube, Adam und Eva konnten es vor dem Sündenfall. Sicher gehört es zur Vollkommenheit. Und Vater Franz ...« Sie brach ab.
»Er liebt sie«, sagte Ruffino nach einer langen Pause. »Alle, glaube ich. Bruder Ägidius sagt, er hätte einmal einen Hasen gefunden, der mit dem Lauf in eine Falle geraten war. Er brachte ihm den Hasen, und der Vater sagte: ›Kleiner Bruder Hase, warum hast du dich so übertölpeln lassen! Komm.‹ Und der Hase hüpfte ihm sofort auf den Schoß und ließ sich streicheln.«
»Bruder Hase«, wiederholte Klara lächelnd.
»O ja, sie sind alle Brüder und Schwestern für ihn, und nicht nur

die Tiere. Da gibt es den Bruder Sonne und die Schwester Mond und Bruder Feuer und Schwester Wasser. Bei jedem anderen würde es albern und süßlich klingen, wie Honig mit Zucker vermischt, aber bei ihm gar nicht; es ist einfach natürlich. Ich möchte wissen, wieso ...«

»Weil er meint, was er sagt«, sagte Klara und betrachtete kritisch ihre Handarbeit.

»Ihr habt vollkommen recht, *Schwester* Klara«, sagte Ruffino lachend, und zu seiner Überraschung wurde sie tiefrot. »Wir hatten eine Zeitlang einen Fasan bei uns zu Besuch«, fuhr er fort. »Und wir hatten Schwester Zikade, die immer zirpte, wenn er sie darum bat, und ...« Er brach plötzlich ab.

»Es *ist* also wahr«, sagte Klara. »Ich hörte etwas von Schwalben ...«

»Ja«, sagte Bruder Ruffino, und als sie aufblickte, sah sie, daß er den Kopf gesenkt hatte.

»Ach so«, sagte sie leise, »Ihr waret dabei?«

Er nickte.

»Hat er euch verboten, darüber zu sprechen?«

»N-nein. Nicht ausdrücklich. Das ging nicht. Es waren so viele Leute dabei, hundert vielleicht oder noch mehr. Aber... es spricht sich nicht leicht darüber. Es ist ... es klingt so unwahrscheinlich.«

»Nichts ist bei ihm unwahrscheinlich, außer dem Bösen«, sagte Klara. »Sprecht ruhig weiter, Ruffino.«

»Nun, wir waren in Alviano, und er wollte predigen, nicht in der Kirche, sondern einmal draußen im Freien. Er stand auf einer Bodenerhöhung, so daß man ihn gut sehen konnte, und er bat um Ruhe. Alle wurden mäuschenstill ... außer den Schwalben. Sie müssen ihre Nester in der Nähe gehabt haben, und sie zwitscherten drauflos und sangen, die Luft war angefüllt damit. Vater Franz blieb eine Weile still – deshalb haben die Leute vielleicht gedacht, er könnte verstehen, was sie sagten ...«

»Vielleicht«, sagte Klara.

»Und dann sagte er laut und vernehmlich: ›Liebe Schwalben, es ist jetzt an der Zeit, daß ich einmal spreche. Ihr habt gesagt, was ihr zu sagen habt. Jetzt hört auf das Wort des Herrn und seid still, bis die Predigt vorüber ist.‹«

»Und sie waren still?«
»Sie waren still. Als er das Amen sprach, fingen sie wieder an, ganz laut, als wollten sie die Zeit nachholen, die sie geschwiegen hatten. Ihr könnt Euch vorstellen, was die Leute sagten.«
»Sie haben natürlich gesagt, er sei ein Heiliger, und das ist er auch«, stellte Klara fest. »Und Ihr fühlt Euch gehemmt, weil Ihr einer seiner Brüder seid und die Leute über Euch ähnliches sagen könnten, obgleich Ihr doch in Eurem Herzen wißt, daß Ihr kein Heiliger seid, oder noch keiner.«
»Klara, Ihr dürft nicht …«
»Es ist doch wahr, oder nicht? Könnt Ihr nicht Euch selbst einmal vergessen und einfach nur an die wahre Herrlichkeit denken, die weder Euer noch selbst sein ist, sondern nur des Einen, der Euch und ihn und die Schwalben gemacht hat?«
Er betrachtete sie sinnend. »Wie schade, daß Ihr ein Mädchen seid«, sagte er. »Wäret Ihr das nicht, so bin ich sicher, daß Vater Franz Euch nur zu gerne haben wollte.«
»So ein Unsinn«, sagte sie streng. »Es kann doch nicht schade sein, daß ich ein Mädchen bin, denn so will mich ja Gott haben. Das ist doch klar. Natürlich, wenn ich ein Junge wäre, ein Mann, meine ich …«
Bona Guelfuccio steckte ihre Knopfnase ins Zimmer. »Klara … oh, Ihr seid es, Ruffino, ich wußte gar nicht, daß Ihr da seid.«
»Die Gräfin weiß es«, sagte Ruffino. »Guten Abend, Tante Bona.«
»Guten A … Klara, deine Mutter möchte, daß du ein gutes Kleid anziehst und in die Halle kommst. Wir haben einen Besucher.«
»Schon wieder?«
»Ja, schon wieder, aber *der* ist, glaube ich, noch niemals dagewesen. Ein Sizilianer und ach, was für ein eleganter junger Mann. Ein Graf Roger von … das andere habe ich vergessen.«
Bona Guelfuccio kam endlich ganz hereingewatschelt, ihre Augen funkelten. »So etwas Komisches ist passiert«, sagte sie.
»Er sprach mit uns, Onkel Monaldo und deinen Eltern und mir, und mit einemmal sprang er vom Stuhl auf und sagte: ›Gräfin Klara!‹, und wir sahen uns alle um, und herein kam die kleine Beatrix …«

Klara schüttelte den Kopf. »Das verstehe ich nicht. Woher kannte er meinen Namen, und warum hielt er...«
»Das ist eben das Komische daran«, erklärte Tante Bona. »Natürlich habe ich ihn gefragt.«
»Natürlich«, sagte Klara.
»Ja, ich wollte es doch wissen. Aber er sagte nur, er hätte gedacht, du wärest es, ich meine, Beatrix wäre du oder vielmehr...«
Klara begann zu lachen. »Ihr müßt das irgendwie durcheinandergebracht haben, Tante Bona.«
»Ich habe es nicht durcheinandergebracht«, protestierte die beleibte Dame. »Er war es, der es durcheinander...«
»Beatrix ist zehn Jahre jünger als ich!«
»Sie sieht sehr ähnlich aus wie Ihr, als Ihr in ihrem Alter waret«, mischte sich Ruffino ein. »Aber wie konnte dieser Mann das wissen, wenn er noch nie hier war?«
»Ich verstehe es wirklich nicht«, sagte Klara, während sie ihre Handarbeit fortlegte. »Ich muß mich jetzt umziehen.«
»Das mußt du allerdings«, rief Tante Bona. »Aber mach nicht so ein Gesicht. Er ist ein sehr gut aussehender junger Mann. Komm, beeile dich. Ihr müßt uns entschuldigen, lieber Ruffino, das heißt, ich sollte sagen Bruder Ruffino, aber das ist auch ein bißchen komisch und durcheinander, wo ich doch Eure Tante bin.«

*

»Höchst interessant«, sagte Graf Monaldo. »Der junge Mann da unten in Palermo ist also nicht nur begabt, sondern brillant. Wir haben natürlich schon davon gehört, aber es wird ja von interessierter Seite immer so viel Schmeichelhaftes verbreitet...«
»Er ist mehr als brillant«, sagte Roger. »Er wird ein neues Zeitalter schaffen. Sein eigenes Zeitalter.«
»Wir könnten ein neues Zeitalter gebrauchen«, erklärte Graf Monaldo. »Seht Euch nur an, in welchem Zustand die Welt ist. Stimmt's, Favorino? Ortolana? Es könnte kaum schlimmer sein. Immerfort zwei Kaiser, erst Philipp und Otto, und jetzt Otto und Friedrich...«
»Otto«, sagte Roger, »ist nicht mehr Kaiser.«

»Vielleicht nicht«, sagte Monaldo und strich sich den Bart. »Aber er benimmt sich doch, als ob er es noch immer wäre. Teile seines Heeres sind auf dem Weg nach Deutschland hier durchgekommen, zu Tausenden. In Perugia und Rieti und Spoleto haben sie vor vier Monaten fürchterlich gehaust.«
Roger nickte. »Der Mann ist verzweifelt.«
»Ich weiß nicht recht«, sagte Monaldo mit einem diplomatischen Lächeln. »Nach dem wenigen zu urteilen, was wir hier hören, sind noch viele deutsche Fürsten für ihn. Und König Friedrich – oder sollte ich sagen: Kaiser Friedrich? wohl noch nicht, er ist noch nicht gekrönt –, nun, jedenfalls ist er noch in Palermo.«
»Der Papst hat ihn in seinen letzten Reden immer Kaiser genannt«, sagte Roger. »Und was seinen Aufenthaltsort anbetrifft, so kann ich es Euch nicht sagen.«
»Oh, oh, Ihr scheint aber mehr zu wissen, als Ihr uns sagen könnt, Graf.«
Roger zog die Augenbrauen hoch. Er sagte nichts.
»Seid Ihr schon lange im Dienste Eures Königs?« fragte Graf Monaldo.
»So sehr lange kann es noch nicht sein«, sagte Gräfin Ortolana mit einem Lächeln. »Ihr seid noch sehr jung, mein lieber Graf. Allerdings nicht ganz so jung wie der König ... der Kaiser, meine ich.«
»Er steht im achtzehnten Lebensjahr«, sagte Roger, »aber sein Kopf ist dreimal so alt. Ich habe so etwas noch nie erlebt. Ist der neue Herzog von Spoleto noch in Italien?«
»Herzog Diepold? Ich glaube, er ist mit Kaiser... mit Otto von Braunschweig nach Deutschland gegangen.«
»Klug von ihm«, meinte Roger trocken. »Ich möchte annehmen, daß sich in Kürze einiges ändern wird.«
»Ah, ja«, sagte Graf Monaldo. »Aber was – das ist die Frage.«
»Ein neuer Herzog von Spoleto ist eine ziemlich sichere Voraussage«, gab ihm Roger zu wissen. »Diepold ist bei meinem Herrn nicht sehr gut angeschrieben. Ich muß mir die Stadt einmal ansehen.«
»Ich hoffe, Ihr werdet es damit nicht allzu eilig haben«, sagte Graf Favorino liebenswürdig. »Wir würden uns glücklich schätzen, Euch noch ein wenig hier zu behalten. Nicht daß Assisi einem jungen Mann von Welt wie Euch allzuviel zu bieten hätte ...«

»Ich machte heute morgen bei der Ankunft eine merkwürdige Erfahrung«, sagte Roger. »Ich trage nicht gerne große Summen bei mir und habe mir deshalb von meinem Bankhaus Wechsel auf verschiedene Häuser in der Lombardei ausstellen lassen. Nun hatte man mir gesagt, ich solle mich deswegen an Ser Bernard von Quintavalle wenden, und ich wollte ihn in seinem Hause aufsuchen. Aber er scheint verschwunden zu sein ...«
Graf Monaldo schnaubte verächtlich: »Er hat sein Haus aufgegeben – und seinen gesunden Menschenverstand dazu. Er ist jetzt einer von diesen Ich-weiß-nicht-was-Brüdern, die ›Minderen Brüder‹ oder wie sie sich nennen, und lebt vom Betteln.«
»Das ist unmöglich«, rief Roger ungläubig. »Ich hörte doch, er sei ein sehr vermögender Mann. Wie hat er das alles verlieren können?«
»Er hat es nicht verloren«, sagte Graf Favorino. »Er hat alles weggeschenkt.«
»An seine Familie?«
»Familie hat er nicht. Er hat es an die Armen verteilt.«
»Ein Wahnsinn, natürlich«, sagte Graf Monaldo. »Die Armen sind arm, weil sie nicht genug Verstand oder Fleiß haben, um Reichtum zu erwerben. Aber heutzutage, bei unseren unsicheren Zeiten, ist es viel schwieriger, Reichtum zusammenzuhalten, als ihn zu erwerben. Wenn es einem Mann schon an Verstand und Fleiß fehlt, ihn zu erwerben, wie kann man da von ihm erwarten, daß er ihn behält? Stimmt's, Favorino? Ortolana? Ein Wahnsinn. Aber Quintavalle ist nicht der einzige, der auf diesen neuen Leim gekrochen ist. Eine ganze Reihe von Leuten scheint plötzlich zu entdecken, daß es eine wundervolle Sache sei, alles wegzuwerfen, was sie haben, und der Bruderschaft beizutreten. Der Bursche, der das alles angefangen hat, war der Sohn eines der reichsten Leute in der Stadt, Franz Bernardone. Hat seinem armen Vater das Herz damit gebrochen.«
»Franz ... Bernardone ...«, wiederholte Roger verblüfft.
Aber in diesem Augenblick erschien Bona Guelfuccio mit drei jungen Mädchen, die Gräfin begann sie vorzustellen, und Roger mußte sich verbeugen und jene Komplimente murmeln, die gegenüber jungen, unverheirateten Damen des Adels erlaubt waren. Ori-

ginalität wäre dabei eine Beleidigung gewesen. Nur fahrende Troubadoure durften die Grenze überschreiten. Aber es war Roger nur recht, er hätte im Augenblick ohnehin an nichts Originelles denken können.

»Meine Töchter, Klara, Agnes und Beatrix – aber Beatrix habt Ihr ja schon kennengelernt.«

»Ja«, sagte die kleine Beatrix eifrig, »er hat mich kennengelernt, aber er dachte, ich sei Klara. Weshalb habt Ihr das eigentlich gedacht, Herr Ritter?«

»Und wer hat dich gelehrt, solche Fragen zu stellen, mein Kind?« fragte ihre Mutter streng.

»Verzeiht, Mutter«, sagte Beatrix, »das ist nur, weil ich neugierig bin.« Das Gelächter der Erwachsenen kam ihr ganz überraschend. Sogar Onkel Monaldo lächelte beinahe.

»Ich muß gestehen, daß ich diese Neugier mit meiner Nichte teile«, sagte Bona Guelfuccio mit einem hochgeschraubten Kichern. »Wie kommt es wirklich, daß Ihr unsere kleine Beatrix mit Klara verwechseln konntet, Herr Ritter, wo Ihr doch vorher nie jemanden von uns gesehen habt?«

»Aber er hat Euch schon gesehen, Tante Bona«, sagte Klara ruhig. »Und mich ebenfalls, als ich acht war, so wie Beatrix jetzt.«

»Was redest du da, Klara?« rief Graf Favorino. »Dieser edle Ritter ist Sizilianer und kommt soeben aus Palermo.«

»Und wo habe ich schon den großen Vorzug gehabt, Euch zu begegnen?« fragte Roger atemlos.

»In Perugia«, sagte Klara. »Wir sahen uns im Verlies.«

»Klara«, schrie die Gräfin, »was sagst du da!«

»Aber es stimmt doch, Mutter. Tante Bona und ich gingen ins Verlies, um den Gefangenen von Assisi etwas zu essen zu bringen, und einer von ihnen war der Ritter.«

»Das ist vollkommen richtig, edle Gräfin«, bestätigte Roger. »Und als Ihr das erstemal hereinkamt, habt Ihr mir wahrscheinlich das Leben gerettet, denn einige meiner Mitgefangenen schickten sich gerade an, mich umzubringen.« Wie schön das Mädchen war. Wie wunderschön.

»Dann bin ich froh, daß ich kam«, sagte Klara ernst und schlug die Augen nieder.

»Ihr sahet aus wie ein Engel, der geradeswegs vom Himmel kam, und bei Eurem Anblick fielen alle in Schweigen.«
Doch das war die Sprache der Troubadoure, und die Gräfin wurde unruhig.
»Das ist alles sehr überraschend«, sagte sie.
»Setzt euch hin, Mädchen, ihr macht mich ganz nervös, wie ihr da alle in einer Reihe herumsteht wie die Enten.«
»Ich bin keine Ente, Mutter«, protestierte Beatrix. »Ich bin wie ein Engel geradeswegs vom Himmel.«
»Was?«
»Jawohl, das bin ich. Der Ritter hat gesagt, so hätte Klara ausgesehen, als sie klein war, und als er mich sah, dachte er, ich wäre Klara. Also!«
»Bona«, sagte die Gräfin. »Beatrix braucht dringend Unterricht im Benehmen. Bitte, geht sofort mit ihr hinaus und nehmt sie Euch vor.«
Überraschend machte Beatrix einen Knicks vor Roger.
»Wenn Ihr mich gütigst entschuldigen wollt, Herr Ritter«, sagte sie feierlich. »Ich muß jetzt gehen.« Dann knickste sie vor den übrigen Versammelten und ging so schnell hinaus, daß die dicke Bona Guelfuccio sie nicht mehr einholen konnte.
»Und wie kommt es, daß ein sizilianischer Edelmann es für richtig hielt, auf seiten der Bürger von Assisi den Angriff auf Perugia mitzumachen?« erkundigte sich Graf Monaldo stirnrunzelnd.
Roger lächelte. »Ich war damals ein fahrender Ritter auf der Rückkehr von Deutschland und bereit, mich in jedes Abenteuer zu stürzen, das mir in die Quere kam. Oder, falls Euch das besser gefällt: Ich war sehr jung und unerfahren.«
»Ihr seid noch immer sehr jung«, sagte Gräfin Ortolana freundlich.
»Aber nicht mehr unerfahren, edle Gräfin. Am Hofe meines Herrn bekommt man schnell Erfahrung.« Und wieder begann er, die Vorzüge König Friedrichs zu preisen, seinen Scharfsinn, seine Klugheit, seine großzügige Art, seine ungewöhnliche Gelehrsamkeit, den Mut, den er bei den vielen Heimsuchungen der Vergangenheit bewiesen hatte. Die Worte kamen ihm leicht – er hatte sie nun schon so oft gebraucht, wenn er in einer Stadt nach der anderen mit den Einflußreichen sprach, den Boden für Friedrich ebnete,

Hoffnungen weckte, Vertrauen einflößte. Er wußte es alles auswendig und konnte dabei von Zeit zu Zeit seine Augen auf der Erscheinung vollkommenster Schönheit ruhen lassen – Klara mit achtzehn Jahren, alles an ihr, von der Flut heller Locken, die, noch nicht von der enganliegenden Kopfbedeckung verheirateter Frauen gefesselt, verschwenderisch über ihre Schultern flossen, bis zu den winzigen, gerade noch unter dem Saum ihres blauen Kleides sichtbaren Füßen.

Er war achtundzwanzig und wahrhaftig nicht mehr unerfahren. Aber die paar verstohlenen, kurzlebigen Liebesabenteuer, die er mit dunkeläugigen Schönheiten Palermos gehabt hatte, versanken ins Nichts. Es war gar kein Vergleich, es konnte keiner sein. Er kam sich wie ein Gassenjunge vor, der zum erstenmal in seinem Leben vor einer Königin steht, und nur der dünne Lack guter Manieren bewahrte ihn davor, plump und linkisch zu wirken. Es war nicht seine Absicht gewesen, die Vergangenheit in Erinnerung zu rufen und zuzugeben, daß er ihr schon einmal begegnet war, und er war wütend über sich, daß ihm der Ausruf ›Gräfin Klara!‹ entschlüpft war, als er zuerst die kleine Beatrix gesehen hatte. Doch dann, als Klara ihn mit solcher Sicherheit wiedererkannte, hatte es keinen Ausweg mehr gegeben, und es wäre ihm nie eingefallen, seine Identität abzuleugnen. Vielmehr empfand er eine überschwengliche, absurde Freude darüber, daß sie sich an ihn erinnerte, obgleich sie damals nur ein Kind gewesen war und ihn zusammen mit Dutzenden von anderen gesehen hatte.

»Der junge Friedrich hat einen guten Fürsprecher an Euch«, sagte Graf Monaldo. »Und was hat er für Euch getan, wenn ich das fragen darf?«

»Für mich?« Roger mußte rasch wieder Ordnung in seine Gedanken bringen. »Seine letzten Worte an mich, bevor ich ihn verließ, waren: ›Nach meiner Krönung werde ich Vandria zum Herzogtum erheben.‹« Es war die Wahrheit und machte sichtlich Eindruck auf den Grafen.

»Er scheint ganz anders zu sein als sein Vater«, sagte er. »Oder sein Großvater; gar nicht zu sprechen von Kaiser... von Otto von Braunschweig.«

»Es gibt niemanden, der ihm gleicht«, sagte Roger. »Wie ich Euch schon sagte, seine Regierung wird der Beginn eines neuen Zeitalters sein.«

»Nun, das Deutsche in ihm ist jedenfalls durch sein sizilianisches Blut gemildert … veredelt ist vielleicht ein besseres Wort dafür«, sagte Graf Monaldo würdevoll. »Wir müssen auf das Beste hoffen. Es ist höchste Zeit, daß in unser armes Land wieder einigermaßen geordnete Verhältnisse einkehren und diese Zustände endlich aufhören, wo eine Stadt die andere bekriegt, die Bürger sich besser vorkommen als die Adligen und halbverrückte Bettler auf dem Markt und auf den offenen Feldern zu den Leuten predigen.«

»Aber Onkel Monaldo, wie kann denn alles besser werden, solange wir nicht unsere Herzen ändern?« ließ sich die junge Gräfin Agnes unerwartet vernehmen. »Klara sagt, die Kleinen Brüder täten mehr Gutes als manch ein Prälat.«

Roger sah sie an. Sie war ihrer Schwester ganz unähnlich, blaß, zerbrechlich, dunkelhaarig, mit unwahrscheinlich großen Augen, ein Gesicht, wie man es sich auf einem Bild auf goldenem Grund im byzantinischen Stil vorstellen konnte. Ihr Alter war schwer zu bestimmen, fünfzehn vielleicht oder sechzehn – sicherlich jünger als Klara.

»Die jungen Damen unseres Hauses haben eine Vorliebe, ihre eigenen, manchmal recht ungewöhnlichen Ansichten zum besten zu geben«, sagte Graf Monaldo leicht gekränkt.

»Agnes hat meistens dieselben Ansichten und Meinungen wie Klara«, sagte die Gräfin versöhnlich, »und beide haben scheinbar zu oft ihrem Vetter Ruffino zugehört, der voriges Jahr dieser merkwürdigen Bruderschaft beigetreten ist.«

»Sagtet Ihr nicht, daß Franz Bernardone damit angefangen hat, Graf?« erkundigte sich Roger.

»Ja«, sagte Graf Monaldo gereizt, »und damit nicht genug, er hat es fertiggebracht, von Rom so eine Art von Einverständnis für seine … äh … Lebensweise zu bekommen. Es geht das Gerücht, er hätte eine Audienz beim Papst selber gehabt, was natürlich Unsinn ist. Innozenz der Dritte hat andere Sorgen.«

»Bruder Franz war wirklich beim Heiligen Vater, Onkel Monaldo«, sagte Klara. »Ruffino … Bruder Ruffino hat mir alles erzählt.«

»Wirklich, Ortolana, es ist ganz unerträglich, daß diese Mädchen fortgesetzt die Erwachsenen unterbrechen …«

»Es tut mir leid, Onkel Monaldo«, sagte Klara, »ich dachte, Ihr hättet zu Ende gesprochen.«
»Das hatte ich aber nicht«, sagte Graf Monaldo heftig und verfiel dann prompt in Schweigen.
Eine Weile wagte niemand etwas zu sagen.
Roger entschloß sich, das Eis zu brechen. »Das letzte, was ich vom jungen Franz hörte, war, daß er ein großer Kriegsführer werden wollte. Jetzt scheint er ganz andere Ambitionen zu haben, und vielleicht ist das ganz gut so. Ich glaube, er hätte keinen guten Heerführer abgegeben.«
»Lieber ein guter Bettler als ein schlechter Heerführer, wie?« sagte Graf Monaldo trocken.
»Immerhin, ich kann an dem, was Ihr mir über ihn und Ser Bernard von Quintavalle sagtet, nicht ganz die Logik sehen«, fuhr Roger mit einem verschmitzten Lächeln fort. »Wenn Besitz als ein Übel anzusehen ist, warum es dann den Armen auferlegen?«
Der Graf lachte aus vollem Halse. Favorino und Ortolana lächelten höflich. Klara blickte zu Boden und sagte nichts, aber Roger sah, wie sie die Hand ihrer Schwester drückte, so als wollte sie sagen: ›Gib keine Antwort, laß ihn nur reden.‹ Aus irgendeinem Grunde ärgerte ihn das. »Ihr scheint mit meiner Ansicht nicht einverstanden, Gräfin Klara«, sagte er. »Habt Ihr wirklich eine so hohe Meinung von dieser seltsamen Bruderschaft?«
»Die Meinung unwissender junger Mädchen kann schwerlich von besonderem Interesse für Euch sein, mein lieber Graf«, sagte Onkel Monaldo rasch.
»O doch«, beharrte Roger. »Es wäre sonst auch ganz unverzeihlich, da es sich in diesem Fall um eine große Dame handelt, der ich, soviel ich weiß, mein Leben verdanke. Eine recht große Verantwortung für Euch übrigens, Gräfin Klara. Die Sarazenen sagen, daß, wenn man einem Mann das Leben rettet, man sich darum kümmern muß, was er mit dem Rest anfängt.«
»Ich bin kein Sarazene«, sagte Klara schroff. Nach einem Augenblick fügte sie hinzu: »Ich werde für Euch beten«, und aus purer Verblüffung lachte Roger etwas lauter, als er beabsichtigte. »Ihr habt mir noch nicht gesagt, was Ihr von meiner Theorie über die Armen haltet«, neckte er.

»Doch«, erwiderte Klara. »Ich sagte, ich würde für Euch beten.«
Diesmal konnte er seinen Ärger nicht unterdrücken. »Ich bin selbst jahrelang arm gewesen, Gräfin«, sagte er, »aber ich konnte keinen besonderen Vorteil für meine Seele darin erblicken. Es machte mich mißgünstig und unsicher, und ich sah keine Gerechtigkeit in der Welt. Ich bin auch nicht der Ansicht, daß ein Mann besser ist als seine Mitmenschen, nur weil er sie anbettelt.«
»Richtig«, sagte Graf Monaldo, »hört zu, was der Graf von Vandria sagt, Mädchen.«
»Nichtsdestoweniger«, sagte Roger in milderem Ton, »bin ich Euch sehr dankbar, Gräfin, daß Ihr mir Gutes wünscht.«
»Das ist meine Pflicht«, sagte Klara unbewegt.
In diesem Augenblick verkündete der Majordomo, daß das Abendessen bereit sei, und ehe Roger noch etwas sagen konnte, hieß Ortolana ihre Töchter sich zurückziehen, was sie mit einem höflichen Knicks taten.
Bei Tisch wurde nur von Politik gesprochen, und bald danach zog man sich zurück. Der Majordomo führte Roger zu seinem Zimmer, wo sich seine beiden Diener bei ihm meldeten.
»Sind die Pferde gut versorgt?«
Das waren sie, und die Diener gleichfalls.
»Wir werden wahrscheinlich etwas länger hier bleiben, als ich dachte«, erklärte Roger in nachlässigem Ton.

EINUNDZWANZIGSTES KAPITEL

Die Gastlichkeit der Edlen von Scifi war höchst erfreulich. Das große Haus am Domplatz wurde von einer zahlreichen Dienerschaft reibungslos besorgt, und mehr als einmal mußte Roger an den königlichen Haushalt in Palermo denken, jedenfalls wie es vor der Heirat des Königs dort zugegangen war, als alles noch drunter und drüber ging.
Die Scifis waren eine stolze Familie. Selbst wenn Graf Monaldos

Behauptung, daß er ihren Namen bis zum alten Scipio Africanus zurückverfolgen könne, Unsinn war – und aller Wahrscheinlichkeit nach war sie das –, so bestand kein Zweifel darüber, daß sie eine der besten Familien in Umbrien und ganz bestimmt ein Machtfaktor waren. Man würde keine Entschuldigung dafür brauchen, daß man den Aufenthalt hier bereits zweimal verlängert hatte.

Alles ging also gut – und nichts. Es war eine höchst angenehme und zutiefst erbitternde Zeit. Zwei Wochen – und er hatte Klara nur dreimal gesehen und nicht einen Augenblick allein.

Was es noch schlimmer machte, war, daß sie es, in einer feinen und höflichen Art, so einzurichten schien. Keine der Töchter nahm an den Mahlzeiten der Eltern teil – gut, das war bei den altmodischeren Adelsfamilien so Sitte. Aber vormittags hatten die jungen Damen Musik- und Handarbeitsstunden, nachmittags machten sie lange Spaziergänge in der Gesellschaft ihrer dicken, stupsnäsigen Tante, und es wäre ein schwerer Verstoß gegen die Etikette gewesen, wenn man auch nur versucht hätte, sie zu begleiten.

Und doch wußte er, daß ihre Eltern ihn schätzten, und warum sollten sie eigentlich auch nicht? Selbst der alte Brummbär Monaldo schien recht gut auf ihn zu sprechen zu sein, ein Erfolg der vielen Stunden, in denen er sich geduldig seine politischen Tiraden und seine Klagegesänge über den Niedergang der Adelsprivilegien und das Aufkommen plebejischer Sitten und Machtansprüche in ganz Italien und überall in der Welt anhörte. »Mein lieber junger Freund, wenn Euer König keinen Riegel vorschiebt, und zwar schnell, dann wird ganz Europa bald eine Brutstätte von machttrunkenen Bürgern, Ketzern und heiligen Bettlern sein, und den adligen Familien wird nichts übrigbleiben, als ihre Schlösser zu verkaufen und mit Seide und Lederwaren hausieren zu gehen.« Woraufhin man ihm versichern mußte, daß König Friedrich das alles ändern würde.

Man hatte die ganze Familie für sich eingenommen, nur nicht die, auf die es ihm ankam, und sie war so schwer zu fassen wie eine Fata Morgana.

Das sagte er ihr auch, als es ihm endlich gelang, sie in Begleitung der unvermeidlichen Tante zu stellen, während sie gerade das Haus zu einem dieser Spaziergänge verließ, und sie erwiderte sehr

ungnädig: »Es ist besser, man geht, als daß man hört, was man nicht hören will.«
»Ich verspreche, daß ich nichts sagen werde, was Euch irgendwie verletzen könnte. Ich habe stundenlang darüber nachgegrübelt, womit ich mir Euren Unwillen zugezogen haben kann, aber was es auch sei, es sollte doch Vergebung möglich sein für einen, der so aufrichtig bereut?« Das schien sie etwas milder zu stimmen, und er beeilte sich, hinzuzufügen: »Wollt Ihr mir nicht verraten, was ich tun kann, um Eure Gunst zu erringen? Nicht einmal die Königin von Sizilien, die doch eine stolze Spanierin ist, hat mich mit solcher Kälte behandelt.«
»Das möge Gott verhüten, daß ich aus Stolz handle«, sagte sie und blickte an ihm vorbei. »Aber Ihr habt unziemlich von einem Mann von großer Heiligkeit gesprochen.«
»Ich? Ich kann mich gar nicht entsinnen ... gewiß, ich habe vielleicht im politischen Gespräch Seine Heiligkeit den Papst in einer Weise erwähnt, die möglicherweise mißverstanden werden konnte ...«
»Ich meinte nicht den Heiligen Vater«, sagte Klara, »sondern Bruder Franz.«
»Aber Euer Onkel, Graf Monaldo, scheint ihm doch noch viel ablehnender gegenüberzustehen als ich ...«
»Onkel Monaldo ist das Haupt unserer Familie, und es steht mir nicht an, ihn zu kritisieren. Auch zu Euch würde ich nicht darüber sprechen, wenn Ihr mich nicht gefragt hättet.«
»Dann bin ich froh, daß ich es getan habe, Gräfin Klara, und ich würde lieber der ärmste Bettler der Welt sein, als zu wissen, daß Ihr mit mir unzufrieden seid.«
»Wenn Ihr es wäret, so würde ich es nicht sein«, sagte Klara, »doch zweifle ich daran, daß Euch das dazu bringen würde, den Minderen Brüdern beizutreten.«
Hatte sie nicht einen Funken Lachen in den Augen? Er konnte überhaupt nicht aus ihr klug werden. Aber wenigstens hatte er sie zum Sprechen gebracht, indem er das richtige Thema anschlug. »Vielleicht verstehe ich ihn nur nicht gut genug, Gräfin Klara. Ich kann nicht einsehen, warum es ein so großer seelischer Vorteil sein soll, wenn man seinen Besitz fortwirft ... oder den Armen gibt«,

fügte er schnell hinzu. »Wenn es aber so ist, belehrt mich bitte eines Besseren.«

»Könnt Ihr Euch unseren Herrn Jesus Christus als einen reichen Mann auf Erden vorstellen?« fragte Klara. »Könnt Ihr Euch vorstellen, daß Er versuchte, viel Gold und Silber anzuhäufen und doch der wäre, der Er war?«

»Vielleicht nicht«, gab er zu. »Aber, bei allem Respekt, der gute und heilige Franz ist doch nicht Christus.«

»Er ist derjenige, dessen Leben von allen Menschen, die ich je gesehen habe, dem unseres Herrn am nächsten kommt«, sagte sie.

Er mußte ihren kalten, hartnäckigen Widerstand bannen, mußte ihn um jeden Preis niederreißen. »Nun, wenn er Euch so viel bedeutet, dann bin ich froh, daß ich ihm vor zehn Jahren das Leben gerettet habe.«

Ihre Augen weiteten sich. »Ihr... habt ihm das Leben gerettet?«

Er stieß alle Einwände beiseite, die ihm die Ehre eingab. Jetzt hatte er sie soweit, daß sie ihm gespannt zuhörte. »Ja – in der Schlacht von Ponte San Giovanni. Ich wußte, daß die Schlacht verloren war, und ich hätte mit Leichtigkeit entkommen können. Aber ich sah, wie ein Mann versuchte, dem kleinen Franz seinen Spieß durch den Rücken zu rennen, und ritt in das Getümmel zurück und schlug ihm über den Helm. Im nächsten Augenblick wurde ich selbst getroffen und wachte in Perugia auf, ein Gefangener wie Franz. Es hat mich ein Jahr meines Lebens gekostet, ein Jahr im Verlies von Perugia. Er weiß davon nichts.«

Mit zitternder Stimme sagte sie: »Ich wußte nicht, wie tief ich in Eurer Schuld stehe.«

»Die Schuld wurde reichlich zurückgezahlt, als es mir erlaubt war, Euch in das Verlies kommen zu sehen«, sagte er, und es war ihm fast ernst damit.

Tante Knopfnase murmelte etwas, Klara sank in einen tiefen Knicks, die beiden Damen gingen von dannen, und da stand er, zufrieden mit sich, daß er endlich Fortschritte gemacht hatte, und gar nicht glücklich über seine Enthüllung. Je länger er darüber nachdachte, um so weniger gefiel es ihm. Sie war ihm nun dankbar dafür, daß er einem anderen das Leben gerettet hatte. Was nützte ihm das? Dankbarkeit war der bleichsüchtigste aller Helfer in der Liebe und der schäbigste. Und warum war sie wohl so beeindruckt von dem seltsamen kleinen Mann? Heilig nannte sie ihn. Warum sollte es heilig sein, zu betteln? Christusähnlich! So zu sein, war oft genug der Ehrgeiz von Leuten, die nicht genug Mut hatten, um es im Leben zu etwas zu bringen, oder der von Träumern. Er dachte an Franz im Gasthaus in Spoleto, krank und unfähig, sich aufzuraffen und Abenteuer und Gefahren gegenüberzutreten.

Ach was, das Mädchen war eben gerade in einer religiösen Phase ihres Lebens, wie das bei jungen Damen aus gutem Hause oft vorkam. Laß einen hübschen jungen Priester zu ihnen sprechen und ihnen etwas von einem wunderschönen Himmel jenseits der Wolken erzählen, und schon gingen sie los, mit edler Inbrunst und Begeisterung, um ›Gutes zu tun‹ oder, noch öfter – gut daherzureden. Glücklicherweise wurde so etwas nach einer Weile ziemlich langweilig. Nein, Gräfin Klara fehlte nichts, was eine Ehe nicht heilen konnte.

*

»Ich habe den Grafen von Vandria gebeten, über Ostern bei uns zu bleiben«, sagte Onkel Monaldo, »und erfreulicherweise hat er angenommen.«

Graf Favorino und Ortolana tauschten Blicke aus. Tante Bona saß kerzengerade. Sie kannten alle das Familienoberhaupt zu gut, um irgend etwas zu sagen. Er würde bald mit mehr herausrücken. Und das tat er denn auch. »Ich habe gewissenhafte Erkundigungen über seinen Status, seinen Rang und seine Stellung eingezogen, und ich muß sagen, daß ich vollauf befriedigt bin. Er ist das, was er sagt; er steht bei seinem König in hoher Gunst, und ich habe Grund zu der Annahme, daß er in guten finanziellen Verhältnissen lebt, wenn nicht mehr.«

»Ihr wißt, ich habe die größte Bewunderung für Euren Scharfsinn, Monaldo«, sagte Ortolana, »aber ich kann mir nicht vorstellen, wie Ihr in so kurzer Zeit so viel herausfinden konntet.«

Zu ihrer Verwunderung schien der Graf eher verlegen als geschmeichelt. »Ich mußte einen etwas unorthodoxen Weg einschlagen«, sagte er steif, »eben gerade weil nicht genug Zeit war, Erkundigungen in Palermo einzuziehen; ganz abgesehen davon, daß es noch alles andere als leicht ist, zu erfahren, was dort vorgeht.«

»Was in aller Welt meint Ihr?« fragte Ortolana kopfschüttelnd.

Onkel Monaldo räusperte sich. »Ich ... also ich war in seinem Zimmer und habe mir sein Reisegepäck ziemlich genau angesehen.«

»Ihr lieben Heiligen«, sagte Bona Guelfuccio und empfing einen vernichtenden Blick.

Aber auch Favorino und Ortolana sahen entsetzt aus.

»Was hätte ich sonst tun können?« sagte Onkel Monaldo ärgerlich. »*Ihr* habt natürlich gar nichts getan, wie immer. Ihr laßt die Dinge treiben, wie immer. Irgend jemand mußte etwas tun.«

»Der Mann ist unser Gast«, sagte Favorino in einem Ton zwischen Vorwurf und Angst.

»Allerdings«, bestätigte Onkel Monaldo, »und deshalb durfte ich keinen Akt der Feindschaft gegen ihn begehen. Und das habe ich auch nicht getan. Tatsächlich habe ich das Gegenteil davon getan.«

»Also wirklich, ich verstehe nicht, wie man es als einen Akt der Freundschaft bezeichnen kann, wenn man sein Gepäck durchwühlt«, rief Ortolana aus.

»Natürlich versteht Ihr nicht«, sagte Onkel Monaldo. »Ihr habt niemals viel Verstand besessen, keiner von Euch. Warum habe ich es denn wohl getan, wie? Weil ich herausfinden wollte, ob der Mann es wert ist, seinen Namen mit dem unserer Familie zu verbinden. Und wenn ich einen Mann in unsere Familie aufnehmen will, handle ich doch mindestens so sehr in seinem Interesse wie in unserem.«

»Um Vergebung, Monaldo, aber was meint Ihr eigentlich?« fragte Bona Guelfuccio und starrte ihn entgeistert an.

Der Graf beachtete sie gar nicht. »Ich freue mich, feststellen zu können, daß ich einen handschriftlichen Brief von König Friedrich bei ihm fand, in dem er in den wärmsten Tönen als sein Sonderbotschafter empfohlen wird, und ferner eine Anzahl von Tratten in beträchtlicher Höhe und unterzeichnet mit dem Namen Justingen, einem Mann, der, wie mir Mario Revini sagt, als durchaus zuverlässig und solvent bekannt ist. Es besteht also kein Einwand, und wir können sogar annehmen, daß seine Eheschließung mit Klara für uns von Vorteil sein wird.«

»Eheschließung mit Klara?« Bonas Stimme wurde von der Überraschung in absurde Höhen getrieben.

Onkel Monaldo drehte sich zu ihr herum. »Ihr nehmt doch wohl nicht an, daß die Verlängerung seines Aufenthalts in unserem Hause auf seine heimlich zu Euch entbrannte Liebe zurückzuführen ist, Bona.«

Bona Guelfuccio schnappte nach Luft, aber Ortolana sagte: »Ich glaube nicht, daß Klara sich sehr viel aus dem jungen Ritter macht, Monaldo.«

»Macht! Wer macht sich schon etwas daraus, woraus sie sich etwas macht!« explodierte der Graf. »Ihr solltet Eure Tochter so erzogen haben, daß sie tut, was ihr von den Erwachsenen gesagt wird.«

Graf Favorino reckte seinen Hals nach allen Seiten.

»Sie kann uns nicht hören«, versicherte ihm Ortolana, »sie ist mit ihrem Vetter… mit Bruder Ruffino im Garten.«

»Und das muß auch aufhören«, sagte Onkel Monaldo. »Sie ist in letzter Zeit viel zuviel mit diesem jämmerlichen jungen Menschen zusammen, und es ist gar kein Zweifel, daß er ihr alle diese falschen Vorstellungen in den Kopf setzt. Ich verlasse mich darauf, daß Ihr ihr das sagt, Ortolana. Religion ist eine sehr gute Sache, besonders für eine Frau, aber es darf nicht übertrieben werden. Und dieser junge Bettler sollte wissen, daß sich für einen Mönch, oder was er sich sonst nennt, der Umgang mit jungen, empfindsamen Mädchen nicht gehört. Ich werde ihm das selbst sagen. Bei den Heiligen, man könnte denken, Ihr seid alle blind! Kaiser Otto ist in Acht und Bann, und statt seiner soll der junge Friedrich zum Kaiser gekrönt werden. Wenn er es erst ist, wird er alle die belohnen, die zu ihm gestanden haben, als er noch *keine* Macht hatte. Das heißt, daß der junge Vandria Herzog wird. Muß ich Euch auf den Knien beschwören, einen zukünftigen Herzog in unsere Familie aufzunehmen, der dazu noch der Günstling des nächsten Kaisers ist?«

»Was sollen wir denn nach Eurer Meinung tun?« fragte Favorino lahm.

»Nichts«, fuhr ihn sein Bruder an. »Ihr würdet doch nur alles verderben. Überlaßt das nur mir. Zu Ostern wird alles in bester Ordnung sein, wenn nicht schon vorher.«

*

Er hatte sie noch nie so schön gesehen; selbst die Vision ihrer Erscheinung im Kerker vor zehn Jahren verblaßte dagegen. Er konnte seine Augen nicht von ihr losreißen, obgleich er, um der guten Sitten willen, sie nur unter halb gesenkten Augenlidern betrachten konnte.

Die Kathedrale war zum Hochamt am Palmsonntag zum Bersten voll. Bischof Guido saß unter seinem Baldachin, und das uralte Ritual nahm seinen Gang vor dem Hochaltar.

Roger hatte vorgezogen, zu stehen. So konnte er sich etwas hin und her bewegen, damit ihm nicht ein Ausdruck, eine einzige Bewegung von ihr entging.

Sie sah ihn nicht. Sie sah sich überhaupt nicht um, nicht ein Mal. Ihre Augen waren die ganze Zeit starr auf den Altar gerichtet, selbst während der Predigt, die einer der Kanoniker der Kathedrale hielt. Was sah sie überhaupt? Und war es möglich, daß ein so empfindsames Mädchen die Gegenwart eines Mannes nicht fühlte, der an nichts anderes denken konnte als an sie?

Sie sah strahlend aus, eine Königin, umgeben von ihrem Gefolge, und eine weit königlichere und edlere Königin als Konstanze von Sizilien. Und wie eine Königin war sie auch gekleidet, ganz golden und schimmernd, von dem prachtvollen, juwelenbesetzten Kopfschmuck bis zu den winzigen perlenbestickten Goldschuhen.

Zuerst hatte Roger sie erblickt, als die Familie sich in der großen Halle versammelt hatte, ehe sie zur Kathedrale hinübergingen, und er bemerkte, daß selbst ihre Eltern überrascht aussahen, als sie erschien. Die Augen der kleinen Beatrix wurden groß, und sie flüsterte ihm zu: »Das ist ihr bestes Kleid. Aber heute ist erst Palmsonntag. Was wird sie zu Ostern tragen?«

Die kleine Beatrix hatte recht. Diese Schönheit war nicht zu übertreffen; selbst die Schätze Indiens konnten der Herrlichkeit ihrer Erscheinung nichts mehr hinzufügen. Sie saß zwischen ihrer Mutter und Agnes, die ganze Familie saß zusammen in einer Gruppe, so wie die Familien überall in der Kirche. Der Gesang schwoll zu triumphaler Stärke an, der Herr kam auf einem Eselsfohlen nach Jerusalem hereingeritten, und alle Menschen riefen Hosianna; aus der Ferne drohte Kaiphas' Stimme, daß es besser sei, daß *ein* Mann stürbe, als daß das ganze Volk unterginge, aber dann kam wieder das Volk mit triumphalen Rufen.

Das Sanktuarium war voller Palmzweige, und sie wurden gesegnet, und die Menschen kamen nach vorn an das Altargitter, um ihre Palmen zu empfangen. Graf Monaldo ging und Favorino und die Gräfin und die Mädchen, Agnes und Beatrix, die nicht viel größer war als der Palmzweig, den sie erhielt. Aber Klara nicht. Sie saß noch auf ihrem Platz, unbeweglich, wie die goldene Statue einer Göttin mit einem Gesicht aus Elfenbein, aus Schnee; ganz allein saß sie, und ihre Wangen waren feucht von Tränen. So mochte ein Mädchen an ihrem Hochzeitstag weinen, wenn sie das Elternhaus für immer verließ und die glückliche Vergangenheit hinter ihr in Stücke fiel. Aber warum weinte Klara? Vielleicht hatten sie ihr schon seinetwegen Bescheid gesagt und daß sie ihr Einverständnis gegeben hätten. Der alte Monaldo Scifi hatte Roger bedeutet, daß man es ihr ›zu passender Zeit‹ sagen würde, was das auch immer heißen mochte, aber daß während der Fastenzeit keine Verlobung bekanntgegeben werden sollte. Weine nicht, meine Königin, meine wundervolle Königin, ich werde dich glücklich machen, glücklicher, als du es dir vorstellen kannst, und deine blassen Träume werden sich in den Nebel jener Zwischenwelt zwischen Kindheit und Frauentum verflüchtigen, wo sie hingehören.

Aber sie weinte. Alle drängten sich um das Altargitter, nahmen ihre Zweige in Empfang und kehrten damit zurück, nur sie saß unbeweglich.

Dann ereignete sich etwas Seltsames. Der Bischof selbst erhob sich von seinem Thron, er nahm einen Palmzweig und kam die Altarstufen herunter und schritt auf sie zu. Sie blickte erschrocken auf und sank in die Knie, und er gab ihr den Palmzweig und wandte sich um und ging wieder zurück. Es war wunderschön anzusehen, und doch empfand er – er wußte nicht, warum – einen kleinen Schauer. Der Anblick des alten Mannes mit der Mitra auf dem Haupt, der sich mit dem Palmzweig über sie beugte ... es war, als wenn er eine Kranke, eine Sterbende segne. Es gefiel ihm gar nicht, es erschien ihm wie ein Unrecht. Und doch schien sie jetzt glücklich zu sein, die Tränen waren vergessen, und sie lächelte sogar ein wenig.

Was war an ihr, das ihn zwang, auf die geringste Einzelheit achtzugeben, warum war jede Gefühlsregung, jede ihrer Bewegungen für ihn von solcher Wichtigkeit? Liebe nannte man es; aber worin lag der Unterschied zwischen ihr und jeder anderen Frau, die er je erblickt hatte? Es war nicht, daß sie ihm Widerstand entgegensetzte, obgleich das seinen Ehrgeiz anstachelte. Auch nicht einmal, daß sie schön war. Sie hatte etwas Mysteriöses, ein Geheimnis, einen ganz persönlichen Zauber, und doch gerade das Gegenteil von dem, woran ein Mann beim Klang dieses Wortes dachte. Gab es so etwas wie das Gegenteil von einer Hexe?

Aber nun formierte sich die Prozession, und der Gesang stieg zu süßer, majestätischer Macht auf: »Fürchte dich nicht, du Tochter Sion, siehe, dein König kommt …«

*

Den ganzen Tag behielt sie ihr Kleid an. Und einmal gelang es ihm, zu ihr zu sprechen. Graf Monaldo verschaffte ihm Gelegenheit, indem er sie rief, als sie auf dem Weg zu ihrem Zimmer durch die große Halle kam.

»Gräfin Klara«, sagte Roger, »ich habe die Erlaubnis Eurer Eltern, Euch ein kleines Geschenk zu machen. Ach, nichts von großem Wert, nur ein kleines Zeichen meiner Bewunderung. Hier ist es.« Er gab ihr ein kleines Kristallfläschchen mit einer goldbraunen Flüssigkeit darin. »Ich weiß, Ihr habt nichts übrig für Sarazenen und ihre Bräuche«, sagte er lächelnd, »aber dies mag etwas sein, wo Euer Schönheitssinn Euch ein Zugeständnis erlaubt. Es ist ein Wohlgeruch aus dem Lande der Wohlgerüche, und selbst dort hält man ihn für den schönsten, den es gibt. Sie nennen ihn dort den ›Wohlgeruch des Himmels‹, und ein alter arabischer Weiser nannte mir die Zusammensetzung. Er enthält die Essenz der Königsrose und der Persischen Rose, des echten Basilienkrauts aus Samarkand, der Blütenblätter des Zedratbaumes aus Tabaristan und der albanischen Wasserlilie; die dreifache Essenz der indischen Aloe; Moschus aus Tibet und Ambra aus Sichar. Und Hassan ben Mubarak schwor bei allem, was ihm heilig ist, daß nichts in der Welt ihm gleicht. Mein König besaß drei solcher Fläschchen, und in seiner Güte gab er mir eins. Kein Wohlgeruch in der Welt kann der Herrlichkeit Eures Haares würdig sein. Aber dieser verdient es fast.«

Sie war überrumpelt, fühlte plötzlich das Fläschchen in ihrer Hand. Ehe sie noch Worte höflicher Zurückweisung finden konnte, sagte Graf Monaldo streng: »Da meine Nichte es schwer zu finden scheint, sich auf einen passenden Ausdruck ihrer Dankbarkeit zu besinnen, erlaubt mir, Euch in ihrem wie im Namen ihrer ganzen Familie zu sagen, daß wir uns in dreierlei Hinsicht hochgeehrt fühlen: daß Ihr ein Mitglied unserer Familie eines solchen Geschenks für würdig befunden habt; daß das Geschenk durch Euch aus den Händen des Königs kommt; und daß es ein Gegenstand von so seltenem Wert ist.« Nun gab es keine Möglichkeit mehr, es abzulehnen.

Klara knickste tief und entschwand.

Graf Monaldo lächelte. »Es ist alles nur Scheu, mein lieber Graf. Macht Euch keine Gedanken.«

Aber Roger machte sich Gedanken, und er konnte in dieser Nacht lange keinen Schlaf finden.

*

»Tante Bona ...«

»Wer ist da?«

»Schscht ... es ist Zeit zu gehen.«

Nach einer Reihe von verschiedenen Geräuschen, Seufzern, Husten, Gemurmel und Stühlerücken erschien Bona Guelfuccio völlig angezogen in der Tür. »Klara, meine Liebe, bist du ganz sicher ...?«

»Schscht ... folgt mir, Tante Bona. Auf Zehenspitzen.«

Sie schlichen die Treppe hinunter. Einmal glitt die füllige Bona aus, fing sich und brach in ein nervöses Gekicher aus. Klara preßte die Nägel in die Handflächen und sagte nichts. In der großen Halle blieben sie plötzlich stehen. Sie hörten Schritte, draußen vor dem Haus. Der Diener auf Nachtwache.

»Wir müssen durch den Hinterausgang«, murmelte Klara.
»Das geht nicht«, flüsterte Bona Guelfuccio. »Er ist verschlossen.«
Klara schüttelte den Kopf und gab ihrer Tante ein Zeichen, ihr zu folgen. Zu Bonas Überraschung überquerte sie einen schmalen Gang und ging die Treppen hinunter ins Untergeschoß. Dort war noch eine Tür, die auf die Hintergasse führte.
Die beiden Frauen blieben stehen wie erstarrt. Die Tür war gegen Eindringlinge mit einem Haufen schwerer Steine verbarrikadiert.
»Ich wußte, daß so etwas kommen würde«, murmelte Bona. »Wir kommen nicht hinaus. Nun sei vernünftig und ...«
Klara stürzte sich vor, als ginge sie in die Schlacht. Sie zerrte den obersten Stein herunter und legte ihn auf die Seite. Sie griff den nächsten und legte ihn neben den ersten.
Bona starrte sie an, als ob sie ihre Nichte zum erstenmal im Leben sähe. Es waren gewaltige Steine. Sie erinnerte sich, wie Tullio, der bärenstarke Gärtner, sie schwitzend und fluchend aufgeschichtet hatte. Und Klara ging mit ihnen um, als seien es Kieselsteine, mit so sicheren, schnellen und doch behutsamen Bewegungen, daß es gar kein Geräusch gab. Zwanzig, fünfundzwanzig und immer noch mehr. Die Schnelligkeit, mit der Klara zu Werke ging, war fast beängstigend.
Endlich war die Tür frei. »Im Namen Gottes«, sagte sie und drückte den eisernen Türgriff herunter. Die Tür ging auf.
Im nächsten Augenblick schlüpften die Frauen auf die Gasse hinaus und machten sich in der Richtung auf das Tor und die Portiuncula auf den Weg.

*

Die Brüder kamen ihnen mit brennenden Fackeln entgegen. Sobald sie sie erreicht hatten, sagte Klara ihrer Tante Lebewohl.
»Das ist alles schön und gut«, stöhnte Bona, als Klara sie umarmte, »aber die Familie wird dich nicht so einfach gehen lassen, das weiß ich genau, und mich werden sie in Stücke reißen.«
»Euch wird nichts geschehen, Tante Bona, geliebte Tante Bona«, sagte Klara mit fester Stimme. »Was mich betrifft, so bin ich in besseren Händen, als ich irgendwo anders auf der Welt sein könnte.«
»Ich bleibe dabei, es ist Wahnsinn«, schluchzte Bona Guelfuccio.

»Vergiß mich nicht. Und wenn ich jemals eine Tochter gehabt hätte …« Sie brach ab, drehte sich um und watschelte unglaublich schnell davon, bis sie in der Dunkelheit verschwunden war.
Franz stand am Eingang der Kapelle, mit Brüdern zu beiden Seiten. Es waren mehr als sechzig. Lächelnd, aber ohne ein Wort begrüßte er sie und führte sie in den Raum, der seinem Herzen am nächsten stand. Zusammen beteten sie vor dem Bild der Königin der Engel.
Dann führte man sie zu einer kleinen Hütte, einer der Brüder ließ eine Fackel bei ihr zurück, und sie vertauschte ihr goldenes Kleid gegen die gleiche Art von graubrauner Kutte, wie sie die Brüder trugen; ihren Gurt aus feinstem französischem *Camelot* gegen einen gedrehten Strick; und ihre perlenbesetzten Schuhe gegen rauhe Sandalen. Sie warf den Kopfschmuck ab, aber sie befestigte noch nicht den einfachen, schwarzen Schleier an ihrem Kopf. Statt dessen ließ sie ihn über dem Arm hängen, als sie zu den Brüdern zurückkehrte, die dasselbe sangen, was sie am Morgen den Chor in der Kathedrale hatte singen hören: »Fürchte dich nicht, du Tochter Sion, siehe, dein König kommt …«
Wieder stand sie vor Franz, dem Mann, den sie als ihren Führer in das einzige Leben erwählt hatte, das ihr etwas bedeutete, und der sie schon vor langer Zeit erwählt hatte, als eine, die eine vollkommene Braut des Herrn sein würde. Mit seinen eigenen Händen schnitt er ihr das Haar ab, und einer der Brüder legte die blonden Locken in ein Kästchen. Vor dem Kruzifix in der Kapelle legte sie die drei Gelübde ab und gelobte ihrem geistlichen Führer unbedingten Gehorsam. So wurde sie von der Welt geschieden.
Im ersten Morgenlicht geleiteten sie die Brüder zu dem einige Meilen entfernten Benediktinerkonvent von San Paolo, wo sie bleiben sollte, bis Franz ihr die drei Dinge verschafft hatte, die er nun für sie haben wollte: einen Wohnort, eine Gemeinschaft, und eine Ordensregel.

*

Der Frieden der Benediktinerschwestern von San Paolo wurde schon am Nachmittag des folgenden Tages gestört.

Die Äbtissin kam zu Klara in die Zelle. »Sie sind da«, sagte sie. »Und sie drohen, mit Gewalt in die Klausur einzudringen.«
»Mit Eurer Erlaubnis, Mutter Äbtissin, will ich in die Kapelle gehen.«
Die Äbtissin nickte. Sie sah sehr besorgt aus. »Sie sind bewaffnet gekommen«, sagte sie.
Klara lächelte.
In der Kapelle betete sie vor dem Altar. Die Schritte kamen vor dem ersten Ave.
»Da ist sie.« Ihr Vater.
»Klara! Komm sofort zu uns!« Onkel Monaldo.
»Gräfin Klara ...« Der Graf von Vandria. Auch er.
Sie wandte sich um. Ein Dutzend Männer standen in der Kapelle. Sie hatten bewaffnete Diener mitgenommen. »Dies ist Gottes Haus«, sagte sie.
Aber Graf Monaldo sprang vor und ergriff ihren Arm. »Du kommst auf der Stelle mit uns heim.«
Mit einer Kraft, die den Grafen zum Straucheln brachte, riß sie sich los, lief zurück und die vier Stufen zum Altar hinauf. Während sie sich zurückwandte, riß sie sich den Schleier vom Kopf.
»Mein Gott im Himmel«, rief ihr Vater aus, und von den Männern hinter ihm kam ein Stöhnen.
Klara streckte ihre Hände aus, bis sie den Altar hinter sich berührten. »Hier ist Asyl«, sagte sie mit lauter Stimme.
Kein Laut war zu hören als der keuchende Atem der Männer. Roger stand gebannt. Es war nichts Häßliches an ihrem Anblick. Ja, es ging eine große Schönheit von ihr aus. Aber es war die Schönheit eines rätselhaften, unirdischen Wesens, ein Geist von einer anderen Welt, stark, rein und fremd, ein Wesen, vor dem man sich fast fürchten mußte.
Und doch wußte er – und es war ein schmerzlicher Stich –, daß das, was er vor sich sah, die Substanz dessen war, was er am meisten an ihr liebte, das, was sie so himmelweit von allen anderen Frauen, die er kannte, unterschied.
Doch gleichzeitig wußte er auch, daß zwischen ihnen beiden ein Abstand war, hundertmal größer als bis an die äußersten Enden der Welt.

Sie war vollkommen unerreichbar. Er hatte keinen Anteil an ihr.
Als Graf Monaldo eine Bewegung zu ihr hin machte, packte Roger seinen Arm mit eisernem Griff. »Wenn Ihr sie anrührt, töte ich Euch«, sagte er.
Monaldo starrte ihn an. Wahrscheinlich hatte er die Worte gar nicht gehört. Aber als Roger seinen Arm losließ, drehte er sich um und stapfte hinaus. Favorino und die Diener folgten ihm.
Roger stand noch einen Augenblick vor dem lebenden Kruzifix vor dem Altar. Er verbeugte sich tief. Dann ging auch er. Zwei Stunden später verließ er das Haus der Scifi nach einem kühlen, förmlichen Abschied.
Als er durch das Stadttor ritt, sagte einer seiner Bediensteten: »Gräfin Agnes bat mich, Euch dieses hier zu geben, Herr Graf.«
»Die Gräfin Agnes?«
»Ja, Herr Graf.«
Ein Kristallfläschchen. Der Wohlgeruch des Himmels. Er nahm es und warf es fort. Er konnte es auf dem Straßenpflaster in Stücke springen hören.
Der Wohlgeruch des Himmels, dachte er grimmig. Jetzt wußte er es besser. Der Himmel hatte nichts Süßes und Verlockendes; er war ein furchtbar einsamer Ort, streng, hart und furchteinflößend. Er mußte sich so weit davon entfernen, wie er konnte. Denn er stieß einem Mann das Herz ab.

ZWEIUNDZWANZIGSTES KAPITEL

A. D. 1215, 11. NOVEMBER

»Die Geschichte ist ein launisches Frauenzimmer«, sagte Friedrich. »Nie weiß man, was sie einem morgen für ein Gesicht zeigen wird. Ich handle… aber bin ich es wirklich, der handelt, oder werde ich von irgendeiner Kraft oder Macht geschoben, von der ich nichts weiß? Und wenn das bei mir schon zutreffen kann, wie viel mehr noch bei einem niedriger Stehenden. Meine mohammedanischen Freunde mögen recht haben, wenn sie von *Kismet* sprechen, von dem Schicksal, dem keiner entgehen kann. Alles steht im Buch des Lebens schon niedergeschrieben.«

»Euer Majestät hat einen merkwürdigen Ort gewählt, um solche Ansichten vorzubringen«, flüsterte Roger mit kaum wahrnehmbarem Lächeln.

Die dünnen königlichen Lippen zogen sich auseinander. Herr von Justingen lachte laut auf und hielt sich dann schnell die Hand vor den Mund.

Ununterbrochen floß ein Strom von hohen kirchlichen Würdenträgern an der langen Reihe von erhöhten Logen vorbei, tiefer in das gewaltige Hauptschiff der Lateranbasilika ein, ohne dem zum Kaiser Gewählten Beachtung zu schenken.

Nicht mehr als etwa ein Dutzend Leute in der unmittelbaren Umgebung des Papstes wußten, daß Friedrich in Rom war oder gar, daß er bei der Eröffnung des vierten Laterankonzils und zwölften Generalkonzils der Kirche anwesend sein würde. Friedrich reiste inkognito als Graf von Monreale, und eine kleine Loge war ihm, dem Grafen von Vandria und Anselm von Justingen zur Verfügung gestellt worden, der sich sorgsam hütete, seinen neuen Rang und Titel als Marschall des Reichs zu verwenden. Sie waren einfach gekleidet, viel einfacher als der Gesandte des Dogen mit seiner Suite von prächtigen venezianischen Edelleuten zu ihrer Linken und die glänzende Abordnung der großen Stadt Mailand zu ihrer Rechten. Auch saßen sie weitab von der großen Loge, in der die königlichen Botschafter Platz genommen hatten, prachtvoll anzusehen in Gold und Samt, unter ihnen der Stellvertreter König Heinrichs von Sizilien, Friedrichs jetzt vierjährigem Sohn. Noch waren nicht alle Plätze besetzt. Friedrich hatte es sich nicht nehmen lassen, früh zu kommen. »So eine wunderbare Gelegenheit, die Gesichter meiner künftigen Freunde und Feinde zu studieren«, sagte er. Sie hatten die Listen aller anwesenden Würdenträger eingesehen. Einundsiebzig Erzbischöfe, vierhundertundzwölf Bischöfe, die Patriarchen von Jerusalem und Antiochia, Abgesandte der Patriarchen von Konstantinopel und Alexandria, fast achthundert Äbte; die Botschafter der Könige von Frankreich, England und Ungarn, von Aragon und Zypern und natürlich der des byzantinischen Kaisers. Auch der zum römischen Kaiser gewählte Friedrich war durch seinen Botschafter vertreten – es war der Kanzler des Reichs, Konrad von Speyer –, und der wußte natürlich, daß sein Kaiser als inoffizieller Beobachter anwesend war.

»Das ist der Abt von Walkenried«, sagte Justingen plötzlich, »Ottos Abgesandter – dort, der alte Mann, der aussieht, als ob er Essig und Galle getrunken hätte.«

»Das hat er auch«, sagte Friedrich. »Er hatte gestern eine Audienz beim Heiligen Vater. Sie dauerte anderthalb Minuten, und als Walkenried ging, sah er aus wie sein eigener Leichnam. Es sieht dem Ochsen ähnlich, so einen Mann zu schicken, wenn es ihm schlecht geht. Ein guter, treuer Esel. Wenn ich nicht schon gewußt hätte, daß der Welfe erledigt ist, wüßte ich es jetzt. Das ist es, was ich mit *Kismet* meine. Da!

Das ist Kardinal Hugo von Ostia. Seht ihn Euch genau an, Justingen. Da habt ihr einen zweiten Innozenz. Auch aus der selben Familie. Hochgebildet für einen Priester und doch ein Mann des Handelns; eine seltene und gefährliche Mischung. Ich möchte wissen, was *sein Kismet* sein wird ...«

»Ich habe Euch noch nie so viel vom *Kismet* sprechen hören wie hier im Lateran, Majestät«, sagte Roger.

Friedrich lehnte sich tiefer in den Schatten zurück, als der französische Botschafter mit seiner Suite vorüberkam. »Wie kann Euch das überraschen«, sagte er leise. »Denkt nach, Mann. Vor etwas über drei Jahren begann ich meine Reise. Am Palmsonntag ...«

Palmsonntag. Palmsonntag. Das Hochamt in der Kathedrale von Assisi. Die überirdische Schönheit des Mädchens. Wie eine Braut sah sie an dem Tage aus, wie *die* Braut – und das war sie, so würden sie sagen, die Braut Christi, würden sie sagen, zusammen mit hunderttausend anderen Bräuten, großen und kleinen, hübschen und häßlichen. Und am nächsten Tag ihr haarloser Kopf ...

»... wie wütend ich in Rom war«, hörte er Friedrich sagen, »als Savelli, der alte Schwindler von einem Kardinal, mir nicht genug Geld geben wollte. Ich höre ihn noch jammern: ›Das sizilianische Konto, Herr König, das sizilianische Konto, ich habe es seit Jahren beobachtet, und es waren immer nur Schulden darauf!‹ Bei der Kaaba von Mekka, ich *mußte* Geld haben, und wer sonst als der Papst konnte es mir geben? Außer Justingen hier, und der war am

Ende seiner Kunst. Wer hat sich je mit sechzig Reitern und ein paar tausend Silberstücken um die Kaiserkrone beworben?«

Das lebende Kruzifix vor dem Altar, nicht mehr von dieser Welt, tot und doch lebendig, in einem grausamen, freudlosen Himmel.

»… mich wirklich gefreut, Euch zu sehen, als Ihr in Genua zu uns stießt, aber doch nicht so gefreut wie die Genueser, als wir sie verließen, nur weil sie für unseren Aufenthalt bezahlen mußten, die verdammten Pfeffersäcke. Alles ging so gut bis Pavia, aber als wir versuchten, den Lambro zu überqueren …«

Friedrich schüttelte sich vor innerem Lachen. »Ich werde nie den Lambro vergessen mit den Mailänder Schweinen, die uns im Hinterhalt erwarteten …«

»Majestät – ihre Abordnung sitzt neben uns …«

»Das macht nichts. Als wir erst auf der anderen Flußseite waren, waren wir in Sicherheit …«

»Da ist der Kardinalerzbischof von Palestrina.«

»Ich möchte einmal sehen, wie *er* über den Lambro käme, wenn zweitausend Mailänder Bogenschützen auf ihn schießen.«

»Ihr habt Euch wunderbar gehalten, Euer Majestät«, sagte Justingen. »Ich bekam einen Todesschreck, als Ihr plötzlich Eurem Pferd den Sattel herunterrißt und wie ein Sarazene auf dem nackten Pferderücken durch die Furt rittet.«

»Inzwischen rauften sich die Mailänder mit denen von Pavia«, lachte Friedrich. »Aber tausend Meilen entfernt davon, in Deutschland, in Nordhausen, heiratete Otto die arme kleine Beatrix von Hohenstaufen. Fünfzehn war sie und zerbrechlich. Sie überlebte die Umarmung des Welfen nicht, kein Wunder. Aus der Ehe einer Hohenstaufen mit einem Welfen konnte gar nichts anderes kommen als Tod. Wie sie geweint haben muß, als man sie in diese Schändlichkeit einer Verbindung hineinzwang. Es heißt, seine Buhlen hätten ihr Gift gegeben. Das glaube ich gern. Was für ein feiger Versuch, *meine* Anhänger in sein Lager zu bekommen. Arme kleine Beatrix.«

Beatrix. Beatrix Scifi. Eine zweite Klara wuchs da heran, eine weitere Beute für Bruder Franz und seine verrückten Bettler, die die Blüte der Weiblichkeit töteten, noch ehe sie ihre Blätter entfalten konnte …

»... hier war also *ein* Kaiser, der seine Hochzeitsnacht feierte, und da ein anderer, der um sein Leben durch die Nacht ritt. *Kismet!* Und dieser irrsinnige Ritt über die Alpen? Der Ortler? Das Engadin?«
»Ich glaubte, wir würden nie wieder aus diesen Bergen herauskommen«, sagte Justingen. »Mir wurde erst wieder wohler, als wir in Chur anlangten.«
»Und von dort nach Sankt Gallen, gesegnet sei die Stadt.«
»Im Namen von Sankt Mohammed?« fragte Roger lächelnd.
Friedrich beachtete ihn nicht. »Dann das Wunder«, sagte er, »das Wunder von Konstanz, als Otto endlich aufgewacht war und herabgestürmt kam – und genau eine Stunde zu spät eintraf. Der Bischof von Konstanz hatte seine Predigt schon fertig – für *ihn.* Ich glaube, er hat kein Wort daran geändert, als er sie statt dessen mir hielt. Ich war nun in meinem eigenen Land, obgleich ich es noch nie gesehen hatte. Und der Ochse hatte in seiner Hast nicht genug Leute mitgenommen, um mich hinauswerfen zu können ...«
»Er konnte sie nicht zusammenbekommen«, sagte Roger. »Der Bann der Kirche machte sich bemerkbar.«
Friedrich nickte. »Alt und hoffnungslos veraltet, wie sie ist, hat diese merkwürdige Einrichtung doch noch immer einige Kraft in sich; sonst säßen wir heute nicht hier und sähen uns an, wie sie ihre Streitkräfte Revue passieren läßt. Was würde wohl geschehen, wenn alle Leute in diesem Gebäude getötet würden? Dreitausend Soldaten könnten das mit Leichtigkeit erledigen. Der Papst. Die Kardinäle, Erzbischöfe, Bischöfe und Äbte, die gelehrten Theologen ...«
»Die Kirche würde dennoch am Leben bleiben«, sagte Justingen ernst. »Ich bin kein großer Christ, und ich sage das jetzt nicht als Christ. Aber ich bin sicher, die Kirche würde am Leben bleiben.«
»Da mögt Ihr recht haben«, sagte Friedrich. »Die Köpfe der Hydra wuchsen wieder nach, so schnell wie Herkules sie abschlug ...«
Roger lachte. »Die päpstliche Hilfe scheint dem Papst Eure Gunst nicht wiedereingebracht zu haben, Majestät.«
»Warum auch, mein guter Esel«, fragte Friedrich. »Er hat mir doch nicht meinetwegen geholfen, wie? Wo ist er übrigens? Das Haus ist jetzt so voll, daß man nicht einen einzigen Bischof mehr hineinbekommen könnte, nicht einmal mit dem Rammbock.«

»Ein Glück, daß wir so früh gekommen sind«, meinte Justingen. »Nach dem Lärm zu urteilen, scheint sich die gesamte Christenheit draußen auf dem Platz versammelt zu haben.
Diese Italiener haben keinen militärischen Geist, keinen Sinn für Ordnung und Disziplin. Jeder für sich. Ich wette, es wird draußen Hunderte von Toten und Verletzten geben.«
»Und kein einziger von ihnen hat eine Ahnung gehabt, daß er in den Tod ging, anstatt ein großes Schauspiel anzusehen«, sagte Friedrich. »*Kismet,* Freunde. Der ganze Zweikampf zwischen mir und Otto war eine Kette von ausgefallenen, unvorhersehbaren Ereignissen. Wir haben uns in unserem ganzen Leben noch nie von Auge zu Auge gesehen. Was würde die gewöhnliche Vernunft erwarten, wenn zwei Kaiser sich in einem und demselben Land bekämpfen? Eine Schlacht natürlich, oder zumindest einen Zweikampf, Mann gegen Mann ...«
»*Das* hätte Otto so passen können«, sagte Justingen, »sieben Fuß hoch, wie er ist.«
»Immerhin hat David Goliath getötet«, sagte Friedrich etwas säuerlich. »Aber das ist eine Geschichte aus der Bibel. Wie war es im wirklichen Leben? Otto mußte seinem Onkel, England zu Hilfe eilen, gegen meinen großen, ruhmreichen und außerordentlich gerissenen Bundesgenossen, Philipp Augustus von Frankreich.«
»Ja, und wir...« Justingen verstummte.
»Ganz richtig«, lächelte Friedrich, »wir taten gar nichts – obgleich ich um die Zeit ein ziemlich großes Heer beisammen hatte. Nicht einen Mann haben wir geopfert.«
»Aber wenn Otto nun gesiegt hätte ...«
»Er hätte mir mit den Resten seines Heeres gegenübertreten müssen, die ihm Frankreich gelassen hatte. Ich war nicht sehr erpicht auf diese Schlacht, Justingen, nicht ehe ich mehr Erfahrung in solchen Dingen hatte. Aber der gute Philipp Augustus hat die Arbeit wunderbar für mich verrichtet und mir sogar Ottos Banner geschickt, als ob ich sein Lehnsherr wäre, was ich ja nicht bin – noch nicht. Was will ich noch mehr? Diese Schlacht von Bouvines muß dem Ochsen das Herz gebrochen haben. Er hat sich natürlich großartig geschlagen, ritt herum und schlachtete wie in einem Riesenturnier. Inzwischen gewannen die Franzosen die Schlacht, und

plötzlich bemerkte er, daß er fliehen mußte, und zwar schnell, wenn er sein Leben retten wollte. Und das, nachdem er sieben oder acht französische Ritter im Einzelkampf getötet hatte. Wirklich bedauerlich! Ich wünschte, ich hätte sein großes dummes Gesicht gesehen, als sie ihm bei der schönsten Schlächterarbeit in den Arm fielen, um ihm mitzuteilen, daß alles verloren war. Und ...«, seine weiteren Worte waren unhörbar, weil schmetternd eine langgezogene, triumphale Fanfare ertönte, als der Papst in die Basilika getragen wurde. Alles kniete nieder, als er vorüberkam.

»Wird er gleich sprechen?« fragte Roger, als die Trompeten wieder verstummt waren.

»Nein«, erwiderte Justingen. »Sie werden mit der Anrufung des Heiligen Geistes beginnen. Das tun sie immer.«

»Ja, wird er ihnen aber auch den Gefallen tun zu kommen?« fragte Friedrich durch den Mundwinkel. Er hatte Innozenz vor drei Jahren persönlich kennengelernt. Sie hatten eine Reihe von Konferenzen und Besprechungen gehabt. »Er hätte nicht gütiger und ... väterlicher sein können, aber ich wußte nie recht, was hinter seiner Stirn vorging. Der einzige Trost für mich war die Hoffnung, daß er auch nicht wußte, was hinter meiner vorging. Man kann den Mann nicht ausrechnen, Freunde. Habt ihr eine Ahnung, was er heute sagen wird? Nein? Seht ihr? Die besten Köpfe aus einem Dutzend christlicher Länder sind hier versammelt, und ich setze Sizilien gegen eine Handvoll Haare aus Ottos Bart, daß es keiner von ihnen weiß.«

»Veni, Creator Spiritus ...«

Es lag etwas Rührendes und Demütiges in den Hunderten von Stimmen, ältlich die meisten und viele schon gebrochen, die um Erleuchtung beteten und um die Gaben, die der Heilige Geist allein verleihen konnte. Warum hat Er nur so viele Seiner Gaben an Friedrich verliehen, der doch nicht wirklich an Ihn glaubt, mußte Roger denken.

Das Licht von tausend Kerzen gab dem Scharlach, Purpur, Gold und Spitzenwerk der kirchlichen Gewänder das Aussehen eines einzigen, großen, pulsierenden Organs. Das Herz der Kirche? Das Hirn der Kirche?

»Ja, mein guter Roger, seht nur gut hin«, sagte Friedrich. »Dies ist

eine große Machtschau, und es gibt nichts, was ihr gleicht in der Welt – einstweilen. Aber laßt Euch nicht davon überwältigen. Wenn Innozenz doch nur anfangen würde. Dieses ist seine größte Stunde, der Gipfel seiner Laufbahn. Die Albigenser sind so gut wie erledigt. Desgleichen Otto, obgleich er noch am Leben ist. Er wird hinter den Wällen von Braunschweig sitzen bleiben, bis er stirbt. Ich werde sicher nicht versuchen, die dicken Mauern seines Ochsenstalls zu stürmen. Ich habe vorgezogen, meine erste Krönung in Aachen abzuhalten. Aber wie wird sich Innozenz in dieser Stunde des Sieges und Triumphs verhalten? Was sagt ein Mann wie er in einem solchen Augenblick?« Sein Gesicht war angespannt.
Der König ist nie an der Sache selbst interessiert, mit Ausnahme seiner eigenen, sagte sich Roger. Aber an Menschen ist er interessiert, wenn auch nur als künftigen Dienern oder Feinden. Vielleicht mußte ein Mensch so sein, wenn er zum Gipfel gelangen wollte. Vielleicht war dieser Innozenz genau so.
»Jetzt«, flüsterte Friedrich erregt. »Was sagt man, wenn man die Welt regieren will…«
Das also war es, was Friedrich wollte. War es auch, was Innozenz wollte? Wenn das der Fall war…
Schweigen fiel über die große Versammlung. Dann erklang die Stimme des Papstes, klar, stark, ohne Zittern oder Modulierung.
»Gar innig hat mich danach verlangt, dies Osterlamm mit euch zu essen, ehe ich leide.«
Ein Donnerschlag hätte keine stärkere Wirkung haben können als der erste Satz des Papstes: die Worte Christi beim letzten Abendmahl, die seine Passion ankündigten! Wohl eine Minute lang wogte die dichte Masse von Scharlach, Purpur, Gold und Spitzen im Aufruhr des Geistes.
Roger starrte auf Friedrichs Gesicht. Er sieht aus wie ein Dämon, dachte er gebannt. Wie ein junger und sehr mächtiger Dämon.
Der Papst fuhr fort: »Dieses Konzil mag in der Tat ein Passah genannt werden. Denn das Wort bedeutet eine Passage, eine Fahrt, ein Übergang. Und solches ist das Gebot der Stunde in dreierlei Sinn. Erstens: die Fahrt ins Heilige Land…«
»Ein Kreuzzug«, murmelte Friedrich, »darauf also ist er aus. Wieder ein Kreuzzug.«

»Zweitens: ein Übergang vom Laster zur Tugend ...«
»Er will den Augiasstall auskehren! Dazu gehört mehr als menschliche Kraft. Aber einmal hat er ja gesagt, der Papst sei weniger als Gott, aber mehr als ein Mensch. Hat er das nicht gesagt, wie?«
» ... und drittens ein Übergang vom weltlichen Leben zum ewigen Leben. Ich rufe Gott den Allmächtigen um Zeugnis an, daß ich Euch, die Väter der Kirche, nicht zusammengerufen habe um weltlichen Ehrgeizes willen ...«
»Natürlich nicht«, höhnte Friedrich zwischen den Zähnen.
» ... sondern damit die Kirche reformiert werde und das Heilige Land wieder in christliche Hände gelange. Wenn Gott es mir nicht gewährt, diesen meinen Wunsch erfüllt zu sehen, so will ich mich nicht weigern, vom Kelch der Leiden Christi zu trinken, ich werde mich nicht gegen den Tod sträuben, wenn ich mir auch wünschte, daß ich im Fleische lebte, solange bis das Werk, das nun begonnen werden soll, beendet ist. Doch nicht mein Wille, sondern Gottes Wille geschehe.«
»Der Mann trägt eine Krankheit in sich«, sagte Friedrich.
»Er hat eine Warnung bekommen. Seine Seele ist fiebrig, auch wenn sein Körper es nicht ist.«
Innozenz sprach von den Heiligen Stätten, denen ihr Glanz, der wahre Glanz der Menschheit, genommen sei, und doch führen Menschen in der ganzen Welt mit ihren kleinen, nebensächlichen Geschäften fort, als ob es sie nichts anginge und als ob ihre Sorgen die einzigen wären, auf die es ankomme.
»Jerusalem, die Stadt der Betrübnis, ruft alle, die vorübergehen, zu kommen und zu sehen, ob es eine Betrübnis gäbe, so groß wie ihre; und zu Schande und Unehre wird es jenen gereichen, die unberührt vorübergehen. Aber es gibt noch eine andere Betrübnis, die aus der Mitte der christlichen Völker schreit: die Kirche ist besudelt von der Menschen Sünde. So höret denn auf die Stimme des Propheten Ezechiel.« Und er zitierte die Worte vom furchtbaren Zorn Gottes, den Befehl an alle Seine Engel, alle die zu schlagen, die nicht mit dem Zeichen Tau gezeichnet wären.
Ein kleiner Mann, der in der Menge kniete, mit einer alten graubraunen Kutte bekleidet, ein Bettler, blickte auf und lauschte atem-

los, als der Papst erklärte, daß Tau der letzte Buchstabe im hebräischen Alphabet sei. »Tau«, murmelte er vor sich hin. »Tau.«
»Es ist wie ein Kreuz geformt«, sagte der Papst. »Wie das Kreuz, bevor Pilatus den Titel unseres Herrn daran anbringen ließ: ein senkrechter Balken mit einem waagrechten Balken oben darüber.«
Der letzte Buchstabe im Alphabet – das Zeichen von Demut und Leiden, das Zeichen derer, die sich als die letzten und geringsten unter den Brüdern Christi ansahen. Dieses und kein anderes konnte nur das Zeichen der Minderen Brüder sein.
Dreißig Schritte von dem Bettler entfernt sagte Friedrich: »Jetzt werden sie Taus verkaufen, in Bronze, in Silber und in Gold. Was Otto für ein Glück hat. Er hat gleich zwei in seinem Namen. Ich kein einziges, aber ich kaufe mir auch keins.«
»Die Kirche muß zum Schlag ausholen gegen Ketzerei und Sünde. Doch, gleich dem Herrn, haßt sie die Sünde, nicht aber den Sünder. Und der Befehl des Herrn an Seine Engel lautete: ›Mit Meinem Heiligtum beginnet!‹ Wo der Priester sündigt, macht er auch die Laien sündigen. Wie können die Pfarrer, die selbst dem Übel frönen, diejenigen tadeln, die in Sittenverderbnis leben? Sie werden ihnen nur erwidern: ›Der Sohn kann nur das tun, was er den Vater tun sieht; für den Schüler genügt es, so zu sein wie sein Lehrer.‹ Und so wird die Prophezeiung erfüllt: ›Wie dem Volke, so dem Priester!‹ Und all das entspringt nur einem: dem Mangel an Liebe, der uns verleitet, alles unserem Herrn zu überlassen, und uns davon abhält, unser Kreuz zu nehmen und Ihm zu folgen ...«
Der kniende kleine Mann weinte vor Freude, denn die Worte des Papstes waren seine eigenen, innersten Gedanken, und nun wurden sie emporgehoben, so daß alle sie sehen und hören konnten.
Justingen flüsterte Friedrich zu: »Ich habe gerade jemand hinter mir sagen hören, daß der Erzbischof Matthias von Amalfi bei seiner Ankunft vor dem Lateran von der Menge totgedrückt worden ist, als er versuchte hereinzukommen.«
Friedrich hob die Augenbrauen. »Es sind noch genug von ihnen übrig«, sagte er. »Aber auch sein Oberhaupt wird bald erdrückt sein. Er will zuviel erreichen. Und seine Hörer sind nicht alle Innozenze – glücklicherweise. Es wird nicht alles so gehen, wie er gerne möchte. Und der Mensch kann auch aus Enttäuschung ster-

ben. Ich habe genug gesehen und gehört. Morgen gehen wir nach Deutschland zurück ... sonst tragen sie mir noch an, ihren Kreuzzug anzuführen.«

»Aber... Ihr habt doch nach der Krönung in Aachen das Kreuz genommen«, sagte Roger. »Und ganz freiwillig. Ihr sagtet, Ihr wolltet gehen ...«

»Stimmt«, sagte Friedrich und lächelte. »Aber ich habe nicht gesagt, wann ...«

DREIUNDZWANZIGSTES KAPITEL

Franz ging durch die Straßen von Rom, und, wie gewöhnlich, hatten nur wenige mehr als einen flüchtigen Blick für ihn. Er ging im Grau der Häuser und im Braun der Erde verloren.

Die Worte des Papstes hatten ihm neue Horizonte erschlossen oder doch klarer, ja kristallklar gemacht, was er bislang nur durch einen Dunst gesehen hatte, wie ihn die Sonne über einer fernen Landschaft erzeugen mag.

Nun wußte er, daß das, was er wollte, genau das war, was auch die Kirche wollte. Und was die Kirche wollte, war das, was Christus ihm in der Kapelle von San Damiano befohlen hatte: »Du siehst, daß Mein Haus in Trümmer fällt. Geh hin und richte es wieder auf.« Damals hatte er es wörtlich genommen.

Er hatte das Kirchlein von San Damiano mit seinen eigenen Händen wiederaufgebaut; und nun lebte Schwester Klara dort mit ihren ersten acht Nonnen. ›Die Armen Frauen‹ nannten sie die Leute. Aber schon damals hatte es ihm geschienen, daß der Herr mehr von ihm wollte als die Instandsetzung einer kleinen Kapelle, und er hatte begonnen, andere wiederaufzubauen. Die ganze Zeit über hatte er das dumpfe Gefühl, als sei auch das nur ein Anfang und vielleicht nur das Symbol der wirklichen Aufgabe. Und nun wußte er genau, daß der Herr die Kirche als Ganzes meinte. Auch das nahm er wörtlich. Wie war es anders möglich? Welcher Ritter oder Soldat würde es wagen, an dem Befehl seines Königs herumzudeuteln oder ihn zu verwässern? Wenn der Herr in Vergleichen sprach, dann sagte Er es auch. Wenn Er sagte: »Siehe, Ich mache alle Dinge neu«, dann meinte Er es auch so, und Er machte sie neu durch Seine Liebe, und diese Liebe gab Er einem, wenn man darum bat; und diejenigen, die ihrer teilhaftig wurden, brannten darauf, sie an andere weiterzugeben. Er gab Seine Liebe nicht nur den Menschen, sondern Seiner ganzen Schöpfung, und indem Er das tat, adelte Er sie über alle Begriffe.

Ein kleines Kind war heilig, denn Er war einst ein kleines Kind gewesen.

Eine Frau war heilig, denn Er war von einer Frau geboren worden.

Ein Priester war heilig, denn er war durch das Auflegen von Händen zum Priester gemacht worden, Händen, die ihrerseits in früheren Ordinationen geheiligt worden waren, und das ging zurück durch die Jahrhunderte bis zu den heiligen Händen Christi selbst, der die Apostel geweiht hatte.

Ein Aussätziger, ein Blinder, ein Lahmer, jeder Kranke oder Gebrechliche war heilig, denn durch die Heilung solcher Menschen hatte Er Seine Göttlichkeit bewiesen.

Bruder Lamm mußte man lieben, denn Christus war wie ein Lamm zur Schlachtbank geführt worden, wie Jesaias sagte; und deshalb, weil Christus Seinen Jünger Petrus bat, Seine Lämmer zu weiden.

Die Lampe in einem Haus war geadelt, denn Christus war das Licht der Welt.

Schwester Wasser war über alle Maßen geehrt worden, denn durch Wasser tat Christus Sein erstes Wunder; und Er ordnete an, daß die Menschen nicht nur vom Heiligen Geist wiedergeboren werden sollten, sondern auch vom Wasser.

Bruder Feuer war der Träger des Heiligen Geistes zu Pfingsten.

Luft war geheiligt, denn der Herr hatte sie geatmet.

Die Erde war geheiligt, denn Er war wahrlich auf ihr gegangen.

Brot wurde etwas Königliches, denn Er ließ sich herbei, Seine Gestalt in der heiligen Eucharistie anzunehmen; und Wein, weil Er ihn in Sein Blut verwandelt hatte.

Blumen konnten in unschuldigem Stolz erblühen, denn Er hatte sie den Menschen zum Beispiel gegeben.

Bäume waren geheiligt durch den einen, aus dessen Holz das Kreuz geformt war.
Jeder Felsen sprach von dem einen, auf dem Christus Seine Kirche baute.
Von den Sternen, die Augenzeugen Seines Erdenlebens waren, bis zu dem Wurm, mit dem Er Sich am Kreuz verglich, als Er Davids einundzwanzigsten Psalm anstimmte, war alle Schöpfung geheiligt.
Was blieb dem Menschen übrig, als vor Freude zu tanzen?
»Vergebt mir, aber ich muß mit Euch sprechen.«
Franz blieb stehen, noch mit dem Licht der überwältigenden Freude in den Augen. Vor ihm stand ein Mann, Mitte der Vierzig, bärtig, blaß, mit tiefliegenden, dunklen Augen und einem dunklen Bart. Er trug eine Kutte aus weißer Wolle mit einer schwarzen Kapuze.
»Ich weiß nicht, wer Ihr seid«, sagte der Mann, »aber ich habe Euch schon einmal gesehen.«
»Wann?« fragte Franz.
»Letzte Nacht.«
»Wo?«
»In meinem Traum.«
Sehr langsam sagte Franz: »Manche Träume sind von Gott gesandt.«
»Dieser war es. Ich sah Euch und mich zusammen zu einem bestimmten Werk ausersehen. Ich bin Dominik Guzman. Wollt Ihr mir die Freundlichkeit erweisen, mir zu sagen, wer Ihr seid?«
»Ich bin Bruder Franz von den Minderen Brüdern.«
Ein Blitz des Erkennens zuckte über das strenge spanische Gesicht.
»Bruder Franz ... aus Assisi?«
»Des Herrn Diener und der Eure.«
»Ich hätte es erraten sollen, selbst in meinem Traum«, sagte Dominik, und seine unverhohlene Freude hatte etwas Rührendes. Er umarmte Franz. »Ihr und ich, wir sind Verbündete«, sagte er. »Wenn wir zusammenstehen, wird uns kein Feind etwas anhaben können. Ihr kennt mich natürlich nicht ...«
»O doch, ich kenne Euch«, sagte Franz mit großer Freude. »Ihr seid der Führer derer, die den irrenden Geist durch die Kraft des Geistes zurückgewinnen. Kein Wunder, daß Ihr an einem Tage hier seid, an dem Passah und Pfingsten zusammenzufallen scheinen.«

»Der Papst hat prophetisch gesprochen«, sagte der Spanier. »Es wird viel Arbeit geben für Euch und mich und für unsere Söhne. Die Euren sind gegenwärtig zahlreicher als die meinen. Ich bin eigens dazu hergekommen, um vom Heiligen Vater die Erlaubnis zur Gründung eines neuen Ordens zu erwirken.«

Sie hatten sich wieder in Bewegung gesetzt, Dominik aufmerksam um sich schauend, um den Weg nicht zu verlieren, und Franz neben ihm einhertrottend, ohne sich darum zu kümmern, wo sie hingingen.

»Betet, daß ich die Erlaubnis erhalte, ich bitte Euch«, fuhr Dominik fort. »Einer der Punkte auf der Tagesordnung ist, wie ich höre, daß keine neuen Orden mehr zugelassen werden sollen.«

»Gott gewinnt immer«, sagte Franz, und der Spanier lächelte, wie man lächelt, wenn man seine eigenen Gedanken bestätigt erhält.

»Es ist nicht gut, daß geistiger Irrtum mit dem Schwert bekämpft wird«, sagte er. »Schlimmer noch, es ist nutzlos, solange der Geist des Irrenden unaufgeklärt und unüberzeugt ist. Darum habe ich mich vor sechs Jahren geweigert, an dem Feldzug gegen die Albigenser teilzunehmen. Ich möchte aufklären und überzeugen. Und ich weiß, daß das nicht geschehen kann, wenn ich nicht in meinem eigenen Leben vor Augen führe, was ich anderen predige. Ich werde gegen Ketzerei Krieg führen durch Predigen und durch ein asketisches Leben. Das ist der Boden, auf dem wir uns berühren, Ihr und ich. Aber ich bin bei dem Haus angekommen, zu dem ich wollte – wir stehen davor. Ich hoffe, ich habe Euch nicht zu weit von Eurem Wege abgebracht ...«

»Das wäre wohl nicht wahrscheinlich«, sagte Franz lächelnd. »So wie die Dinge liegen, wollen wir beide zu demselben Haus.« Und er zog die Glockenschnur an der Tür.

Kardinal Hugo von Ostia, neben dem Papst der meistbeschäftigte Mann in Rom, hatte eine Anzahl von Besuchern, kirchliche wie andere, und jeder einzelne von ihnen kam mit Problemen, die seine ganze Konzentration verlangten. Er mußte befehlen, überreden, warnen und instruieren, aufbauen helfen und vermeiden, spätere Enttäuschungen zu verursachen, er mußte Widerstände niederreißen und Trost und Hoffnung geben. Und doch, als er die beiden Männer zusammen hereinkommen sah, so einfach gekleidet

wie nur möglich, in Weiß der eine und der andere in einem verwaschenen Graubraun, fühlte er einen herrlichen, erhebenden Augenblick lang, daß hier die Zukunft hereingeschritten kam.
Sobald es ohne Beleidigung seiner anderen Besucher möglich war, zog er die beiden beiseite. Er brauchte nicht lange, um herauszufinden, daß sie sich getroffen hatten und sich verstanden. Er konnte also mit beiden gleichzeitig sprechen. »Ich habe Euer Bittgesuch mit Seiner Heiligkeit besprochen«, teilte er Dominik mit. »Ihr seid Euch über die Schwierigkeit im klaren: es ist so gut wie sicher, daß das Konzil sich gegen die Gründung neuer Orden aussprechen wird.«
Dominiks Gesicht schien sich in Stein zu verwandeln, aber er beugte den Kopf. »Wenn Gott es will, wird ein Wunder geschehen«, sagte er.
»Das wird vielleicht nicht nötig sein«, sagte der Kardinal mit einem feinen Lächeln. »Wenn Ihr Euch zum Beispiel mit den Richtlinien für Eure Bruderschaft an eine der schon bestehenden Ordensregeln halten würdet, die von Sankt Augustin oder Sankt Benedikt – die erstere eignet sich vielleicht besser für Euren Fall –, sehe ich keinen Grund, warum Euer Gesuch abgelehnt werden sollte.«
Lange – unendlich lange schien es – starrte Dominik vor sich hin. Dann kehrte wieder Leben in sein Gesicht zurück, und er nickte. »Gesegnet sei Sankt Augustin«, sagte er, und der Kardinal bemühte sich, seine Erleichterung nicht zu zeigen. Bei Persönlichkeiten allerersten Grades hatte man es mit Willen aus Stahl und Eisen zu tun. Man mußte es verstehen, den einen zu härten, den anderen zu schmelzen. »Was Euch anbetrifft, Bruder Franz«, sagte er, »so scheint Ihr ganz zufrieden zu sein.«
»Das große Konzil wurde am Sankt-Martins-Fest eröffnet«, sagte Franz heiter.
»Was wollt Ihr damit sagen?«
»Nun, Herr Kardinal, er gab die eine Hälfte seines Mantels den Armen.«
»Allerdings«, stimmte Hugo von Ostia bei. »Und wir können es als ein gutes Vorzeichen für den Liebhaber der Frau Armut nehmen. Ich werde Seine Heiligkeit daran erinnern, daß er dem Konzil von der vor drei Jahren erfolgten Billigung Eurer Bruderschaft Kenntnis

gibt; in Eurem Fall geht es also gar nicht um die Frage eines neuen Ordens.«
»Danke, Herr Kardinal«, sagte Franz strahlend. »Ihr habt mir die Hälfte Eures Mantels gegeben. Aber ich bin ein habsüchtiger Armer. Ich möchte auch die andere Hälfte haben und Euch überhaupt nichts lassen.«
Hugo von Ostia schüttelte den Kopf. »Was meint Ihr *damit* nun wieder?«
»Die Übertragung des hohen Vorrechts der Armut auf Schwester Klara und ihre ›Armen Frauen‹ in der Kirche von San Damiano.«
»Ich werde mir das ebenfalls vormerken«, sagte der Kardinal. Er wußte von der kleinen Gemeinschaft – acht oder neun kleine Nonnen, erinnerte er sich. Es würde keine allzugroße Schwierigkeiten machen, eine Form zu finden, die auch sie miteinschloß. »Gut denn«, sagte er, »es gibt noch einen Punkt, den ich erwähnen möchte. Die Männer, die Ihr ... wie soll ich sagen ... ausbildet?«
»Ja«, sagte Dominik.
»Nein«, sagte Franz.
»Die Männer, die Ihr formt, also«, verbesserte sich der Kardinal, »und ich glaube, das ist ein Ausdruck, dem Ihr beide zustimmen könnt ... könnt Ihr das? Ausgezeichnet ... diese Männer also sollten zäh und asketisch sein, stark im Glauben und bereit, Verantwortungen auf sich zu nehmen. Ich glaube, solche Männer würden das beste Material für die Art von Bischöfen abgeben, wie sie die Kirche braucht und sucht. Meine Idee scheint Euch nicht zu gefallen – beiden nicht.«
»Ein Bischof muß mit materiellem Besitz umgehen«, sagte Franz. »Meine Söhne lernen, vollständig zu vergessen, was Besitz ist.«
»Wenn einige von uns zur Hierarchie gehören, wird man sie wegen ihres Ranges respektieren«, sagte Dominik. »Uns aber sollte man nur wegen zweier Dinge respektieren: wegen unserer Lebensweise und der Stärke unserer Argumente.«
Der Kardinal seufzte. »Ich habe schon gefürchtet, ich würde diese Antworten bekommen. Ich kann Euch nicht befehlen, Euren Sinn zu ändern. Wenn ich es täte, würde Euer Sinn den Sinn verlieren. Trotzdem ist es sehr schade. Ich muß zu meinen anderen Gästen zurück.«

»Ich muß zur Portiuncula zurück«, sagte Franz.
»Was? Noch ehe das Konzil vorbei ist? Wartet lieber noch ein paar Tage. Ihr habt ja noch nichts schriftlich! Ihr solltet doch ein Dokument in Händen haben, unterzeichnet und gesiegelt, wie es sich gehört. Bis jetzt habt Ihr nichts weiter als die wörtliche Zustimmung des Heiligen Vaters.«
»Und die genügt mir vollauf«, sagte Franz, und in seinen Augen tanzte es. »Ich brauche kein Dokument. Die Heilige Jungfrau wird das Statut sein, Christus der Notar und die Engel die Zeugen.«

VIERUNDZWANZIGSTES KAPITEL

A. D. 1216, 16. JULI

Die Brüder in der Portiuncula waren nicht sonderlich überrascht, als Franz ihnen ziemlich kurz mitteilte, daß er sofort nach Perugia reisen müsse, und dann ohne weitere Erklärung fortging. Es gab Dinge, bei denen man ganz sicher sein konnte, was er dazu sagen oder was er tun würde, und andere wieder, wo man es niemals erraten konnte, wie sehr man sich auch bemühte. Zudem schien er sich, seit die Bruderschaft allein in Norditalien auf über sechshundert angewachsen war, immer mehr in sich zurückzuziehen.
»Er will in sein eigenes Herz hinuntersteigen, um herauszufinden, was er mit uns allen machen soll«, war Bruder Wachholders Erklärung, und sie war gar nicht so dumm. Bruder Wachholder war simpel – allerdings nicht ganz so simpel wie Bruder Giovanni, *der* Simpel, der so darauf erpicht war, alles so zu machen, wie es sein geistlicher Vater machte, daß er hustete, wenn Franz hustete, und ganz unglücklich war, wenn er nicht jedesmal niesen konnte, wenn Vater Franz nieste.
Nichtsdestoweniger konnte Bruder Wachholders Simplizität manchmal etwas störend werden. Vorigen Monat hatte er die einzige Altardecke einer armen Frau geschenkt, und er hätte ihr auch noch den Kelch gegeben, wenn ihn nicht jemand rechtzeitig daran gehindert hätte. Schwester Klara drüben in der Kirche von San Damiano

hatte ihm einen Spitznamen verliehen: »Das Spielzeug Gottes«. Aber das schien ihm nicht gut getan zu haben, denn bei der nächsten Gelegenheit konnte man Bruder Wachholder auf einer Wippe sitzen sehen, mit vier Kindern auf der anderen Seite dieser beliebten, auf- und niederschaukelnden Spielvorrichtung. Er grinste wie ein Narr und schien sich prächtig dabei zu amüsieren. Und doch hatte Vater Franz eine besondere Vorliebe für ihn und sagte sogar einmal zu Bruder Masseo: »Ich wünschte, ich hätte noch viele solche Wachholder!« Wie Bruder Elias meinte: »Wenn er noch gesagt hätte, ›ich wünschte, ich hätte noch viele Pietro Cattaneos oder Giuseppe Calvis‹, dann könnte ich es verstehen.« Denn die beiden waren gebildete Männer – und das war Bruder Elias auch, obgleich er ein Sattler gewesen war.
Bruder Wachholder hatte auch eine Erklärung für Franz' Reise nach Perugia. »Ich glaube, er geht dorthin, weil er einen Traum gehabt hat.« Aber als die Brüder ihn fragten, ob Vater Franz ihm das gesagt hätte, und vielleicht auch, was er geträumt hätte, sagte Bruder Wachholder nur: »Er hat mir nichts verraten, aber ich sehe es immer in seinem Gesicht, wenn er einen Traum gehabt hat.« Und das war genau die Art von Erklärung, die man immer von ihm bekam.

*

Franz kam am Nachmittag in Perugia an. Es war ein sehr heißer und gewittriger Tag mit bleiernem Himmel, wolkenlos und doch drohend. Die Straßen waren fast menschenleer, und die wenigen Leute, die vorübereilten, hatten etwas Unstetes und Ängstliches an sich, als ob sie sich nicht sicher fühlten.
Der Palast, die päpstliche Sommerresidenz, schien zu schlafen. Franz betrat ihn mit dem gleichen raschen, zielbewußten Schritt, mit dem er vor vier Jahren den Lateranpalast betreten hatte. Aber diesmal gab es keinen Würdenträger, der ihn nach dem Woher und Wohin fragte, keinen prächtigen Offizier, der ihn anstarrte. Es waren keine Wachen da, oder, wenn sie da waren, so waren sie jedenfalls nicht zu sehen, noch sahen sie ihn. Das riesige Gebäude schien gänzlich leer zu sein. Lange konnte es allerdings noch nicht

leergestanden haben, denn in einem Zimmer stand eine Schale mit frischen Früchten und in einem anderen ein Schachbrett mit den Figuren in dem geplanten Durcheinander eines halbbeendeten Spiels.

Irgendwie schien Franz nicht überrascht zu sein. Er ging einfach geradeaus weiter. Er war noch nie in dem Gebäude gewesen und kannte die Lage der Räume nicht. Alle Fenster waren geschlossen. Er stieg eine breite Treppe hinauf, und dabei kam ihm ein scharfer, saurer Geruch in die Nase ... Essig. Auf dem oberen Korridor verstärkte sich der Geruch. Die Tür zu einem der Zimmer stand offen, und er konnte den Purpur eines Bischofsmantels sehen.

Bischof Nikolas, der Erste Sekretär des Papstes, lag auf den Knien, aber er schien das Geräusch von Franz' Sandalen gehört zu haben, denn er blickte nach der Tür.

Franz kannte ihn gut. Vor etwa einem Jahr wollte Bischof Nikolas den Minderen Brüdern beitreten, aber kaum daß er gegangen war, rief ihn der Papst wieder zurück – er könne ohne ihn nicht auskommen, sagte er.

Bischof Nikolas bekreuzigte sich, stand auf und ging Franz entgegen. »Er ist sehr krank«, sagte er ernst. »Gott gebe uns allen Kraft ... vielleicht stirbt er.«

Franz nickte. »Wo ist er?« fragte er.

»Das ist sein Arbeitszimmer, dort hinter der Tür mit dem Wappen. Und hinter dem Arbeitszimmer ist sein Schlafraum. Wartet! Ihr könnt nicht hinein. Die Ärzte lassen Euch nicht. Ach, Bruder Franz, was für ein Unglück für die Christenheit! Jetzt, am Vorabend der größten Ereignisse! Ihr wißt doch, warum er herkam. Wir waren unterwegs nach Pisa und Genua, um Frieden zwischen den beiden zu stiften. Er hatte alles genau durchdacht, er kannte jedes Argument, jeden einzelnen Punkt, in dem sie auseinandergingen, jeden Irrtum, jedes Verbrechen ihrer Führer, sogar ihre Gedanken tief unter der Oberfläche. Er konnte mit dem Finger darauf zeigen: ›Seht Ihr hier, da habt Ihr einen Fehler gemacht.‹ Und jetzt liegt er da, vom Fieber zerrüttet ... er ist schon seit Stunden ohne Bewußtsein. Heute ist der dritte Tag. Gestern empfing er das Viaticum. Die Ärzte haben die Hoffnung aufgegeben. Sie sagen es nicht, aber ich weiß es trotzdem. Sie haben auch Angst, genau wie alle

anderen. Fast das ganze Personal hat den Palast verlassen – einige wenige sind im anderen Flügel.«
»Die Ärzte haben Angst?«
»Ja, sie glauben, es könnte die Pest sein. Sie sind nicht sicher. Es sind keine … keine Flecken da, wißt Ihr, keine Beulen. Es kann auch nur ein Sumpffieber sein. Sie wissen es nicht. Aber das Gerücht, daß es die Pest sei, ging rasend schnell herum, und die Leute sind fortgelaufen. Die Ärzte selber halten sich nur solange wie unbedingt nötig im Krankenzimmer auf.«
»Kann ich jetzt gehen, Herr Bischof?« fragte Franz höflich.
»Gehen? O ja … ja natürlich, Bruder Franz. Ihr habt ganz recht. Es könnte doch die Pest sein, und Ihr habt die Verantwortung für so viele Eurer Brüder. Der Lebensstrom der Kirche … ja, geht nur, geht nur.«
Franz verbeugte sich und ging; aber nicht, wie der Bischof meinte, dorthin zurück, wo er hergekommen war. Er ging geradewegs auf die Tür mit dem Wappen zu.
»Was tut Ihr«, rief der Bischof aus, »Ihr könnt doch nicht …«
Franz hörte ihn nicht mehr, er war schon im Arbeitszimmer. Drei Ärzte blickten ihm hinter schweren weißen Tüchern entgegen, die zur Desinfektion mit Essig getränkt waren. Er nickte ihnen ernst zu und schlüpfte in das nächste Zimmer.
Innozenz III. lag in seinem großen Himmelbett. Er atmete rasch, unregelmäßig. Seine kleinen Hände waren zusammengeballt. Er hatte sein Nachtgewand aufgerissen, so daß seine Kehle und Brust, weiß und zart, freilagen.
Franz kniete nieder und küßte ehrfürchtig den Ring an der feuchten, fiebernden Hand des Papstes.
Und Innozenz kam zu sich. Doch gaben seine tief in ihre Höhlen versunkenen Augen kein Zeichen des Erkennens.
»Ich muß gehen«, murmelte er. »Sie müssen mit dem Kampf aufhören. Ich muß sofort nach Pisa. Sagt ihnen …« Und nach einem Augenblick: »Die Flotte muß sich versammeln … Ich habe … acht Häfen ausgewählt. Der Treffpunkt …« Er brach ab. Franz betete still.
»Er ist ein Verräter«, sagte Innozenz mit fester Stimme. »Er wird … Christus betrügen. Die kaiserliche Krone …« Seine Stimme

ging in ein Gemurmel über. Dann, ganz plötzlich, bekam er wieder Kraft. »Jerusalem«, sagte der Papst laut.

»Das Grab des Herrn. Jerusalem. Wie kann es uns … verweigert werden …«

»Es wird uns nicht verweigert werden«, sagte Franz.

»Ich habe gekämpft und gekämpft«, sagte Innozenz mit einer Stimme voller Qual. »Aber ich muß sie alle mitschleppen – muß alles tragen, und … ich kann nicht …«

»Es gibt nur Einen, der es kann«, sagte Franz. »Und Er hat es getragen.«

»Jerusalem«, flüsterte der Papst. »Ich werde … selbst … auf den Kreuzzug gehen. Sie … sie wissen es noch nicht, aber … ich werde gehen. Und wenn ich sterbe …« Er stieß einen langen, tiefen Seufzer aus.

»Ich werde für Euch gehen«, sagte Franz und drückte dem toten Papst die Augen zu.

FÜNFUNDZWANZIGSTES KAPITEL

A. D. 1219, ANFANG MÄRZ

»Ich bedaure, daß Otto voriges Jahr gestorben ist«, sagte Friedrich zu Roger. »Er war so eine wunderbare Ausrede für mich, nicht auf diesen dreimal verfluchten Kreuzzug gehen zu können. Wie konnte ich mich aus Deutschland, ja Europa fortwagen, solange der Ochse hinter seinem Zaun saß und nur darauf wartete, loszuschlagen, sobald ich den Rücken kehrte. Nun muß ich mich nach anderen Ausreden umsehen.«

»Ihr werdet sie finden, Majestät«, sagte Roger trocken.

»Ich danke Euch für das Vertrauen.« Friedrich lehnte sich vor, um sich die Hände an dem Feuer zu wärmen, das lustig in dem großen Kamin brannte. Der Frühling war noch nicht nach Deutschland gekommen. Die riesigen Bäume rings um die Burg hatten keine Blätter und sahen so unwirtlich aus wie die Eispfützen auf dem Weg zur Zugbrücke. »In anderer Hinsicht ist es ganz gut, daß der Ochse nicht mehr da ist«, fuhr Friedrich fort. »Es macht die Fürsten billiger. Was sie doch alle für ein gieriges Pack sind, weiß der Himmel. Konzessionen hier, Privilegien dort ... und vor allem Geld und nochmal Geld. Aber die meisten von ihnen habe ich da hinbekommen, wo ich sie haben will.«

»Wegen der Wahl von König Heinrich von Sizilien zum deutschen König?«

»Ja, natürlich. Sie werden ihn schon wählen. Ich werde nicht dabei sein, aber mein Geld. Wenn ich dann höre, was geschehen ist, werde ich ganz entsetzt sein, völlig fassungslos. ›Aber mein liebster Heiliger Vater, was konnte ich denn tun? Ich fühle mich ganz scheußlich dabei, wo ich doch so feierlich geschworen habe, daß ich nie, nie Sizilien mit dem Reich vereinen würde! Aber die Fürsten haben nun einmal die Macht, einen deutschen König zu wählen, und sie sind frei in ihrer Wahl. Auch fällt es mir schwer, das gebe ich gerne zu, nicht stolz darauf zu sein; schließlich ist der Knabe mein eigenes Fleisch und Blut. Aber mein Gewissen ist rein.‹ Und so wird er nicht den Bann gegen mich schleudern können wie Innozenz gegen den armen Otto. Ich stehe ja ganz abseits.«

»Und Euer Gewissen ist rein«, wiederholte Roger.

»Bestimmt. Es ist so gut wie neu. Ich habe es noch nie benutzt. Ich bin nicht so wie Otto, der sich zum Schluß fast umbrachte mit Reue und Absolution. Wenn es ein Jenseits gibt, müssen sie mich dort so nehmen, wie ich bin.«

»Aber Sizilien ...«

»Ich bin nicht König von Sizilien, das ist mein Sohn. Ich habe nichts mehr damit zu tun. Oder ... nicht viel. Ich werde nächstens einen Besuch dort machen. Kann ein Vater nicht einmal seinen Sohn besuchen? Ich habe dort auch noch einige Rechnungen zu begleichen. Eine mit Euch: Ihr müßt Euer Vandria zurückbekommen. Eine andere betrifft die Bezahlung für den Purpurmantel, den Emir Ibn Abbad an Otto schickte, als er dachte, ich wäre erledigt. Ich werde ihn den Mantel fressen lassen, bis er daran erstickt.«

Roger nickte. »Diese Königswahl ist meisterhaft. Seit Innozenz gestorben ist, seid Ihr der führende Staatsmann in Europa, Majestät.«

»Aber trotzdem bin ich enttäuscht über den Papst.«
»Den armen alten Papst Honorius? Ich dachte, Ihr wäret recht froh, daß sie ihn gewählt haben und nicht den Kardinal Hugo von Ostia.«
»Ich war es, zuerst. Kardinal Savelli war ein sanfter, alter Mann, wenn ich auch einmal mit ihm aneinandergeraten bin, als er mir nicht genug Geld geben wollte. Er mit seinem sizilianischen Konto! Nun, auch diese alte Rechnung werde ich bald begleichen. Savelli ... um Vergebung Euer Heiligkeit, ich meine Papst Honorius III., ist sanftmütig, was nur ein anderer Ausdruck für schwach ist. Aber er weiß es. Und das hat zwei unangenehme Folgen. Er überläßt die meisten politischen Entscheidungen dem Kardinal Hugo von Ostia, und das ist fast so schlimm, als wenn sie *den* zum Papst gemacht hätten.
Und außerdem besteht er felsenfest auf seinem verdammten Kreuzzug. Vielleicht hat Innozenz ihn schwören lassen, darauf zu bestehen, wenn er jemals Papst würde, oder er denkt, er müsse aus irgendeinem anderen Grund daran festhalten. Jedenfalls bekomme ich keinen Brief von ihm, in dem er es nicht erwähnt und mich fragt, wann ich zu gehen bereit sei ... ich kann Euch sagen, mein guter Roger, ich fange an zu glauben, daß die päpstliche Krone sie alle gleich macht.«
Roger blickte ins Feuer. »Vielleicht. Es gibt bestimmte Dinge, für die ein Mann in dieser Position wohl einstehen muß.«
»Mein guter Esel, *wenn* es so etwas gibt wie ewiges Leben und *wenn* ein Papst vor dem Richterstuhl Christi erscheinen muß, glaubt Ihr, Christus würde sich viel darum scheren, ob Jerusalem in christlichen Händen ist oder nicht? Man sollte annehmen, er hätte von diesem teuren Ort und von den lieben Juden genug gehabt. Trotzdem scheinen alle zu glauben, sie täten ihm einen großen Gefallen, wenn sie es erobern. Gewiß, die Stadt hat ihren Wert – und zwar für eine Expansion nach Osten ...«
»Es geht ein Gerücht, daß Papst Innozenz mit dem Wort Jerusalem auf den Lippen gestorben sei«, sagte Roger. »Aber da wir gerade von Glauben sprechen ... und ohne Zeugen ... ich habe mich oft gefragt, an was Ihr wirklich glaubt, Euer Majestät.«
Friedrich lachte. »Ich bin erst fünfundzwanzig, und ich habe an andere Dinge zu denken. Aber woran ich wirklich glaube, das ist

Königtum – das heißt meins. Und ich glaube an Kaisertum, mit derselben kleinen Hinzufügung. Und wenn die Religion dazu verhilft, mich an der Macht zu halten – und das ist ihre Pflicht –, dann soll mir die Religion hochwillkommen sein. Ich werde ihr einen Ehrenplatz einräumen, tatsächlich tue ich das schon jetzt. Niemand ist so gut im Ausrotten von Ketzern wie ich. Aber der Papst scheint es mir gar nicht so hoch anzurechnen.«

Roger hob den Kopf. »Was ist Euer wirklicher Einwand gegen diesen Kreuzzug?« fragte er.

»Wenn Ihr es im Ernst wissen wollt: ich muß erst mein eigenes Haus in Ordnung bringen. Und Sizilien ist ein Teil von meinem Haus, ganz gleich, was der Papst sagt oder was ich beschwören mußte, als ich seine Hilfe brauchte. Könnt *Ihr* Sizilien vergessen? Vandria? Natürlich nicht. Dann muß ich meine Krönung in Rom haben. Ich habe das dem alten Honorius sehr klar gesagt. Eher gebe ich nicht nach.«

»Sie rufen aus Ägypten um Hilfe, vor Damiette ...«

»Allerdings. Laßt sie nur rufen. Geschieht ihnen recht; warum gehen sie in ungenügender Stärke dorthin, gar nicht zu reden von dem alten Pelagius. Man soll nie einen Kardinal zum Heerführer machen. Wenn er ein schlechter Priester ist, warum sollte er dann ein guter Feldherr sein? Und wenn er ein guter Priester ist, kann er überhaupt kein guter Feldherr sein. Außerdem ...«

Jetzt kommt es, dachte Roger. Er kannte Friedrich lange genug, um sich darüber klar zu sein, daß er ihn nicht hergebeten hatte, nur um belanglos mit ihm zu plaudern. Alles, was der zum Kaiser Gewählte gesagt hatte, war von Wichtigkeit, hatte eine Beziehung zu dem Hauptpunkt, auf den er hinauswollte.

»Ich muß vorausdenken«, sagte Friedrich. »Weiter voraus als die Wirrköpfe und Fanatiker. Der Orient ist ein Machtfaktor, und früher oder später muß ich mich mit ihm auseinandersetzen. Das weiß ich. Was ich nicht weiß, ist, wie ich das tun werde. Sicher nicht mit einem Frontalangriff. Erst möchte ich einmal soviel wie möglich über die führenden Persönlichkeiten dort wissen. Vor allem über Sultan Al Kamil. Er mag kein so großer Mann sein, wie sein verstorbener Onkel Saladin war, aber er interessiert mich. Er soll ein sehr gebildeter Mann sein, viel lesen und stundenlang philosophische und mathematische Fragen diskutieren. Ich möchte wissen, ob er wirklich an seinen Allah, seinen Mohammed und seinen Koran glaubt. Das möchte ich herausfinden. Wollt Ihr für mich dort hingehen, Roger, *Herzog* von Vandria?«

Das also war es.

»Euer Majestät wünschen, daß ich an dem Kreuzzug unter Kardinal Pelagius teilnehme?«

»Das ist wahrscheinlich die einzige Möglichkeit – im Anfang Eurer Mission. Später müßtet Ihr sehen, wie Ihr mit dem Sultan in Verbindung treten könnt. Ihr sprecht arabisch. Und Ihr habt in Umbrien gut für mich gearbeitet, besonders in Rieti, wie es scheint, und in Foligno und Spoleto.«

In Assisi war ich nicht so sehr erfolgreich, dachte Roger. Aber dann mußte er sich auf seine neue Mission konzentrieren, mit der verglichen seine Reise durch Umbrien ein Kinderspiel gewesen war.

»Ich habe bestimmte Ideen ausgearbeitet«, sagte Friedrich. »Ich glaube, Eure Mission wird recht ungewöhnlich werden. Ich will Euch sagen, was ich will.«

Und er sagte es ihm.

SECHSUNDZWANZIGSTES KAPITEL

A. D. 1219, PFINGSTEN, 26. MAI

Die Minderen Brüder aus vielen Ländern versammelten sich um die Portiuncula zur Abhaltung des Ordenskapitels, so wie sie es vor zwei Jahren getan hatten. Hütten aus Zweigen und Schilf sprangen wie Pilze auf. »Mehr Pilze, als ich je auf einem Haufen gesehen habe«, wie Bruder Wachholder bemerkte, »selbst wenn ich Pilze für unsere Mahlzeit zubereiten mußte.«

»Das glaube ich gern«, sagte Bruder Carlo. »Das letztemal, als es Pilze gab, habe ich genau zwei bekommen.«

»Zwei?« rief Wachholder aus. »Aber du bist doch nur einer!«

»Ich verstehe«, nickte Bruder Carlo. »Gut. Das nächstemal, wenn es Pferdefleisch gibt, werde ich mich mit einem einzigen Pferd begnügen.« Aber die anderen dachten an die erste Mahlzeit, die Bruder Wachholder für sie zubereitet hatte. Er hatte jeden Brokken Essen, der da war, gekocht, »um es dem Bruder, der nach ihm an der Reihe war, leichter zu machen«. Er hatte alles zusammen gekocht, Fleisch, Brot, Käse, Honig, Fisch und Milch und einige Hühner, die er sorgfältig rupfte, aber auszunehmen vergaß. Auch beim Kochen selbst war etwas schiefgegangen, und das Resultat war eine schaurig anzusehende, schwärzlich-ölige Masse und ein allgemeines, drei Tage währendes Fasten sämtlicher Brüder.

»Der Orden ist in diesen beiden Jahren gewachsen«, bemerkte Bruder Tancredi, der dem Hüttenbau zusah. »Damals waren wir etwa neunhundert.«

»Und jetzt?«

»Bruder Elias sagt, wir werden über fünftausend sein.«

Bruder Wachholder schlug seine gewaltigen Hände zusammen. »Ich würde zwei Jahre brauchen, um so weit zu zählen … wenn ich so weit zählen könnte.«

»Jedenfalls wird uns hier niemand ins Gefängnis werfen wie in Portugal«, knurrte Bruder Anselmo. Er knurrte nicht aus Unzufriedenheit; seine Stimme klang immer wie ein Knurren, und wenn er eine Lobeshymne sang, hätte man meinen können, er mache Gott die schwersten Vorwürfe für all die guten Dinge, die er von Ihm bekommen hatte.

Aber in manchen Teilen des immer größer werdenden Lagers gab es Unzufriedenheit genug. Viele der neuen Brüder hatten Franz noch nie gesehen; sie waren der Bruderschaft in Frankreich oder Spanien beigetreten und kamen nun zum erstenmal in ihrem Leben nach Italien. Sie hatten alle viel Mühsal und Beschwerden durchgemacht; viele beklagten sich, manche recht laut.

Bruder Elias trat zu Franz heran: »Die Brüder aus England sind angekommen«, meldete er. »Was hast du für Vorkehrungen getroffen, um alle diese Menschen zu verköstigen?«

»Gar keine«, sagte Franz. »Unser Herr hat auch keine Vorkehrungen getroffen, als die Leute sich um Ihn versammelten. Er sagte ihnen, sie sollten sich keine Sorgen darüber machen, was sie essen und trinken würden.«

»Aber als sich fünftausend Menschen eingefunden hatten, um Ihn zu hören, hat Er doch daran gedacht, wie Er sie verköstigen sollte«, antwortete Elias fest, »und ich bezweifle, daß du das Brot und die Fische vermehren könntest, so wie Er es tat.«
»Das kann ich nicht«, sagte Franz leise, »aber Er kann es, genau so, wie Er es damals tat.«
Elias verließ ihn kopfschüttelnd und vor sich hinmurmelnd.
»He, aufgepaßt, Bruder«, schrie hinter ihm eine rauhe Stimme, und er mußte beiseitespringen, um nicht von einem Mauleselkarren, von drei, von fünf, von einem Dutzend Mauleselkarren umgestoßen zu werden, die über das weiche Gras gefahren kamen.
Elias' Augen weiteten sich. Die Karren waren voller Eßwaren.
»Wir kommen aus Armenzano«, rief der Mann auf dem ersten Wagen. »Könnt Ihr uns sagen, wo wir das Zeug abladen können?«
»Ihr meint … das soll für uns sein?«
»Für wen denn sonst? Glaubt Ihr, in Armenzano hat es keine Christen?«
»Dort drüben wird, glaube ich, der beste Platz sein«, sagte Bruder Elias mit unsicherer Stimme. »Dort am Waldrand, hinter den sechs Hütten, die in einer Reihe stehen.«
Der Maultiertreiber schüttelte den Kopf. »Irrtum, Bruder. Da laden die von Rieti schon ab, zwanzig Wagen voll und mehr. Da ist kein Platz mehr.«
»Die von Rieti …«
»Ja, ja, wir sind vor einer Minute an ihnen vorbeigefahren. Schon gut, Bruder, wir finden schon einen Platz.« Und er fuhr weiter.
Auch Elias ging weiter, leicht benommen, und lief prompt in eine Kolonne von Pferdefuhrwerken hinein, die mit Brot und Käse und Wein aus Gubbio beladen war.
Systematisch schritt er nun das ganze Lager ab. Er sah die Ochsenkarren, die mit Lebensmitteln von Bastia kamen, und die lange Prozession von schwer beladenen Eseln, die sich aus der Richtung von Spoleto näherte.
Er setzte sich schwer auf den nächstliegenden Stein. Nach einer Weile hob er sein starkes, vorgewölbtes Kinn. »Alles schön und gut für diesmal«, sagte er laut. »Aber wir können es nicht bei jedem Kapitel so erwarten.«

*

Für die meisten Brüder war die Ankunft der Lebensmittel keine besondere Überraschung. Die Besten unter ihnen waren jene, die in frommer Einfalt darauf bauten, daß Gott schon für die sorgen würde, die ihm dienten, aber die meisten anderen hielten es für selbstverständlich, daß das Ordenshaupt das alles für sie vorbereitet hätte.

Die Stimmung der Versammlung änderte sich nicht. Auf dem letzten Kapitel hatte Franz ›Provinzialen‹ ernannt, die für eine Anzahl von Provinzen verantwortlich sein sollten. Die Provinzialen legten nun ihren Bericht ab und nach ihnen die Missionare, die in verschiedene Länder Europas geschickt worden waren. Hier brachen die Wogen der Unzufriedenheit durch. Die Missionen waren großenteils mißglückt.

Der Bruder, der nach Frankreich geschickt worden war, berichtete, wie sie für Albigenser gehalten worden und ins Gefängnis geworfen worden waren. Die Missionare in Portugal waren gleichfalls eingesperrt worden, diesmal als Vagabunden. In Ungarn waren sie als Gaukler und Ketzer beschimpft und mißhandelt worden. Die unglückseligen Brüder aber, die nach Deutschland kamen, kannten nur ein einziges und sehr einfaches Wort auf deutsch, und das war ›ja‹. Dieses hatten sie mit ziemlich wechselndem Erfolg erprobt, bis ein kriegerischer Amtmann sie auf den Kopf zu fragte, ob sie Ketzer wären oder nicht, weil sie doch aus der Lombardei kämen, wo es von Ketzern wimmelte. Ihr freudiges ›Ja‹ brachte ihnen die schönsten Prügel ihres Lebens ein, und sie machten sich davon, völlig verdattert und fest überzeugt, daß Deutschland ein Land der Heiden sei.

»Wir müssen die Sprachen der Länder kennen, in die wir geschickt werden«, erklärten die Brüder. »Und wir müssen Schriftstücke ausgestellt bekommen, die beweisen, daß die Kirche uns ermächtigt hat, zu predigen.«

Hier sprach Franz zum erstenmal. »Unser Herr hat nicht die phönizische Sprache erlernt, als Er nach Tyrus ging. Er hatte auch keine Briefe, die Ihn als wahre Autorität bestätigten. Er ließ sich schlagen und bespeien, peitschen und foltern. Soll der Diener bessere

Behandlung erfahren als sein Herr? Andere Orden haben andere Methoden. Gott führt nicht alle Menschen auf die gleiche Art. Aber meine Söhne müssen das Leben und Werk unseres Herrn nachahmen und nur den Weg des Geistes gehen, ungeschützt vom Einfluß und der Macht von Hochgestellten der Kirche. Nicht für uns die Klugheit dieser Welt. Statt dessen: ein Leben des Gehorsams und der Liebe, des Gebetes und der Keuschheit und der Demut ohne Gelehrsamkeit. So ist es bei meinen ersten Söhnen gewesen, und so muß es bei euch allen sein.«

Aber zum erstenmal fanden seine Worte wenig Widerhall, und das Murren wollte nicht aufhören.

Blaß und unglücklich stand Franz in ihrer Mitte. Bernard von Quintavalle, der Führer der Mission nach Spanien und der einzige, der einen gewissen Erfolg zu berichten hatte, sah ihn traurig an. Pietro Cattaneo blickte zu Boden. Er war sich nur zu wohl bewußt, wie berechtigt die Wünsche der Brüder vom Standpunkt der Vernunft waren. Aber er wußte auch, daß ihnen nachzugeben die innerste Substanz der Bruderschaft verwässern hieß. Er war zutiefst erschüttert. Dies war Tragödie. Denn war nicht die Wurzel aller Tragödie eine Kluft zwischen zwei Pflichten, zwei Idealen, zwei Menschen, die miteinander auskommen mußten und es aus triftigen Gründen doch nicht konnten?

»Der Kardinal«, rief jemand. »Der Kardinal kommt ...«

In der Entfernung sah man eine große Gruppe auf Mauleseln die Straße heraufgeritten kommen. Das flammende Rot des Kardinalsmantels war unverkennbar.

Sogleich ging Franz ihm entgegen, und die Brüder folgten zu Hunderten. Spontan bildete sich eine Prozession.

Kardinal Hugo von Ostia kam von Perugia, wo er zur Zeit residierte. Der Anblick dieser Mengen, die auf ein Leben des Evangeliums eingeschworen waren, bewegte ihn tief. Vor langer Zeit hatte Innozenz III. ihm die Geschichte seines Traumes erzählt – der stürzende Lateran, der von *einem* kleinen Mönch aufrecht gehalten wurde. Hier war das Heer des kleinen Mönchs, in wenigen Jahren zu unglaublicher Größe angewachsen. Mit Leuten wie diesen konnte man auf die Erfüllung jenes Traumes hoffen, auf ein neues Leben innerhalb der Kirche.

Er stieg ab, zog seinen prachtvollen Mantel und seine Schuhe aus. Vor zwei Jahren hatte er Franz in allem Ernst gefragt, ob auch er ein Mönch werden könnte. Franz hatte keine Antwort gegeben. Aber heute wenigstens würde er ein Mönch sein.
Als Franz niederknien und seinen Ring küssen wollte, hob er ihn sofort auf und umarmte ihn. Arm in Arm kamen sie auf das riesige Lager zu.
Eine halbe Stunde später sang der Kardinal das Hochamt in der Portiuncula, und Franz diente ihm als Diakon. Er aß zusammen mit den Brüdern und zog sich dann, ehe er den Hochsitz im Kapitel einnahm, eine Weile mit dem Ordenshaupt zurück. Er hatte ein Leben lang geistliche Menschen beobachtet. Ehe Franz ein Wort gesagt hatte, wußte er, daß Unheil im Anzug war.
»Herr Kardinal«, sagte Franz fast schroff, »als ich vor zwei Jahren auf eine Mission gehen wollte, genau wie meine Söhne, sagtet Ihr, ich solle in Italien bleiben, um meine Sache gegen die zu verteidigen, die ihr vielleicht schaden wollen.«
»Ja. Das habe ich getan.«
»Meine Söhne haben Rückschläge erlitten, und nicht alle nehmen es so hin, wie sie sollten. Ich kann nicht länger etwas von ihnen verlangen, was ich nicht selber tue. Deshalb bitte ich um Eure Erlaubnis, Italien zu verlassen.«
»Darum braucht Ihr nicht zu bitten«, sagte der Kardinal gütig. »Ich habe es Euch damals nicht verboten, ich habe nur davon abgeraten.«
»Ihr seid der Schutzherr des Ordens. Ich will nichts gegen Euren Willen tun. Aber ich beschwöre Euch, mich ziehen zu lassen.«
Der Kardinal sah ihn an. »Ich werde Euch die Antwort nachher geben«, sagte er langsam. »Laßt uns erst Eure Brüder hören – und dann beraten.«
»Ich habe einem, dessen Andenken ich hoch verehre, mein Wort gegeben, daß ich gehen werde«, sagte Franz.
»Dann müßt Ihr Euer Wort auch einlösen. Aber laßt uns sehen, ob dies der rechte Augenblick dafür ist oder nicht.«
Franz senkte den Kopf. Er sagte nichts.
Das Kapitel war stürmisch. Die Brüder spürten, daß sie beim Kardinal eher Unterstützung erwarten konnten als bei ihrem eigenen aske-

tischen Führer, und sie wiederholten laut ihr Verlangen nach Beglaubigungsschreiben. Es gab auch viele Stimmen, die nach einem geordneteren Leben mit Vorsorge für den kommenden Tag riefen.
Franz sprang auf. »Meine Brüder! Meine Brüder! Der Herr hat mich auf den Weg der Einfalt und der Demut berufen; das ist der Weg, den Er von mir und denen, die an mich glauben und mir folgen wollen, verlangt. Darum will ich keine andere Ordensregel haben, sei es die von Sankt Benedikt oder Sankt Augustin oder Sankt Bernhard, und auch keine andere Lebensweise, als was der Herr mir gezeigt und gegeben hat. Er will, daß ich arm und töricht auf dieser Welt bin. Aber ihr mit eurer Gelehrsamkeit und Weltweisheit, möge der Herr über euch kommen und euch durch Seine Aufseher bestrafen, so daß ihr mit all eurer Besserwisserei auf den rechten Weg zurückfindet, ob ihr es wollt oder nicht!«
Die Stille, die diesem Ausbruch folgte, war fürchterlich.
Der Kardinal erhob sich und erklärte die Sitzung für geschlossen; in zwei Stunden würde sie wieder eröffnet werden.
Die Brüder gingen in finsterem Schweigen, aber in ruhiger Haltung auseinander. Es war, als wollten sie zum Ausdruck bringen, daß sie durchaus für Disziplin und Gehorsam waren und nur verlangten, was recht und billig war, und der Kardinal machte eine Bemerkung darüber, als er mit Franz in dessen winziger Hütte allein war.
»Ich habe nicht viel für Disziplin übrig«, sagte Franz. »Gehorsam, ja, aber nicht Disziplin; die ist gut für Schulen und Soldaten. Jeder, der zu mir kommt, tut es aus eigenem freien Willen. Er ist ein Freiwilliger Gottes. Und wenn er Mönch geworden ist, so bietet er sein Leben noch immer freiwillig an. Etwas anderes gibt es für mich nicht.«
»Und doch wünschtet Ihr, daß sie zu Eurem Weg zurückkämen, ob sie es wollten oder nicht«, sagte der Kardinal gelassen.
Eine lange Pause entstand. Franz fiel auf die Knie. »Ich habe gesündigt«, sagte er.
»Und ich spreche Euch frei«, sagte der Kardinal mit großer Milde.
Nach einer Weile stand Franz auf. »Was soll ich tun?« murmelte er.
»Denkt nach«, sagte der Kardinal. »Mit Eurem Leben versucht Ihr das größte Leben nachzuahmen, das es je gab. Das ist eigentlich, was jeder Christ nach besten Kräften tun sollte. Es fanden sich

einige wenige, die Eure Anhänger wurden. Manche vortrefflich, manche weniger vortrefflich. Aber Ihr könnt nicht erwarten, fünftausend zu finden, die so sind wie Ihr.«

»Aber ich bin nichts«, rief Franz. »Ich versuche nur...«

»... so nahe bei unserem Herrn zu leben, wie Ihr könnt. Aber erwartet nicht, daß jeder Eurer Söhne es ebenso kann wie Ihr. Ein Gewand kann nicht nur aus Edelsteinen bestehen. Ihr werdet der erste sein, der zugibt, daß das Leben des Herrn größer war als das Eure und daß Er Euch in allen Dingen übertroffen hat...«

»Er ist die Sonne ... ich bin ein Glühwurm.«

»Aber glaubt Ihr, unser Herr erwarte von Euch, daß Ihr so groß und gut seid wie Er? Und daß Er Euch mit Strafe droht, wenn Ihr es nicht seid? Da er Nachsicht mit Euch hat – habt Ihr sie mit denen, die weniger eifrig, weniger demütig, weniger selbstlos sind. Oh, ich weiß, Ihr habt sie schon oft genug bewiesen. Ihr laßt diejenigen, die mehr Essen brauchen als andere, mehr essen. Ihr sorgt für sie wie ein Vater und eine Mutter zugleich. Aber die Ordensregel, die, bei all ihrer Strenge, gut und anwendbar für zwölf Menschen ist, mag für fünftausend nicht mehr so gut und anwendbar sein. Und im nächsten Jahr sind es vielleicht schon acht- oder zehntausend!«

»Die Ordensregel ...«, sagte Franz heftig und brach ab.

»In einem mystischen Sinn seid Ihr die Ordensregel der Minderen Brüder«, sagte der Kardinal. »Euer Leib ist gewachsen, so wie die Kirche, der mystische Leib Christi, gewachsen ist. Die Kirche ist eine lebendige Einheit. Das ist auch Euer Orden, eingebaut in die Kirche. Das bedeutet Weiterentwicklung und durch Weiterentwicklung notwendigerweise Änderungen. Eine Wahrheit kann nie aufgegeben werden. Aber immer und immer müssen neue Wege gefunden werden, um das zu verbreiten, was Sankt Paulus *den Weg* genannt hat.«

»Er lebte in Armut.«

»Aber er bettelte nicht und war doch Gott gefällig.«

»Ich habe nie gesagt, daß mein Weg der einzige sei, Herr Kardinal.«

»Ich weiß. Aber Ihr habt jetzt nur die Wahl, Euch entweder mit einer Elite von ganz wenigen aus Eurem eigenen Orden zurückzuziehen und es den anderen zu überlassen, ihr eigenes Maß zu finden – oder ihren Wünschen gegenüber milder zu sein, auch wenn Ihr und alle, die stark genug sind, weiterhin so strikt nach der Ordensregel leben, wie Ihr es bis zum heutigen Tag getan habt. Denkt an die Worte des großen Innozenz, als Ihr in Rom vor ihm standet und er Euch sagte, Eure Ordensregel sei zu streng und daß er der Zeit vorausdenken müsse. Er sah, was unausweichlich kommen mußte, wenn Eure Söhne sich vermehrten. Jetzt könnt Ihr es auch sehen. Tatsächlich habt Ihr ja schon vor zwei Jahren damit zu rechnen begonnen, als Ihr den Rang von Provinzialen einführtet.«

Franz sagte nichts. Nach einer Weile fuhr der Kardinal fort: »Ein König kann ein Land nicht so verwalten, als ob es nur ein Dorf wäre. Ein Heerführer kann sein Heer nicht führen, als sei es nur ein kleiner Spähtrupp. Der Papst kann heutzutage die Kirche nicht mehr so führen, wie es Linus, Anakletus und Clemens nach dem Tode von Sankt Peter getan haben. Ich weiß genau, wie Euch zumute ist, Bruder Franz. Aber von Euch und Eurem Heer hängt viel ab, und ich könnte mir kaum etwas Traurigeres und Gefährlicheres vorstellen als einen beständigen Zwist zwischen Euren Brüdern und Euch selbst. Als einer Eurer Brüder mehr Essen nötig hatte als Ihr, sich aber zu essen schämte, da habt Ihr selbst mehr gegessen, als Ihr nötig hattet, um ihm über seine Scheu hinwegzuhelfen.«

Franz blickte aus gequälten Augen geradeaus.

»Bruder Franz«, sagte der Kardinal, »lieber Bruder Franz – ich bin Euer tief ergebener Freund.«

»Ich bin Euer gehorsamster Sohn und Diener«, sagte Franz.

»Die Angelegenheit der neuen Missionen wird im Kapitel verhandelt werden. Darf ich Euch noch einmal um Erlaubnis bitten, selbst auf eine solche Mission zu gehen?«

Eine lange, lange Pause entstand. Der Kardinal seufzte tief auf. »Ihr habt meine Erlaubnis, mein Sohn ... und meinen Segen.«

*

Auf dem Pfingstkapitel 1219 wurde eine Reihe von neuen Provinzen geschaffen. Die Angelegenheit der Empfehlungsbriefe, die vom Päpstlichen Stuhl den Brüdern ausgeteilt werden sollten, wurde fallen gelassen. Eine große Zahl von Brüdern stellte sich freiwillig für Missionen zu den Ungläubigen zur Verfügung. Bruder Vitale erhielt die Leitung derer, die nach Marokko gingen. Bruder Ägidius sollte die für Tunis Bestimmten führen. Und Bruder Franz wurde als Führer der Mission nach Ägypten benannt.

Für die Dauer seiner Abwesenheit wurden zwei Generalvikare ernannt: Bruder Matthäus aus Narni und Bruder Gregor aus Neapel.

Viertes Buch

SIEBENUNDZWANZIGSTES KAPITEL

A. D. 1219, AUGUST - SEPTEMBER

Die rauhe, kehlige Stimme kam winselnd über den Sand: »*Amân ... ja Allah ... amân ... moje ...*«

Franz, der zu dem Mann hinlief, konnte sehen, daß er auf dem Bauch lag; sein Turban war oben aufgeschlitzt und blutverkrustet; seine Hände bewegten sich schwach.

Das dumpfe Geräusch von Hufen erklang hinter ihm, und ehe Franz den Kopf wenden konnte, war ein gepanzerter Lanzenreiter auf einem schweren Schlachtroß herangeritten. Franz konnte einen flüchtigen Blick auf ein schmales, hakennasiges Gesicht mit einem wehenden Schnurrbart erhaschen. Dicht vor dem verwundeten Sarazenen zügelte der Reiter sein Pferd und rannte dem Mann seine Lanze durch den Rücken. Der Sarazene schrie auf, seine Beine zuckten verkrampft und streckten sich dann. Als Franz, keuchend von der Anstrengung des Laufens in der sengenden Hitze, bei ihm ankam, war er tot.

»Ihr solltet hier nicht ohne Eskorte gehen«, sagte der Lanzenreiter freundlich auf französisch.

»Er rief ›*amân*‹«, sagte Franz mit bebender Stimme. »Was heißt das?«

»Erbarmen.«

»Und ›*moje*‹?«

»Wasser.«

»Darum hat er im Namen Gottes gebeten«, sagte Franz.

»Und Ihr habt ihm statt dessen den Tod gegeben.«

»Allerdings. Ihr seid neu hier in der Wüste, wie? Das habe ich mir gedacht. Der Schurke hatte noch genug Leben in sich, um Euch hiermit zu töten« – er berührte den geschweiften Bogen des Sarazenen mit der geröteten Lanzenspitze. »Seht Ihr, daß er den Pfeil schußfertig aufgelegt hatte? Vielleicht hätte er noch die Kraft gehabt, den Bogen zu spannen, vielleicht auch nicht. Auf jeden Fall: was habt Ihr von mir erwartet ... soll ich Pater sagen oder Bruder? Gut, also Bruder. Hätte ich dem Hund Wasser geben sollen? Hätte ich ihn gesundpflegen sollen, damit er mit mir machen könnte, was sie mit meinen beiden Vettern gemacht haben? Sie haben sie vor einem halben Jahr beim Kundschaften erwischt. Wir fanden dann, was sie und die Geier und Schakale von ihnen übriggelassen hatten. Es war nicht sehr hübsch. Wenn man lange genug hier unten ist, lernt man unterscheiden zwischen einer Wunde, die von einem Tiergebiß oder einer Vogelklaue stammt – und einer, die von Menschen gemacht ist. Was die Sarazenen getan haben, war bei weitem schlimmer. Sie sind Teufel. Kommt, Bruder, Ihr solltet überhaupt nicht hier sein.«

»Aber… die Leiche?«

Der Gepanzerte lachte. »Keine Angst. Sie werden Leute schicken, um ihn nach ihren Riten zu begraben.«

Sie setzten sich auf das Lager zu in Bewegung. Franz hätte am liebsten geweint, aber die Tränen wollten nicht kommen, nicht in der furchtbaren, baumlosen, blumenlosen, graslosen, sonnengedörrten Öde, die Ägypten war. Es hieß, daß es hier liebliche Oasen gäbe, Gärten voll mit schlanken, fruchtbeladenen Palmen. Aber er hatte keine gesehen. Nur die Wüste und ein Stück Meer, das grau und bleiern unter der sengenden Sonne lag, als habe selbst das Mittelmeer beim Anblick dieses Landes die Farbe verloren.

»Das Heilige Land«, brummte der Lanzenreiter. »Was ist heilig daran? Ungläubige, Heuschrecken, Skorpione, Sandvipern und Sandflöhe… geht niemals barfuß hier, Bruder, und bindet Euch nachts einen Lumpen um die Füße, oder Ihr wacht mit ein paar hundert Sandfloheiern unter der Haut Eurer Zehen auf. Sie haben eine Vorliebe für Zehen, weiß der Teufel warum, und Ihr bekommt Schwellungen und Geschwüre. Tausend gute Leute wurden uns auf Wochen und Monate krank, bis wir herausfanden, woran es lag. Heiliges Land! Seht Euch diese Sonne an, oder seht sie Euch lieber nicht an, sonst bekommt Ihr einen Sonnenstich.«

»Die Sonne«, sagte Franz, »ist stark und schön. Wir sind es, die schwach sind.«

»Die Sonne ist eine Strafe in Ägypten, Bruder. Selbst der heilige Lorenz wurde nur einmal geröstet… uns geschieht das jeden Tag.«

»Der Herr wollte nicht im schönsten Teil der Erde Mensch werden«, sagte Franz. »Was hätten sonst die Menschen gesagt, die in den anderen leben müssen?«

»Was, wie? Jaja, mag sein. Aber wenn Er uns schon bessere Teile gegeben hat, wozu kommen wir hierher, anstatt mit unserem Los zufrieden zu sein? Daheim ist es jetzt auch warm, aber es ist schön. Einen Arm würde ich hergeben, wenn ich jetzt sofort da sein könnte. Mich redet weiß Gott keiner noch einmal in einen Kreuzzug hinein.«
»Wollt Ihr denn die Orte, die jedem Christen heilig sind, in den Händen der Leute lassen, die Ihr Schurken und Teufel genannt habt? Damit sie sie entweihen und zerstören? Wenn die Gräber Eurer Eltern von Räubern als Tisch zum Würfelspielen benutzt würden, wäret Ihr nicht darüber empört?«
»Wahrscheinlich«, sagte der Lanzenreiter. Er wollte sich den Kopf kratzen, wurde aber durch Helm und Nackenschutz daran gehindert. »Aber glücklicherweise sind meine Eltern noch sehr lebendig. Sie waren es wenigstens, als ich fortzog«, fügte er dumpf hinzu. »Aber weiß Gott, ob ...«
»Gott weiß es«, unterbrach ihn Franz nicht unfreundlich. »Laßt das für jetzt genügen.«
»Warum seid Ihr hierher gekommen, heiliger Bruder?« fragte der Lanzenreiter. »Ich meine nicht, warum Ihr Euch unserem Heer angeschlossen habt, obgleich mir auch das über den Verstand geht. Aber dieses hier ist ein Teil des Schlachtfeldes von gestern.«
»Das weiß ich, und deshalb bin ich hergekommen. Ich dachte, vielleicht liegt da noch ein Verwundeter, der Trost und Hilfe braucht. Es war auch einer da, aber...«
»Dem Burschen habe ich allen Trost und alle Hilfe gegeben, die er brauchte«, sagte der Lanzenreiter grimmig. »Ihr sprecht nicht arabisch, Bruder, nicht wahr? Nein, natürlich nicht, Ihr habt mich ja nach *amân* und *moje* gefragt. Was wollt Ihr eigentlich in diesem Teil der Welt? Die Heiden bekehren? Wie könnt Ihr das, ohne ihre Sprache zu sprechen? Übrigens, selbst wenn Ihr sie sprechen könntet ...«
»Ich habe etwas von der *lingua franca* aufgelesen.«
»Das hilft ein wenig. Aber wie Ihr einem Araber in der *lingua franca* ein christliches Dogma erklären wollt, geht über meine Begriffe. Es ist schon schwer genug in gutem, einfachem Französisch. Glaubt mir, Bruder, Ihr verschwendet Eure Zeit an diese Leute. Ihr werdet niemals etwas bei ihnen erreichen.«

»Meint Ihr nicht, Bruder Franzmann, daß genau das der Teufel zu unserem Herrn gesagt haben könnte, wenn er gewußt hätte, daß Er auf die Erde kommen wollte?«

Der Lanzenreiter fing zu lachen an. »Ich bin also der Teufel, wie? Nun, wenn das wahr ist, dann bin ich ein armer Teufel. Und das sind wir alle in diesem gottverlassenen Heerhaufen.«

Sie kamen jetzt dem Lager näher. Eine dünne Postenkette war ringsherum gezogen, um gegen einen dieser blitzschnellen arabischen Reiterüberfälle gewappnet zu sein. Selbst aus der Entfernung konnten sie die kreischenden Stimmen von Frauen und betrunkenes Gelächter hören.

»Diesen Gott verlassenden Heerhaufen meint Ihr«, sagte Franz traurig.

»Wie? Ach so, das. Das ist Soldatenleben, Bruder, ist es immer gewesen und wird es immer sein. Man kann sie nicht hindern, sich auszutoben, wenn sie wissen, daß es das letztemal in ihrem Leben sein kann.«

Franz blieb stehen. »Wie können sie für das Kreuz kämpfen und siegen, wenn sie sich so aufführen?«

»Kämpfen werden sie schon, Bruder, aber siegen werden sie nicht. Denkt an gestern.«

Franz nickte. Es war ein schwerer Rückschlag gewesen, um nichts Schlimmeres zu sagen. Die Männer im Lager sprachen flüsternd darüber. Die ganze Nacht hindurch hatte man hastig die Gefallenen begraben, immer nur ein Kreuz für fünfzig, hundert und mehr. Niemand schien zu wissen, wie hoch die Verluste wirklich waren. Die Zelte waren voll von Verwundeten, und ihre Schreie erfüllten die Nacht, so daß keiner schlafen konnte. Franz war von einem Lager zum anderen gegangen, hatte Trost gespendet, Wasser getragen, Wunden verbunden, die Fackel gehalten, als der Arzt versuchte, einem Mann das Leben zu retten, indem er ihn zum Krüppel machte.

Nicht viele überlebten hier eine Amputation. Fast unverzüglich setzte Wundbrand ein, wie sie es nannten, die Wunde wurde schwarz und eitrig, und der Mann starb unter Qualen. Viele würden heute nacht noch sterben.

Aber es hieß, daß Kardinal Pelagius nicht einen Augenblick die

Zuversicht verloren hätte, nicht einmal als die sarazenische Reiterei im Rücken des christlichen Heeres durchbrach und sie zwei lange Stunden hindurch nach allen Seiten gleichzeitig kämpfen mußten. Die Wachen ließen die beiden ohne Fragen passieren.

»Es tut mir leid um Euch, Bruder«, sagte der Franzose. »Dies ist kein Ort für Euch. Geht heim – es ist der beste Rat, den ich Euch geben kann. Und wenn Ihr meint, das würde auch der Teufel sagen, so könnt Ihr wenigstens sicher sein, daß er es nicht, wie ich, aus Mitgefühl sagen würde.«

Vor einer halben Stunde hatte der Mann einen verwundeten Sarazenen totgestochen. Franz starrte ihn an. »Ich werde nicht gehen«, sagte er, »nicht, solange es noch einen Funken Hoffnung für unsere Sache gibt, und wie sollte es ihn nicht geben? Aber Ihr meint es gut, ich weiß. Wenn ich schroff zu Euch war, denkt daran, daß auch unser Herr zu Petrus schroff war, als der Ihn davon abhalten wollte, zu tun, was Er tun mußte. Aber nie wieder dürft Ihr einen Menschen töten, der hilflos und verwundet daliegt. Wenn die Heiden so etwas tun, dürfen wir es ihnen nicht nachmachen. Wie könnten wir sonst sagen, daß unser Glaube besser ist als ihrer, und wie sollte man es uns glauben?«

»Ihr seid ein Kind, Bruder«, sagte der Franzose, »aber ich wünschte, Ihr würdet gelegentlich für mich beten. Ich würde gern lebendig zu meinen Eltern zurückkehren.«

»Das wird nach Gottes Willen geschehen«, sagte Franz. »Aber ich werde beten.«

*

Kardinal Pelagius hatte das schneeweiße Haupt- und Barthaar eines ehrwürdigen Patriarchen, die Gesichtszüge eines Adlers und die Haltung eines Kriegsmannes. Als orthodoxester aller Katholiken trug er den Namen des berühmten Ketzers aus dem fünften Jahrhundert. Als einer seiner Unterführer, ein witziger Portugiese, einmal eine Bemerkung darüber machte, antwortete der Kardinal trokken: »Wenn mein Namensvetter das Vergnügen gehabt hätte, dieses Heer zu führen, hätte er niemals das Dogma der Erbsünde geleugnet.«

Er saß an seinem Feldherrntisch, einer mit einem Wollteppich bedeckten Holzkiste, und hörte sich mit steinernem Gesicht den Bericht des Grafen Guy de Choisy an, dem er vertraute, obwohl er kein Spanier war. Tatsächlich war Choisy der einzige Befehlshaber, den er mit dem Einsammeln der Verlustlisten des gestrigen schwarzen Tages betraut hatte.

Die Augen des Kardinals hingen an dem großen Kruzifix an der Zeltwand; seine Hände umspannten den Griff seines mächtigen Schwertes.

»Das italienische Kontingent hat einhundertunddreiundfünfzig Ritter verloren«, sagte der Graf von Choisy, »und vierhundertelf Verwundete. Unter den Toten sind der Herzog von San Telmo und der Graf von San Mauricio.«

»Weiter, kommt zum Ende«, sagte der Kardinal finster.

»Das sizilianische Kontingent: fünfundsiebzig Ritter tot, einhundertdreizehn verwundet. Und der Graf von Vandria wird vermißt.«

»Der Graf von Vandria?« Der Kardinal schoß unter seinen dicken, weißen Augenbrauen einen Blick auf Choisy. Seine Augen waren hellwach, trotz den Rändern der Schlaflosigkeit.

»Ja, Euer Eminenz. Er gehörte nicht eigentlich zum sizilianischen Kontingent. Er ist erst vor zehn Tagen angekommen.«

»Neun«, sagte der Kardinal.

»Es kommen viele solche Einzelgänger, manche mit kleinem Gefolge, manche ganz allein.«

»Ich weiß. Aber... vermißt, sagt Ihr?«

»Er war bei der Verteidigung des Nilufers dabei, gegen Ende der Schlacht, als es dunkel wurde. Der sizilianische Obrist weiß nicht, was mit ihm geschehen ist. Er scheint ihn nicht sehr zu schätzen, weil er sich immer absonderte und sich nie auf eine Diskussion einließ.«

Der Kardinal nickte; der Bericht schien zu seinen eigenen Vorstellungen zu passen. »Vielleicht war er ein Spion«, sagte er unverblümt. »Es gibt genug Renegaten im Lager des Sultans. Aber wenn er einer war, kann er dem Sultan nicht viel berichten, was er nicht schon weiß. Al Kamil weiß, wie viele wir sind – oder besser: wie wenige. Und er kann ebensowenig wie der Graf von Vandria wissen, daß wir über fünftausend Mann verloren haben.«

»Wenn nur der Kaiser käme«, stieß de Choisy zwischen den Zähnen hervor, »oder wenigstens die Verstärkungen, die man uns schon so lange versprochen hat.«
»Die werden schon kommen«, sagte der Kardinal. »Ob freilich der Kaiser selber kommt, ist eine andere Frage.«
»Er hat geschworen, am Kreuzzug teilzunehmen.«
»Solange ich lebe, hat sich noch jeder Kaiser als meineidig erwiesen«, sagte Pelagius kalt. »Warum sollte dieser eine Ausnahme machen? Außerdem ...« Er brach ab.
Außerdem würde er darauf bestehen, den Oberbefehl über die gesamte Streitmacht zu übernehmen, dachte de Choisy.
»Verstärkungen brauchen wir«, sagte der Kardinal. »Mit den Truppen, die ich jetzt habe, kann ich unmöglich Damiette erfolgreich angreifen. Als wir den Kettenturm gestürmt hatten, dachte ich, es würde nur noch eine Sache von Tagen, von zwei Wochen höchstens, sein. Aber sie scheinen unerschöpfliche Reserven zu haben. Jetzt heißt es warten.« Er seufzte tief.
Schwer, zu warten, wenn man Pelagius ist, dachte de Choisy.
»Die Lagerbefestigungen müssen verstärkt werden«, fuhr der Kardinal fort. »Und das Lager selbst soll nach Südwesten hin erweitert werden.«
Choisy sah ihn erstaunt an. »Es hat bisher ausgereicht, Euer Eminenz.«
»Es kann nichts schaden, den Feind glauben zu lassen, daß es nicht mehr ausreicht«, erwiderte der Kardinal mit einem frostigen Lächeln. »Wenigstens wird es dann so *aussehen*, als ob wir mit Bestimmtheit auf baldige Verstärkung rechnen. Und, Choisy! Kein Wort über unsere Verlustziffern, zu niemandem! Auch nicht zum Grafen Jean von Brienne. Ihr wißt es einfach nicht genau, jedenfalls nicht die Gesamtzahl. Niedergeschlagene Stimmung ist schlimmer als zehntausend Sarazenen.«
»Jawohl, Euer Eminenz.«
»Dann geht. Und wenn irgend jemand draußen wartet, der mich zu sehen wünscht, könnt Ihr ihn hereinschicken.«
»Sehr wohl, Euer Eminenz.« Choisy klirrte hinaus, und der Kardinal versank in tiefes Brüten. Auch die Ungläubigen hatten Verluste gehabt, schwere Verluste, wie immer, wenn es zum Nahkampf

kam. Sie erzielten ihre besten Erfolge immer, wenn sie ihre alte Reitertaktik anwenden konnten: angeprescht kommen, einen Pfeilhagel abschießen und mit auf den Rücken geworfenen Schilden wieder davonsprengen – dieselbe Taktik, die ihre Ahnen, die Parther, schon vor zwölf Jahrhunderten gegen die römischen Legionen angewandt hatten. Am Kriege hatte sich noch niemals viel geändert. Und wenn auch der Sultan glaubte, daß er sich keinen großen Angriff mehr leisten könnte? Ein Remis ... vorderhand wenigstens?

Es war jemand im Zelt. Instinktiv fuhr die Hand des Kardinals nach dem Dolch in seinem Gürtel: eine bessere Waffe auf beschränktem Raum als ein langes Schwert. Dann sah er, daß der Mann unbewaffnet war; daß er klein war; daß er ein Mönch war, einer von den braunen Bettelmönchen, die ihm Kardinal Hugo von Ostia in einem Brief ans Herz gelegt hatte. »Aber ich bitte Euch ernstlich, laßt sie nicht wissen, daß ich ihretwegen an Euch geschrieben habe, denn sie wollen ihre Mission ohne Empfehlung durch die Kirche antreten und so wie die Apostel reisen.« Merkwürdige Leute. Sie sahen sich alle sehr ähnlich in ihren braunen Lumpen, aber dieser hier war ihr Führer.

»Bruder ... Franz, wenn ich mich recht erinnere.«

»Euer Diener, Herr Kardinal.« Franz kniete nieder, aber es gab keine Möglichkeit, den Ring an einer Hand zu küssen, die von einem gepanzerten Kampfhandschuh bedeckt war.

»Was wollt Ihr, mein Sohn?«

»Herr Kardinal, mir ist, als wolle unser Herr, daß wir Überredung statt Gewalt anwenden. Ich bitte um Eure Erlaubnis, in das Lager des Sultans zu gehen.«

Pelagius runzelte die Stirn. »Das hieße, den sicheren Tod suchen«, sagte er barsch. »Der Sultan hat Befehl gegeben, für jeden Christenkopf, der ihm geliefert wird, ein Goldstück auszuzahlen. Ihr seid lange genug bei uns, um das zu wissen. Was ist mit Euren drei Gefährten geschehen?«

»Wir waren dreizehn, als wir auszogen, Herr Kardinal, aber neun erkrankten in Akkon, wo wir landeten, und die anderen hier im Lager.«

»Wahrscheinlich wäre es besser für Euch, wenn Ihr auch krank

geworden wäret«, sagte Pelagius mit bitterem Sarkasmus. »Von einer Krankheit kann man genesen, vom Tode nicht. Eure Idee ist Wahnsinn.«
»Es ist nicht meine Idee, Herr Kardinal.«
»Ihr meint, Gott habe Euch erleuchtet? Könnt Ihr sicher sein, daß es nicht in Wirklichkeit eine Versuchung des Teufels war?«
Franz lächelte fröhlich. »Zu dem habe ich keine Beziehungen, Herr Kardinal.«
Kein gewöhnlicher Fanatiker also. Die konnten nur überheblich lächeln, als ob sie sagen wollten, daß nur sie allein wüßten, was Gott wollte, und daß sie von gewöhnlichen Menschen kein Verständnis erwarteten. Dennoch – es *war* Wahnsinn.
»Was wollt Ihr denn tun, wenn Ihr... falls Ihr durch die feindlichen Linien durchkommt?«
»Ich will mit dem Sultan sprechen, Herr Kardinal.«
»Ihr werdet ihn nie zu Gesicht bekommen.«
»Das wird geschehen, wie Gott es will, Herr Kardinal.«
»Natürlich«, sagte Pelagius trocken. Aber in seinem Kopf arbeitete es. Vielleicht würden sie den kleinen Mann für einen Kundschafter halten und sofort töten. Vielleicht ihn foltern. Vielleicht aber würden sie glauben, er sei eine Art von inoffiziellem Abgesandten, der Verhandlungen anbahnen wollte – die Art von Abgesandten, die man jederzeit desavouieren konnte, ohne sich etwas zu vergeben. Vielleicht... es war unmöglich, es vorauszusehen. »Ich kann keinerlei Verantwortung für ein solches Unterfangen übernehmen«, sagte er kurz entschlossen. »Ich will es weder gestatten noch verbieten. Aber einer Sache muß ich sicher sein: Ihr dürft nichts tun, was dem christlichen Namen Schande zufügen kann.«
Franz lächelte. »Danke, Herr Kardinal«, sagte er, kniete abermals nieder und ging.
Ein freundlicher kleiner Mann, dachte der Kardinal. Man hätte ihm wenigstens seinen Segen geben können.

*

Ibrahim ben Masud, Spähtruppführer der Kamelreiter von Bischar, sah ihn als erster – einen kleinen, abgerissenen Mann, der mutter-

seelenallein über den Sand lief, als ob die Wüste ihm gehörte. Er schien auch nicht bewaffnet zu sein.
»Wartet hier«, sagte er zu seinen Leuten. »Nein … erschießt den *Giaur* noch nicht.«
Er trieb sein wundervolles Kamel aus der Mulde, die Düne hinauf, den kurzen *Jerid* wurfbereit.
Der kleine Mann ging weiter, als habe er die fast geisterhafte Erscheinung von Tier und Reiter gar nicht gesehen. Vielleicht war er blind von der Sonne – er hatte sie voll im Gesicht.
»*Wakkif*… halt!« sagte Ibrahim ben Masud scharf.
Der kleine Mann blieb stehen, wandte den Kopf etwas, sah ihn und … lächelte. Lächelte! Ibrahim blickte schnell um sich, um zu sehen, ob dieses Lächeln irgendeinen Grund hatte. Aber niemand war in Sicht, nicht auf siebzig, achtzig Schritt, und auf eine größere Entfernung trafen die Franken nicht.
Worüber im Namen aller heiligen Kalifen hatte der Giaur zu lächeln, unbewaffnet und allein und in zwölf Schritt Abstand von einem scharfen *Jerid*?
Ibrahim ben Masud ritt auf ihn zu, und während er herankam, sagte der Franke: »Sultan«, und zeigte auf sich selbst.
Ibrahim warf den Kopf zurück und lachte. »Du ein Sultan!« sagte er. »Eine merkwürdige Auswahl scheinen sie in Frankistan zu treffen.« Aber dann kam ihm in den Sinn – und er war nicht der erste –, daß der zerlumpte kleine Mann vielleicht *deli* war, verrückt, ein Irrer; und hieß es nicht, daß solche Leute die Huld des Allerhöchsten genossen? »Wer bist du?« fragte er verdrießlich.
»Sultan«, sagte der kleine Mann wieder, aber diesmal zeigte er in die Ferne jenseits des Fragestellers. Dann, wie in einem plötzlichen Einfall, sagte er in der *lingua franca:* »Führe mich zum Sultan, o Befehlshaber.«
Wieder lachte Ibrahim. »Der Melek al Kamil, Beherrscher der Gläubigen, der Unbesiegte, der Löwe der Wüste … was hat er mit dem Abschaum von Frankistan zu schaffen?« erwiderte er in derselben Sprache. »Du bist mein Gefangener.«
Er stieß einen scharfen Kehllaut aus, und im gleichen Augenblick tauchten sechs weitere Kamelreiter auf dem Kamm der Düne auf und kamen heruntergeritten. Der kleine Mann war im Nu umzin-

gelt. Noch immer lächelnd trat er an Ibrahims Reittier heran und klopfte es auf den wundervoll geschwungenen Hals.
Ibrahim grinste. Kein Fremder durfte das ungestraft bei einem Kamel aus der Zucht des Stammes von Bischar wagen. Es würde gleich nach dem Verrückten schnappen, und er würde ein Ohr weniger oder eine sehr schmerzhafte Armwunde haben. Da ... es bog den Kopf schon herunter. Aber statt zuzubeißen, fing es an, seinen Kopf an der Schulter des kleinen Mannes zu reiben, und stieß dabei den rauhen, blökenden Ton aus, den es gewöhnlich von sich gab, wenn es eine Handvoll Datteln bekam.
Die sieben Araber sahen einander fassungslos an.
»Bist du ein *sachhar*, ein Zauberer?« fragte Ibrahim in ängstlichem Ton.
»Ich bin ein Bote«, sagte der kleine Mann freundlich. »Möge es dir nun gefallen, mich zum Sultan zu führen.«
Wieder sahen sich die Araber verständnislos an. Es war kaum faßbar, daß die Franken, wenn sie auch Ungläubige waren, einen solchen Abgesandten zum Sultan schickten.
»Wer schickt dich?«
»Die höchste Obrigkeit, die es gibt«, antwortete der kleine Mann, »und ich habe eine große und frohe Botschaft an den Sultan.«
Ibrahim schnalzte mit der Zunge. »Das ist zu viel für uns«, sagte er auf Arabisch. »Heb ihn auf dein Kamel, o Amed. Wir wollen diesen Zauberer zum Emir Mottaleb ben Tarik bringen. Laß ihn darüber richten, was mit ihm geschehen soll.«
Amed ließ sein Kamel niederknien. Dann fühlte sich der kleine Mann ergriffen, von sehnigen braunen Armen emporgehoben und landete auf dem hohen Sattel vor einem der Reiter. Sofort erhob sich das Kamel mit drei scharfen Rucken, und die kleine Kavalkade stob davon, so schnell, daß kein gepanzerter Ritter zu Pferde mit ihnen hätte Schritt halten können.
Eine halbe Stunde später langten sie in einem großen Lager vor den Südmauern von Damiette an und hielten vor Emir Mottaleb ben Tariks Zelt.
Der Emir war ein wegen seines Jähzorns gefürchteter Mann.
Er pflegte ausgiebigen Gebrauch von seiner Nilpferdpeitsche zu machen, wenn jemand sein Mißfallen erregte, und es hieß, daß er

seinen Harem häufig erneuern mußte, weil so viele seiner Frauen eines plötzlichen Todes starben. Aber er war ein großer Streiter in der Schlacht, und seine Sippe gehörte zu den führenden in Kurdistan. Salah-ed-Din selbst war aus Kurdistan gekommen und natürlich auch Melek al Kamil, sein Neffe und Nachfolger. Der Emir war ein hochgewachsener Mann mit einem kurzen schwarzen Bart mit Silberfäden darin, und sein Gesicht hatte die Farbe einer Walnuß. Ziemlich gleichgültig hörte er sich den Bericht Ibrahim ben Masuds an.
»Wo ist der *Giaur*?«
»Dort, o Emir. Amed hält ihn am Arm.«
»Der kleine Hund da? Du hast mir und dir die Zeit gestohlen. Er ist entweder wahnsinnig oder ein Kundschafter. Hier ist dein Goldstück. Sag Ali, er soll ihn töten lassen.«

ACHTUNDZWANZIGSTES KAPITEL

Franz hörte nichts von dem Gespräch zwischen dem Emir und Ibrahim ben Masud. Er stand in einiger Entfernung und fühlte sich etwas schwindlig. Er hatte noch nie zuvor auf einem Kamel gesessen – auf dem Weg von Akkon zum christlichen Lager hatten er und seine Brüder Esel benutzt –, und der Galopp hatte ein Gefühl ähnlich wie auf einem kleinen Schiff hervorgerufen, wenn es in einem heftigen Sturm seitwärts rollt und gleichzeitig auf und nieder schlingert. Mindestens ein halbes Dutzend Mal wäre er heruntergefallen, hätte ihn nicht der Mann hinter ihm im Sattel festgehalten.
Jetzt konnte er ein seltsames Geräusch vernehmen, ein dumpfes, rhythmisches Dröhnen wie von Pauken in der Ferne, aber er dachte, daß es nur in seinem Kopf vorging.
Der Anführer der Leute, die ihn gefangengenommen hatten, kam wieder und sagte etwas, aber es war auf arabisch, und Franz starrte ihn an und bemühte sich, die Bedeutung seiner Worte herauszufinden. Das paukende und trommelnde Geräusch kam näher.

Dann wandte sich, zu Franz' höchstem Erstaunen, der Mann plötzlich von ihm ab, fiel auf die Knie und streckte seine Arme in einer Gebärde aus, als ob er bete. Und er war nicht der einzige, der das tat – überall um ihn herum warfen sich Gestalten in Turban und Burnus nieder. Die Wachen vor dem Zelt des Emirs, die Gruppen von sarazenischen Kriegern rechts und links, die Händler, die hier so unvermeidlich zu finden waren wie im christlichen Lager – alle fielen wie von einer riesigen Sense niedergemäht. Was war über sie alle gekommen?

Aber das rhythmisch paukende Geräusch, das wie Donner in kleinen Portionen klang, wurde so laut, daß die Ohren schmerzten, und zwischen den Zeltreihen erschien eine große Gruppe von Männern in smaragdgrünen *Jellabahs* und weißen Turbanen, die alle auf große kupferne Kesselpauken einschlugen. Und hinter ihnen kam eine Prozession von Würdenträgern in so prunkvoller Tracht, daß ihre Kleider fast hinter den goldenen Verzierungen und Quasten verschwanden. Und hinter den Würdenträgern erschien ein einzelner Reiter auf dem prächtigsten Pferd, das Franz je gesehen hatte. Es war milchweiß mit rosaroten Nüstern, und Mähne und Schwanz flossen wie Kaskaden gesponnenen Silbers herab. Der Reiter trug einen schwarz-roten Turban und einen Burnus aus einem schimmernden Stoff, der in die Farbe seines Pferdes überging, so daß Reiter und Roß wie eine einzige silbrige Kreatur erschienen. Sein elfenbeinfarbenes Gesicht zeigte edle, regelmäßige Züge, und sein schön gepflegter Bart war mit Perlen durchflochten. Das war der Sultan. Ein Zweifel war nicht möglich.

Das Schwindelgefühl fiel von Franz ab, und als er auf die prachtvolle Erscheinung blickte, dankte er Gott, der ihn von Angesicht zu Angesicht dem Manne gegenüber gebracht hatte, um dessentwillen er die lange Reise von Assisi bis hierher gemacht hatte.

Der Melek al Kamil, Beherrscher der Gläubigen, Unbesiegter, Löwe der Wüste, war leicht erheitert, zwischen den tausend im Staube liegenden Rücken einen abgerissenen, kleinen Mann stehen und ihn anblicken zu sehen, mit einem Ausdruck, der weder huldigende Bewunderung noch Ablehnung, sondern ein äußerst lebhaftes Interesse zu verraten schien; und unwillkürlich zügelte er sein Pferd.

Sofort rief Franz in der *lingua franca*: »Ich bin gekommen, um mit dir zu sprechen, o König des Ostens.« Die Anrede kam ihm ganz natürlich vor, aber für den Sultan war sie nicht nur erfrischend neuartig, sondern auch äußerst schmeichelhaft. Es bedeutete soviel, wie wenn man ihn den Herrscher über alle Länder östlich von Europa genannt hätte, und deren gab es viele – und erheblich mehr, als Franz hätte aufzählen können. Der kleine Mann war also hergekommen, um mit ihm zu sprechen. Offensichtlich war er kein Muselman. Wie war er hierher gelangt?
»Emir Mottaleb ben Tarik«, sagte der Sultan.
Der Emir sprang auf, trat vor und kniete vor der schimmernden Erscheinung von Mann und Tier nieder, die leise ein paar Worte zu ihm sprach. Der Emir murmelte das obligate »Hören ist Gehorchen«, und der Sultan ritt weiter.
Hinter ihm wurden die liegenden Rücken lebendig, und alle hatten sich erhoben, als der Emir zu Ibrahim ben Masud sagte: »Befehl des Herrschers. Der Gefangene soll sofort zum grünen Zelt gebracht werden.«
Der Spähtruppführer berührte seine Stirn mit der rechten Hand, wandte sich um und ergriff Franz' dünnen Arm. Eine Viertelstunde später übergab er ihn beim grünen Zelt dem Wachhabenden. »Ein gefangener Franke, auf besonderen Befehl des Sultans, Allah schenke *ihm* tausend Jahre, von Emir Mottaleb ben Tarik hergeschickt.«
Der Wachhabende sah Franz mit einiger Verwunderung an. Dann zuckte er die Achseln. »Es ist gut«, sagte er mit großem Gleichmut, und Ibrahim ben Masud ging. Den ganzen Tag lang vermied er es sorgfältig, sich vom Emir blicken zu lassen. Der Zauberer hatte seinen Kopf noch auf den Schultern – der beste aller Beweise, daß er wirklich ein Zauberer war – und der Emir war ohne weiteres imstande, sein Goldstück zurückzuverlangen.
Franz bekam ein kleines Zelt für sich allein zugewiesen, frische Kleidung und genug zu essen, um zehn Mönche satt zu machen. Er weigerte sich, seine zerrissene Kutte gegen das Gewand aus Seide und Musselin einzutauschen, aß nur soviel, wie nötig war, um Bruder Esel, wie er seinen Körper nannte, in Betrieb zu halten, und bat wiederholt um die Erlaubnis, mit dem Sultan zu sprechen.

Der lange Neger, der bei ihm den Dienst als Mundschenk, Koch, Diener und Gefangenenwärter versah, grinste. »Wenn großer Melek dich sehen will, er sagen.«
»Wann wird er es sagen, glaubst du?«
»Ich nie glauben. Der große Melek sagen heute, morgen, nächstes Jahr... wenn im Buch des Lebens geschrieben ist. Bis dann gut essen, trinken, schlafen. Du vielleicht Singmädchen wollen? Tanzmädchen? Weiße Tscherkessin? Braunes Mädchen?« Er war ganz überrascht und blickte leicht beleidigt, als seine gutgemeinten Angebote sehr kühl zurückgewiesen wurden.

*

Der Sultan sah Roger von Vandria an und lächelte. »Unsere Tracht kleidet Euch gut«, sagte er. »Man müßte sehr genau hinsehen, um zu bemerken, daß Ihr kein Moslem seid, ein Edelmann aus dem Hauran vielleicht oder sogar aus Kurdistan.«
»Euer Majestät ist sehr gütig«, sagte Roger und blickte auf seinen Burnus und seine Pantoffeln hinunter. »Und abgesehen davon, daß sie die Anwesenheit eines fränkischen Abgesandten in Eurem Lager verbirgt, muß ich gestehen, daß es eine viel kühlere Art ist, sich zu kleiden als die unsere. Die christliche Armee täte gut daran, die Tracht zu übernehmen.«
»Das werden sie nie tun«, sagte Al Kamil. »Der Araber, der durch die Berge von Kurdistan reist, trennt sich nicht von seinen Kleidern, die für die Wüstensonne gemacht sind, und ich hatte große Mühe, bis ich meine Kurden dazu bringen konnte, sich hier wie Araber zu kleiden. Der Mensch ist im Grunde ein dummes Tier, das sich an seine Gewohnheiten klammert. Er will von seinen Mitmenschen nicht lernen und ist in einer störrischen und prahlerischen Art davon überzeugt, daß er und sein Stamm oder sein Volk oder seine Religion einzig und allein in allem recht haben. Es gibt sehr wenige Ausnahmen.«
»Genau das sagt mein kaiserlicher Herr auch«, rief Roger aus.
»Ich sagte ja, es gäbe ein paar Ausnahmefälle«, erwiderte der Sultan, »und aus allem, was Ihr mir bisher gesagt habt, entnehme ich, daß *Imberadour* Friedrich einer davon ist. Vielleicht muß man auf

dem Gipfel des Berges stehen, um sehen zu können, wie klein der Unterschied zwischen zwei Städten drunten im Tal ist. Und doch, wenn wir wieder hinuntersteigen, verlieren wir unser Gefühl für Abstand und stürzen uns wieder einer Sache in die Arme, die wir gerade zu verachten gelernt haben. Euer Herr hat durch Eure Lippen schöne und weise Worte gesprochen. Und doch habe ich vernommen, daß auch er geschworen hat, sich an diesem verrückten und sinnlosen Unternehmen zu beteiligen.«
»Er mußte es«, erklärte Roger. »Er konnte jetzt noch nicht wagen, sich die Feindschaft des Papstes zuzuziehen – nicht ehe er sicher im Sattel sitzt. Aber er hat die ganze Zeit ein undurchsichtiges Spiel getrieben.«
Der Sultan nickte. »Ich weiß, daß der Hohepriester der Ungläubigen in Euren Landen mächtig ist. Auch wir haben gelegentlich unsere Schwierigkeiten in solchen Dingen. Wie wird sich aber Euer Herr dem Eid, den er geschworen hat, entziehen können? Irgendwann wird doch sein wankelmütiges Spiel einmal ein Ende haben müssen.«
»Der Papst ist alt und mag sterben, bevor das geschieht«, erwiderte Roger. »Aber es gibt eine bessere Antwort als diese – dank der Tatsache, daß ich die Ehre habe, als lebende Brücke zwischen den beiden größten Männern und größten Geistern unserer Zeit zu dienen.«
Al Kamel zuckte bei dieser heftigen Schmeichelei nicht mit der Wimper. Er war das gewohnt. »Welches ist die Antwort?« fragte er einfach.
Roger lächelte. »Zwischen zwei solchen Männern wird es immer eine Möglichkeit der Verständigung geben – einer Verständigung, von der nur wenige wissen. Wir haben in Sizilien ein Sprichwort: ›Wenn ein Mann als Feind zu stark ist, wird es dir besser als sein Bundesgenosse ergehen.‹«
Al Kamil schloß die Augen. »Ihr habt bereits auf eine solche Möglichkeit angespielt«, sagte er. »Aber ein Bündnis schließt man gegen einen gemeinsamen Feind. Wer ist der Feind?«
Roger konnte noch Friedrichs Tonfall hören, damals auf der Burg in Deutschland: *»Dann wird er sagen: Ein Bündnis gegen wen?«* Er gab die Antwort, die ihm aufgetragen worden war: »Unsere

gemeinsamen Feinde sind Dummheit, Rückständigkeit, Mißverständnisse, Engstirnigkeit und Furcht. Der größte von allen ist Furcht.«
»Furcht wovor?« murmelte der Sultan.
»Die Furcht von Ost und West ist gleichermaßen, von dem anderen überrannt zu werden, des anderen Religion annehmen und seine Tyrannei erdulden zu müssen. Ein Bündnis würde dieser Furcht ein Ende setzen und zum Austausch von Wissen und von Waren führen.«
Al Kamil saß bewegungslos. Er sagte nichts.
»Darüber hinaus«, fuhr Roger fort, »könnte man auch an ein militärisches Bündnis denken. Mein kaiserlicher Herr verschließt seine Augen nicht gegenüber einer neuen Gefahr, die vom Osten droht – Eurem Osten wie unserem – in Gestalt eines Eroberers von großer Grausamkeit: des Groß-Khans der Mongolen.«
Vor einigen Wochen hatte Al Kamil Nachricht erhalten, daß Dschingis-Khan Samarkand und Bochara erobert hatte. Es war recht unwahrscheinlich, daß dieser Sendbote das wußte, und ganz ausgeschlossen, daß der *Imberadour* schon davon gehört hatte. Er sagte: »Die Mongolen sind weit weg«, und er zuckte die Achseln.
»Es gibt noch andere Feinde, die viel näher sind«, sagte Roger. »Seit Menschen auf der Erde leben, hat es immer die Gefahr gegeben, die dem Vater vom Sohn, dem Bruder vom Bruder droht.«
[»Ich höre, daß sein Vetter Al Muazzan, der König von Damaskus, ihm ein Dorn im Auge ist. Jeder von beiden hält sich für den wahren Erben Saladins. Spielt auf Al Muazzan an, aber erwähnt seinen Namen nicht.«]
Der Sultan sagte in geschäftsmäßigem Ton: »Wir werden uns freuen, Euch bei anderer Gelegenheit wieder zu hören.« Es klang wie ein ziemlich unvermittelter Abbruch der Audienz, und Roger fürchtete, seine bloße Anspielung auf Al Muazzan hätte den Zorn des Sultans erregt. Aber plötzlich fügte Al Kamil hinzu: »Ihr spracht von Furcht. Ich könnte mir schon vorstellen, daß ein Heer hierher geschickt wird, um uns anzugreifen, weil die Franken fürchten, daß wir sie angreifen könnten. Aber es ist ständig die Rede von gewissen Orten, die im Namen eurer Religion zurückerobert werden müßten ...«

[»Wenn er Euch wegen der Einstellung des Kaisers zum Kreuzzug fragt und ob der Kaiser sich selbst an einem solchen Unternehmen beteiligen wird – das ist der Augenblick, wo Ihr die Wahrheit sprechen müßt. Er wird sie nur glauben, wenn er ein großer Mann ist. Ist er es nicht und glaubt er sie deshalb nicht, so ist das keine Schande; wenn er es aber ist und sie glaubt, dann wird er seine eigenen innersten Gedanken darüber aufdecken müssen; und das ist es, was ich haben will.«]

»Allergnädigster Sultan«, sagte Roger, »ein weiser Herrscher muß immer auf die großen Strömungen seiner Zeit achten. Der religiöse Eifer der Massen kann viel besseren Zwecken dienstbar gemacht werden, als es die Priester wünschen. Aber Priester wie Massen müssen ein Beruhigungsmittel erhalten. Darum ist es möglich und unter Umständen sogar wahrscheinlich, daß der Kaiser zu gegebener Zeit auf einen Kreuzzug gehen und mit einer gewaltigen Streitmacht in den Gebieten erscheinen wird, die wir das Heilige Land nennen. Wenn aber dann der große Sultan seinem kaiserlichen Bruder gewisse kleine Vorteile gewährt – einschließlich des Besitzes von Jerusalem und einigen viel kleineren Ortschaften wie Nazareth und Bethlehem –, so wird er damit jene Gewalten befriedigt haben, und es besteht kein Anlaß für einen Krieg, der uns alle schwächt. Es versteht sich von selbst, daß auch er zu Zugeständnissen bereit ist. So hat zum Beispiel der Kaiser viele Tausend von muselmanischen Untertanen auf Sizilien; diese würde er nicht nur in jeder Beziehung als seinen christlichen Untertanen gleichgestellt behandeln, sondern er würde ihnen auch volle Freiheit lassen, nach den Vorschriften ihrer Riten und ihrer eigenen Religion zu leben. Auch würde er östliche Lehren an Schulen und Universitäten des Westens einführen.«

[»Wenn er ein großer Mann ist, wird er dann verstehen, daß das die Möglichkeit bedeuten kann, den Islam ohne Krieg zu verbreiten. Ob es tatsächlich so kommen wird oder nicht, das weiß ich nicht. Es wäre mir auch ziemlich gleichgültig, außer daß es die politische Macht des Papstes schwächen würde, und das ist für mich immer sehr wünschenswert. Jedenfalls können wir aus seiner Antwort ersehen, wie weit ihm seine eigene Religion am Herzen liegt.«]

Das Schweigen des Sultans war rätselhafter denn je. Aus der Ferne kam ein langgezogener Ruf, der fast sofort von einem zweiten und dritten wiederholt wurde.
Roger hatte ihn schon hundertmal zuvor gehört, in Ägypten wie in Sizilien. Es war der Ruf des Muezzin, der auf der winzigen Plattform seines Minaretts stand und die Gläubigen zum Gebet rief.
Der Zelteingang wurde zurückgezogen, zwei Sklaven, schwarz wie Ebenholz, kamen herein, warfen sich zu Boden, erhoben sich und breiteten einen kleinen Teppich aus, ein unschätzbares Stück aus Täbris. Nach nochmaligem Niederfallen entfernten sie sich wieder.
Der Sultan erhob sich, und jetzt wußte Roger sicher, daß seine Audienz beendet war. Einen Augenblick lang sah er noch den Herrscher an, nur um einem Ausdruck völliger und absichtlicher Gleichgültigkeit zu begegnen; und als er sich mit einer tiefen Verbeugung zurückzog, konnte er noch sehen, wie der Sultan sich abwandte und auf dem Teppich niederkniete, um sich selbst Allah zu Füßen zu werfen, so wie seine Sklaven sich ihm zu Füßen warfen.

*

Wieder in dem großen Zelt, das ihm zur Verfügung gestellt worden war, versuchte Roger das ganze Gespräch noch einmal im Geist zu rekapitulieren und zu einem Schluß zu kommen, wie der Herrscher reagiert hatte. Al Kamil war interessiert, soviel, glaubte er, stand fest. Aber es gab so gut wie keine Anhaltspunkte, was er tun würde. War er wirklich an der Ausbreitung des Islams interessiert? Und glaubte er wirklich selbst daran? Die Tatsache, daß er betete, bedeutete wenig oder nichts. Er war gewohnt, von unzähligen unsichtbaren Augen beobachtet zu werden, und konnte es sich nicht leisten, religiöse Lauheit zu zeigen. Er mußte regelmäßig beten und die Moschee besuchen, genau wie Friedrich zur Messe gehen mußte.
Und war er ein großer Mann? Einstweilen war das unmöglich festzustellen. Selbst ein zweitklassiger Diplomat verstand, seine Gefühle zu verbergen, und die Worte des Sultans waren kein Feuerwerk wie die Friedrichs, sondern kamen langsam und bedächtig, unablässig sondierend. Er war kein Fanatiker; aber ob er gläubig

war oder nicht – oder vielleicht besser: was er glaubte und wieviel –, war eine offene Frage.
Das traf bei allem Feuerwerk auch auf Friedrich zu. Er höhnte und spottete über fast alles, was seinen Untertanen heilig war – solange er das tun konnte, ohne seine Stellung zu gefährden. Aber war das sein wahres Ich? Wenn dem so war, warum war er dann so begierig zu erfahren, woran Al Kamil glaubte? Sie waren alle beide Rätsel, der westliche wie der östliche Herrscher.
Es war noch zu früh, um zu irgendwelchen Schlüssen zu kommen; aber andrerseits hatte man bisher auch keinen Grund zur Unzufriedenheit. Es war ihm gelungen, hierherzukommen. Das allein war keine Kleinigkeit. Ein paarmal hatte es wirklich gefährlich ausgesehen. Jetzt war er ein geehrter Gast, mit allem Luxus und jeder Bequemlichkeit versehen, die das Lager des Sultans zu bieten hatte, und dank der orientalischen Kleidung war er gegen Fanatiker und Kundschafter gleichermaßen geschützt. Ferner hatte er Al Kamil ein gut Teil von dem übermitteln können, was Friedrich ihn über sich und seine Absichten wissen lassen wollte – wenn es wirklich seine Absichten waren. Und alles das in weniger als einer Woche. Noch eine solche Woche, oder noch zwei oder drei, und er würde wenigstens ein ›Vielleicht‹, womöglich mehr als das mitnehmen können. Und wenn es mehr war, war es ein Triumph.
Ein Triumph – oder war es ein Verrat? Nun, beides natürlich.
Er würde endlich, endlich Herzog von Vandria werden. Und er würde seinem Herrn gut gedient haben – was auch Friedrichs wahre Absichten sein mochten. Aber gleichzeitig war es ein Verrat. Viele würden es wenigstens als Verrat am Christenheer oder an der christlichen Sache oder sogar am christlichen Glauben ansehen … wenn sie davon wüßten. Er würde dem Lieblingsheiligen Friedrichs, Sankt Mohammed, und dem Islam den Weg nach Europa eröffnet haben.
Über Triumph und Verrat hinaus aber war es noch ein Drittes: Rache.
Rache gegen die Macht, die ihm die einzige Frau genommen hatte, die ihn hätte glücklich machen können.
Sie hatten ihm drei wunderhübsche junge Sklavinnen geschickt, um ihn zu bedienen. Sie waren anmutig und unterwürfig. Aber

wenn er in ihre schönen, leeren Gesichter schaute, kamen sie ihm vor wie Erscheinungen, Träume, bezaubernde Gespenster. Sie bedeuteten ihm nichts.

Was die Sache der Christenheit anging: seine zehn Tage beim christlichen Heer hatten ihm gezeigt, worauf diese Männer wirklich aus waren. Auf Kriegsruhm bestenfalls, auf Abenteuer, Beute, und oft genug: Flucht vor einer lästigen Situation in ihrer Heimat, Flucht vor einem keifenden Eheweib, einer unbeglichenen Schuld, der Feindschaft eines kleinen Machthabers. Kreuzfahrer!

Vielleicht hatte Friedrich recht. Wenn man nur wüßte, woran er wirklich glaubte, er, der so gern gewußt hätte, woran Sultan Al Kamil glaubte. So sehr es einem auch zuwider war, an *irgend* etwas mußte der Mensch anscheinend glauben ...

Ach was. Er hatte es fertiggebracht, Friedrichs Worte an den Sultan weiterzugeben. Nicht viele Leute hätten es gewagt, mitten im Krieg eine solche Mission zu unternehmen. Es gehörte Mut dazu und konnte sich durchaus als diplomatischer Sieg erweisen. Warum, bei Satans Hufen, fühlte er sich nicht wohl dabei?

NEUNUNDZWANZIGSTES KAPITEL

Nach zwei Tagen wurde Roger wieder zum Sultan gerufen, aber diesmal führte man ihn in den großen Teil des gewaltigen Zelts, der für Ratssitzungen und Staatsempfänge bestimmt war. Zu seiner Überraschung war der Sultan von einer Anzahl ernst und finster aussehenden Männern umgeben, in denen er *Mullahs* und *Imâms*, muselmanische Priester, erkannte.

Al Kamil dagegen war in bester Laune. »Dies dürfte höchst belustigend werden«, sagte er. »Ein zweiter Abgesandter ist zu uns gekommen – eine Art von Derwisch, soviel ich sehen kann. Er gibt allerdings vor, er sei aus eigenem Antrieb gekommen, oder vielmehr nur von seinem Gott beglaubigt. Unter diesen Umständen ist es nicht weiter überraschend, daß er nicht in der Lage ist, ein Einführungsschreiben vorzuweisen.

Meine Leute hätten ihn wahrscheinlich einen Kopf kürzer gemacht, wäre ich nicht rein zufällig vorbeigekommen, wenn es tatsächlich – außer in den Theorien gewisser philosophischer Richtungen – so etwas wie einen puren Zufall gibt. Ich möchte wissen, was er uns zu sagen hat, und ich möchte diesen frommen und gelehrten Dienern Allahs Gelegenheit geben, ihn anzuhören. Was Euch anbetrifft, so wäre mir Eure Anwesenheit erwünscht, damit Ihr mir nachher berichten könnt, was Ihr über seinesgleichen wißt. Er ist, genau wie Ihr, von den christlichen Stellungen herübergekommen, und es wäre deshalb möglich, daß er Euch kennt. Deshalb setzt Euch lieber dort nach hinten.«

»Hören ist Gehorchen«, sagte Roger lächelnd. Der Platz, den der Sultan ihm anwies, war im Schatten, und er war nach östlicher Manier gekleidet. Selbst wenn der Mann ihn schon im christlichen Lager gesehen haben sollte, war es nicht wahrscheinlich, daß er ihn wieder erkennen würde. Aber wer war er? Ein Abgesandter »nur von seinem Gott beglaubigt«?

Vielleicht beabsichtigte Kardinal Pelagius inoffizielle Verhandlungen anzubahnen und hatte den Mann angewiesen, zu sagen, er käme aus eigener Initiative, so daß niemand den Führer des Christenheeres beschuldigen konnte, er habe versucht, mit den Ungläubigen Frieden zu schließen. Vielleicht hatte der schlaue alte Kardinal einen ähnlichen Gedanken gehabt wie Friedrich, wenigstens vom militärischen Standpunkt aus?

Rogers Augen wurden schmal. Vielleicht hatte der Sultan ihn gerufen, um ihm zu zeigen, daß er noch ein zweites Angebot bekam; daß er nicht auf Friedrich allein angewiesen war – und dies war seine Antwort, eine typisch orientalische Antwort auf die letzte Audienz? Es war alles möglich.

Hier kam der Mann, ein bärtiger kleiner Kerl in einer zerschlissenen braunen Kutte, nicht gerade ein besonders würdevoller Typ von Botschafter. Er kam ihm irgendwie bekannt vor, obgleich Roger sich nicht entsinnen konnte, ihn im christlichen Lager gesehen zu haben. Kein alter Mann – sein Bart machte ihn ohne Zweifel älter, als er war. Er mochte Ende der Dreißig sein, und er sah krank aus. Eine Weile schien er zu zögern, ob er näher kommen sollte, und jetzt sah Roger erst, daß drei längliche Teppiche parallel zueinander

auf dem Boden ausgebreitet waren, alle drei mit einem großen eingewirkten Kreuz.
Mit einemmal schritt der Mann drauflos und blieb erst drei Schritte vom Sultan entfernt stehen. Dort verbeugte er sich sehr würdevoll und höflich. »Mein König entbietet dir Frieden und Glück, o König des Ostens«, sagte er.
Roger fuhr zusammen. Friedensverhandlungen, also doch, dachte er, und zur gleichen Zeit: Wo habe ich diese Stimme schon gehört?
Der Sultan fragte: »Wer ist dein Herr, kleiner Derwisch?«
»Wer anders als Jesus Christus, der König des Himmels und der Erde, von dem alle irdischen Wesen und Dinge ihre Gaben erhalten.«
Unter der mohammedanischen Geistlichkeit entstand eine kleine Unruhe, aber Al Kamil sagte mit einem Zwinkern: »Weißt du auch, kleiner Derwisch, daß du das Kreuz getreten hast?«
Die *Imâms* und *Mullahs* brachen in Gelächter aus.
Der kleine Mönch lachte nicht, aber er lächelte. Als das Gelächter verstummte, sagte er: »Großer König des Ostens, die Welt kennt dich als einen Mann von großem Wissen. Zweifellos weißt du, was jedes christliche Kind weiß, daß unser Herr zwischen zwei Dieben gekreuzigt wurde, einem reuigen und einem, der nicht bereute. Ich bin nur auf dem linken Kreuz gegangen, dem des Diebes, der nicht bereute.«
Auch Al Kamil mußte lächeln. »Du bist ein Mann von schnellem Witz, kleiner Derwisch aus Frankistan. Es ist schade, daß du zu denen gehörst, die behaupten, daß sie *einen* Gott anbeten, und die doch drei anbeten; daß ihr oberster Führer der Fürst des Friedens sei, und die doch Krieg gegen uns führen; daß sie ihre Feinde lieben sollen, und die doch mit Schwert und Lanze in unsere Länder kommen. Aber auch wir verehren Isa ben Marjam, den wir als einen Propheten ansehen, wenn auch von kleinerer Statur als Mohammed. Warum trittst du nicht dem wahren Glauben bei?«
»Weil ich das schon tat, als ich noch ein Kindlein war«, sagte der kleine Mönch sehr fröhlich. »Es ist wahr, daß wir an Gott, den Vater, Gott, den Sohn, und Gott, den Heiligen Geist, glauben. Aber diese drei Personen sind nur *ein* Gott. Versuche nicht, dieses Mysterium zu verstehen, o König des Ostens, denn selbst der wei-

seste aller Menschen ist vor Gott nur wie ein kleines Kind, und wie könnte man einem kleinen Kind die Gesetze der Sterne oder des menschlichen Körpers lehren, die es erst begreifen kann, wenn es erwachsen ist? Unser Herr ist in der Tat der König des Friedens, aber die ihn lieben, wollen die Orte, an denen Er auf Erden wandelte, in Ehren gehalten sehen von denen, die an Ihn glauben. Und dafür sind sie bereit, wenn nötig, ihr Leben im Kampf herzugeben. Aber gerade meine Mission zu dir, o König, ist ein Beweis dafür, daß der Christ den Frieden dem Krieg vorzieht und bereit ist, sich zu diesem Ziel an dich zu wenden.«

Die Stimme, dachte Roger, ich kenne doch diese Stimme.

Aber wo und wann habe ich sie gehört? Der Mann war eine Art von Mönch, aber von welchem Orden? Nicht die Benediktiner, nicht die Augustiner und auch nicht die Zisterzienser. Außerdem hatte man ja gar nicht so viele Freunde und Bekannte, die Mönche waren … gar keine eigentlich, und was die Anhänger von Bruder Franz … Bruder … Franz … Roger lehnte sich vor und blickte angestrengt. Fort mit dem Bart – die hohlen Wangen etwas ausgefüllt … war es möglich?

»Weiß der hohe *Imâm*, der das Christenheer befehligt, daß du in dieser Sache hier bist?« fragte der Sultan unschuldig.

»Er weiß es nicht mit Sicherheit, König des Ostens«, erwiderte der Mönch, »aber ich glaube, er kann es sich denken. Ich sagte ihm, daß ich gehen wollte, und er wollte weder ja noch nein dazu sagen. Wenn ich es versuchte, sagte er, so dürfte ich nichts tun, was Schande über den christlichen Namen bringen könnte.«

Die Augen des Sultans waren Schlitze. War dies äußerste Gerissenheit oder äußerste Einfalt? Die beiden waren bekanntlich Brüder und sahen sich sehr ähnlich. Auf jeden Fall: der Christenführer wußte es – und das war mindestens so viel wie ein halbes Einverständnis. »Dein Führer scheint nicht viel von dir zu halten, kleiner Derwisch«, sagte er langsam, »wenn er dich für fähig hält, Schande über deine Sache zu bringen.«

»Er hat nicht den geringsten Grund, irgend etwas von mir zu halten«, sagte der Mönch. »Ich bin weder ein Priester noch ein Gelehrter. Aber was macht das? Ich habe nur mit dem Ruhm und der Ehre meines Herrn zu tun, und ich bin zu dir gekommen, o

König, um dir von Ihm zu sprechen. Wenn du Ihn als das erkennst, was Er ist… der Sohn Gottes und deshalb dein Herr so gut wie meiner… dann wird alles andere leicht sein. Denn wenn du ein Christ würdest, o König des Ostens, und dein Volk mit dir, dann wären die heiligen Stätten in christlichen Händen, und kein Christ hätte Grund, mit einem Schwert in der Hand zu dir zu kommen. Bekenne dich zu meinem Herrn, o König, und alles ist gut. Er hat es selbst gesagt: ›Suchet vor allem das Reich Gottes und Seine Gerechtigkeit, dann wird euch alles dazugegeben werden.‹«
Ein brillantes Abkürzungsverfahren, dachte Roger grimmig.
Ja, es war Bruder Franz, Franz Bernardone, der buntgefiederte, kleine Vogel aus Assisi, der zum Mönch geworden war, der kleine Feigling von Spoleto, der nun anscheinend ein christlicher Märtyrer werden wollte. Woher hatte er den Mut, mitten ins Sultanslager zu marschieren, völlig auf sich selbst gestellt, ohne ein schützendes Empfehlungsschreiben? Es war gefährlich genug, mit einem Brief vom Kaiser selbst hierherzukommen. Der Sultan schien höchst belustigt – was man allerdings von der mohammedanischen Geistlichkeit nicht behaupten konnte. Die frommen und gelehrten Würdenträger dampften förmlich vor Wut.
Al Kamil sah es natürlich. »Du siehst um dich versammelt einige der frömmsten und höchstgestellten Priester, wie du sie nennen würdest, kleiner Derwisch. Sie wissen viel über den Propheten, den du für den Sohn Gottes hältst. Gib also acht, was du über ihn sagst.«
»Was nützt es ihnen, irgend etwas über unseren Herrn zu wissen, wenn sie nicht an das glauben, worauf es ankommt«, sagte Franz, »nämlich daß Er der Sohn Gottes war, gemeinsam ewig mit dem Vater, der durch den Heiligen Geist von der heiligen Jungfrau Maria auf diese Welt gebracht wurde, um für unsere Sünden am Kreuz zu sterben. Deine Sünden, o König des Ostens, die deiner gelehrten Priester und die meinen. Und daß Er am dritten Tage nach Seiner Kreuzigung von den Toten wiederauferstand und daß Er zum Himmel auffuhr, wo Er einst über die Lebendigen und die Toten richten wird.«
»Beherrscher der Gläubigen«, sagte ein graubärtiger *Imâm* auf arabisch, »willst du wirklich diesen Hund von einem Ungläubigen wei-

ter anhören? Willst du ihn nicht lieber töten lassen und durch eben diesen Befehl selbst dem Paradies einen Schritt näher kommen?«

Ein allgemeines Gemurmel der Zustimmung entstand, und Roger dachte, das Ende sei nahe. Al Kamil war ein großzügiger und sehr mächtiger Mann, aber selbst er mußte auf die Geistlichkeit hören. Seltsam, daß Roger von Vandria für den Verlust seiner Liebe durch einen Haufen *Mullahs* gerächt werden sollte.

»Meine Priester«, sagte der Sultan in der *lingua franca*, »wollen nicht, daß ich dir zuhöre, sondern daß ich dich töte.«

»Ja, ich dachte mir, daß die gelehrten Herren sich nicht so leicht mit mir abfinden würden«, sagte Franz mit größter Freundlichkeit.

»Ich glaube, ich werde deinen Tod nicht anordnen – jedenfalls nicht jetzt«, sagte Al Kamil und musterte ihn scharf.

»Zweifellos bist du ein Irregeführter, aber du scheinst ein Mann zu sein, dem Allah selbst nicht so leicht gram sein könnte. Bleibe bei uns und sieh, wie dir das Leben an meinem Hof gefällt.«

»Das werde ich mit größter Freude tun, o König des Ostens«, erwiderte Franz, ohne einen Augenblick zu zögern, »wenn du und dein Volk Christus als euren Herrn anerkennt.«

»Ich fürchte, du verlangst ein wenig zu viel«, sagte Al Kamil geduldig. »Und glaube mir, unser großer Prophet Mohammed und sein heiliges Buch, der Koran, haben auch sehr viel für sich.«

»Wenn dem so ist, warum machen wir dann nicht die Probe?« schlug Franz vor. »Laß ein großes Feuer vor deinem Zelt anzünden, o König, und sowohl deine gelehrten Priester wie ich werden hineingehen. Dann soll Gott zeigen, welches der wahre Glaube ist.«

Roger saß mit offenem Mund da. Wenn das eine Finte war, so war es eine höchst gefährliche. Es gab genug Fanatiker unter den muselmanischen Priestern, und einige zumindest konnten die Herausforderung annehmen.

Der Sultan blickte auf seine *Imâms* und *Mullahs*. Sie sahen etwas geistesabwesend aus, als hätten sie die Worte des kleinen Derwisch nicht recht verstanden, und einer in der letzten Reihe begann sich mit großer Würde auf den Zeltausgang zuzubewegen.

»Ich glaube, es sieht nicht so aus«, sagte Al Kamil lächelnd, »als ob meine Priester mit deiner Probe einverstanden sind, kleiner Derwisch.«

Er ist gerettet! dachte Roger, halb erlöst, halb ärgerlich.
»Dann werde ich allein ins Feuer gehen«, sagte Franz ruhig, »falls du für dich selbst und dein Volk versprichst, daß ihr an Christus glauben werdet, wenn ich unversehrt aus dem Feuer komme.« Nach einer kleinen Pause fügte er hinzu: »Wenn ich verbrenne, so habe ich es nur meinen Sünden zu verdanken. Aber wenn Gott mich beschützt, so ist es ein deutliches Zeichen Seines heiligen Willens, und ihr müßt euch alle zu Christus bekennen.«
Jetzt hat er sich umgebracht, dachte Roger. Das Schauspiel ist zu schön, als daß der Sultan es sich entgehen ließe. Der Mann ist wahnsinnig. Er ist ein Fanatiker. Er ist wunderbar. Bei allen Engeln und Teufeln, er ist der einzige Kreuzfahrer im ganzen Heer. Wie schade, daß es um ihn geschehen ist. Diese Priester werden ihn beim Wort nehmen, selbst wenn der Sultan es nicht tut.
Aber gerade da sagte der graubärtige *Mullah* wütend: »Dieser Mann ist höchstwahrscheinlich ein Zauberer. Er wird Zaubermittel anwenden, die nur die *Afrits* und die *Jinni* oder der *Scheitan* selbst kennen, um die Gläubigen von der wahren Lehre fortzulocken. Höre nicht auf ihn.«
»Verstehst du dich auf Zauberei, kleiner Derwisch?« fragte der Sultan nicht ohne Neugier.
Franz schüttelte den Kopf. »Niemand kann Hilfe von Satan erwarten, wenn er versucht, Seelen für Gott zu gewinnen.«
»Ich werde es nie fertigbringen, meine Priester zu überzeugen, daß du kein Zauberer bist«, sagte Al Kamil mit bedauerndem Lächeln. »Aber mir gefällt dein Mut. Verlange etwas Vernünftiges von mir, und ich werde es dir erfüllen.«
»Herr Sultan«, sagte Franz leise, »die Arme Christi sind dir weit geöffnet.«
»Wir scheinen verschiedener Meinung darüber zu sein, was vernünftig ist«, sagte Al Kamil. »Sage mir, gehörst du einem Orden an?«
»Ja, Herr Sultan.«
»Und deine Brüder glauben so wie du?«
»Ja, Herr Sultan.«
»Ich will *dir* erlauben, nach Jerusalem zu gehen«, sagte der Sultan, »und an die anderen Orte, die deinem Herzen so nahe sind. Ich

will einigen deiner Brüder erlauben, zu kommen und dort zu bleiben und über sie zu wachen. Nein, sage nichts! Wenn du dich bei mir bedanken wolltest, so ist kein Grund dafür vorhanden, denn du hast mir eine angenehme Stunde bereitet, und diese meine Erlaubnis ist mein Dank an dich. Und wenn du mehr von mir erbitten wolltest, so werde ich nicht darauf hören. Bleibe in meinem Lager, solange du willst, aber wenn du es vorziehst, geh und besuche deine Heiligtümer. Geh in Frieden, kleiner Derwisch.« Der Sultan klatschte in die Hände, und Mustafa erschien, der Anführer der Leibwache, ein herkulischer Mann in prächtiger Tracht und bis an die Zähne bewaffnet. »Mustafa«, sagte Al Kamil, »dieser kleine Mann ist mein Gast, solange er zu bleiben wünscht. Wache gut über ihn, daß ihm kein Leid geschieht. Wenn er fort will, bring ihn sicher auf den Weg, wohin er auch gehen will, und bereite ihm die Reise, wie es sich für einen Mann gebührt, der sich meiner Gunst erfreut.«
»Hören ist Gehorchen, Beherrscher der Gläubigen.«
Als Franz und Mustafa gegangen waren, wandte sich der Sultan an seine Priester. »Ihr seid hergekommen, bewaffnet mit Argumenten und Verachtung«, sagte er, »und ihr habt euch von einem kleinen fränkischen Derwisch an Mut übertreffen lassen. Er war bereit, für Isa ben Marjam zu sterben. Bei euch war wenig Bereitschaft vorhanden, für Mohammed zu sterben. Beim schwarzen Stein der Kaaba, unserem Propheten ist heute keine Ehre angetan worden. Ihr könnt gehen.«
Stumm zogen sie ab.
Al Kamil begann in sich hineinzulachen. »Nun tretet vor, o Emir aus Frankistan. Wie, Ihr seht ja fast so verstört drein wie meine armen *Mullahs*! Wie kommt das? Ihr könnt doch wohl nicht Angst haben, daß der kleine Derwisch einen Christen aus Euch macht … Ihr seid doch schon einer. Schon gut, ich will nicht weiter in Euch dringen. Aber Ihr seht nun, daß Euer kaiserlicher Herr nicht der einzige ist, der mir Vorschläge zu machen hat. Immerhin sind seine Bedingungen, wenn sie auch nicht leicht zu erfüllen sind, noch immer leichter als die dieses zerlumpten kleinen Derwischs. Hoffen wir, daß sie genau so ehrlich gemeint sind. Bisher sind wir mit dem Abendland nur durch Schwert und Lanze in Berührung

gekommen, und wenn der Kampf im Augenblick auch etwas nachgelassen hat, so kann er doch sehr bald wieder aufflammen. Inzwischen aber freuen wir uns, zwei völlig neue Arten von Verbindung gewonnen zu haben: durch Euch, o Emir aus Frankistan, haben wir die Bekanntschaft mit dem Geist Eures Herrn gemacht, dem Geist des Abendlandes; durch diesen kleinen Derwisch haben wir das Herz des Abendlandes kennengelernt. Allah allein weiß, wer von den beiden die Oberhand gewinnen wird.«

DREISSIGSTES KAPITEL

A. D. 1220. AKKON, SYRIEN

Das kleine Häuflein Mönche stand zusammengedrängt im Garten des winzigen Klosters von Akkon.

»Wir sehen aus wie eine Schar von Gefangenen nach einer langen Zeit der Leiden und Entbehrungen«, sagte Bruder Elias. »Wie eine Schar von räudigen Spatzen«, schlug Franz vor, und sein Lächeln erhellte die Gesichter der meisten. Keiner der Brüder war von den Tücken eines fremden und gefährlichen Klimas verschont geblieben. Franz hatte die ersten Angriffe abgewehrt, aber jetzt waren seine Augen rotgerändert, geschwollen und druckempfindlich, und er hatte plötzliche Anfälle von schneidenden Schmerzen in der Magengegend. »Bruder Esel wird gern rebellisch«, sagte er, als die anderen ihn ängstlich ansahen. »Aber am Ende tut er doch immer, was er soll.«

»Ich überlege oft, ob du nicht länger beim Sultan hättest bleiben sollen«, sagte Bruder Elias. »Nach allem, was du uns erzählt hast, muß er ein außergewöhnlicher Mann sein.«

»Ich bin nach meiner Audienz noch mehrere Tage dort geblieben«, antwortete Franz, »und ich habe mit vielen seiner Leute gesprochen, aber es war kein Widerhall da. Was den Sultan selbst anbetrifft, so hat leider seine Gelehrsamkeit bei ihm bewirkt, was sie so oft bei den Menschen bewirkt. Ihr wißt ja, was Bruder Ägidius immer sagte: ›Wer ist reicher – der, welcher nur einen kleinen

Garten hat und ihn pflegt, oder der, dem die ganze Welt gegeben wurde und der nichts damit anfängt? Viel Weisheit macht nicht selig, aber wer wirklich etwas wissen will, muß viel arbeiten und den Kopf gesenkt halten.‹ Und der Ruf des Weinbergbesitzers am Monte Ripido an seine Arbeiter: ›Arbeitet, arbeitet, und redet nicht.‹ Ein gelehrter Mann redet gern über das, was er weiß, und da er viel weiß, redet er viel. Aber Gott will, daß er *zuhört.* Ein gelehrter Mann macht aus seinem Geist oft einen Speicher, und so viel ist darin aufgespeichert, daß für Gott kein Platz mehr da ist, einzutreten und darin zu wohnen. Sankt Paulus selbst hat in Athen umsonst gegen solche Leute angekämpft.«

»Es kommt darauf an«, sagte Bruder Elias bedächtig. »Es kommt darauf an, wer das bessere Argument hat.«

»Kann ein Argument Liebe wachsen lassen?« fragte Franz.

»Außerdem liebt der gelehrte Mann das Argumentieren um des Argumentierens willen. Für ihn wird es ein Spiel, und am Ende liebt er sein Argument, anstatt Gott zu lieben.«

Peter von Cattaneo nickte. »Bei mir war es auch das Wissen, das mich so lange davon abgehalten hat, zu dir zu kommen.«

»Aber du hast dich überwunden. Warum, glaubst du, hat unser Herr uns aufgefordert, wie kleine Kinder zu sein, wenn wir in das himmlische Königreich kommen wollen? Für einen Reichen ist es schwer, hineinzukommen. Auch Wissen ist Reichtum.«

»Aber der Sultan hat dir schließlich doch noch einen Auftrag gegeben.« Elias hatte eine Art, immer wieder auf das zurückzukommen, was ihn beschäftigte.

»Ja. Er kam am Tage, bevor ich ging, vorbei und hielt einen Augenblick, um mich zu bitten, für ihn zu beten, daß Gott ihm offenbaren möge, welcher Glaube Ihm am wohlgefälligsten sei. Er flüsterte es, im Falle einer seiner Diener zuhörte.«

»Wer weiß«, sagte Elias, »wenn du noch geblieben wärst, hättest du vielleicht noch gewonnen.«

»Inzwischen hat sich viel ereignet, Bruder Elias.«

»Der große Sieg auf dem Schlachtfeld, meinst du?«

Franz antwortete nicht. Was er in den letzten Monaten erlebt hatte, war so, daß er nicht viel darüber sprechen konnte, nicht einmal zu seinen Brüdern. Zuerst war er in das Christenlager zurückgekehrt, und Kardinal Pelagius hatte ihm eine Audienz gewährt. Sie dauerte nur wenige Minuten und bestand aus einer Reihe von scharfen, präzisen Fragen darüber, was Franz im Lager des Sultans gesehen habe: Befestigungen, Aufstellung und Zahl der Truppen und ob der Sultan in nächster Zeit Verstärkungen erwarte, alles Dinge, auf die Franz keine nutzvollen Antworten geben konnte. An den theologischen Ansichten des Sultans wiederum hatte der Kardinal äußerst wenig Interesse. Schließlich gab er Franz die Erlaubnis, die heiligen Stätten zu besuchen, wenn er könne, und Franz machte sich sofort auf den Weg.

So begann die Reise durch ein Land, in dem jeder Stein, jeder Grasbüschel heilig war. Aber Händler feilschten auf dem Weg, über den der Herr das Kreuz getragen hatte, mohammedanische Truppen übten auf dem Ölberg und im Garten von Gethsemane und ... es schmerzte zu sehr, an die tausend Erniedrigungen zu denken, die dem Herrn heute angetan wurden, so wie vor zwölf Jahrhunderten. Und doch: dort zu sein, dort gewesen zu sein, schuf eine neue Verbindung zu Ihm – sieh, hier wurde Ich geboren, sieh, hier war es, daß Ich mit Petrus und Jakobus und Johannes beten ging und Mein Vater Mich vor ihnen anerkannte – hier war es, daß Ich Lazarus aus dem Grabe auferweckte, und hier begruben sie Mich, dies ist der Ort, wo Ich den Tod für alle Zeiten überwand. Es war zu viel der Ehre, es war überwältigend, so in das einzige Leben, auf das es wirklich ankam, einbezogen zu werden.

Franz kam gerade vor dem Fest Mariä Reinigung ins Christenlager zurück, und an diesem Tage gab der Kardinal Befehl für den großen Angriff auf Damiette, den Angriff, der erfolgreich war. Es war ein furchtbares Schlachten, aber was dann kam, war noch schlimmer. Es gab kein Verbrechen, keine Untat, keine Todsünde, die die Kreuzfahrer nicht in der eroberten Stadt begingen. Er erinnerte sich an den Tag und die darauffolgenden, wie man sich an einen Alptraum erinnert, unzusammenhängend, wirr und schrecklich. Er irrte durch fremde Straßen voller Leichen, brachte den Verwundeten Wasser, führte Priester zu den Sterbenden, rettete ein Mädchen vor einem Haufen betrunkener Soldaten und wußte doch die ganze Zeit, daß für jeden, dem er Wasser bringen konnte, Hunderte verdursteten, daß für jeden, zu dem er einen Priester führen konnte, tausend ohne Beichte starben, ja daß dasselbe Mädchen, das er gerettet hatte, fast mit Sicherheit in wenigen Stunden anderen Verfolgern in die Hände fallen würde. Wenn so der Sieg war – gesegnet sei die Niederlage. Er warf sich zwischen Soldaten, die sich um ein Beutestück schlugen, er deckte einen blinden alten Mann, dem sie eine Pike durch den Leib rennen wollten, mit seinem eigenen Leibe … Am dritten Tage nach dem Fall von Damiette verließ er das Heer und kehrte nach Akkon zurück. Aber er mochte nicht von den heiligen Stätten sprechen und nicht von dem, was er in der eroberten Stadt gesehen hatte, außer zu Gott, um Ihn um Vergebung zu bitten für das, was Christen getan und in Seinem Namen getan hatten.

*

Am frühen Nachmittag traf ein Laienbruder des Ordens ein. Als er Franz erblickte, fiel er schluchzend auf die Knie. »Du lebst«, rief er, »Gott sei gedankt, du lebst!«

»Bruder Stephan«, rief Franz erschrocken aus, »was tust du hier? Wer hat dich hergeschickt?«

»Niemand, Vater Franz.« Der Bruder stand, nach Fassung ringend, auf. Er war ein kräftig gebauter Mann, Anfang der Dreißig. »Ich bin ohne Erlaubnis und Wissen meiner Oberen gekommen.«

Franz sah ihn an. »Ich kenne dich als einen gewissenhaften Mann«, sagte er. »Du mußt einen sehr ernsten Grund dafür haben.«

»Den habe ich, Vater Franz. Die fünf Brüder, die auf Mission nach Marokko gingen, sind für den Glauben gestorben.«

Franz stand auf. Sein Gesicht war weiß wie ein Tuch, seine armen, rotgeränderten Augen brannten wie glühende Kohlen. »Nun habe ich wirklich fünf Brüder«, sagte er mit ruhiger Stimme. »Fünf – aber wir haben doch sechs Brüder nach Marokko geschickt …«

»Bruder Vitale erkrankte auf der Reise und mußte zu seinem größten Schmerz in Spanien zurückbleiben. Bruder Berardo wurde an seiner Stelle Führer.«

»Berardo, Otho, Pietro, Accurso, Adjuto«, sagte Franz, »betet für uns!« Er bekreuzigte sich. »*Das* bedeutet Sieg«, sagte er. »Denn es wird gute Früchte tragen.«

»Das hat es schon getan, Vater Franz«, sagte Stephan nüchtern. »Die Ungläubigen enthaupteten unsere Brüder nach langen Foltern und warfen ihre Leiber den Hunden vor. Aber Dom Pedro, der am Hof des Sultans von Marokko lebt, brachte ihre Leiber in Sicherheit und schickte sie in einer Feluke an die christliche Küste. Sie wurden nach Coimbra geschafft und dort in der Augustinerkirche aufgebahrt. Einer der Augustiner, ein Adliger namens Dom Ferdinand de Bullones, war so erschüttert, daß er um Erlaubnis bat, unserem Orden beizutreten. Er wurde von unseren Brüdern in der Kirche von Sankt Antonio dos Olivares aufgenommen und nahm deshalb den Namen Antonius an.«

Franz nickte geistesabwesend. Aus einem unerklärlichen Grunde dachte er nicht an Dom Ferdinand de Bullones oder an die Augustinerkirche in Coimbra mit den feierlich aufgebahrten, armen Überresten seiner fünf Märtyrerbrüder, sondern an eine ganz andere Kirche, eine Kathedrale in Italien. Mechanisch und leicht verwundert stellte er fest, daß es die Kathedrale von Padua war, sammelte sich aber sofort und runzelte die Stirn über seine seltsame Geistesabschweifung. Er bestrafte sich auf der Stelle dafür, indem er alle Gedanken an seine verlorenen Brüder verbannte.

»Du hast mir ernste und glorreiche Nachrichten gebracht, Bruder Stephan«, sagte er. »Aber warum konnte das nicht mit Wissen, ja auf Befehl deiner Oberen geschehen?«

»Sie hätten mir verboten zu gehen.« Bruder Stephans Mund zuckte ein wenig, und Franz' erster Gedanke war, daß der Mönch sich irgendwie von seinen Oberen ins Unrecht gesetzt fühlte und deshalb zu ihm gerannt kam, um sich zu beschweren. So etwas war schon vorgekommen. Aber die weite Reise von der Portiuncula bis nach Akkon war für einen einfachen Mann ohne jede Geldmittel keine einfache Sache; und irgendwie paßte es auch nicht zu Bruder Stephans Charakter.

»Warum sollten sie das getan haben, Bruder Stephan?«

»Sie haben es bei anderen Brüdern schon getan«, sagte Stephan. »Sie wollen nicht, daß du weißt, was vorgeht – die Oberen.«

Franz sah sehr ernst aus. »So spricht man nicht von seiner Obrigkeit, Bruder.«

»Ich weiß, Vater Franz. Aber wenn du mich zu Ende angehört

hast, sollst du entscheiden, ob ich Buße tun muß oder nicht; und, wie deine Entscheidung auch ausfällt, ich werde mich ihr ohne Murren fügen. Ich liebe den Orden, Vater Franz, und um des Ordens willen bin ich gekommen – und um deinetwillen, denn dich habe ich schon geliebt, ehe ich den Orden zu lieben lernte. Die Nachricht über die Brüder in Marokko erhielt ich erst am Tage meiner Abreise – oder besser: meiner Flucht. Die Brüder, denen du die Vollmacht gegeben hast, haben dich verraten, Bruder Franz. Sie haben die Verfassung geändert ...«
»Nein«, sagte Franz tonlos.
»Ich weiß, es ist schwer zu glauben – und darum habe ich Abschriften der neuen Verfassung mitgebracht, um sie dir zu zeigen. Hier ist eine. Und das ist noch nicht alles. Der ganze Orden ist in Aufruhr. Jeder geht in einer anderen Richtung. Gruppen und Parteien streiten miteinander, und wir wissen einfach nicht mehr, was wir tun sollen. Manche sagen, wir müßten Schulen haben und in größeren Häusern leben. Wer versucht, sich diesem Vorschlag zu widersetzen, bekommt schwere Bußen auferlegt, und viele sind schon ganz aus der Gemeinschaft ausgestoßen worden ...«
»Danke, Bruder Stephan«, sagte Franz mit grauer Stimme. »Du kannst jetzt gehen und bei den anderen Brüdern bleiben. Du kannst ihnen alles sagen, was du mir gesagt hast. Ich muß jetzt allein sein.«

*

Nach drei Stunden der Einsamkeit hatte Franz sich wieder in der Gewalt, und als die Glocke aus dem Refektorium erklang, ging er hinein und nahm seinen Platz wie gewöhnlich neben Bruder Peter von Cattaneo ein. Er fand ihn in eine der Abschriften der neuen Verfassung vertieft. Sie enthielt unter anderem Regeln über Fasten und Enthaltsamkeit. Ein Laienbruder stellte jedem der Mönche einen dampfenden Teller mit Fleisch und Gemüse hin.
»Heute ist Montag«, sagte Franz. »Was sollen wir tun, würdiger Peter?« Er liebte es, Peter von Cattaneo so zu nennen, und der ehemalige Kanonikus pflegte ihm die scherzhafte Anrede zurückzugeben. Er sah Franz aus dem Augenwinkel an. Montag war nach

der neuen Verfassung ein Tag der Enthaltsamkeit. Aber das war ganz offensichtlich nicht alles, was mit der Frage gemeint war.
»Je nun«, sagte Peter von Cattaneo trocken, »das mußt du entscheiden, *Vater* Franz. Wir richten uns immer noch nach *dir.*«
»In diesem Fall«, sagte Franz, »werden wir uns nach dem Evangelium richten und essen, was uns vorgesetzt wird. Und wenn wir gegessen haben, werden wir uns nach dem nächsten Schiff erkundigen, das uns nach Italien zurückbringt.«

EINUNDDREISSIGSTES KAPITEL

A. D. 1224

Es gab kein Land, in dem die Karawane nicht Aufsehen erregt hätte. Selbst in Indien oder im fernen China wären die Leute zusammengeströmt, um sich das Schauspiel anzusehen, und selbst dort hätten sie mit offenen Mäulern zumindest einige der ungewöhnlichen Erscheinungen des Aufzugs angestarrt. Aber hier war man in Italien, auf der Straße von Ancona nach Süden an der adriatischen Küste entlang, und hier war so etwas völlig unerhört, ein wilder, zu unglaublicher Wirklichkeit gewordener Traum.
Schon die ersten Tiere, von denen manche mit riesigen Ballen beladen waren und andere von braunen Männern in wallenden weißen Gewändern geritten wurden, waren seltsam genug. Die Bewohner von Pescara glotzten mit weit aufgerissenen Augen, und eine schrille Stimme sagte: »Wer hat je solche scheußlichen Pferde gesehen! Seht Euch nur die großen Geschwüre auf ihren Rücken an – manche haben eins, und manche haben zwei.« Der älteste Einwohner kannte die Lösung des Rätsels: »So etwas wird aus Pferden, wenn der Teufel auf ihnen geritten ist. Ihr würdet auch Geschwüre kriegen, wenn Euch der Teufel reitet.« Worauf sich die Menge rasch in alle Windrichtungen verlief, um den Vorbeizug der Karawane aus einer Entfernung zu beobachten, die sie für einigermaßen sicher hielt.

Es roch zwar nicht nach Pech und Schwefel, aber es lag doch ein merkwürdiger, wilder und höchst verdächtiger Gestank in der Luft. Das Ding hinter diesen Bestien war ohne Zweifel ein Teufel, und zwar einer der größten, den man sich vorstellen konnte – eine enorme, graue Masse mit winzigen rötlichen Augen, gewaltigen, wedelnden Ohren und einer Nase, länger als ein ganzer Mensch, die sich auf und nieder und auch seitwärts bewegte. Die nachfolgenden Geschöpfe waren wie zu groß gewordene Katzen, mit gelbbraunem Fell und schwarzen Punkten darauf. Es waren ihrer sechs, jedes von einem schwarzen Mann geführt. Und hinter ihnen kam etwas, das von weitem etwa wie eine Fahnenstange oder ein Schiffsmast aussah, aber auf einem vierbeinigen Tier aufgepflanzt zu sein schien. Dann sahen sie, daß auch die Stange oder der Mast Leben hatte und den Vorderaufbau eines Tieres darstellte, das, dank eines Halses von ganz unmöglichen Ausmaßen größer war als ein Haus. Eine Karawane von Dämonen. Es war kein Zweifel, die Hölle war losgelassen, und es war kein Wunder bei diesen Zeiten.
Eine Anzahl von Wagen schloß sich an, alle voll mit jungen, kaum bekleideten Frauen in durchsichtigen, hauchdünnen Gewändern.
Die von Pescara tauschten wissende Blicke aus. Wo der Teufel war, da waren auch die Weiber nicht weit. Der Ritter, der am Ende der Prozession ritt, war sicher einer von den vielen, die sich Luzifer verschrieben hatten. Die vier braunen Dämonen in seiner Begleitung, die als seine Knappen auftraten, ließen ihn nicht aus den Augen, so daß er nicht entkommen konnte. Noch nie hatte es so etwas gegeben, und nie würde es so etwas wieder geben. Dies war das Ende, und der Abt Joachim von Flores unten in Kalabrien hatte recht: der Jüngste Tag war im Anzug, die Zeichen und Wunder hatten schon begonnen, und als nächstes würden sich Sonne und Mond verdunkeln.

*

Die Karawane zog ihres Weges, vorbei an Ortona, Paglieta und Vasto. Der Ritter und seine Leute waren schon ganz daran gewöhnt, die Leute bei ihrem Herannahen fliehen und sich verstekken zu sehen. Aber als sie in der Nähe von Termoli die Küste verließen, wartete ihrer selbst eine Überraschung.

Eine Staubwolke kam auf der ausgedörrten Straße auf sie zugerollt, und kurz darauf sahen sie einen Reitertrupp.

»Ihr Heiligen im Himmel«, rief der Ritter aus, »was ist das für eine Zauberei? Sind wir wieder in Ägypten?«

Die Reiter waren Sarazenen. Sarazenen... mitten in Italien. Sie waren schon heran, noch ehe man an Verteidigungsmaßnahmen denken konnte, und ihr Anführer, ein schwarzbärtiger Mann mit goldenen Troddeln rings um sein *Keffije*, hielt sein Pferd dicht vor dem Ritter an. »Ich bin Nureddin Mahir«, sagte er auf arabisch. »Bist du der Emir von Vandria?« Der Anblick der Tiere schien ihn nicht sonderlich zu beeindrucken.

»Ich bin Graf Roger von Vandria, allerdings«, erwiderte der Ritter verdutzt. »Aber wie...«

»Der *Imberadour Kebir* – Allah schenke ihm tausend Jahre – hat von deiner Ankunft gehört und mich geschickt, um dich zu seinem Palast zu geleiten. Er ist in Fojah.«

»In Foggia, ja, das erfuhr ich bei der Landung in Ancona. Aber...«

»Ich werde mit der Hälfte meiner Männer vor dir herreiten. Die anderen werden hinter deiner Karawane bleiben, im Falle einer von deinen Leuten auszureißen versucht.«

»Das werden sie nicht versuchen. Aber kannst du mir nicht erklären...«

Doch Nureddin Mahir ritt, nachdem er seine Stirn berührt hatte, schon nach vorn und ließ Roger mit einem Dutzend ungefragter Fragen zurück. Der *Imberadour Kebir* – der große Kaiser. Das konnte nur Friedrich sein. Aber warum Sarazenen?

Rogers Überraschung wuchs, als sie nach einer halben Stunde an einem großen, viereckigen, mit Sarazenen bemannten Wachturm vorüberkamen. Ein langgezogener Schrei kam von seiner hohen Plattform, und Nureddin Mahir antwortete mit einem ähnlichen Schrei. Eine Losung offenbar.

Aber der wahre Schreck kam erst, als er etwas weiter rechts die Minarette von mindestens einem Dutzend Moscheen in den Himmel spießen sah. Das war zu viel. Er gab seinem Pferd die Sporen und galoppierte an den Frauen, der Giraffe, den Leoparden, dem Elefant und den Kamelen vorbei an die Spitze.

»Nureddin Mahir, was ist das für ein Ort zur Rechten?«

Der braune Anführer lächelte. »Lucera, o Emir. Hier leben wir, zwölftausend von uns, und jeden Monat kommen mehr.« »Aber wo kommt ihr her?«
»Aus Sizilien, o Emir. Der große *Imberadour* – Allah schenke ihm tausend Jahre – wünscht, daß wir hier leben, und wir tun, wie uns geheißen.«
In Rogers Kopf drehte sich alles. Eine Sarazenenkolonie im Herzen von Italien, in Lucera! Was mochte mit den Einwohnern geschehen sein?
Der Weg nach Foggia führte an dem Ort vorbei, nicht durch ihn hindurch, und sie kamen nicht näher als auf zwei Meilen heran, aber er konnte die ehrwürdige alte Basilika sehen, fast erdrückt von den Minaretten und Moscheen um sie herum. Die Grenzen des päpstlichen Staates waren keine zwei Tagereisen von hier entfernt. Es war eine offene Herausforderung an den Papst.

*

Der Empfang der Karawane in Foggia war zuerst genauso wie in Pescara und all den anderen Orten unterwegs. Die Einwohner flohen und sahen sich dann den abenteuerlichen Zug aus der Ferne an.
Aber die sarazenischen Wachen vor dem Palasttor grinsten über das ganze Gesicht, und der Innenhof war gedrängt voll mit einer gemischten Gesellschaft von Edelleuten mit ihren Frauen, Hofbeamten jeden Ranges und Pagen, die alle riefen und lachten und das Ganze als einen gewaltigen Scherz zu betrachten schienen, der für sie veranstaltet wurde.
Die Tierführer wurden unruhig, vor allem die Leopardenwärter, und desgleichen der Befehlshaber der Wache, ein älterer, sehr würdiger Sarazene. Sehr zu Rogers Erleichterung zog sich der vornehme Haufen etwas zurück, als sich der Elefant, von dem Lärm nervös geworden, entschloß, das Seine dazu beizutragen, und eine Folge von Trompetenstößen von sich gab.
Dann erschien Friedrich im Hauptportal, und Roger verneigte sich. »Zurück aus dem Osten, Euer Majestät«, meldete er, »mit den Geschenken von Eurer Majestät ergebenem Bewunderer, Sultan Al Kamil von Ägypten.«

»Bei der Kaaba von Mekka«, sagte Friedrich, »was haben wir hier? An Euch erinnere ich mich, wenn auch verschwommen. Kamele kenne ich und Leoparden auch, und eine Zeichnung von dem Tier *elephas* habe ich auch einmal gesehen – aber was ist das für ein Ding da mit dem Hals?«
»Eine Giraffe, Euer Majestät. Sie stammt aus dem tiefsten Afrika, lebt von Kräutern und Blättern und hat keine Stimme.«
»Was für ein Roß«, sagte Friedrich, »das gäbe eine neue Art von Reiterei. Und ich sehe, daß der Sultan uns auch einige von seinen Schönen geschickt hat. Die Tiere werde ich für mich selbst behalten; die Mädchen kann ich als Geschenke an wirklich verdienstvolle Freunde verwenden.«
»Dann denkt an meine Verdienste, ich bitte Euch, Majestät«, sagte ein reich gekleideter junger Edelmann neben ihm.
»Ihr, Eccelino? Und woraus beständen die, außer einer großen Fähigkeit, die besten Winkel meines Weinkellers auszuräumen?«
»Wenn Ihr mir eins dieser Mädchen geben würdet, hätte ich mindestens drei Wochen lang keine Gedanken für irgend etwas anderes«, sagte Eccelino da Romano, »und das würde eine Menge von Eurem besten Wein retten. Bei den Knien der Venus, das sind ja liebliche Dinger!«
»Sklavinnen für Eurer Majestät Bedienung«, sagte Roger, »nicht nur ihrer Schönheit wegen ausgesucht, sondern auch wegen ihrer Fertigkeit mit Nadel und Faden. Sie machen Seidenstickereien und weben Teppiche, die eines Königs Lösegeld wert sind.«
»Da seht Ihr, Eccelino«, sagte Friedrich. »Ich weiß, daß Ihr an Teppichen nicht interessiert seid. Caserta ... wo ist Caserta?«
Der kaiserliche Oberstallmeister trat vor.
»Hier gibt es Arbeit für Euch«, sagte Friedrich lächelnd, »seht zu, daß Ihr ein Haus findet, in das dieses gelbbraune Ungeheuer hineingeht, gar nicht zu reden von *elephas* und den anderen.«
»Ich werde eine kleine Unterhaltung mit diesem Ritter haben müssen«, sagte Graf Caserta. »Leoparden fressen Fleisch, das weiß ich, und Kamele Heu oder Mais ...«
»Muley hier weiß alles darüber«, bedeutete ihm Roger und wies auf einen seiner braunen Bediensteten. »Vor allem aber spricht er italienisch ebenso wie arabisch und die *lingua franca*.«

»Dobbio«, rief Friedrich.
Der Graf von Dobbio, weißhaarig und würdevoll, trat vor. »Euer Majestät?«
»Wie alt seid Ihr, Dobbio?«
»Vierundsiebenzig, Euer Majestät.«
»Dann werdet Ihr Euch um das Wohlergehen dieser... Damen kümmern.«
Eccelino und ein Dutzend anderer Höflinge brachen in schallendes Gelächter aus. Der Graf von Dobbio verbeugte sich mit ausdrucksloser Miene.
»Mit Euch, Roger, möchte ich sofort ein Wort sprechen. Kommt mit.«
Als sie gegangen waren, sagte Eccelino: »Das ist der Ritter mit dem seltsamsten Gefolge, das ich je gesehen habe. Wer ist er?«
»Der Graf von Vandria«, sagte ein älterer Edelmann.
»Vandria?« fragte Eccelino scharf. »Sagtet Ihr Vandria, Graf Beraldo? Vandria in Sizilien?«
»Ja.«
Eccelino lachte. »Das ist gut. Das ist großartig. Nun... er hat uns alle mit seinen Tieren eine Überraschung beschert. Es ist nur recht, daß er auch eine beschert bekommt.«

*

»Bei allen Kalifen und Heiligen«, sagte Friedrich, »ich habe mich über die Nachricht Eurer Landung in Ancona wirklich gefreut.« Er hatte sich in den letzten vier Jahren auffallend verändert. Die breite Stirn schien sich mehr vorzuwölben; die Furche zwischen seinen Augen war viel tiefer geworden; kalter Spott lag in den Winkeln des dünnen Mundes auf der Lauer. Er war neunundzwanzig Jahre alt. Er sah eher wie vierzig aus.
»Euer Majestät ist außerordentlich gut und rasch informiert«, sagte Roger.
Der Kaiser lachte. »Wenn der Heilige Vater niest, weiß ich es noch am gleichen Tage; und Ihr könnt Euch vorstellen, daß Eure Ankunft mit all den Bestien nicht gut vor den Augen gewerbsmäßiger Aufpasser verborgen bleiben konnte. Da habe ich dann meinen

getreuen Nureddin Mahir losgeschickt, um Euch sicher herzugeleiten.«
Roger sagte: »Als ich Lucera sah, dachte ich einen Augenblick, ich wäre wieder im Osten.«
»Ach ja«, sagte Friedrich und lachte in sich hinein. »Irgendwo mußte ich sie ja ansiedeln, die Ärmsten. Ich war nämlich auch auf einem Kreuzzug, wißt Ihr? Nicht in Ägypten – in Sizilien. Habe meine alte Rechnung mit Emir Ibn Abbad beglichen – wenn Ihr Euch noch seiner erinnern könnt. Er hat einmal an Otto den Ochsen einen Purpurmantel geschickt.
Ich räucherte ihn in seinem Bergnest aus. Als er mit seinen drei Söhnen zu mir ins Zelt gebracht wurde, fielen sie mir alle zu Füßen. Ich war gerade nicht bei guter Laune und gab dem alten Schurken einen Tritt ins Gesicht, und, ob Ihr es glaubt oder nicht, er war auf der Stelle tot, so daß ich ihn nicht einmal den Purpurmantel fressen lassen konnte, wie ich versprochen hatte. Statt dessen ließ ich ihn aufhängen, tot wie er war, und seine Brut gleich mit ihm. Damit war mein Kreuzzug beendet, denn die meisten anderen Stämme und Banden gaben daraufhin den Kampf auf. Es waren alles in allem etwa sechzigtausend Mann. Die Frage war: Wohin mit ihnen?«
»Aber, wenn mir die Frage gestattet ist...«
»Warum nach Lucera? Nun, ich bin gewiß Seiner Heiligkeit des Papstes höchst untertäniger und ergebener Diener, aber es ist immer gut, ihn daran zu erinnern, daß solche Eigenschaften seine Anerkennung verdienen – und die läßt manchmal auf sich warten, wißt Ihr? Ich mußte ihm das einmal in aller Deutlichkeit vor Augen führen. Nachdem ich also gegen Ibn Abbad und Familie Strenge gezeigt hatte, begann ich, meine Sarazenen gut zu behandeln, und jetzt fressen sie mir aus der Hand. Meine Leibwache habt Ihr ja gesehen. Sie sind absolut zuverlässig, weil sie wissen, daß ich der einzige bin, der ihnen gibt, was sie haben wollen: eine Heimstätte und das Recht, nach ihrer eigenen speziellen Sorte von Aberglauben oder Glauben, wie Ihr es nun nennen wollt, zu leben. Ich bin nicht kleinlich. Ich werde schließlich dreißigtausend oder mehr hier haben. Wir haben allerdings jetzt schon die ersten kleinen Scherereien mit ihnen: die Frauen sind knapp. Kann ihnen

auch keinen Vorwurf machen, wenn sie hie und da einmal einen kleinen Streifzug unternehmen, um sich noch ein paar hübsche Mädchen zu holen, wie? Sie sind für mich sehr nützlich. Sollte der Heilige Vater je den Einfall haben, mit mir zu versuchen, was er mit Otto dem Ochsen versucht hat ... meine Sarazenen scheren sich einen Pfifferling um seinen Bann. Und das weiß er auch; er wird es also wohl gar nicht erst versuchen.«

»Aber warum sollte die Gefahr denn überhaupt bestehen, Majestät?«

Friedrich lachte. »Ihr solltet Euch erinnern, daß meine Beziehungen zum Heiligen Stuhl oft nicht gerade herzlich waren. Der alte Honorius besteht noch immer darauf, daß ich auf einen Kreuzzug für *seinen* speziellen Aberglauben gehen soll, den ich ja leider immer noch selbst vortäuschen muß.«

Plötzlich wurde er ernst. »Ich weiß gar nicht, wieweit Ihr über alle Vorgänge hier unterrichtet seid. Die Königin ist gestorben, während ich in Sizilien war...«

»Das ist mir bekannt, Majestät«, sagte Roger. »Ich hörte es letztes Jahr in Kairo, und es hat mich sehr berührt. Gott habe Ihre Majestät selig.«

»Sie war keine schlechte Frau«, sagte Friedrich, »nur daß sie mich manchmal mit ihren spanischen Ansichten und ihrer Unterwürfigkeit dem alten Mann in Rom gegenüber zur Verzweiflung treiben konnte. Aber mein Sohn ... manchmal mache ich mir Sorgen wegen des Jungen. Natürlich muß ich wieder heiraten, aber das hat keine Eile. Jedenfalls bin ich froh, daß die Königin die Krönung in Rom noch erlebt hat.«

»Auch davon habe ich am Hof des Sultans gehört«, sagte Roger. »Ich habe mich oft gefragt, wie er seine Nachrichten so schnell bekommen kann.«

»Sein Nachrichtendienst ist nicht schlecht«, nickte Friedrich. »Doch jetzt erklärt mir, wie es kommt, daß Ihr so spät zurückkehrt! Ich hatte Euch, offen gestanden, für tot gehalten.«

»Ich hatte gefürchtet, daß Euer Majestät das annehmen würde, aber ich konnte es nicht ändern«, erwiderte Roger. »Ich habe fünf Briefe an Euch abgeschickt, jeden auf eine andere Art, aber es war mir sehr zweifelhaft, ob sie ankommen würden.«

»Sie sind nicht angekommen.«
Roger nickte. »Der Sultan hat sie natürlich abfangen lassen.«
»Aber warum? Aus den Geschenken, die er mir geschickt hat, muß ich schließen, daß er Euch gut aufgenommen hat.«
»Das kann man wohl behaupten«, sagte Roger trocken. »Er erklärte mir, er wolle, daß ich so viel wie irgend möglich von seinem Reich zu sehen bekäme, so daß ich Euch alles darüber berichten könnte. Das bedeutete, daß ich mit ihm von einem Ort zum anderen reisen mußte. Zweimal mindestens hat er mir angedeutet, es wäre ihm lieber, Ihr bekämt ein gründliches und vollständiges Bild, als daß Ihr Euch mit ersten Eindrücken begnügen müßtet.«
»Und was war der wahre Grund?«
»Der Verlust von Damiette«, sagte Roger. »Er dachte nicht daran, mich zurückzuschicken, nachdem er gerade eine Schlacht verloren hatte. Er wartete ab und stellte sich ein Heer zusammen: Araber, Kurden, Nubier, Neger, Stämme aller Schattierungen von fast weiß bis pechschwarz. Außerdem dachte er, Ihr würdet selbst bald in Ägypten eintreffen.«
»Er war nicht der einzige, der das dachte«, meinte der Kaiser höhnisch.
»Eine Anzahl deutscher Truppen kam zur Verstärkung der Kreuzfahrer an …«
»Unter Hermann von Salza und Herzog Ludwig von Bayern.«
» … ja, und das Gerücht ging, daß Euer Majestät persönlich folgen würde.«
»Natürlich.«
»Deshalb beschloß Al Kamil, Euch zuvorzukommen. Er griff bei Al Mansurah an und ließ gleichzeitig die Nildämme durchstechen. Das christliche Heer stand unter Wasser, und die Lage wurde verzweifelt.«
»Ich kenne die Geschichte.« Friedrich unterdrückte höflich ein Gähnen. »Sie mußten also verhandeln, und der Sultan bestand auf einer völligen Räumung Ägyptens und einer Friedensgarantie von mindestens acht Jahren. Und ich hatte über einen solchen Schlag für die Sache der Christenheit ganz außer mir zu sein. Ihr hättet den Brief sehen sollen, den ich an den Heiligen Vater schrieb. Trotzdem gab es viele Leute, die behaupteten, ich wäre an allem

schuld und daß es nur durch mein Zögern gekommen wäre. Ich war natürlich ganz entsetzt darüber. Es gibt doch nichts, was die Leute nicht behaupten!« Roger sagte nichts.

»Aber Al Kamil? Warum hat er Euch danach nicht ziehen lassen?« fuhr Friedrich fort.

»Nach seinem Sieg hat er mich eine Zeitlang ganz vergessen.«

»Vergessen? Meinen Gesandten?« Friedrichs Ton war plötzlich scharf.

»Nun, ich war sehr weit vom Schlachtfeld weg, Euer Majestät. Er hatte mich in Kairo zurückgelassen, als seinen sehr geehrten Gast natürlich. Ich lebte im Palast. Aber der war außerordentlich gut bewacht. Erst als er wiederkam und nach ausgiebigen Siegesfeiern ließ er nach mir rufen und teilte mir sehr huldvoll mit, daß ich seine Geschenke für Euch mitnehmen müsse, aber erst im Sommer reisen könne. Er wolle das Leben der seltenen Tiere, die er Euch schicke, nicht aufs Spiel setzen. Was würde der *Imberadour* sagen, wenn der Sultan von Ägypten ihm die Leichen von ein paar Bestien als Geschenk übersendet, sagte er. Später hörte ich, daß er Jäger ins Innere Afrikas geschickt hat, um eine Giraffe für Euch zu holen und daß es fast ein halbes Jahr gedauert hat, bis sie eine gefangen hatten. Auch der Elefant mußte besorgt werden. Er kommt aus Indien. Es gibt auch viele in Afrika, aber sie sind zu wild, und selbst wenn man sie fängt, überleben sie die Gefangenschaft nicht. Zeit bedeutet wenig im Osten.«

»Wenn ich ein Elefant wäre«, sagte Friedrich, »dann wäre ich ein afrikanischer. Ihr habt dem Sultan meine Gedanken mitgeteilt?«

»O ja, durchaus, Euer Majestät. Er war sehr interessiert, aber ich konnte keine klare Stellungnahme aus ihm herausbekommen. Es war weder ja noch nein.«

»Was ja bedeutet, sollte ich meinen«, sagte Friedrich. Seine Augen verengten sich ein wenig. »Andernfalls wäre er entsetzt gewesen.«

»Auch woran er glaubt, kann ich Euch nicht mit Sicherheit sagen«, fuhr Roger fort. »In dieser Hinsicht ähnelt er meinem Kaiser auffallend.«

»Ich habe Euch vor Jahren schon gesagt, daß ich an das Königtum glaube«, sagte Friedrich mit einem frostigen Lächeln. »Und meint Ihr, daß Al Kamil ein großer Mann ist?«

»Auf dem Schlachtfeld wird er das noch zu beweisen haben«, antwortete Roger. »Bei Al Mansurah war sein Heer mindestens viermal so groß wie das der Kreuzfahrer. In anderer Hinsicht ... ich weiß nicht recht. Er hat Schwierigkeiten mit seiner Geistlichkeit und redet ihnen nach dem Munde ...«
Friedrich lachte auf. »Ihr scheint verblüffende Ähnlichkeiten zwischen Ost und West entdeckt zu haben.«
»Seine philosophischen Gespräche sind geistreich«, fuhr Roger fort, »und oft voll halbversteckter Ironie. Er vermeidet es sorgsam, sich mit irgend etwas zu identifizieren, und bevorzugt die Rolle des Beobachters. Ich bezweifle, ob es irgend etwas gibt, für das er bereit wäre zu sterben.«
»Ein interessanter Maßstab«, sagte Friedrich.
»Genau das hätte, glaube ich, der Sultan auch bemerkt«, sagte Roger.
»Aber die Menschen sind schon für die fragwürdigsten Ideen gestorben«, sagte Friedrich achselzuckend. »Nach allem, was Ihr mir erzählt, werden meine Bemühungen, meine islamischen Untertanen glücklich zu machen, dem Sultan nur deshalb gefallen, weil er die Sache seinen Priestern gegenüber als Pflaster gebrauchen kann, dafür, daß er mir Jerusalem gibt ... wenn er mir überhaupt Jerusalem gibt. Durch Al Mansurah ist die Wahrscheinlichkeit dafür kleiner geworden.«
»Und was sagt der Papst zu Lucera?«
»Ich höre, er hat einen der alten Psalmen angestimmt. Wie geht er doch? ›Die Heiden haben Dein Erbe angetreten, o Herr‹ – oder so ähnlich. Er wird noch ein paar andere Psalmen anführen, wenn er herausfindet, daß ich die Steine der Basilika für ein paar neue Moscheen brauche. Ich brauche sie wirklich! Meine Sarazenen sind sehr fromme Leute, sie haben nicht genug Gotteshäuser, und gutes Baumaterial ist schwer zu finden, jedenfalls in der näheren Umgebung. Vor allem aber sind so gut wie keine Christen mehr in der Stadt, außer dem frommen Bischof. Er würde gerne fortgehen, aber das geht nicht. Ich brauche ihn dort. Solange er noch dort residiert, hat Lucera seinen Bischofsstuhl, selbst wenn die christliche Gemeinde nur aus einem Dutzend Leuten besteht.«
Roger schüttelte den Kopf. »Das ist mir zu hoch, Euer Majestät.«

»Aber es ist doch ganz einfach. Irgendwohin mußten die Sarazenen doch gehen. Soll ich sie in Moslemländer schicken, damit sie gegen mich kämpfen, wenn ich auf meinen Kreuzzug gehe? Lieber behalte ich sie sicher unter meiner Aufsicht. Warum sollte ihre Anwesenheit hier den Bischof von Rom mehr beunruhigen als vorher, als sie noch in Sizilien waren? Ganz abgesehen von dem Wert, den sie unter gewissen Umständen für mich haben könnten. Aber ich muß den Schein wahren. Solange in Lucera ein Bischof sitzt, kann es niemand eine Moslemstadt nennen. Man muß seine Vorsichtsmaßregeln treffen. Die Zeiten haben sich geändert, vor allem dank dieser widerwärtigen neuen Einrichtung des Papstes ... der Bettelmönche.«

»Bettelmönche?«

»Bettler«, fuhr Friedrich auf. »Dreckiger, ungewaschener, stinkender Auswurf in braunen Lumpen. Man kann sie überall sehen, im ganzen Land, es müssen Tausende und Abertausende sein. Es ist eine Krankheit, eine Seuche. In anderen Ländern sprießen sie auch schon hoch. Ziehen durch das Land und äffen das Leben Christi nach. Sie sind zu nichts zu gebrauchen. Man kann keine Soldaten aus ihnen machen, weil sie dem religiösen Stand angehören. Sie zahlen keine Abgaben, weil sie kein Geld haben. Sie gehen herum und predigen, und die Leute hören zu, weil sie ›selbstlos‹ sind – als ob es so etwas gäbe. Der größte Schwindel, den es je gegeben hat. Manchmal heißen sie die Minderen Brüder, manchmal die Franziskanerbrüder nach ihrem Führer. Ein Franzose vielleicht. Der Papst hätte sie als Ketzer verurteilen sollen, aber nichts dergleichen, er nimmt sie auch noch unter seinen Schutz und fördert ihre Umtriebe. Teuflisch nenne ich das. Diese heiligen Tunichtgute laufen herum und predigen Rückkehr zur christlichen Einfalt, nur das Königreich des Himmels ist wichtig, darauf sollten die Menschen sich einstellen – und so weiter und so fort, lauter leeres Geschwätz, aber die Leute fressen es mit Löffeln. Und jetzt haben sie den sogenannten ›Dritten Orden‹ geschaffen, wo jeder eintreten kann und Tausende eintreten. Die Mitglieder brauchen nicht selbst betteln zu gehen wie in den beiden anderen – der erste für Männer, der zweite für Frauen unter irgend so einer verrückten Hexe in Assisi –, sondern sie müssen nur ein einfaches Leben führen, jeden Aufwand vermeiden, und die Männer dürfen nicht in einen ungerechten oder einen Angriffskrieg ziehen. Merkt Ihr etwas? Merkt Ihr die verdammte Falle? Wer hat zu entscheiden, ob ein Krieg gerecht oder ungerecht, Angriffs- oder Verteidigungskrieg ist? Der Papst durch den Kardinal Hugo von Ostia, der zum Protektor des Ordens gemacht worden ist.«

Nach einer Pause sagte Roger langsam: »Ich kenne den Kopf der Bewegung, Majestät. Ich habe ihn schon gekannt, ehe ich Euch kennenlernte. Und das letztemal, daß ich ihn sah, war es im Zelt des Sultans Al Kamil.«

Friedrich sprang auf. »Und was hat er dort angerichtet?«

»Er versuchte den Sultan zur Annahme des Christentums zu überreden.«

»Ausgezeichnet«, sagte Friedrich. »Denn dann muß er tot sein.«

»Nein, Euer Majestät. Der Sultan trat zwar nicht zum Christentum über, aber er war so beeindruckt, daß er Franz das ›Herz des Abendlandes‹ nannte und ihm nichts antat – sehr gegen den Wunsch seiner Geistlichkeit, die von Franz herausgefordert wurde, gemeinsam mit ihm in ein großes Feuer zu springen, um zu sehen, wessen Glaube gottgefälliger sei.«

»Ein verrückter Fanatiker, genau wie ich dachte.«

»Es hat Zeiten gegeben«, sagte Roger, »wo ich das auch angenommen hätte. Aber jetzt will es mir kaum gerecht erscheinen, einen Mann Fanatiker zu nennen, nur weil er bereit ist, für seinen Glauben zu sterben.«

»Davon habt Ihr schon vorhin gesprochen«, sagte Friedrich rasch. »Seid Ihr vielleicht auch schon seinem berühmten ›Dritten Orden‹ beigetreten?«

»Ich wußte nicht einmal, daß er besteht, ehe Euer Majestät mir davon erzähltet«, sagte Roger gelassen. »Ihr sagtet, die Menschen wären schon für die fragwürdigsten Ideen gestorben. Das ist zweifellos sehr wahr. Oft genug sind sie auch für die fragwürdigsten Persönlichkeiten gestorben, solange diese Leute lebten und sie belohnen oder bestrafen konnten. Aber würde jemand für einen Menschen sterben, der nicht mehr am Leben ist? Werden Menschen für Dschingis-Khan sterben, wenn er tot ist? Natürlich nicht. Und hier ist ein Mann, der bereit ist, für Christus zu sterben, dessen Tod sich vor zwölf Jahrhunderten ereignete.«

»Und?« fragte Friedrich verächtlich.
»Und deshalb scheint es mir, daß dies mehr sein muß als bloßer Aberglaube«, sagte Roger. »Und das habe ich gelernt, als ich diesen Mann Franz beobachtete. Dann habt Ihr die Gründerin des ›Zweiten Ordens‹ erwähnt und sie eine verrückte Frau oder Hexe in Assisi genannt. Auch sie kenne ich. Sie ist eine große Dame und schön wie keine zweite. Einmal dachte ich, sie sei die einzige Frau auf dieser Welt, und ich haßte Franz, als er sie zur Nonne machte. Aber jetzt fange ich an zu glauben, daß er recht hatte.«
»Warum?«
»Weil sie sehr wohl eine Heilige sein könnte – so wie er wahrscheinlich auch ein Heiliger ist.«
»Ganz wie ich dachte«, nickte Friedrich. »Sobald einer erst einmal anerkennt, daß Christus mehr war als ein Mensch, fährt ihm der ganze andere Aberglaube wieder in den Kopf. Ich habe Euch in den Osten geschickt, wo die Leute wirklich etwas wissen, und Ihr kommt zurück und predigt mir wie ein Dorfpriester.«
»Ihr habt mich an die Wiege des Christentums geschickt«, sagte Roger. »Ich war mit dem Sultan auch in Jerusalem.«
Friedrich nickte. »Ihr habt Euch sehr verändert, das merke ich. Es ist schade. Aber es macht es mir leichter, Euch zu sagen, was ich Euch sagen muß. Wie Ihr wißt, glaubte ich Euch nicht mehr am Leben. Ihr hättet ja eigentlich innerhalb von höchstens einem Jahr zurück sein müssen. Mir war durch Euren Mund bekannt, daß Ihr der einzige Eures Namens seid. Ich mußte deshalb annehmen, daß das Haus der Vandria nicht mehr besteht, und ich habe Burg und Land an Eccelino da Romano als Winterresidenz verschenkt.«
»So«, sagte Roger. Die Welt ging in Stücke. Alles Leben war ausgelöscht. Aber er war noch da und wunderte sich, warum es ihm nichts ausmachte, nicht wirklich, warum er hier noch stehen konnte und den gekrönten Habicht anlächeln, der versuchte, ihm das Herz aus dem Leibe zu krallen, weil er es nicht mehr vertrug, daß jemand eine andere Ansicht hatte als er, weil er sein eigener Gott war und keine anderen Götter neben sich duldete und deshalb jeden haßte, der Glaube sagte und nicht Friedrich damit meinte.
In jähem Aufblitzen sah ihn Roger, auf dem Kamm einer Woge getragen, die gegen die Felsen prallen mußte; getragen in blindem,

bösartigem Triumph, wie so viele andere vor ihm getragen worden waren. Die Felsen warteten starr und geduldig auf den unvermeidlichen Aufprall.

»Majestät«, sagte er mit ruhiger Stimme, »ich habe versucht, Euch treu und gut zu dienen. Jetzt braucht Ihr meine Dienste nicht mehr, und ich erbitte Eure Erlaubnis zu gehen.«

Die niemals blinzelnden Augen starrten ihn an.

»Wie Ihr wollt«, sagte der Kaiser eisig. »Geht.«

ZWEIUNDDREISSIGSTES KAPITEL

A. D. 1224, SEPTEMBER

Man konnte die Nonne hinter der Mauerpforte der Kirche von San Damiano nicht von draußen sehen. Selbst wenn sie die hölzernen Laden vor dem Eisengitter öffnete, war sie nur ein Schemen.

»Gelobt sei Jesus Christus«, sagte sie.

»In Ewigkeit, Amen«, antwortete der Ritter vor der Pforte. »Darf ich eintreten und mit der Ehrwürdigen Mutter Klara sprechen?«

»Habt Ihr eine schriftliche Genehmigung des Heiligen Vaters?«

»N-nein, die habe ich nicht …«

»Oder vom Kardinal-Protektor unseres Ordens?«

»Nein, aber …«

»Ihr könnt nicht hereinkommen.«

»Ich komme von weither, Schwester Pförtnerin. Wollt Ihr nicht der Ehrwürdigen Mutter sagen, daß Roger von Vandria hier ist und in großer Not?«

»Wenn Eure Not leiblich ist, können wir Euch nur einen Teller Suppe und ein Stück Brot geben. Wir haben selbst nicht mehr. Wenn Ihr in seelischer Not seid, sprecht mit dem Capellanus. Er wohnt auf der anderen Seite der Kirche.«

»Ich fürchte, Ihr mißversteht mich, Schwester Pförtnerin. Es ist wegen Vater Franz, den ich seit vielen Jahren kenne, und …«

»Wartet«, sagte die Nonne und schloß die Laden. Seltsamerweise hatte Roger das Gefühl, er sei ausgeschieden und nicht die Armen

Frauen hinter der Mauer. Nichts geschah. Die Straße nach Assisi lag grell in der Sonne, und der Himmel war ohne Wolken. Die Welt war friedlich.
Dann öffneten sich die Laden wieder, und eine Stimme kam durch das eiserne Gitter. »Gelobt sei Jesus Christus.«
»In Ewigkeit, Amen«, sagte Roger und zitterte. Es war ihre Stimme.
»Ihr wünschtet mit mir über Vater Franz zu sprechen«, sagte das Gitter.
»Ja ... Ehrwürdige Mutter Äbtissin. Ich suche ihn, aber ich kann ihn nicht finden.«
Das Gitter schwieg.
»Ich war bei der Portiuncula«, fuhr Roger fort, »aber dort wußten sie auch nicht, wo er ist. Ich dachte, vielleicht wüßtet Ihr es. Er ist Euer geistlicher Vater.«
»Auch wir wissen nicht, wo er ist«, sagte das Gitter.
Roger nickte. »Ich habe es gefürchtet. Es scheint keine Hilfe für mich zu geben. Ich bin ein Narr und habe versagt. Vergebt mir, daß ich Euch behelligt habe, Ehrwürdige Mutter Äbtissin. Und wenn Ihr überhaupt an mich denkt, so tut es mit Güte und Mitleid.«
»Herr Graf von Vandria ...«
»Das bin ich nicht mehr«, unterbrach Roger. »Wenigstens hat der Kaiser meine Burg und mein Land einem seiner Höflinge geschenkt. Aber warum soll ich Euch mit meinem Unglück und Leid zur Last fallen.«
»Wir sind hier um allen Leides willen«, sagte das Gitter. »Sprecht weiter.«
»Es mußte wohl so kommen«, sagte Roger. »Aber etwas ist merkwürdig, Ehrwürdige Mutter. Lange Zeit bedeutete Vandria mir alles. Meine Familie wurde aus Sizilien vertrieben, als ich ein Kind war, und der einzige Traum meiner Kindheit war, dorthin zurückzukehren. Mein Vater scheiterte bei dem Versuch, Vandria zurückzubekommen. Ich war entschlossen, nicht zu scheitern. Ich schloß mich dem Feldzug der Assisier gegen Perugia an, um Beute genug für die Reise nach Sizilien zu machen. Ich kämpfte aus dem selben Grund für Walter von Brienne und dann für Graf Diepold und

schließlich für König Friedrich, der mir versprach, mir Vandria zurückzugeben, sobald er die Macht dazu hatte. Aber als ich aus dem Osten wiederkam und er mir sagte, er habe Vandria verschenkt, da war es, als geschähe etwas, das ich schon immer erwartet hatte. Es war eigentlich nicht mehr als eine Bestätigung dessen, was ich schon in meinem Herzen gewußt hatte.«

»Vandria war Euer Idol«, sagte das Eisengitter. »Seid froh, daß Ihr es nicht mehr habt.«

»Es bedeutet, daß ich weiter nichts im Leben getan habe, als einem Phantom nachzujagen«, sagte Roger bitter. »Und eben das wollte ich Vater Franz sagen und ihn fragen, was ein Mann tun kann, wenn er herausfindet, daß er sein ganzes Leben vergeudet hat und doch nicht zum Mönch geschaffen ist.«

»Einem Phantom nachjagen ist nicht alles, was Ihr getan habt«, sagte das Gitter. »Ihr habt einmal einem anderen Mann das Leben gerettet. Ihr habt es mir selbst gesagt.«

»Ihr meint in der Schlacht von Ponte San Giovanni? Das ist wahr. Aber es ist lange her. Ich habe damals auch nur einer jähen Eingebung nachgegeben. Ich hätte es Euch nicht erzählen sollen. Ich hoffe, Ihr habt es Franz nicht gesagt.«

»Nein. Aber Gott weiß es. Ihr folgtet Gott.«

»Das habe ich vielleicht das eine Mal getan. Ich habe es oft bedauert – als ich all die Monate im Verlies von Perugia zubrachte. Und später, als Franz mir die Frau raubte, die … die ich liebte. So sah ich es wenigstens damals an. Vergebt mir … Ehrwürdige Mutter.«

»Wann erkanntet Ihr, daß dem nicht so war?«

»Ich begann es zu erkennen, als ich die Frau … als Nonne sah. Aber richtig klar wurde es mir erst, als ich Franz im Zelt des Sultans erlebte, wie er für Christus einstand. Ich hatte ihn einmal für einen Feigling gehalten. Jetzt habe ich erkennen müssen, daß ich selbst ein Feigling war – und ein Verräter obendrein. Ich habe es nicht gleich erkannt. Aber soviel sah ich, daß Franz der mutigste Mann ist, den ich je gesehen habe, und ein größerer Kreuzritter als Godefroy und Richard Löwenherz.«

»Das ist er«, sagte das Gitter. »Und dann begannt Ihr an seinen Herrn zu denken, der auch Euer Herr ist und der meine.«

»Ja. Aber als ich vor Kaiser Friedrich stand, war ich nicht halb so mutig, wie Franz vor dem Sultan war. Ich habe Christus nicht geleugnet, aber ich habe immer noch auf Vandria gehofft, bis er mir sagte, daß er es einem anderen geschenkt hat. Und erst dann bat ich um Erlaubnis, seinen Dienst zu verlassen. Vorher nicht! Seitdem versuche ich Franz zu finden, um seinen Rat zu erbitten. Aber ich kann ihn nicht finden. Ich wünschte, ich wüßte, was er sagen würde ... vielleicht würde er mir raten, Mönch zu werden; aber ich weiß, ich wäre kein guter.«

»Es gibt auch andere Arten, Gott zu dienen.«

»Auf jeden Fall werde ich bald betteln gehen müssen wie ein Mönch«, sagte Roger. »Die Kleider, die ich trage, mein Pferd und meine Rüstung sind so ziemlich alles, was ich noch besitze. Franz schenkte mir die Rüstung vor vielen Jahren. Ich habe ihm nicht einmal dafür gedankt. Aber sie hat mir mehr als einmal das Leben gerettet.«

»Ich kann Euch nicht sagen, was Vater Franz Euch raten würde«, sagte das Gitter. »Es wäre höchst anmaßend, wenn ich dächte, ich könnte es. Aber ich will für Euch beten.«

»Ihr habt mir das schon einmal gesagt«, erwiderte Roger. »Vielleicht hat mich das all diese Jahre am Leben erhalten. Wenn nur mein Leben nicht so vertan wäre.«

»Wer das sagt, ohne zu verzweifeln, der beginnt gerade erst zu leben. Gott hat Euch gestattet, Vater Franz das Leben zu retten. Er wird nicht zulassen, daß Euer Leben vertan bleibt. Vielleicht stellt Er Euch noch einmal auf die Probe. Dann seid mutig. Gelobt sei Jesus Christus.«

»In Ewigkeit, Amen.« In einer plötzlichen Regung ging Roger auf ein Knie nieder, so wie Soldaten es vor der Schlacht tun; dann stand er wieder auf und ging zu seinem Pferd zurück. Eine Minute später ritt er auf der Straße nach Assisi davon.

Die Äbtissin schloß die Laden mit fester Hand, wandte sich um, strauchelte und fiel zwei anderen Nonnen in die Arme, die die ganze Zeit hinter ihr gestanden hatten. Sie trugen sie halb in das Haus zurück und legten sie in ihrer Zelle in der Ecke nieder, die sie zum Schlafen benutzte. Kein Bett war dort, keine Pritsche oder Strohschütte, nur ein Holzkeil, der ihr als Kopfkissen diente. Eine der beiden Nonnen gab das Zeichen, mit dem sie um Sprecherlaubnis baten.

Die Äbtissin sagte mit einer Stimme, aus der alle Lebenskraft gewichen war: »Was ist, Schwester Verena?«
»Erlaubnis, die Zelle als Krankenstube zu betrachten, Ehrwürdige Mutter.«
Nur in der Krankenstube war es den Nonnen gestattet, miteinander zu sprechen, wenn es der Gesundheit oder Behandlung der Kranken zuträglich war. In der Zelle waren nur die unvermeidlich notwendigen Worte erlaubt. Aber die Äbtissin weigerte sich, die Krankenstube aufzusuchen.
»Was wollt Ihr, Schwester? Sprecht.«
»Ich flehe Euch an, Ehrwürdige Mutter, das völlige Fasten, das Ihr Euch montags, mittwochs und freitags auferlegt habt, solange zu unterlassen, wie Ihr krank seid. Es war auch höchst gefährlich, in Eurem jetzigen Gesundheitszustand aufzustehen und an die Pforte zu gehen.«
»Es war notwendig. Es hätte Nachricht von Vater Franz sein können. Und vielleicht konnte ich diesem armen Ritter etwas helfen. Was mein Fasten anbetrifft, so besteht kein Grund zur Sorge. Es besteht überhaupt kein Grund, sich um *mich* zu sorgen ...«
Die beiden Nonnen seufzten. Schwester Verena war eine starkknochige, hagere Frau von Fünfzig. In der Welt war sie die Herzogin von Soriano gewesen. Schwester Martina war Mitte der Zwanzig, ein stämmiges, freundliches Geschöpf mit einem Gesicht wie ein blankgeriebener Apfel. Sie war die älteste Tochter eines Bauern aus einem Dorf in der Nähe von Rieti. Sie wußten, was die Äbtissin meinte, und sie teilten ihre Sorge um ihren geistlichen Vater. Sie hatten ihn schon so lange nicht gesehen. Früher war er immer gekommen und hatte in der kleinen Kirche gepredigt, und es war wie unschätzbarer Reichtum, der über ihnen ausgeschüttet wurde, Reichtum, der ihre Herzen auf Monate hinaus anfüllte. Aber dann hatten seine Besuche aufgehört, und lange wagten sie nicht, eine Botschaft an ihn zu schicken, um ihm zu sagen, wie sie ihn vermißten.
Schließlich hatte die Äbtissin ihm dann durch einige seiner Brüder doch eine Botschaft geschickt. Sie war sehr kurz und ohne Umschweife. »Du hast uns ein schönes Versprechen gegeben, Dich um unsere Nöte zu kümmern; und doch hast Du uns nach so kur-

zer Zeit schon verlassen und läßt uns hungern.« Dann kam er – aber nur um den fünfzigsten Psalm anzustimmen: *»Miserere mei, Deus, secundum magnam misericordiam tuam*... habe Erbarmen mit uns, o Gott, in Deiner großen Güte« – und einen Monat lang fasteten sie montags, mittwochs und freitags, so wie die Äbtissin, um seinem Ruf nach Buße zu willfahren.

Es kommt alles nur davon, daß die Brüder ihm nicht genug gleichen, dachte Schwester Martina.

Wenn er doch nur nicht von der Führung des Ordens zurückgetreten wäre, dachte Schwester Verena. Keiner kann ihn ersetzen. Der Herr hat Seinen Unmut gezeigt, als Peter von Cattaneo starb, nur wenige Monate, nachdem ihn Franz zu seinem Nachfolger ernannt hatte; und Bruder Elias wird ihn auch nicht ersetzen können. Niemand kann es.

Es kommt von der neuen Ordensregel, dachte die Äbtissin. Sie haben ihn wohl gebeten, sie niederzuschreiben, aber sie haben nicht gewußt, was sie von ihm verlangen. Unser Herr selbst hat ihm die alte Regel eingegeben, wie konnte er also irgend etwas daran ändern? Aber sie haben ihn Tag für Tag bestürmt, die Brüder, der Kardinal-Protektor, der Papst selber: ändere die Ordensregel, mildere sie, nur einige wenige sind imstande, so wie sie ist, nach ihr zu leben, und wir wollen, daß der Orden groß und stark ist. Und in seiner Pein rief er: »Ich wünschte, es gäbe weniger Mindere Brüder!« Natürlich war es vernünftig, was sie sagten, natürlich hatten sie in ihrer Art ganz recht, aber Franzens Art war eben nicht ihre Art. Nur aus Gehorsam hatte er getan, was sie wünschten, er hatte die Ordensregel umgeschrieben, obgleich es ihm fast das Herz brach. Es war sein Gethsemane. Sein Leben war die größte Nachahmung des Lebens des Erlösers, die die Welt je erlebt hatte. Er hatte sein Gethsemane gehabt. Aber nach Gethsemane kam ... Golgatha.

Die beiden Nonnen sahen, wie eine furchtbare Blässe sich über das Gesicht der Äbtissin breitete. Ihre Augen waren geschlossen, ihre beiden Hände zuckten im Schmerz, als hätte man sie durchstochen; dann kroch die eine, die linke, mühsam zu ihrem Herzen hin und preßte sich darauf, und sie stöhnte laut. Die beiden Nonnen standen zitternd. Aber ehe sie einen Entschluß fassen konnten,

entspannte sich der Körper der Äbtissin, ihre Blässe wich, ihre Hände öffneten sich. Zwei große Tränen rollten ihre schmalen Wangen hinunter.
Die beiden Nonnen schlichen sich auf Zehenspitzen aus der Zelle und liefen zur alten Schwester Antonia in der Krankenstube. Schwester Antonia war über dreißig Jahre lang Benediktinerin gewesen, bevor sie um die Erlaubnis bat, den Armen Frauen von San Damiano beizutreten. Sie hörte zu und nickte.
»Die Mutter Äbtissin hat oft das Leid anderer auf sich genommen«, sagte sie, »aber diesmal war es ihr nicht möglich. Und auch das ist Leid, vielleicht das schlimmste Leid von allen.«
Die beiden Nonnen sahen sich an. Sie sagten nichts. Schließlich war Schwester Antonia schon sehr, sehr alt.

DREIUNDDREISSIGSTES KAPITEL

Es war ein seltsames, traumhaftes Erlebnis, wieder durch die Straßen von Assisi zu reiten. Dort drüben war das Haus jenes reichen Mannes, wie hieß er doch? Quintavalle, richtig, Bernard von Quintavalle, den ein bettelarmer Abenteurer vergebens gebeten hatte, ihm Geld zu leihen, damit er nach Süden reiten und Vandria zurückgewinnen könnte. Hier war der Domplatz, wo der Troubadour so feurig über den Feldzug nach Sizilien gesprochen und wo ein bunt gekleideter und gefiederter junger Franz die Rüstung mit ihm getauscht hatte – die Rüstung, die er noch immer trug, und sie paßte noch so gut, wenn nicht besser, wie am ersten Tage. Und da war der Eingang zu dem großen Haus der Scifis und ...
»Gräfin Klara!« rief Roger. Er zügelte sein Pferd so scharf, daß es stieg, und nun blieben die beiden Frauen stehen und sahen ihn ungläubig an.
Es gelang ihm, das Pferd zu beruhigen, aber als er abstieg, waren ihm die Beine wie Blei, so wie in einem Traum. »Gräfin Klara«, sagte er noch einmal, als fürchte er, daß die Erscheinung vor ihm sich jeden Augenblick in Nichts auflösen könnte. »Ich bin immer

noch Beatrix«, sagte die Erscheinung. »Du liebe Güte, seid Ihr alt geworden!«
Die andere Dame begann zu kichern – die unvermeidliche Tante, füllig und knopfnäsig wie ehedem, aber ergraut –, und er besann sich auf seine Manieren und verbeugte sich. »Vergebt«, sagte er und rieb sich die Stirn, »meine Dummheit ist ganz unverzeihlich – zumal ich gerade mit der Gräfin Klara gesprochen habe, mit der Ehrwürdigen Mutter Äbtissin, meine ich.«
»Das glaube ich Euch nicht«, sagte die junge Gräfin Beatrix kopfschüttelnd. »Es ist über fünf Monate her, daß *ich* mit ihr gesprochen habe. Sie läßt sich von niemandem sehen.«
»Gesehen habe ich sie natürlich auch nicht«, lächelte Roger. »Sie war hinter dem Gitter an der Pforte, aber gesprochen haben wir miteinander, und ich danke Gott dafür. Aber es ist wirklich unheimlich, Gräfin Beatrix – vor zwölf Jahren saht Ihr genauso aus wie Gräfin Klara mit acht – und jetzt seht Ihr so aus, wie sie vor zwölf Jahren war.«
»Ich finde das gar nicht so verwunderlich«, sagte sie und hob Klaras Augenbrauen. »Ich finde es logisch, wie Pater Vincente sagen würde. Schließlich sind wir Schwestern. Viel verwunderlicher ist, daß Ihr zum zweitenmal den gleichen Fehler macht.«
»Und Ihr erkennt mich wieder!« stellte er in törichter Freude fest.
»Das tue *ich* sogar«, sagte Bona Guelfuccio, »aber ich finde, es gehört sich gar nicht, daß wir hier auf der Straße stehen und uns unterhalten ... wenn Ihr uns die Ehre Eures Besuches machen wolltet, Graf ...«
»Ihr seid sehr gütig, edle Dame«, stammelte Roger, »aber ich bin nicht sicher, ob der Graf und die Gräfin und vor allem Graf Monaldo es ...«
»Graf Monaldo ist vor zehn Jahren gestorben«, sagte Bona Guelfuccio mit wohlerzogenem Bedauern, »und Graf Favorino drei Jahre nach ihm.«
»Mutter ist in ein Kloster eingetreten«, fügte Gräfin Beatrix hinzu, »und Agnes auch. Ihr werdet Euch mit Tante Bona und mir begnügen müssen.«
Das Haus hatte sich nicht verändert, nur schien bedeutend weniger Dienerschaft da zu sein. »Wir sind nicht mehr so reich, wie wir

einmal waren«, sagte Gräfin Beatrix, und ihre Tante warf ihr einen rügenden Blick zu. »Über solche Dinge sprechen junge Damen nicht«, murmelte sie ziemlich resigniert.
»Ich habe so gut wie alles verloren«, sagte Roger, und zu seiner eigenen Überraschung kam es fast vergnügt heraus.
Ein Diener nahm sich Rogers Pferd an, und als Bona Guelfuccio an einer Klingelschnur zog, erschien ein anderer und bekam den Befehl, für das Mittagsmahl zu sorgen.
»Wir bewohnen nur einen Teil des Hauses«, sagte Gräfin Beatrix. »Der Westflügel ist voll mit sehr netten kleinen Leuten, die Klara uns hergeschickt hat, weil sie nicht wissen, wohin. Es hat in letzter Zeit so viele Brände gegeben.«
»Brände?«
»Ja, habt Ihr nicht gehört? Die Ungläubigen unten in Lucera machen das Land unsicher. Es hat schon viel Beschwerden gegeben, und der Bischof hat an den Heiligen Vater geschrieben und sogar einen Sonderkurier geschickt. Das letzte, was wir hörten, war, daß der Heilige Vater deswegen beim Kaiser vorstellig wird. Aber der wird wohl nur darüber lachen. Es heißt, er glaube überhaupt an nichts. Schwer zu glauben, denn man hört überall, daß er ganz intelligent sei.«
Roger bemühte sich, eine Antwort darauf zu finden, aber er fand keine. Er lächelte etwas kümmerlich.
»Das hättest du nicht sagen sollen, Beatrix«, sagte Bona Guelfuccio verlegen. »Der Graf ist am Hof des Kaisers.«
»Wenn dem so ist, bin ich sehr froh, daß ich es gesagt habe«, erklärte die junge Dame mit Nachdruck.
»Ihr habt vollkommen recht, Gräfin Beatrix«, sagte Roger, »und ich kann zu meiner Genugtuung sagen, daß ich nicht mehr im Dienst des Kaisers stehe. Ich habe mich mit ihm überworfen – und die Sarazenen in Lucera hatten etwas damit zu tun. Vater Franz übrigens auch.«
Gräfin Beatrix schlug die Hände zusammen. »Das freut mich«, stellte sie fest. »Ihr seid viel zu nett für den Kaiser.«
Bona Guelfuccio rieb sich die Knopfnase. »Ich weiß nicht, was Ihr von uns denken müßt«, sagte sie verwirrt. »Wirklich, Beatrix! Seit ihre Mutter uns verlassen hat, ist niemand mehr da, der streng mit

ihr sein kann. Die Mädchen in dieser Familie sind alle furchtbar eigenwillig und geradeheraus, Graf. Manchmal denke ich, sie hätten eigentlich Buben werden müssen.«
»Selbst die Ehrwürdige Mutter Äbtissin?« fragte Roger belustigt.
Beatrix lachte. »Klara ist ein großer Anführer. Sie ist ein Feldherr. Wißt Ihr nicht mehr, wie sie Nonne wurde, der ganzen Familie zum Trotz, einschließlich des armen Onkels Monaldo? Keiner kam gegen sie an. Ich mag ihr etwas ähnlich sehen, aber ich bin nichts gegen sie. Und das ist nur ein Teil von ihr. Sie ... ich könnte nicht halb so gut sein, wie sie ist. Sie ist eine Heilige, nein, streitet es nicht ab, Tante Bona, Ihr habt es selber oft genug gesagt, und im übrigen weiß es jeder.«
»Ich weiß es auch«, sagte Roger.
»Nun also. Aber ich bin ein sehr durchschnittliches Mädchen, und ich könnte nicht einmal eine durchschnittliche Nonne werden, wenn es so etwas überhaupt gibt. Ich bezweifle es, denn eine Nonne ist immer etwas Besonderes, nicht wahr, Tante Bona? Mutter, zum Beispiel, und Agnes.«
»Wir können nicht alle Nonnen und Mönche sein«, sagte Roger schnell, und in diesem Augenblick kündete der Diener das Essen an.

*

Er mußte ihnen vom Kaiser berichten, von Sizilien, vor allem aber über den Kreuzzug und was er im Lager des Sultans erlebt hatte. Und es war immer noch wie ein Traum. Der Geist von Onkel Monaldo saß in dem hohen Sessel, strich sich den Bart und räsonierte über die Politik; das Gespenst des Grafen Favorino, immer bereit, Echo seines herrischen Bruders zu sein; die sanfte Gräfin – er konnte sie sich gut in einem Kloster vorstellen, und ebenso Agnes, ganz Eifer und Hingabe. Nur Klara war nicht mehr da. Sie war zu groß, zu machtvoll. Sie stand am Altar, ihr Kopf geschoren, ihre Arme ausgestreckt, einem Schicksal entgegen, das jenseits des Schicksals einer Sterblichen lag – fast jenseits. Es war nur recht und billig, daß man einer solchen Frau nicht Auge in Auge gegenübertreten durfte, sondern durch das Eisengitter von ihr getrennt war. Vor diesem Gitter endete die Welt, so wie die Welt der Heiden an den Ufern des *okeanos* endete, des großen Stromes, der um die Erde floß. Aber auch diesseits des Gitters gab es Erlösung... wenn man sie auch vielleicht, zum Teil wenigstens, dem unermüdlichen Werk jener auf der anderen Seite zu verdanken hatte.

Ja, der Sultan sei ein Mann von stattlichem Aussehen, und einen weisen Mann nannten sie ihn, obgleich diejenigen, die ihn so nannten, selbst nicht sehr weise seien und deshalb vielleicht auch nicht sehr geeignet, Weisheit zu beurteilen. Unaufhörlich stelle der Sultan Fragen, und nie scheine er mit den Antworten zufrieden. Wenn man ihm sagte, daß zwei und zwei vier sei, so antwortete er: Das ist ja wirklich höchst interessant und scheint auch mit gewissen praktischen Erfahrungen übereinzustimmen, aber man muß sehr vorsichtig sein, denn es könnte ja ein Land geben, wo diese beiden Zahlen zusammengezählt nicht vier ergäben oder wo sie sich vielleicht überhaupt nicht zusammenzählen ließen, gar nicht davon zu reden, daß es ein Land geben könnte, wo es kein Zahlen gäbe.

»Dann muß er ja ein Narr sein«, sagte Gräfin Beatrix und biß herzhaft in einen rotbackigen Apfel.

»Ich bin zu der Ansicht gelangt, daß sehr kluge Menschen oft an einer besonderen Sorte Dummheit leiden«, sagte Roger. »Manchmal dient sie ihnen als eine Art von Rüstung. Solange sie an etwas zweifeln können, brauchen sie es ihrer Ansicht nach nicht zu glauben. Und wenn sie es nicht glauben, warum sollten sie dann die Verpflichtungen einhalten, die es mit sich bringt?«

»Der Sultan weiß also nicht, daß zwei und zwei vier ist?« bemerkte Tante Bona. »Das muß ich der Gräfin von San Severino erzählen. Es wird ihr großartig gefallen. Sie sagt immer...«

»Das meinte Graf Roger doch gar nicht, Tante Bona«, unterbrach sie Beatrix. »Er meint, daß kluge Leute oft über ihre eigenen Beine stolpern.«

»Das möchte ich einmal sehen, wie der Sultan über seine eigenen Beine stolpert«, meinte Bona Guelfuccio. »Nicht daß ich ihm irgend etwas Böses wünsche«, fügte sie schnell hinzu.

Beatrix beugte sich vor und gab ihrer Tante einen Kuß auf die Wange.

»Gebt nur acht, sonst werdet Ihr auch noch eine Heilige«, sagte sie zärtlich.
»Närrisches Zeug!« entrüstete sich Bona Guelfuccio.
Von draußen kam ein verschwommenes Geräusch wie von vielen laufenden Menschen. Eine Frau schrie und schrie noch einmal.
»Was ist denn nun geschehen?« stieß Bona hervor.
Beatrix sprang auf. »Ich werde einmal nachsehen.«
»Nein, bleib!« schrie ihre Tante. »Ich schicke Giacomo ...«
Aber das Mädchen ging schon durch die Vorhalle.
Wieder kam ein Schrei. Roger runzelte die Stirn, stand auf und folgte Beatrix zur Tür. Tante Bona bildete die Nachhut. »Was geht hier wirklich vor?« fragte Beatrix verwundert. Über ihre Schulter hinweg sah Roger einen Haufen Menschen wild in allen Richtungen über den Platz laufen, als ob der Teufel ihnen auf den Fersen wäre.
Hufgeklapper erklang, und ein Trupp Reiter auf kleinen, langmähnigen Pferden tauchte auf.
»Gottes Zorn«, stieß Roger hervor. Es waren Sarazenen. Einer von ihnen packte im Vorbeireiten eine junge Frau und warf sie sich quer über den Sattel. Sie schrie und kreischte.
»Schließt sofort die Tür«, herrschte Roger.
Beatrix gehorchte, aber mindestens zwei der Reiter blickten in ihre Richtung.
»Ruft die Dienerschaft herbei«, befahl Roger. »Wie viele sind es?«
»Drei – und die alte Maddalena natürlich. Aber warum ...«
»Wir müssen die Tür verbarrikadieren. Gibt es noch einen Eingang?«
»Ja«, sagte Bona Guelfuccio zitternd. »Da bin ich damals mit Klara hinausgekommen, als ...«
»Der muß auch verbarrikadiert werden.« Roger begann seine Rüstung anzulegen, die er in der Halle gelassen hatte.
»Warum hat der schreckliche Mann die Frau auf seinen Sattel gehoben?« fragte Beatrix mit aufgerissenen Augen.
»Hier, zieht mir den Lederriemen an«, sagte Roger. »Fester... so ist's gut.«
Die Diener erschienen, und Roger sah mit einem Blick, daß nicht viel Hilfe von ihnen zu erwarten war. Es waren alles ältere Män-

ner, denen die Angst aus den Augen sah. »Geht zur Hintertür und verrammelt sie, so gut ihr könnt«, sagte er, »ich glaube nicht, daß diese Burschen mit Gewalt eindringen werden, wenn man es ihnen schwer macht. So viel Zeit haben sie nicht. In einer Stunde oder so wird es zu viele bewaffnete Bürger für sie auf der Straße geben. Wenn ihr fertig seid, kommen zwei von euch zu uns hierher. Der dritte bleibt da und paßt auf. Verstanden?«

Sie nickten und verschwanden.

»Vielleicht geschieht gar nichts«, sagte Roger zu den beiden Frauen, »aber es ist besser, wir treffen alle möglichen Vorsichtsmaßregeln.«

»Ich fürchte mich nicht«, sagte Bona Guelfuccio, und dann schrie sie auf, als eine Faust gegen die Tür donnerte.

»Wer ist da draußen?« rief Roger auf arabisch.

Eine Pause folgte. Dann sagte eine verblüffte Stimme in der gleichen Sprache: »Du sprichst arabisch. Bist du ein Moslem?«

Roger biß sich auf die Lippen.

»Wenn du einer bist«, kam die Stimme wieder, »so werden wir an diesem Haus vorbeigehen.«

Die Wahrheit zu sagen, war Wahnsinn. Zu lügen, war Hochverrat. Aber sie waren auf Frauen aus. In Lucera waren Frauen knapp. Und sie hatten Beatrix gesehen.

»Was sagt er?« fragte Beatrix flüsternd.

»Er fragt, ob wir Moslems sind, Muselmanen«, sagte Roger. »Wenn wir es sind, will er das Haus verschonen.«

»Santa Madonna!« rief Bona Guelfuccio aus. »Muselmanen! Was noch!«

Beatrix sah ihn gespannt an. Sie sagte nichts.

Roger holte tief Atem. »Ihr beiden geht jetzt lieber zu den alten Männern an die Hintertür«, sagte er. »Ich habe hier Arbeit zu verrichten.« Er lockerte sein Schwert in der Scheide. »Nein«, sagte Beatrix. Sie zog den Dolch aus Rogers Gürtel. »Holt Euch ein Messer aus der Küche, Tante Bona«, sagte sie. »Ein schönes, langes. In diesem Hause gibt es keinen Muselman.«

In einem wilden, jubelnden Rausch schrie Roger auf arabisch: »Wir sind hier alle Christen. Schleich nach Lucera zurück, du Hund, du Sohn von einem Hund. Wenn du versuchst, hier hereinzukommen, stirbst du!«

Die Antwort von draußen war ein schwerer Tritt gegen die Tür und ein Durcheinander von mindestens einem Dutzend Stimmen. Ein zweiter Tritt erschütterte die Tür, und eine schrille Stimme schrie etwas.
»Sie wollen versuchen, die Tür einzurennen«, sagte Roger und zog sein Schwert. »Geht zurück ...«
Es krachte gegen die Tür, viel lauter als vorher, und Roger erriet, daß vier oder fünf von ihnen dagegen anrannten. Etwas schien nachzugeben.
Noch ein Anprall, und sie sprang auf. Beturbante Köpfe tauchten vor Roger auf, und er schlug zu und schlug und schlug, sie waren nicht darauf gefaßt, und einer war tot und zwei verwundet, ehe sie sich's versahen. Aber es waren viel mehr draußen, acht, zehn oder mehr, und noch mehr standen auf dem Platz und hielten die Pferde. Sie trugen keine Rüstungen, leichte Reiterei, welch ein Wahnsinn, daß sie hier waren und nicht bei Damiette oder Al Mansurah! Jetzt kamen sie wieder an, und wieder schlug er zu, zweimal, denn der fallende Körper des vordersten war den anderen im Wege, aber dann waren sie über ihm wie ein Rudel Hunde, und ein gebogener Jatagan versuchte sich an seiner Rüstung und brach prompt ab. Er stampfte auf einen nackten Fuß, rannte einem das Knie in die Weiche, aber das Gewicht von vier von ihnen war zu viel, und er ging zu Boden – und konnte doch nicht fallen, weil die Wand ihn aufrecht hielt. Noch ein Dolch brach ab, aber ein dritter drang ihm tief in die Wange, eine braune Fratze grinste zu ihm hoch, aber dann hustete sie plötzlich und verschwand aus seinem Gesichtsfeld, und da waren schon die Diener, alle drei, mit Äxten und Messern bewaffnet, und die braunen Teufel riefen nach ihren Kumpanen, die die Pferde hielten, aber nun waren Trompeten zu hören, und mit einemmal rannten sie zurück zu ihren Pferden, und drauf und fort wie eine böse Wolke, als auch schon die Stadtmiliz, vierzig, fünfzig von ihnen, auf den Platz gelaufen kam.
Der Platz drehte sich vor Rogers Augen, und er schüttelte den Kopf, um wieder klar zu sehen, aber es tat scheußlich weh, und Beatrix sagte: »Ihr könnt das Messer nun wieder hinlegen, Tante Bona«, und er mußte lachen, und auch das tat weh.
Ein Hauptmann von der Stadtmiliz kam heran. »Beim heiligen

Giorgio«, sagte er, »wir scheinen gerade zur rechten Zeit gekommen zu sein.«
»Ich hätte nichts dagegen gehabt, wenn Ihr ein wenig früher gekommen wäret«, sagte Roger keuchend.
»Das sind fünf hier«, sagte der Hauptmann sehr zufrieden, »und wir haben elf erwischt, und Bruccio sagt, bei ihm am Südtor seien es acht. Aber was für eine Unverschämtheit, im hellen Tageslicht hierher zu kommen. Es können nicht mehr als hundert gewesen sein. Sie haben sich an die Torwachen herangeschlichen und sie getötet.«
Hufgeklapper erscholl, und die beiden Männer griffen unwillkürlich an ihre Schwerter, aber es war ein anderer Trupp Assisier. Ihr Anführer, ein ernstblickender, beleibter Mann, stieg vom Pferd. »Alle fort«, meldete er. »Aber ich höre, sie haben bei der Kirche von San Damiano versucht, ins Kloster einzudringen.«
»Was?« stieß Roger hervor.
»Einer von den Laienbrüdern draußen hat es mir erzählt. Als sie vor der Klostermauer hielten, ließ sich die Äbtissin, die krank in ihrer Zelle lag, zur Pforte tragen, und dort lag sie und betete für ihre Nonnen und für Assisi, und hinter ihr stand der Capellanus mit dem Heiligen Sakrament im Ciborium. Sechs der Ungläubigen kletterten auf die Mauer, aber sie schrien vor Entsetzen und sprangen wieder herunter, und die Kerle ritten davon, als ob der Erzengel Michael mit seinem Flammenschwert hinter ihnen her wäre. ›Sie hat sie in die Flucht geschlagen‹, hat der Laienbruder gesagt, ›sie und der Herr.‹ Er kann natürlich geschwindelt haben. Es ist schwer zu glauben.« »Ich glaube jedes Wort«, sagte Roger. Dann drehte sich der Platz wieder im Kreise, und er konnte nicht mehr hören, was der Anführer sagte. Zwei von den Dienern halfen ihm in die Halle zurück, sie strahlten und stammelten ihre Bewunderung aus zahnlosen Mündern, und da war auch Beatrix, und plötzlich wußte er, daß er diesmal nicht versagt hatte.

*

Der Heilige war wieder in Assisi. Er lag im Sterben, aber er war dorthin zurückgekommen, wo er auf Erden hingehörte. Alle wuß-

ten von ihm, vom Bischof und Konsul bis zum letzten Gassenbuben, er gehörte ihnen, mochte die übrige Christenheit ihn noch so sehr für sich beanspruchen, er war einer von ihnen, und sie waren mit ihm eins, und das konnte ihnen keiner nehmen.
»Franz wird länger leben als Assisi oder irgendeine andere von Menschenhand gebaute Stadt«, sagte der Konsul, »aber solange Assisi steht, wird es von Franz' Namen nicht mehr zu trennen sein.« Manche behaupteten, der Bischof hätte das gesagt und nicht der Konsul, und andere widersprachen ihnen heftig, und schließlich einigte man sich darauf, daß beide es gesagt hätten und daß es nicht darauf ankäme, wer von beiden es zuerst gesagt hätte, wenn man bedachte, daß es beiden ernst damit gewesen war und daß es stimmte.
Es litt den Heiligen nicht lange im Haus des Bischofs, denn es zog ihn nach der Portiuncula. Er hatte den Brüdern befohlen, sie niemals zu verlassen. »Wenn man euch zur einen Tür hinauswirft, kommt zur anderen wieder herein, denn dieser Ort ist heilig und die Wohnstätte Christi und Seiner jungfräulichen Mutter.«
Eine Zeitlang wagten sie nicht, ihn dort hinzubringen, weil er so schwach war, und wer wäre das nicht gewesen, nach allem, was er in seinem Leben durchgemacht hatte, und vor allem in diesen ganzen letzten Jahren, seit er aus Ägypten zurückgekommen war, und am allermeisten, seit er sich auf den Alvernia-Berg zurückgezogen hatte. So sehr es auch die Brüder auf Anordnung des Heiligen zu verheimlichen suchten, es gelang ihnen einfach nicht, und schließlich sprachen sie doch davon, damit die Leute keine Geschichten darüber erfanden. Aber die Wahrheit war viel unglaublicher, schrecklicher und herrlicher als irgend etwas, das man hätte erfinden können.
Der Berg! Der Herzog Rolando von Chiusi hatte ihm den Berg geschenkt. Wer hatte wohl schon einmal so etwas gehört? Ein Mann mag ein Schloß geschenkt bekommen, ein Stück Land, einen Garten, ein Haus, einen Palast. Aber wer hatte je einen Berg geschenkt bekommen? Ein großer, mächtiger Berg war es, mit langen Hängen und steilen Abschüssen, die Fischer vom Arno und Tiber kannten ihn gut, und irgendwo auf halber Höhe war ein Abgrund, von dem es hieß, er habe sich geöffnet, als die Erde im

Augenblick von Christi Tod erbebte. Eine kleine Brücke führte darüber – der Bischof hatte in der Kirche von San Giorgio darüber gepredigt: die Brücke sei wie die Kirche, sagte er, sie führe hinüber zum ewigen Leben, und nicht umsonst hieße der Priester auf lateinisch Pontifex, Brückenbauer.

Der Heilige überquerte sie und ging auf den Berg, um vierzig Tage zu fasten, bis zum Fest des heiligen Michael am neunundzwanzigsten September. Sechs Brüder waren bei ihm, aber nur einer von ihnen, Bruder Leo, durfte in der Nähe bleiben. Die anderen fünf waren Angelo, Tankred, Ruffino, Silvester und Illuminatus.

Die Vögel kamen, den Heiligen zu begrüßen, als er an die Brücke gelangte, ein ganzer Schwarm von ihnen, der ihn umzwitscherte und umtrillerte und sich ihm auf Schultern und Arme setzte, als hätten sie ein Anrecht auf ihn, und vielleicht hatten sie das auch, denn er war ja schließlich ein Heiliger; aber auf die andere Seite der Brücke kamen sie nicht mit ihm, außer einem, und das war ein Falke.

Und der Bischof sagte, das sei ganz richtig, denn Bruder Franz sei immer ein Ritter Gottes gewesen, und Ritter und Falke wären gute Weggenossen.

Während seiner Fastenzeit wurde der Heilige furchtbar vom Teufel versucht, und auch das war nicht verwunderlich, da es ja dem lieben Herrn selbst zugestoßen war, als *Er* auf einem hohen Berge war, und gerade so wie Er gewußt hatte, was Er zu tun hätte, so würde es auch Sein Heiliger wissen, und er wußte es auch.

Aber dann geschah es, und obgleich es nun schon zwei Jahre her war, sprachen die Leute nur im Flüsterton davon.

»Vielleicht war es unvermeidlich«, sagte der Bischof, »für einen Mann, dessen Leben die vollkommenste Nachahmung des Lebens unseres Erlösers war.« Es gab Leute, die behaupteten, die Ehrwürdige Mutter Klara im Kloster von San Damiano hätte das gesagt und nicht der Bischof, aber auch hier war es wahrscheinlich, daß sie beide es gesagt hatten, und es kam nicht darauf an, wer es als erster getan hatte, obwohl es wahrscheinlicher war, daß es die Ehrwürdige Mutter Klara gewesen war, die weiser war als irgend jemand anders in Assisi – es sei denn, der Heilige war anwesend – und deren Gebete die Stadt vor den Sarazenen bewahrt hatten, wie jedermann wußte.

Unvermeidlich oder nicht, dem Herrn hatte es gefallen, Bruder Franz an Seinem eigenen Leiden auf die unmittelbarste Art teilnehmen zu lassen, und Er hatte damit alles menschliche Leiden aufs neue mit Seinem eigenen verbunden, und Bruder Franz' Hände und Füße waren durchbohrt wie von Nägeln, und in seiner Seite klaffte eine große Wunde. Die Kreuzfahrer hatten ein fünffaches Kreuz, und die Ritter, welche um das Heilige Grab kämpften, trugen es auf Fahne, Schild, Mantel und Brust, aber Franz allein wurde das fünffache Kreuz vom Herrn auf seinen eigenen Körper gezeichnet. »Nicht Godefroy von Bouillon noch Richard Löwenherz noch irgendein anderer von den großen Königen und Herzögen, sondern Bruder Franz von Assisi ist der größte aller Kreuzritter«, sagte der Bischof, »denn als das hat ihn der Herr durch eine außerordentliche Ehrung bezeichnet. Und welche Ehrungen es noch für ihn einschließt, weiß nur der Herr allein.« Und es gab viele, die den Kopf schüttelten, weil sie daran dachten, was der demütige Bruder wohl im Himmel sagen würde, wenn er einen Mantel aus Purpur und Gold, lang wie ein Kometenschweif, tragen müßte, und ob er nicht darauf bestehen würde, auch dort seine zerschlissene und geflickte Kutte wiederzubekommen, nachdem er sich im Lauf so vieler Jahre daran gewöhnt hatte.
Es gab Leute, die wollten das mit den Wunden nicht glauben, aber sie wurden bald eines besseren belehrt, als Bruder Franz im November dieses Jahres – 1224 – nach Assisi zurückkehrte, so krank, daß er schon dem Tode nahe schien, und doch darauf brannte, sogleich auf eine Mission zu gehen. Die Zweifler wanderten zur Portiuncula hinaus und kamen zurück und schlugen sich auf die Brust.
Aber der Heilige sagte fröhlich: »Laßt uns beginnen, dem Herrn zu dienen«, als ob alles, was er bisher getan hatte, gar nichts wäre, wo doch der Orden, den er ins Leben gerufen hatte, in allen christlichen Ländern in voller Blüte stand und so viele dem ›Dritten Orden‹ beigetreten waren, daß man sie nicht mehr zählen konnte, und wo schon die Päpste und Kardinäle sagten: Wo wären wir ohne Bruder Franz!
Für viele war es das Erstaunlichste von allem, daß er alle Niedergeschlagenheit und Sorge völlig abgeworfen hatte und sozusagen wieder der alte war, voller Jubel und Frohsinn.

Auf der Missionsfahrt mußte er auf einem Eselsrücken reiten, da er mit seinen durchstochenen Füßen nicht mehr gehen konnte, obgleich ihm die Ehrwürdige Mutter Klara eigenhändig ein Paar Sandalen angefertigt hatte. Aber dennoch brach er bald zusammen und mußte zurückgetragen werden. Sein Magenleiden und seine Augenkrankheit, die er sich beide in Ägypten zugezogen hatte, waren schlimmer denn je. Er konnte kaum etwas zu sich nehmen, und er sah die Menschen nur noch als verschwommene Flecken.
Seine Antwort darauf war, daß er den ›Lobgesang an die Sonne‹ verfaßte, ein ekstatisches Gedicht auf Gottes herrliche Werke, in dem er Bruder Sonne und Schwester Mond, Bruder Feuer und Schwester Wasser, Bruder Wind und Schwester Erde und alle Menschen besang, die guten Willens waren.
Dann wünschte Kardinal Hugo von Ostia, der mit dem päpstlichen Hof in Rieti weilte, daß er vom Leibarzt des Papstes untersucht werden sollte, und wieder ging Franz auf die Reise, diesmal auf einer Tragbahre.
Die Straße war von Menschen gesäumt, gesunden, die seinen Segen begehrten, und kranken, die ihn um Heilung baten, und er segnete sie und heilte sie, und, freigebig wie er war, segnete er auch gleich das Vieh und die Weingärten.
Der gelehrte Arzt in Rieti versuchte seine ganze Kunst und machte sich große Sorgen, während sein Patient, der immer schwächer wurde, voller Freude war und immer sang, wenn er die Kraft dazu hatte.
Schließlich versuchte der Arzt eine Kur, die in bestimmten verzweifelten Fällen sehr gut helfen sollte. Rotglühende Eisen sollten dem Patienten von den Ohren zu den Schläfen angelegt werden. Bevor er sich der Tortur unterwarf, sagte Franz: »Bruder Feuer, edelstes und nützlichstes von allen Wesen, sei freundlich zu mir in dieser Stunde, denn ich habe dich immer geliebt und werde dich immer lieben aus Liebe zu Ihm, der dich geschaffen hat.«
Als es vorüber war, lächelte er seinen Brüdern zu: »Ich habe keinen Schmerz gefühlt.«
Und der Bischof sagte, so hätte er auch seine Dornenkrone bekommen.
Aber die Kur half nicht, und als Franz bat, man solle ihm die Wahrheit sagen, bedeutete man ihm, daß er bald sterben müsse.

»Willkommen, Schwester Tod«, sagte er freudig und fügte prompt seinem ›Lobgesang an die Sonne‹ noch einen Vers hinzu: »Gelobt sei mein Herr für unsere Schwester, den leiblichen Tod – Dem kein Lebender entfliehen kann – Wehe denen, die in Todsünde sterben – Gesegnet die, welche in Deinem hochheiligen Willen leben – Denn der zweite Tod wird ihnen nichts anhaben.«
Dann bat, ja flehte er die Brüder an, ihn nach Assisi zur Portiuncula zurückzubringen.

*

Sie standen um die kleine Hütte herum, unfähig, sich zu rühren, braune Bäume, die in die Erde gepflanzt waren.
Er hatte sein Testament unterschrieben, das von seinen Wünschen für die Brüder handelte, denn diese Wünsche waren alles, was er besaß, außer dem Körper, den er zu verlassen im Begriff war.
Es heißt, er habe fröhlich zu singen begonnen. Als Bruder Elias ihm mit milder Strenge nahelegte, er solle lieber seine Sünden bekennen, erwiderte er: »Das habe ich heute morgen schon getan. Jetzt will ich Gottes Güte preisen.«
Gegen Abend sang er wieder, den hunderteinundvierzigsten Psalm Davids, vom Anfang bis zur letzten Zeile:

»Ich schreie, Herr, zu Dir; ich sage:
›Du bist meine Zuversicht,
mein alles in dem Lande der Lebendigen.‹
Auf meine Klage merke! Denn ich bin sehr gedrückt.
Entgehen laß mich den Verfolgern!
Denn allzu mächtig sind sie mir.
Befreie aus dem Kerker meine Seele,
auf daß ich Deinen Namen preise,
wenn sich die Frommen meinetwegen schmücken,
weil Du mir Gutes tust.«

Dann verstummte er.
Und wie er das tat, erscholl der Ruf einer Lerche, der sofort von einer zweiten und einer dritten beantwortet wurde.

Ein zwitschernder, trillernder, schmetternder Chor kam von allen Seiten und das Rauschen von unzähligen kleinen Flügeln, die stiegen und stiegen, bis die Lüfte mit einem Jubelgesang ohnegleichen erfüllt waren.

EPILOG

Zum erstenmal seit ihrer Gründung war die Stadt Assisi menschenleer. Alle Einwohner hatten sie verlassen, um an der Prozession teilzunehmen.
Der Leichnam des kleinen Heiligen wurde von fünf stämmigen Brüdern getragen. Hinter ihnen schritt Bruder Elias, das Oberhaupt des Ordens, dann kam Bernard von Quintavalle, der erste Schüler des Heiligen, dann alle anderen Brüder in Reihen zu dreien und hinter ihnen der Bischof mit seinen Kanonikern und den Priestern der Kathedrale. Aber alle, die danach kamen, achteten nicht auf Rang und Würde, und so fand sich der rangältere Konsul Schulter an Schulter mit einem Schneider und einem Steinmetz, der Graf von Vandria und seine junge Gräfin gingen zwischen einem Schuster und der Frau eines Gastwirts, und ein stadtbekannter Dieb marschierte mit zweien von der Stadtmiliz, die ihm weiter keine Aufmerksamkeit schenkten. Standespersonen und Gassenbuben, Adlige und Bettler, Fischhändler, Sattler, Mönche aus San Subasio und Winzer, Mütter mit ihren Kindern, alte Leute und junge, sie waren alle eins ohne Unterschied, so wie es die Menschen nach einem großen Sieg sind oder in großer Trauer, also auch an einem Tage, welcher beides bedeutete. Sie nahmen nicht den kurzen Weg von der Portiuncula zum Hauptportal, sondern wählten die Straße, die an der Kirche von San Damiano vorbeiführte. Denn Franz hatte der Ehrwürdigen Mutter Klara und ihren Nonnen versprochen, daß er sie vor ihrem Tode noch einmal besuchen würde, und sein Versprechen war heilig.
Deshalb hielten die Brüder dort an, hoben den Leib von Bruder Franz aus seinem Sarg und trugen ihn in die kleine Kirche, die erste, die er wiederaufgebaut hatte, und zu dem Gitter, durch das die Nonnen die heilige Kommunion empfingen.

Die Nonnen waren alle versammelt, und in die tiefe Stille brach das Schluchzen der heiligen Frauen. Aber die Ehrwürdige Mutter Klara weinte nicht. Denn niemand verstand Franz so wie sie, und sie wußte, daß er den Gipfel erreicht hatte, und wenn auch die Erde darum ärmer geworden war, so waren doch die Himmel reicher. Sie wußte, daß sie noch eine Weile zu kämpfen hatte, und in ihrem Herzen war keine Furcht, sondern eine große Hoffnung.
Und sie wußte, daß Franz ihr stummes Versprechen hören konnte, auszuhalten, so wie er es ihr gezeigt hatte und wie sie es gegen eine ganze Welt hochhalten und verteidigen würde, solange sie lebte.
Dann hoben die Brüder den Leib von Bruder Franz wieder auf und verließen die Kirche, und die Prozession nahm ihren Fortgang. Und obgleich sie den Heiligen begruben, erst in der Kirche von San Giorgio und später in der großen Kirche, die Bruder Elias erbaute, hörte die Prozession der Menschen nie auf und geht noch heute weiter.

Robert Rüegg (Hrsg.)

Fenster für Gottes Güte

Frauen-Worte aus 16 Jahrhunderten

240 Seiten, gebunden, Geschenkband, Bestell-Nr. 224 657

Zum ersten Mal erschien eine Sammlung von Worten bekannter Frauen des Christentums. 70 Christinnen aus sechzehn Jahrhunderten geben Glaubenserkenntnisse und -erfahrungen weiter – etwa 850 Zitate zu Stichworten wie Freunde, Feinde, Geduld, Mitleiden, Erfolg, Resignation, Menschlichkeit, freier Wille, Schwermut, Anonymität, Schönheit, Familie, Kraft der Liebe ...

Die zeitliche Spanne der Autorinnen reicht vom 4. bis zum 20. Jahrhundert, von frühchristlichen Frauen über Hildegrad von Bingen bis zu Christa von Viebahn, Simone Weil, der Chinesin Mama Kwong und der Russin Tatjana Goritschewa. Der Schwerpunkt liegt bei Frauen des 19. und 20. Jahrhunderts. In einem biographischen Anhang werden die Frauen kurz vorgestellt. Über ein Register erschließen sich die Zitate nach Themen.

Gemeinsam ist ihnen, daß sie ihr Leben auf die „Karte" Jesus Christus gesetzt haben. Ihre Worte spiegeln Stärke und Schwäche, Anfechtung, Mut und Entschlossenheit wieder. Sie können auch heute Menschen im Glauben und bei der Bewältigung des Lebens stärken.

In ihrer Treffsicherheit und Kürze nehmen die Zitate die Leser mit hinein in den weiten Horizont der Liebe und Klarheit Gottes. Deshalb ist dieses Buch nicht nur als Nachschlagewerk und Fundgrube geeignet, sondern vor allem auch als originelles Geschenk.

Helmut Wenzelmann (Hrsg.)

Große Gedanken kommen aus dem Herzen

Zitate

160 Seiten, geb., Geschenkband mit Leseband, Bestell-Nr. 224 646

Ein Zitatenschatz, in dem Nachdenkenswertes nach Themengruppen geordnet und in einen gedanklichen Zusammenhang gebracht ist. Eine Fundgrube für jeden, der nach einem trefflichen Gedanken eines „großen Kopfes" sucht, und zugleich ist es eine Einladung zum Blättern und Verweilen.

Kein Zitatenbuch wie viele andere. Es ist wie ein Testament. Helmut Wenzelmann, Gründer des Offenen Abends Stuttgart und eine der prägenden Gestalten des württembergischen Pietismus, hat über Jahrzehnte Zitate gesammelt. Die Bandbreite läßt jede „fromme Engführung" vermissen. Es ist die Weite, die dieses Buch nicht nur zum unverzichtbaren Nachschlagewerk, sondern zu einer spannenden Lektüre macht. Eine Einladung zum Blättern und Verweilen. Die Stichworte sind in 19 Gruppen geordnet: von Lebenskunst bis Dankbarkeit. Die Zitatenpalette ist enorm: Selbstverwirklichung, Fortschritt, Massenmedien, Demokratie, Arbeit ... Ja sogar moderne Graffiti und die letzten Worte hingerichteter Widerstandskämpfer des Dritten Reiches. Natürlich fehlen Gedanken zu Bibel, Beten, Glaube, Gebote und Leid nicht. Einmalig ist die Spannweite der Quellen, deren hilfreiche Angaben am Buchschluß dazu reizen, selber nach- und weiterzulesen. Eine Fundgrube, nicht nur für Vortragprofis!

Peter Hahne / idea spektrum